高等职业教育汽车类专业创新教材

汽车碰撞分析与估损

中车云商（北京）信息技术有限公司　组编
主　编　王　健　吴友生
副主编　马庆来　李雪涛　张建潭　李　锦
参　编　王郡岩　张　杰　张　可　舒　畅　贾盈波

机械工业出版社

内容简介

本书以人力资源和社会保障部汽车估损师认证标准为依据，充分结合汽车碰撞分析与估损实际经验，按照估损人员实际工作过程中的认知规律设置课程内容。主要内容包括保险与风险的概念、种类及管理方法，车辆识别知识，车辆事故查勘实务操作与规范，车辆碰撞类型、损伤分析及评定，汽车修理工艺，电子定损系统的应用，二手车鉴定评估相关知识。

本书内容贴近实际，涵盖汽车保险理赔碰撞估损的全部核心内容，具备较强的实用性和指导性。本书可供高等职业教育汽车类专业学生、参加汽车维修专项技能认证的学员和考生、汽车维修行业和保险公司车险估损理赔人员等学习使用。

图书在版编目（CIP）数据

汽车碰撞分析与估损/王健，吴友生主编. —北京：机械工业出版社，2022.1

高等职业教育汽车类专业创新教材

ISBN 978-7-111-70222-1

Ⅰ. ①汽… Ⅱ. ①王… ②吴… Ⅲ. ①汽车－故障诊断－高等职业教育－教材 Ⅳ. ①U472.42

中国版本图书馆 CIP 数据核字（2022）第 032166 号

机械工业出版社（北京市百万庄大街22号　邮政编码100037）
策划编辑：谢　元　　　　　责任编辑：谢　元　丁　锋
责任校对：梁　静　李　婷　封面设计：张　静
责任印制：郜　敏
三河市骏杰印刷有限公司印刷
2022年6月第1版第1次印刷
184mm×260mm·25 印张·618 千字
标准书号：ISBN 978-7-111-70222-1
定价：75.00元

电话服务　　　　　　　网络服务
客服电话：010－88361066　机　工　官　网：www.cmpbook.com
　　　　　010－88379833　机　工　官　博：weibo.com/cmp1952
　　　　　010－68326294　金　书　网：www.golden－book.com
封底无防伪标均为盗版　　机工教育服务网：www.cmpedu.com

高等职业教育汽车类专业创新教材编委会

主　任：刘　康　　白建伟
副主任：张亚男　　王晓宇　　王凯明　　刘永澎
编　委：王凯明　　王海燕　　王　琰　　王　健　　邓维恭
　　　　龙凤丝　　白建伟　　冯　君　　刘永澎　　朱　兵
　　　　祁　进　　李京申　　沈　彤　　吴友生　　陈　宇
　　　　陈　雷　　桑桂玉　　渠　桦　　魏俊强

前言

汽车估损师的就业范围很广，在保险公司、汽车修理厂、评估公司、二手车市场等单位，到处都能见到他们忙碌的身影。随着我国汽车市场的飞速发展和汽车保险业务的快速增长，汽车估损师正在成为各大保险公司和汽车修理厂竞相争夺的人才。汽车估损师一职正在成为一个收入高、形象好、令人尊重和向往的职业。

为了促进就业，保证汽车保险估损行业的健康发展，人力资源和社会保障部组织专家对汽车估损行业的人才需求和知识要求进行了大量调研，并结合国外成熟的先进经验，推出了汽车估损师认证。获取人力资源和社会保障部的汽车估损师证书（OSTA 证书），您就获得了一把打开汽车估损职业之门的钥匙。

汽车估损师的主要工作是对汽车事故现场进行查勘、获取资料、认定责任、审查保险单据、对事故车的损失进行查勘和评估、填写估损单、为事故车的理赔和修理提供精确的数据和合理的维修方案。为了能够胜任这些工作，汽车估损师至少应当具备以下知识和技能：

- 了解汽车保险的相关法律法规，正确理解常规保险合同条款。
- 熟悉事故车保险理赔程序和事故查勘方法。
- 掌握汽车构造知识，主要是乘用车广泛采用的承载式车身结构。
- 懂得汽车碰撞损坏机理，能够对事故车的受损情况进行正确的分析。
- 熟悉事故车的修理工艺和流程。
- 知道如何精确计算事故车维修的零件费和工时费，熟悉估损单或维修任务单的填写方法和要领，具备计算机操作技能和汽车专业英语的阅读能力。

此外，汽车估损师还应当具备良好的职业素质，为人真诚、服务热情、办事公平。在保险估损过程中，尊重客观事实，不弄虚作假，不谋取私利。

本书共分为 7 章。第 1 章为机动车保险概述，介绍了风险与保险、保险法的基本原则、机动车保险种类等，并以流程图的形式介绍了理赔过程。第 2 章为车辆识别基础，介绍汽车企业与车型、车辆类型、VIN 与铭牌以及车辆认证管理和证照识别。第 3 章为事故现场查勘，介绍了保险事故现场查勘的技能、损伤鉴定的方法以及特殊事故现场查勘等。第 4 章为事故损伤与评定，介绍了常见碰撞类型、碰撞损坏分析、车辆损伤形式等。第 5 章为汽车修理，介绍了汽车各系统的原理和维修方法，焊接、铆接、粘接技术，金属板件的矫正等。第 6 章为电子定损系统，介绍了电子定损系统的功能和使用方法等。第 7 章为二手车鉴定评估，介绍了国内外二手车评估体系、评估二手车的方法等。

本书内容丰富，体系完整。书中引用了大量实际案例，理论联系实际，具有很强的实操指导性。书中插图均为精心选编的立体图形和照片，使内容更加易于理解。这是一本不可多得的估损师教科书。

本书在编写过程中得到很多保险公司、评估公司及相关专家的大力支持和帮助，在此对他们一并表示感谢！

编　者

目录

前言

第1章 机动车保险概述 …………………… 1
1.1 风险与保险 …………………………… 2
- 1.1.1 风险 ……………………………… 2
- 1.1.2 可保风险 ………………………… 5
- 1.1.3 汽车所有人风险识别 …………… 6
- 1.1.4 汽车所有人风险管理 …………… 9

1.2 保险法的基本原则 ………………… 10
- 1.2.1 保险利益原则 …………………… 10
- 1.2.2 最大诚信原则 …………………… 11
- 1.2.3 损失补偿原则 …………………… 12
- 1.2.4 近因原则 ………………………… 15

1.3 机动车保险种类 …………………… 16
- 1.3.1 机动车交通事故责任强制保险 … 16
- 1.3.2 机动车商业保险 ………………… 18
- 1.3.3 新能源汽车商业保险 …………… 20

1.4 机动车保险合同 …………………… 20
- 1.4.1 机动车保险常用术语 …………… 20
- 1.4.2 机动车保险合同 ………………… 23

1.5 机动车保险理赔 …………………… 27
- 1.5.1 机动车保险理赔的含义 ………… 27
- 1.5.2 机动车保险事故处理流程 ……… 27

本章小结 …………………………………… 31
习题 ………………………………………… 32

第2章 车辆识别基础 …………………… 34
2.1 汽车企业与车型 …………………… 34
- 2.1.1 国外主要厂家和车型 …………… 34
- 2.1.2 国内主要厂家和车型 …………… 39
- 2.1.3 主要零部件供应商 ……………… 47

2.2 车辆类型 …………………………… 54
- 2.2.1 按《机动车运行安全技术条件》（GB 7258—2017）分类 …… 55
- 2.2.2 按《汽车和挂车类型的术语和定义》（GB/T 3730.1—2001）分类 …… 57
- 2.2.3 按公安车辆登记管理分类 ……… 61

2.3 VIN与铭牌 ………………………… 63
- 2.3.1 VIN概述 ………………………… 63
- 2.3.2 VIN的构成 ……………………… 64
- 2.3.3 VIN标牌的位置 ………………… 68
- 2.3.4 识读铭牌信息 …………………… 69
- 2.3.5 车辆油漆代码 …………………… 73

2.4 车辆认证管理和证照识别 ………… 74
- 2.4.1 汽车公告制度 …………………… 74
- 2.4.2 强制性产品认证制度 …………… 75
- 2.4.3 机动车登记制度 ………………… 76
- 2.4.4 机动车年检制度 ………………… 77
- 2.4.5 机动车牌照 ……………………… 78
- 2.4.6 机动车驾驶证 …………………… 79
- 2.4.7 机动车行驶证 …………………… 81

本章小结 …………………………………… 82
习题 ………………………………………… 83

第3章 事故现场查勘 …………………… 85
3.1 保险事故现场 ……………………… 85
3.2 现场查勘概述 ……………………… 86
- 3.2.1 主要内容 ………………………… 86
- 3.2.2 查勘注意事项及工作流程 ……… 89

3.3 现场查勘技能 ……………………… 92
- 3.3.1 现场查勘中的痕迹物证 ………… 92
- 3.3.2 查勘中的照相技术 ……………… 94

3.3.3　常见的车险诈骗行为及违约
　　　　　现场 …………………………… 101
3.4　查勘报告写作要求 ………………… 110
　　3.4.1　查勘报告的基本要求 ………… 110
　　3.4.2　查勘报告的基本内容 ………… 111
　　3.4.3　现场草图的绘制 ……………… 113
3.5　车辆损伤鉴定 ……………………… 115
　　3.5.1　估损人员的工具 ……………… 115
　　3.5.2　检查程序 ……………………… 115
　　3.5.3　一区——直接损伤 …………… 116
　　3.5.4　二区——间接损伤 …………… 117
　　3.5.5　三区——机械损坏 …………… 124
　　3.5.6　四区——乘员舱 ……………… 126
　　3.5.7　五区——外饰和漆面 ………… 127
3.6　特殊事故现场查勘 ………………… 127
　　3.6.1　水灾事故 ……………………… 127
　　3.6.2　火灾事故 ……………………… 129
　　3.6.3　托底事故（新能源汽车） …… 132
　　3.6.4　机动车被盗抢案件 …………… 132
本章小结 …………………………………… 133
习题 ………………………………………… 134

第4章　事故损伤与评定 ……………… 136

4.1　常见碰撞类型 ……………………… 136
4.2　碰撞损坏分析 ……………………… 142
　　4.2.1　碰撞力对车辆变形的影响 …… 142
　　4.2.2　承载式车身的变形倾向 ……… 143
　　4.2.3　车架式车身的变形倾向 ……… 146
4.3　车辆损伤形式 ……………………… 148
　　4.3.1　发动机的损伤情况 …………… 148
　　4.3.2　悬架的损伤情况 ……………… 149
　　4.3.3　转向系统的损伤情况 ………… 150
　　4.3.4　制动系统的损伤情况 ………… 151
　　4.3.5　变速器和离合器的损伤情况 … 151
　　4.3.6　动力蓄电池包的损伤情况 …… 154
　　4.3.7　其他高压部件的损伤情况 …… 154
　　4.3.8　充电口的损伤情况 …………… 155
4.4　车辆板件的损伤评定 ……………… 155
　　4.4.1　受损车辆板件修与换的原则 … 155
　　4.4.2　保险杠 ………………………… 157
　　4.4.3　格栅和灯具 …………………… 159
　　4.4.4　散热器支架 …………………… 162
　　4.4.5　发动机舱盖 …………………… 163
　　4.4.6　翼子板、挡泥板 ……………… 165
　　4.4.7　饰条、标签和覆盖件 ………… 166
　　4.4.8　裙板和轮罩板 ………………… 167
　　4.4.9　纵梁和横梁 …………………… 168
　　4.4.10　前围总成 ……………………… 169
　　4.4.11　前风窗玻璃 …………………… 170
　　4.4.12　后风窗玻璃 …………………… 171
　　4.4.13　车身侧板 ……………………… 172
　　4.4.14　车顶 …………………………… 174
　　4.4.15　后侧板 ………………………… 176
　　4.4.16　前门和后门 …………………… 179
　　4.4.17　后部车身 ……………………… 182
　　4.4.18　行李舱盖 ……………………… 183
　　4.4.19　尾门和举升门 ………………… 185
　　4.4.20　切割车身 ……………………… 185
　　4.4.21　车身内饰和衬里 ……………… 186
4.5　机械和电气部件的损伤评定 ……… 188
　　4.5.1　机械类和电气类零件修与换的
　　　　　原则 ……………………………… 189
　　4.5.2　发动机 ………………………… 189
　　4.5.3　冷却系统 ……………………… 191
　　4.5.4　排气系统 ……………………… 193
　　4.5.5　变速驱动桥 …………………… 194
　　4.5.6　驱动桥 ………………………… 196
　　4.5.7　发动机副车架 ………………… 196
　　4.5.8　传动轴 ………………………… 198
　　4.5.9　后桥总成 ……………………… 198
　　4.5.10　分动器 ………………………… 198
　　4.5.11　悬架系统 ……………………… 199
　　4.5.12　车轮 …………………………… 203
　　4.5.13　转向系统 ……………………… 204
　　4.5.14　制动系统 ……………………… 206
　　4.5.15　电气系统 ……………………… 206
　　4.5.16　空调系统 ……………………… 210
　　4.5.17　辅助约束系统 ………………… 211
　　4.5.18　动力蓄电池包 ………………… 212
　　4.5.19　充电口 ………………………… 213
　　4.5.20　高压线束 ……………………… 213
　　4.5.21　高压控制部件 ………………… 213
4.6　定损操作实务 ……………………… 214
　　4.6.1　定损的基本概念 ……………… 214
　　4.6.2　核定损失流程 ………………… 214

4.6.3 确定车辆损失 ………………… 215
4.7 确定人身伤亡费用 ………………… 218
　　4.7.1 人身伤亡费用的确定 ………… 218
　　4.7.2 确定人身伤亡损失时的注意
　　　　　事项 ………………………… 220
　　4.7.3 确定其他财产损失 …………… 220
　　4.7.4 确定施救费用 ………………… 221
4.8 维修工时及零配件价格 …………… 222
　　4.8.1 维修工时 ……………………… 222
　　4.8.2 汽车零配件价格 ……………… 229
4.9 车辆全损和残值处理 ……………… 230
　　4.9.1 车辆全损 ……………………… 230
　　4.9.2 案例 …………………………… 232
　　4.9.3 事故车修理厂、ACV 和
　　　　　全损 ………………………… 233
　　4.9.4 车辆残值的处理 ……………… 233
4.10 制作定损报告 …………………… 234
　　4.10.1 制作定损报告的准备工作 … 237
　　4.10.2 填写定损报告 ……………… 239
4.11 特殊事故损伤评定（水灾）…… 243
　　4.11.1 水灾发生时汽车的状态 …… 243
　　4.11.2 评估水淹车辆的注意事项和
　　　　　 操作方法 ………………… 244
　　4.11.3 事故定损的具体要求 ……… 245
　　4.11.4 损失等级与损失评估 ……… 245
　　4.11.5 定损操作 …………………… 246
本章小结 ………………………………… 248
习题 ……………………………………… 250

第5章　汽车修理 ……………………… 252

5.1 机械系统的原理和维修 …………… 252
　　5.1.1 动力系统的检查与维修 ……… 252
　　5.1.2 悬架的检查和维修 …………… 257
　　5.1.3 转向系统的检查和维修 ……… 259
　　5.1.4 车轮定位的检查与维修 ……… 264
　　5.1.5 制动系统的检查和维修 ……… 267
5.2 电气/电子系统的原理和维修 …… 269
　　5.2.1 电气系统的原理和维修 ……… 269
　　5.2.2 电子系统的原理和维修 ……… 276
5.3 约束系统的工作原理和维修 ……… 280
　　5.3.1 安全带系统 …………………… 280
　　5.3.2 气囊约束系统 ………………… 282
5.4 车身结构件的矫正 ………………… 287
　　5.4.1 车身分类与结构 ……………… 287
　　5.4.2 固定车辆和安装牵引夹具 …… 304
　　5.4.3 应力释放 ……………………… 305
　　5.4.4 车身前端损坏的矫正 ………… 306
　　5.4.5 车身后部损坏的矫正 ………… 307
　　5.4.6 车身侧面损坏的矫正 ………… 307
5.5 车身结构件的更换 ………………… 308
　　5.5.1 结构板件的相关概念和更换
　　　　　步骤 ………………………… 308
　　5.5.2 拆卸结构板件 ………………… 310
　　5.5.3 焊接板件 ……………………… 311
　　5.5.4 结构件的分割 ………………… 312
　　5.5.5 分割边梁（车架纵梁）和
　　　　　全车身 ……………………… 317
　　5.5.6 防锈处理 ……………………… 317
　　5.5.7 带有黏合剂的板件的更换 …… 317
5.6 焊接、铆接、粘接技术 …………… 318
　　5.6.1 常用车身修理焊接技术 ……… 318
　　5.6.2 用于车身修理的 MIG 焊接 … 319
　　5.6.3 气焊和钎焊 …………………… 321
　　5.6.4 电阻点焊 ……………………… 322
　　5.6.5 铆接技术 ……………………… 323
　　5.6.6 粘接技术 ……………………… 325
5.7 金属板件的矫正 …………………… 326
　　5.7.1 矫正金属板件的方法 ………… 326
　　5.7.2 除漆 …………………………… 329
　　5.7.3 拉出凹陷 ……………………… 330
5.8 收缩金属和应力释放 ……………… 331
　　5.8.1 拉伸金属和收缩原理 ………… 331
　　5.8.2 用气体焊炬进行收缩 ………… 331
　　5.8.3 打褶 …………………………… 332
　　5.8.4 对凹槽进行收缩 ……………… 333
　　5.8.5 锉平维修区域 ………………… 333
5.9 车身的填补 ………………………… 333
　　5.9.1 车身填料 ……………………… 334
　　5.9.2 使用车身填料 ………………… 335
　　5.9.3 锉削与打磨车身填料 ………… 336
　　5.9.4 修理漆面缺陷 ………………… 339
5.10 喷漆和补漆 ……………………… 340
　　5.10.1 底涂和面涂 ………………… 340
　　5.10.2 漆面修复材料的准备 ……… 340
　　5.10.3 涂施底涂 …………………… 343

5.10.4 闪干时间 …… 343
5.10.5 基层/清罩层修理 …… 344
5.10.6 喷涂单级漆 …… 345
5.10.7 板件漆面修理 …… 345
5.10.8 整车漆面修理 …… 346
5.10.9 塑料件的漆面修复 …… 346
5.11 塑料件的修理 …… 346
5.11.1 塑料件的种类 …… 347
5.11.2 塑料件的识别 …… 348
5.11.3 塑料件的维修 …… 349
5.11.4 修理聚乙烯材料 …… 351
本章小结 …… 352
习题 …… 353

第6章 电子定损系统 …… 356

6.1 电子定损系统概述 …… 356
6.1.1 电子定损系统的发展过程 …… 356
6.1.2 电子定损系统的意义 …… 357
6.1.3 电子定损系统简介 …… 357
6.2 电子定损系统功能介绍 …… 358
6.2.1 车辆定型 …… 358
6.2.2 工时费率 …… 358
6.2.3 图形化定损 …… 358
6.2.4 智能钣金工时计算 …… 358
6.2.5 总成与总成组件的逻辑关系 …… 359
6.2.6 专业透明的定损报告 …… 359
6.2.7 根据需求定制的数据分析报告 …… 359
6.3 电子定损系统使用方法 …… 359
6.3.1 使用环境 …… 359
6.3.2 使用流程 …… 359
6.3.3 赔案管理 …… 359
6.3.4 创建赔案 …… 361
6.3.5 设定工时费率 …… 361
6.3.6 定损 …… 362
6.3.7 计算及打印 …… 367
6.3.8 发送及下载定损结果 …… 368
本章小结 …… 369
习题 …… 369

第7章 二手车鉴定评估 …… 371

7.1 二手车评估体系概况 …… 371
7.2 二手车价值构成 …… 372
7.3 评估二手车的方法 …… 373
7.3.1 现行市价法 …… 374
7.3.2 重置成本法 …… 375
7.3.3 简易估价法 …… 388
本章小结 …… 388
习题 …… 389

习题答案 …… 390

第1章 机动车保险概述

本章学习目标：

1. 掌握保险常用术语。
2. 理解保险基本原则。
3. 理解保险合同内容。

随着我国汽车保有量的快速增长，车辆事故及理赔案件逐年增多。

理赔服务是保险公司经营的最后一个环节，也是保护好保险消费者切身利益的重要环节。理赔效果的好坏，不仅影响保险公司的整体经营状况，也决定了保险公司在市场上的竞争能力。

目前，各保险公司正积极推进估损理赔工作精细化管理，努力提高估损理赔的水平，迫切需要掌握先进估损理念和科学方法的估损理赔人员。

保险公司和事故车维修企业需要大量高素质的车险估损理赔人员，公估机构和机动车保险代理机构也需要合格的车险估损理赔人员。

按照中国银行保险监督管理委员会（简称中国银保监会）的规定，各保险公司原则上不能将车险核损、核赔权授予修理单位等非本公司系统内的各类机构或人员，但未就保险公司车险查勘定损的授权作出排他性限制规定。保险公司可自主委托公估机构或专业中介机构开展车险查勘定损。公估机构或专业中介机构可以依照授权，发挥专业优势，开展查勘定损业务。针对目前保险理赔行业的状况，中国银保监会指出，我国理赔专业人才在一定程度上是欠缺的。

按照传统的观点，机动车保险业和事故车维修业之间总是存在利益之争，例如，在事故车维修过程中，保险业希望维修费用越低越好，而事故车维修业则希望维修费用越高越好，彼此在费用预估方面必然存在矛盾。但是，从美国等发达国家的多年实践经验来看，机动车保险与维修行业只要相互增进了解和理解，本着对用户（车主）负责的态度，并在估损方面共同遵守统一的规则，他们就可以化解矛盾、互惠互利、共同成长。因此，估损是确保保险公司、事故车维修企业和车主利益共赢的最关键环节。

什么是估损呢？**顾名思义，估损就是车辆损失的评估，是通过查勘事故车辆的损伤情况，判断修复措施，确定需要更换的零部件费用、维修工时费以及相应的附加费和税费，从而确定保险公司应当赔付的金额**。在保险公司、维修厂和保险中介单位中，估损人员的岗位名称可能不尽相同，有的称为理赔员或核赔员，有的称为定损员等，但无论是何种称呼，他们都是各个单位核心的人力资源。

估损人员应了解我国车辆保险政策、法规和合同，懂得车辆结构和维修工艺，掌握车辆事故查勘要领，熟悉损失鉴定和维修费用计算方法。这样，才能既保护保险公司和维修企业的共同利益，又维护车主的合法权益和保障交通安全。

本章将简要介绍机动车保险的基本知识，使读者对机动车保险有一个初步的整体概念，为学习后面章节中汽车估损核心内容做准备。本章的重点内容是我国车辆保险的种类、保险基本原则及保险合同等。

1.1 风险与保险

1.1.1 风险

1. 风险的定义

风险是指在某一个特定时间段里，人们所期望达到的目标与实际出现的结果之间产生的距离。人类在现实生活中，都有可能遭受疾病、自然灾害、意外事故等事件带来的伤害和损失，这些给人类带来伤害和损失的事件其实就是风险，其中有些风险的发生是不可控的，比如洪水、地震等自然灾害；有些风险的发生是可防可控的，比如疾病、交通事故等。于是，在发生风险的同时，也产生了解决风险损失的机制。保险是人类社会用来应付风险和处理风险发生后所造成的经济损失的一种有效机制。无风险则无保险，因此，要理解保险必须从认识风险开始。

风险一般有两种定义：一种定义强调风险表现为不确定性；而另一种定义则强调风险表现为损失的不确定性。若风险表现为不确定性，则说明风险产生的结果可能带来损失、获利或是无损失也无获利，属于广义风险。如投资股票有三种可能：赚钱、赔钱和不赔不赚，这三种可能性都属于风险的不确定的范畴。而风险表现为损失的不确定性，说明风险只能表现出损失，没有从风险中获利的可能性，属于狭义风险。保险理论上的风险是指损失的不确定性，即保险标的发生损失的不确定性。这是从狭义角度界定风险的含义，单指损失，不包括收益。

风险是客观存在的，不以人的意志为转移。它的存在与客观环境及一定的时空条件有关，并伴随着人类活动的开展而存在，没有人类活动，也就不存在风险。当代保险理论认为，现代社会风险是无处不在、无处不有。

从保险学的角度讲，风险是指在某一个特定环境下，某一特定时间段内，某种损失发生的不确定性，它有以下几层含义：

> 1）导致损失的随机事件是否发生不确定。
> 2）损失发生的时间不确定。
> 3）损失发生的地点不确定。
> 4）损失发生后造成的损失程度和范围不确定，即不可预见和不可控制。

2. 风险要素

风险要素包括风险因素、风险事故和风险损失。

（1）风险因素 风险因素是指引起或促使风险事故发生，以及风险事故发生时，致使损失增加、扩大的条件。风险因素是事故发生的潜在条件，是造成损失的间接原因。对于人来说，风险因素可以是年龄、健康状况、性别等；对于汽车来说，风险因素是指汽车的结构、设计性能、使用材料等。风险因素不同，造成的损失概率也不同。风险因素通常有实质风险因素、道德风险因素和心理风险因素，如图1-1所示。

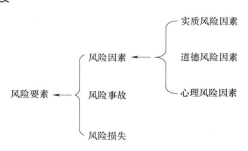

图1-1 风险要素的组成

1）实质风险因素。它属于有形的因素，是指对某一标的增加风险发生机会或严重程度的直接条件。例如，汽车制动系统故障是引起汽车发生意外事故的实质风险因素。在保险实务中，<u>由实质风险因素所引起的损失大多属于保险责任，是保险公司保障的范围</u>。

2）道德风险因素。道德风险因素是与人的品德修养有关的无形因素。它是指由于个人的恶意行为或不轨企图，促使风险事故发生，以致引起社会财富损毁和人身伤亡的原因或条件。例如，虚构保险事故或故意制造车辆事故现场向保险人索赔等。<u>一般情况下，由道德风险因素引起的损失不属于保险责任，属于保险合同中的责任免除</u>。

3）心理风险因素。心理风险因素是指由于人们疏忽或过失以及主观上的不注意、不关心、心存侥幸，以致增加风险事故发生的机会和加大损失的严重性的因素。心理风险因素是与人的心理状况有关的无形风险因素。例如，驾驶人开车过程中打电话增加了发生驾驶事故的可能性。

（2）风险事故 风险事故又称"风险事件"，是指风险成为现实，以致引起损失的事件。也就是说，风险事故是造成损失的直接的或外在的原因，是损失的媒介物，即只有发生了风险事故，才能导致损失。例如，汽车转向系统失灵酿成车祸而导致车毁人亡，其中转向系统失灵是风险因素，车祸是风险事故。如果仅有转向失灵而无车祸发生，就不会造成人员伤亡。风险事故意味着风险的可能性转化为现实性，即风险的发生。

某一事件，在一定条件下可能是造成损失的直接原因，那它就成为风险事故；而在其他条件下，它又可能是造成损失的间接原因，这时它又成为风险因素。比如，冰雹导致路滑而引起车祸，造成房屋被撞毁，这时冰雹是风险因素，车祸是风险事故；若冰雹直接砸伤行人，则它是风险事故。

（3）风险损失 在风险管理中，损失是指非故意的、非计划的和非预期的经济价值的减少。这个定义中包含了两个重要的要素：一个是非故意的、非计划的和非预期的要素；另一个是经济价值的要素。后者可以用货币单位予以衡量，两者缺一不可。例如，汽车使用一段时间后的"折旧""报废"，虽然符合第二个要素，但不符合第一个要素，所以不能称为风险损失；由于亲人车祸身亡而遭受的精神打击也不能算作是风险损失。

在保险实务中，将损失分为直接损失和间接损失。前者指实质的、直接的损失；后者指额外费用损失、收入损失、责任损失等。**往往间接损失的金额是很大的，有时甚至超过直接损失。**

（4）风险因素、风险事故和风险损失之间的关系　从风险因素、风险事故和风险损失之间的关系来看，风险因素会引发风险事故，而风险事故导致风险损失。也就是说，风险因素只是风险事故产生并造成风险损失的可能性或使这种可能性增加的条件，它并不直接导致风险损失，只有通过风险事故这个媒介才产生风险损失。

只要出现了风险损失，必然存在着风险事故；出现了风险事故，必然存在着风险因素。

3. 风险的特征

风险的特征是风险的本质及其发生规律的表现。因此，正确地认识风险的特征，对于建立和完善风险机制，充分发挥风险机制的作用，加强保险管理，减少风险损失，提高经济效益，具有重要的意义。风险的特征主要表现在以下几个方面。

（1）客观性　风险的客观性是指风险不以人的意志为转移，是独立于人的意识之外的客观存在。人们生存和进行活动的整个社会环境，就是一个充满风险的世界，任何组织、单位和个人，都难免会遇到这样或那样的风险。因而，人们要采取积极的态度去应对风险，在一定的时间和空间内改变风险存在和发生的条件，降低风险发生的频率和损失幅度，而不能彻底消除风险。正是风险的客观存在，决定了保险的必要性。

（2）不确定性　虽然风险是客观存在的，但就某一具体风险而言，其发生是偶然的，是一种随机现象。风险必须是偶然的和意外的，即对某一个单位的标的而言，风险事故是否发生不确定，发生的时间不确定，造成损失的程度不确定。必然发生的现象，如汽车的折旧、自然损耗等不是风险。正是风险的这种总体上的必然性与个体上的偶然性的统一，构成了风险的不确定性，从而形成了经济单位与个人对保险的需求。

（3）可测性　个别风险事故的发生是偶然的，而通过对大量风险事故的观察会发现，风险事故的发生往往呈现出明显的规律性。人们可以根据以往发生的一系列类似事件的统计资料对风险进行评估，对某种风险发生的频率及其风险造成的经济损失程度作出主观上的判断。例如，在机动车保险中，可以根据大量的车祸记录、损失情况，结合其他众多影响因素，测算出不同种类机动车保险产品的费率。

（4）潜在性　风险的客观性表明，时时处处都存在着风险，人们就是生活在充满风险的社会经济环境之中。但这并不是说风险时时处处都会发生，风险的普遍存在是指人们有遭受风险的可能性，是一种潜在性的风险，要在一定的时间、地点和一定的条件下，风险的可能性才能转化为现实性。潜在性是风险存在的基本形式。风险的潜在性使人们能够通过一定的途径防止和消除风险，不使风险的可能性转化为现实性。

（5）损害性　风险与人们的经济利益密切相关。风险的损害性是指风险损失发生后给人们的经济造成的损失以及对人生命的伤害。保险的作用就是对损失的经济利益进行补偿。

（6）发展性　风险并不是一成不变的，在一定的条件下会发展变化。随着人类社会的进步和发展，尤其是当代高新科学技术的发展与应用，使风险的发展性更为突出。例如，汽车数量的迅速增长，使车辆碰撞事故剧增。同时，随着人们对风险认识的增强和风险管理方法的完善，某些风险在一定程度上得以控制，其发生频率和损失程度降低，某些风险在一定的时间和空间范围内被消除，新的风险又会产生。

风险的存在是保险存在的前提，无风险则无保险，但并非所有的风险都可保，亦即保险不能成为规避风险的唯一方法。风险管理源于保险而又高于保险，范围也大于保险。保险本身着眼于风险的分散、转嫁，而风险管理则从全局的角度进行综合治理，保险是风险管理的主要方法之一，机动车保险也是一种抵御风险的行之有效的方法。

▶ 1.1.2 可保风险

保险所承担的风险简称可保风险。保险一般只保障纯粹的风险，对有可能获利的投机风险一般是不承保的。可保风险是个相对的概念，它是对一定时期的保险市场而言的。既不是一切纯粹风险都可以承保，也不是投机风险一概都不予承保，而是由保险市场的供需关系决定的，即投保人对保险商品有需求、保险人对保险商品供给附有条件。保险人对承保的风险是有选择的。概括地说，可保风险必须具备以下条件：

1）风险所产生的损失必须是可以用货币来计量的。凡是不能用货币计量其损失的风险都是不可保的。但对人的保险来说，很难说清一个人的伤残程度或死亡所蒙受的损失合计多少金钱，所以死亡给付的标准在出立保单时就确定了。

2）风险必须是意外的。保险人承保的风险必须是有发生可能性的，同时又必须是意外的和不可预知的。像货物的自然损耗、机器设备的折旧等必然发生的现象，均不属于保险人的可保风险的责任范围。但是，在实际业务中，对一些必然发生的风险损失（如自然损耗的必然损失），经保险人同意，在收取适当保险费用后，也可特约承保。保险人也可承保第三人的故意行为或不法行为所引起的风险损失。例如，机动车保险中的盗抢险，保险人承担的赔偿责任也是由于盗贼的故意行为所造成的风险损失。

3）风险必须是大量标的均有遭受损失的可能性。这是由于保险不是赌博，也不是投机，它是以大数定律作为保险人建立稳固的保险基金的数理基础，只有一个标的或少量标的所具有的风险，是不具备这种基础的。此外，还有一个明显的道理，保险人收取保险费，一定要与他承担的赔偿责任相适应。保险费过高，被保险人承担不起；保险费过低，保险人无法经营。

4）风险不能使大多数的保险标的同时遭受损失。这一条件要求损失的发生具有分散性。因为保险的目的，是以多数人支付的小额保费，赔付少数人遭遇的大额损失。如果大多数保险标的同时遭受重大损失，则保险人通过向投保人收取保险费所建立起的保险资金根本无法抵消损失。如战争、地震、洪水等巨灾风险，发生的概率极小，由此计算的期望损失值与风险一旦发生所造成的实际损失值将相差很大。保险标的到时势必同时受损，保险分摊损失的职能也随之丧失。这类风险一般被列为不可保风险。

5）风险产生的损失要有确定的概率分布。损失具有确定的概率分布是进行保费计算的首要前提。计算保费时，保险人对客观存在的损失分布要能作出正确的判断。保险人在经营中采用的风险事故发生率只是真实概率的一个近似估计，是靠经验数据统计、计算得出的。因此，正确选取经验数据对于保险人确定保费至关重要。有些统计概率，如人口死亡率等，具有一定的"时效性"，像这种经验数据，保险人必须不断作出相应的调整。

6）风险产生的损失是可以确定和测量的。损失是可以确定和测量的，是指损失发生的原因、时间、地点都可以确定以及损失金额可以测定。因为在保险合同中，对保险责任、保险期限等都做了明确规定，只有在保险期限内发生的、保险责任范围内的损失，保险人才负责赔偿，且赔偿额以实际损失金额为限，所以损失的确定性和可测性尤为重要。

以上6个可保风险条件是相互联系、相互制约的，确认可保风险时，必须6个条件综合考虑，全面评估，以免发生承保失误。

▶ 1.1.3　汽车所有人风险识别

为了尽量消除、避免、减少和预防汽车所有人在使用汽车的过程中所面临的风险，必须先把这些风险及其影响因素一一识别出来。汽车所有人面临的风险主要表现为以下方面：

1. 经济风险识别

1）不当使用、疏于保养造成的机械损坏。
2）正常使用的机械老化、磨损。
3）他人对车体的破坏、损毁。
4）失窃。
5）自然灾害对车体的破坏、损毁，如大风、暴雨、洪水等。
6）人为改装对车体的破坏、损毁。
7）发生事故时车辆的损毁，如碰撞、翻车等。
8）发生事故时造成人身伤害，医疗、残疾，甚至死亡的负担。
9）交通违法的罚款。

2. 法律风险识别

1）发生交通事故时应承担的民事赔偿责任（包括直接责任和连带责任）、刑事责任、行政责任。行政责任包括警告、罚款、暂扣或者吊销机动车驾驶证、拘留。
2）非交通事故的刑事责任和行政责任，如饮酒和醉酒驾驶。

3. 风险影响因素识别

（1）驾驶人

1）年龄与性别。相关研究数据表明，驾驶人的年龄与性别直接影响交通事故的出险概率。整体看来，24岁以下的青年人与54岁以上年老者的肇事率较高，而24～54岁的驾驶人的肇事率相对较低。其主要原因是年轻人性格较不稳定，争强好胜、高速驾车，而年老者由于身体机能的退化，应急能力较差，反应不够敏捷，因此这两类人的交通肇事率较高。另外，女性驾驶人的肇事率及重大事故率明显低于男性驾驶人。这主要是因为女性较男性行事谨慎，绝大多数女性不爱冒险，驾车格外小心。

2）职业与婚姻状况。驾驶人所从事的职业类型和是否已婚会影响人的情绪和心理状态。一般而言，劳动强度低、收入稳定的职业使人的情绪较为平稳，行车中出险概率相对较低。已婚驾驶人家庭责任心较强，并且有家人的监督，行车安全意识较强，而单身驾驶人无所牵挂，心理稳定性不如已婚人士，出险概率较高。

3）连续驾驶时间。驾车时驾驶人注意力高度集中，很容易疲劳。在高速公路上行驶时，由于景色较单调，驾驶人容易受到催眠，长时间驾车更容易发生交通事故。据统计，60%以上的交通事故与疲劳驾驶有关，因此一些地区交通部门规定驾驶人连续驾车不得超过3h，24h内驾车时间不得超过8h。

4）驾龄。驾龄越长，驾驶人对道路交通规则越熟悉、驾驶技术越娴熟，处理紧急情况的能力就越强。驾龄短的驾驶人技术不够全面、应变能力差，易发生交通事故。目前，我国每年有数十万新手加入到车流中，交通事故率随之攀升，驾龄3年以下驾驶人造成的交通事故占由于驾驶人因素造成事故的50%以上。

5）健康状况与个人嗜好。人的健康状况（如疾病、视力状况以及心理等）会影响人的行为动作和应变能力，从而对交通事故率产生影响。驾驶人的个人爱好、生活习惯（这里主要指驾车过程中吸烟、听音乐、打手机等）也会增加行车中的危险因素。

6）以往肇事记录。研究表明，驾驶人过去的肇事索赔记录是对他们未来索赔次数的最优先预测变量，能够反映出驾驶人的实际风险情况，较差的肇事记录一般意味着日后较高的出险率。

（2）车辆本身

1）种类与大小。目前，国内保险界将机动车主要分成客车、货车、特种车、摩托车和拖拉机5类。客车主要用来运送乘客，其座位数越多，运载的乘客数越多，风险也就越大。货车主要用于运载货物，其货运能力以吨位数来衡量。目前国内货车的吨位主要分为2t、2~10t、10t以上。在承保时，要充分考虑吨位数，一般按照车辆的载质量分档计算保费。特种车主要是指消防车、医疗车、救护车、油罐车、气罐车、液罐车、冷藏车、起重车、装卸车、工程车、监测车、邮电车、清洁车等。由于其使用的特殊性，具有特殊的风险性，因此在承保时要单独对待。摩托车包括两轮的和三轮的，体积小巧，操纵灵活，安全性较差。据统计，摩托车发生事故的概率相当高，一旦发生事故造成的损失也比较大，风险较大。拖拉机的风险与其设计、使用功能和驾驶人的技术水平有关。

车辆的大小也直接影响事故的发生率。大型车辆的车身长度、重量和体积均受道路条件的限制，并且其功率大、车速快，一旦发生交通事故，容易造成重大损失。而小型车辆的功率较小，危险性相对低。

2）发动机排量。排量越大的车辆动力性能越好。研究表明，汽车排量与事故发生频率之间存在正比关系。就同一类型车辆来说，排量越大，车速越快，出险时损失越严重。

3）车龄。车龄是指车辆购置的年限，即从最初新车购置之日起至投保之日止期间的年限。车辆有固定的折旧年限，车龄越大，车辆的磨损与老化程度越高，车况越差，车辆事故的概率与道德风险概率同步上升。

4）使用性质。不同使用性质的车辆面临的风险不同。目前国内保险公司一般按使用性质将车辆分为营运和非营运两大类。营运车辆使用频率高，危险暴露较大，在使用过程中为了追求最大利润，常超速或超载行驶，极易发生意外事故。相对而言，非营运车辆的危险性低得多。

5）所属性质。车辆所属性质是指车辆所有人、使用人性质。按照行业特点可以进行如下划分：

① 政府机关、军警部队、事业单位：以国产高、中档轿车为主。管理严格，道德风险低。

② 一般非营运企业：拥有各种档次、类型的车辆。不同行业视其车辆规模、车种复杂程度和行业盈利水平，影响其对车辆的管理水平，导致事故率状况不同。

③ 私人：主要是家庭用车，以乘用车、中型客车、2t以下货车为主。其风险主要与车

辆所有人（或使用人）的职业稳定性、居住环境、驾驶人因素有关。

④ 租赁企业：包括个人租赁车辆，以各类客车、工程机械为主。其风险主要与租赁合同、承租人资信状况、出租人财务状况，以及车辆的闲置率有关。

⑤ 出租企业：包括个人出租车辆，以各类客车为主，车型较为单一。其风险主要与车辆空驶率、驾驶人收入、车辆管理（处罚）力度等有关。

⑥ 公共交通企业：以各类中、大型客车为主。其风险主要与车辆运营方式（承包、承租、民营和国营）、车辆类型、线路、驾驶人、道路拥堵状况，以及运营时间有关。

⑦ 货运企业：以各类小、中型货车为主。其风险主要与车辆管理（处罚）力度、驾驶人状况、道路拥堵状况等因素有关。

⑧ 长途客/货运企业：以各类大型客车/货车为主。其风险主要与车辆运营方式（承包、承租、民营和国营）、车辆类型、行驶区域、驾驶人状况等因素有关。

⑨ 特种行业企业：指以运输危险品为主的行业，车辆类型为运输危险品的专用车。其风险主要与车辆运营方式（承包、承租、民营和国营）、车辆状况、驾驶人操作技能等因素有关。

6）安全装置。随着汽车技术的发展，越来越多的安全装置被应用。目前的安全装置主要有安全气囊、ABS（防抱死制动系统）、EBD（电子制动力分配系统）、ESP（电子稳定程序）、TCS（牵引力控制系统）和防盗系统等。安装安全装置能够降低事故发生频率和损失的严重程度。

7）车况。车辆的全生命周期可分为磨合期、正常期和磨损期三个阶段，不同阶段车辆的事故率相差很大。一般而言，车辆事故率大体符合浴盆曲线，**即事故率在新车磨合期较高，随后逐渐下降，在正常期处于较平稳的低事故率阶段，随着车辆的折旧、磨损，车况越来越差，事故率又开始回升。**车辆的维修保养状况也直接影响事故发生的风险，疏于保养或出现故障预警的车辆未及时进行维修处理，将会大大提高发生事故的可能性。

(3) 环境因素分析

1）地理环境。主要包括行驶区域的气候、地形地势与道路交通状况。气候变化（如雨、雪天气等）不仅影响道路交通状况，还影响行人和驾驶人的健康和心情，成为交通事故的诱因。不同的行驶区域使机动车所处的道路环境不同，车辆行驶区域的道路等级、道路安全标志与肇事率密切相关。高等级公路由于路面平坦、管理严格，因而风险相对较小。道路安全标志可以提醒人们避开危险，或进入危险路段应当采取相关防护措施，从而降低事故概率。同时，车辆的行驶范围不同，驾驶人对不同地区的交通规则、地形、地貌等熟悉程度不同，以及在不同地区造成损失承担的赔偿责任不同，车辆的风险状况不同，行驶区域越大，风险程度越大。如果行驶区域比较固定，驾驶人对环境比较熟悉，事故概率一般较低。

2）社会环境。主要包括构成交通环境的人的安全、法制观念和社会治安状况。我国目前许多道路交通事故是由于违反交通法规，如抢道、闯红灯等引起的。提高驾驶人和行人的安全和法律意识，人人熟悉并遵守交通法规，事故发生率就会降低。我国地域广大，各地社会治安状况有很大差别。社会治安好的地方，车辆被盗窃和抢夺的概率就会比较低，风险也就较低。

1.1.4 汽车所有人风险管理

1. 风险管理的含义

风险管理主要研究风险发生规律和风险控制技术。它是指个人、家庭和各种组织对可能遇到的风险进行风险识别、风险估测、风险评价，并在此基础上选择与优化组合各种风险管理技术，对风险实施有效控制和妥善处理风险所致损失的后果，从而以最小的成本获得最大的安全保障的决策及行动过程。例如，对汽车进行定期保养，如定期更换机油、检查散热器是否缺冷却液和蓄电池电解液液面；对各部分机构进行坚固，调整以及润滑；在保障行车安全的行驶速度下行车，不强行超车或会车；在非紧急的情况下不紧急制动、不超载行车等，都会降低汽车使用过程中的风险。

由此可见，汽车所有人风险管理就是汽车所有人（个人、单位或组织）针对自己在用车过程中面临的风险，对其进行正确的估测评价，在此基础上选用适合的风险管理技术，尽量降低风险的发生频率和损失幅度。

2. 汽车所有人风险管理

一般而言，风险管理的基本程序分为风险识别、风险评估、风险决策和风险决策的实施4个环节。

（1）风险识别　风险识别是风险管理的第一步，它是指对企业、家庭或个人面临的和潜在的风险加以判断、归类和对风险性质进行鉴定的过程。即对尚未发生的、潜在的和客观存在的各种风险系统、连续地进行识别和归类，并分析产生风险事故的原因。<u>风险识别的目的有两个：一是用于衡量风险的大小；二是提供最适当的风险管理对策。</u>

（2）风险评估　风险评估是在风险识别的基础上，通过对所收集的大量资料进行分析，利用概率统计理论，估计和预测风险发生概率和损失程度，并决定是否需要采取相应的措施。

（3）风险决策　在确认风险存在，评估其发生的可能性及可能带来的损失后，就需要制订一套相应的办法，以降低所有人的风险，这就是风险决策。在进行风险决策时遵循以下4个原则：

> 1）风险自担（承）原则：着重于如何将风险全部自我承受吸收，并设法在事故发生前或发生后有效降低其冲击力。
> 2）风险规避原则：即设法不去承担风险，而着重于使用何种方式以避免特定风险的打击。
> 3）风险分散原则：即在承担风险的同时分散其影响，将其影响分摊到各个地方，使其影响相互抵消，或设法只承受局部的冲击。
> 4）风险转嫁原则：即权衡如何支付合理的代价，将风险转由自身以外的某特定个人或组织来承担。保险属于风险转嫁的形式之一。

（4）风险决策的实施　这是风险管理过程中的最后阶段。在各种风险管理对策之间作出选择之后，经济实体的决策层应根据所选方案的要求，制订具体的风险管理计划，实行目标管理，并有效地指挥与协调。

风险管理和保险有相同的理论基础，适用的原则和方法在许多方面是一致的。保险人要提高经济效益，就必须加强自身的风险管理。例如，保险人应用风险识别的方法，可以帮助分析哪些风险是可保的，哪些风险是不可保的，从而科学地划定自己的责任范围。又如，利用风险评估的方法帮助合理确定费率，使保险费率达到公平、合理、稳定的水平，从而推动保险业务的发展。在保险业务经营中，更是经常运用风险管理方法，如用避免风险的方法，拒绝接受或注销不良风险；用自留风险的方法，确定合理的自留限额，以避免承担过大的风险；用转移风险的方法，安排保险，以分散风险；用预防风险的方法，引导投保人做好防灾、施救等工作，以减少损失等。

1.2 保险法的基本原则

保险是指投保人根据合同约定，向保险人支付保险费，保险人对于合同约定的可能发生的事故因其发生所造成的财产损失承担赔偿保险金责任，或者当被保险人死亡、伤残、疾病或者达到合同约定的年龄、期限等条件时承担给付保险金责任的商业保险行为。

保险法有四大基本原则，分别是保险利益原则、最大诚信原则、损失补偿原则和近因原则，这些基本原则既是保险立法的依据，又是保险活动中必须遵循的准则，掌握和运用这四大基本原则，对于帮助我们分析、判断保险运营中的实际问题，尤为重要。

▶ 1.2.1 保险利益原则

1. 保险利益的含义与条件

（1）保险利益的含义　保险利益是投保人或被保险人对保险标的具有的法律上承认的（经济）利益，即在保险事故发生时可能遭受的损失或失去的利益就是保险利益。

保险利益产生于投保人或被保险人与保险标的物之间的经济联系，是投保人或被保险人可以向保险人投保的利益，是保险人可提供保险保障的最大额度。它体现了投保人或被保险人对保险标的所具有的法律上承认的利害关系，即投保人或被保险人因保险标的安全存在而受益；因保险标的的损毁、伤害而受到损失。

> 注意：保险利益≠保险标的。保险利益是保险标的的经济内涵，保险标的是保险利益的有形载体。

（2）保险利益的确立条件

1）保险利益必须是合法的利益。合法利益即得到法律认可、符合法律规定、受到法律保护的利益。保险合同是一种民事法律行为，因此，保险利益不得违反法律的强制性规定和社会的公序良俗。如果投保人以非法利益投保，例如以偷来的汽车投保机动车保险，则保险合同无效。

2）保险利益必须是经济利益。所谓经济利益是指投保人或被保险人对保险标的的利益必须是可以用货币计量和估价的。名誉、精神财富等非经济利益不能作为保险利益。这是因为保险的实质是对被保险人遭受的经济损失给予补偿，这种损失是以货币形式计量的。特例：人身保险中，人的生命和身体的价值无法确定，但被保险人的死亡伤残等对被保险人或受益人会产生经济上的影响，这种影响是可以用货币来计量的。

3）保险利益必须是确定的利益。所谓确定的利益是已经确定或可以确定的利益。

① 已经确定：既有利益，即现实中已经存在的利益，如已取得物的所有权和使用权。

② 可以确定：期有利益，指尚未实际获得，但客观上可以实现的利益。期有利益在订立合同时尚未确定，但保险事故发生前或发生时能够确定。如雇主在投保责任保险时不能确定其经济利益，一旦雇员在工作中发生意外事故，由于雇主要承担赔偿责任，其经济利益即可确定。

2. 保险利益的原则

（1）含义　在保险合同订立和履行的过程中，投保人或被保险人对保险标的必须具有保险利益，否则保险合同无效。

（2）法律依据　《中华人民共和国保险法》（以下简称《保险法》）第十二条规定："人身保险的投保人在保险合同订立时，对被保险人应当具有保险利益。财产保险的被保险人在保险事故发生时，对保险标的应当具有保险利益。"

1.2.2　最大诚信原则

1. 最大诚信原则的含义

（1）诚信原则　诚信原则起源于古罗马裁判官采用的一项司法原则，后来逐渐扩展为适用于一切民事权利的行使和民事行为的履行，成为民事法律关系的基本原则之一。诚信原则是世界各国立法对民事、商事活动的基本要求，也是订立各种经济合同的基础。

（2）最大诚信原则　保险合同关系属于民事法律关系的范畴，当然应该遵守诚实信用原则。但由于保险合同的特殊性，通常要求合同双方当事人具有更高程度的诚实信用，习惯上称为"最大诚信"原则。《保险法》第五条规定："保险活动当事人行使权利、履行义务应当遵循诚实信用原则。"

最大诚信原则：保险合同双方当事人在订立合同时及合同有效期内，应依法向对方提供影响对方做出订约和履约决定的全部实质性重要事实，同时绝对信守合同的约定和承诺；否则，受害方可主张合同无效或解除，甚至要求对方赔偿因此而受到的损失。

最大诚信原则是签订和履行保险合同所必须遵守的一项基本原则。

2. 最大诚信原则的内容

最大诚信原则的内容主要包括告知、保证、弃权与禁止反言。其中，告知义务约束保险合同双方，保证主要是约束投保人的，而弃权与禁止反言主要是约束保险人的。

（1）告知

1）含义。保险合同当事人一方在保险合同订立之前、订立之时和合同有效期内，就实质性重要事实向对方所做的口头或书面的陈述。

所谓实质性重要事实，对于保险人来说，是指那些足以影响谨慎的保险人决定是否承保以及确定承保条件或保险费率的事实。

在保险实践中，投保人的告知事项一般有：有关投保人和被保险人的详细情况、有关保险标的的详细情况、风险因素及风险因素增加的情况、以往损失赔付情况等。对于投保人来说，保险人必须告知的重大事实是指足以影响善意的投保人或被保险人是否投保以及投保条件的事实，包括：制定的条款、保险单的具体内容、保险费率及其他条件等。

2）告知的形式。告知的形式有两种，分别是无限告知和询问告知。我国采用询问告知形式。

3）违反告知义务的后果。由于投保人或被保险人违反最大诚信原则的可能性往往大于保险人违反最大诚信原则的可能性，所以要求投保人或被保险人遵循最大诚信原则更严格，投保人或被保险人如果违反了最大诚信原则，则保险人可以主张：

① 解除合同（当影响严重时）。

② 合同无效，不承担赔偿责任、不退还保费（故意不履行）或不承担赔偿责任但退还保费（过失不履行）。

（2）保证

1）含义。保证又称为担保、特约，是人们对某种事项的作为或不作为的允诺。保险合同中的保证是投保人或被保险人在保险期间就某一事项对保险人所做的担保。

2）保证的分类

① 按形式不同分类

a. 明示保证：以条款的形式在保险合同中载明的保证，一般以保证条款的形式载于保险单内。

b. 默示保证：虽然未载明于保险合同，但按照有关法律惯例和国际公约，投保人应保证的事项。默示保证虽然未在保险单中载明，但是被社会所公认，与明示保证具有同等的效力。

② 按性质不同分类

a. 确认保证：又称为认定事项保证，是投保人对过去和现在某一特定事项存在或不存在的保证。这类保证涉及过去与现在，但不涉及将来。

b. 承诺保证：又称为约定事项保证，是投保人对现在和将来某一事项作为和不作为的保证。这类保证涉及现在与将来，但不包括过去。

3）违反保证义务的后果。如前所述，保证是保险合同的一部分，也是订立保险合同的条件和基础，凡是投保方违反保证条款便构成了违反保险合同，不论其是有意还是无意，是否有过失，也不论是否对保险人造成损害，保险人均有权解除合同，不予承担责任。

（3）弃权与禁止反言

1）弃权。合同的一方以明示或默示的方式表示放弃其在保险合同中可以主张的权利，包括解约权和抗辩权。比如，保险代理人知道投保人16岁的儿子驾驶汽车，并且也知道公司不允许这样做，但代理人还是将保险卖给了投保人。在这种情况下，保险人也就放弃了将来拒绝赔偿的权利。再如，保险合同一般规定，若投保人未按期缴纳保险费保险人可以解除合同。但如果保险人收受投保人逾期缴纳的保费，这就可以证明保险人有继续维持合同效力的意思，因此，其本应享有的解约权和抗辩权均视为放弃。

2）禁止反言。合同的一方既然已放弃在保险合同中可以主张的某种权利，日后便不得再向他方主张该种权利。

从理论上说，保险合同双方都存在弃权与禁止反言的问题，但在保险实践上，弃权与禁止反言主要是约束保险人的。保险人或保险代理人出现弃权的现象主要基于两种原因：一是疏忽；二是为了扩大业务或保险代理人为了取得更多的代理手续费。

> **注意**：保险代理人的弃权行为可视为保险人的弃权行为，保险人不得解除保险代理人已承保的不符合保险条件的保单。

▶ 1.2.3 损失补偿原则

1. 损失补偿的一般原则

（1）损失补偿原则的含义与目的　当保险事故发生时，被保险人从保险人所得到的赔偿应正好填补被保险人因保险事故所造成的保险金额范围内的损失。它包括两层含义：其一，保险合同生效后，如果发生保险责任范围内的损失，被保险人有权按照合同的约定，获得全面、充分的赔偿；其二，保险赔偿是弥补被保险人由于保险标的遭受损失而失去的经济利益，被保险人不能因保险赔偿而获得额外的利益。简单地说就是有损失有赔偿；损失多少赔偿多少。

损失补偿原则是保险理赔的基本原则，主要适用于财产保险和其他补偿性保险合同，不适用于给付性保险合同。

确立损失补偿原则的目的在于：真正发挥保险的经济补偿职能；避免将保险演变成赌博行为；防止道德风险的发生。因为保险人给予被保险人的损失赔偿以恢复被保险人在遭受保险事故前的经济状况为准，不允许被保险人因保险事故的发生而获得额外的利益。

（2）损失补偿的限制

1) 以实际损失为限。保险人支付的赔偿不得超过被保险人的实际损失。实际损失应根据发生损失时财产的市场价值（定值保险和重置价值保险除外）来确定，损失多少赔偿多少，以防止被保险人因保险事故而获利。

2) 以保险金额为限。保险金额是保险人承担赔偿或给付责任的最高限额，所以损失补偿只能以保险金额为限，只能低于或等于保险金额。

3) 以保险利益为限。被保险人对遭受损失的财产具有保险利益是被保险人索赔的基础，保险利益是保险保障的最高限度，故所获得的赔偿也不得超过其对受损财产具有的保险利益。

4) 以直接损失为限。除非合同另有约定，保险赔偿只负责被保险人的直接经济损失。

（3）损失补偿的方式

1) 第一损失（危险）赔偿方式。所谓第一损失是指保险金额限度内的损失，超过保险金额的损失称为第二损失。第一损失赔偿方式即在保险金额限度内，按照实际损失赔偿。超过保险金额之外的损失，不予赔偿。也就是第一损失由保险人完全负责，第二损失由被保险人自己负责。计算公式为：

> 当损失金额≤保险金额时，赔偿金额 = 损失金额
> 当损失金额 > 保险金额时，赔偿金额 = 保险金额

这种方式比较简便，但不够准确。由于保险标的遭受损失往往是局部性的，所以采取第一损失赔偿方式对被保险人较有利，而保险人所承担的责任更大，所以采用这种方式的保险合同费率要略高于采取比例赔偿方式的费率。

2) 比例赔偿方式。当保险事故发生后，保险金额与损失按照当时保险财产的实际价值比例计算赔偿金额。

> 赔偿金额 = 损失金额 × 保险保障程度
> = 损失金额 × 保险金额 / 损失时保险财产的实际价值

比例赔偿方式适用于不定值保险。对于超额保险和足额保险，由于保险金额大于或等于保险价值，故保障程度为百分之百，赔偿金额等于损失金额。

3) 限额赔偿方式。是指保险人仅在损失超过一定限额或未达到一定限额时才负赔偿责任。

① 免赔限度赔偿方式是指保险人事先规定一个免赔限度，在损失超过该限度时才予以赔偿。这种方式可以减少保险人因大量的小额赔偿而产生的工作量，同时可增强被保险人的责任感。按免赔方式又分为相对免赔和绝对免赔。机动车保险中采用的是绝对免赔。

② 绝对免赔方式是保险标的的损失程度超过规定的免赔限度时，保险人只对超过限度的那部分损失予以赔偿。如为绝对免赔率，则赔偿金额＝保险金额×（损失率－免赔率）；如为绝对免赔额，则赔偿金额＝损失金额（小于保险金额）－免赔额。保险实务中可能既规定了免赔率又规定了免赔额，此时，赔偿金额＝[min（保险金额，损失金额）－免赔金额]×（1－免赔率）。

4）修理、更换。修理、更换为恢复性的补偿，一般适用于机动车保险。如汽车的玻璃单独破碎险、车身划痕损失险。

2. 损失补偿原则的派生原则

（1）代位求偿

1）代位的含义。代位即取代别人的某种地位。在实务中，保险人的代位权有两种，一是权利代位，即代位求偿权。二是物上代位权，即在保险标的遭受保险事故的损失后，保险人一旦全额履行了对被保险人的赔偿义务，即取得受损标的的所有权，如委付。

2）代位求偿原则的含义。因第三者对保险标的的损害造成保险事故的，保险人自向被保险人赔偿保险金之日起，在赔偿金额范围内取代被保险人的地位行使被保险人对第三者请求赔偿的权利。代位求偿是损失补偿原则的派生原则。

代位求偿的适用范围：代位求偿只适用于财产保险，不适用于人身保险。

3）代位求偿的条件

① 保险标的损失的原因是保险责任事故。否则保险人不负赔偿责任，也不存在代位求偿。

② 保险事故的发生应由第三者承担责任。否则被保险人不具有对第三者的赔偿请求权，也就不可能向保险人转移其赔偿请求权。

③ 被保险人要求第三者赔偿。这既是代位的条件，也是保险人赔偿的条件。首先是代位的条件。如果被保险人不要求第三者赔偿，那就无所谓代位，因为被保险人放弃债权，第三者就不存在债务，代位就没有基础。其次是保险人赔偿的条件。如果在保险事故发生以后、保险人赔偿保险金之前，被保险人放弃对第三者请求赔偿的权利，那么保险人不承担赔偿责任。如果在保险人赔偿之后被保险人未经保险人同意放弃，则该行为无效。

④ 保险人必须事先向被保险人履行赔偿责任。这是保险人取得代位求偿权的时间条件。保险人尚未履行义务时无权取得代位求偿权。

⑤ 保险人只能在赔偿金额限度内行使代位求偿权。如保险人向第三者追偿取得的款项超过赔偿金额，其超过部分必须归还被保险人。这是代位求偿的权限。

> 注意：保险人的代位求偿权与被保险人的损害赔偿请求权相对独立。在被保险人转让赔偿请求权后，对于未完全获得补偿的部分，可以继续向第三者请求赔偿，而这也并不妨碍保险人代位求偿权的行使。

（2）委付

1）委付的含义

① 委付：当保险标的的损失程度符合推定全损时，被保险人表示愿意将其对保险标的的一切权利和义务转移给保险人，要求保险人按照实际全损进行赔付的法律行为。

② 推定全损：保险标的发生事故后，认为实际全损已经不可避免，或者为避免发生实际全损所需支付的费用将超过保险价值，而按全损予以赔偿。

③ 委付的效力：委付一经成立，对保险双方均产生约束力。被保险人有权要求保险人按照合同约定的保险金额全额赔偿。同时必须在委付原因产生之日将保险标的的一切权利和义务转移给保险人。

2）委付的成立条件

① 保险标的推定全损。因为委付包含着全额赔偿和转移保险标的的一切权利义务两重内容，所以必须是在保险标的推定全损时才适用。

② 必须就保险标的的全部提出委付要求。被保险人要求委付必须是针对推定全损的保险标的的全部，如一辆车，就不得仅就保险标的的一部分申请委付。

③ 必须经保险人承诺接受方为有效。保险人可以接受也可以不接受。但委付一经保险人接受，不得撤回。

④ 被保险人必须在法定时限内提出委付申请。

⑤ 被保险人必须将保险标的的一切权利和义务转移给保险人，并且不得附加条件。

▶ 1.2.4 近因原则

1. 近因原则的基本内容

（1）近因　近因是引起保险标的损失的直接的、有效的、起决定作用或支配作用的因素。在保险发展史上，对近因的认定经过了从"时空标准"到"效力标准"的转变。现在，各国在保险立法和实务中普遍认同近因的"近"要以因果关系而非时间或空间关系来划分。即近因不一定指与损害发生时间或空间关系最接近的原因，而是要对损失结果起着决定性作用的原因。

与近因相对应的是远因，引起保险标的损失的间接的、不起决定作用的因素称为远因。在实际工作中，区分近因与远因非常复杂。有时必须结合不同险种的具体规定来确定近因与远因。

（2）近因原则　保险赔偿和保险金给付的先决条件是，造成保险标的损失的近因必须是保险责任事故。若造成保险标的损失的近因属于保险责任范围内的事故，则保险人承担赔付责任；反之，若造成保险标的损失的近因属于责任免除，则保险人不负赔付责任。若兼有保险责任和责任免除，则视不同情况分别处理。

近因原则是保险理赔中必须遵循的一项基本原则，被世界各国保险人在分析损失的原因和处理保险赔付责任时所采用。确立近因原则，有利于正确、合理地判定损害事故的责任归属，从而维护保险双方当事人的合法权益。

2. 近因原则的运用

损失与近因存在直接的因果关系，因而要确定近因，首先要确定损失的因果关系。确定因果关系的基本方法有从原因推断结果和从结果推断原因两种方法。从近因认定和保险责任认定看，可分为下列情况：

（1）损失由单一原因所致　若保险标的的损失由单一原因所致，则该原因即为近因。若该原因属于保险责任事故，则保险人应负赔偿责任；反之，若该原因属于责任免除项目，则保险人不负赔偿责任。

（2）损失由多种原因所致

1）多种原因同时发生。同时发生并不一定在时间上同始同终，而是这些原因之间没有前后继起的关系，是同时存在、共同作用造成损失。

① 如果同时发生导致损失的多种原因均属保险责任，则保险人应负全部损失赔偿责任。

② 如均属责任免除，则保险人不负任何损失赔偿责任。

③ 若多种原因不全属保险责任，则：

a. 对于能区分保险责任和责任免除的，保险人只负保险责任范围所致损失的赔偿责任。

b. 对于不能区分的，有的学者主张不予赔付，有的则主张按公平原则分摊。

2）多种原因连续发生。连续发生指各原因依次发生，后因是前因的必然结果，是前因的合理的连续，各原因之间的因果关系没有中断。这种情况下，以最先发生的原因为近因。

① 如果连续发生导致损失的多种原因均属保险责任，则保险人应负全部损失赔偿责任。

② 如均属责任免除，则保险人免责。

③ 若多种原因不全属保险责任，则：

a. 若前因是保险责任，而后因属于责任免除，由于近因属于保险责任，保险人负赔偿责任。

b. 若前因是责任免除，而后因属于保险责任，由于近因属于责任免除，保险人不负赔偿责任。

3）多种原因间断发生。导致损失的原因有多个，它们是间断发生的。在一连串发生的原因中，有一项新的独立的原因介入，使原有的因果关系链条断裂，并导致损失，则新介入的独立原因是近因。若近因属于保险责任范围的事故，则保险人应负赔偿责任；反之，若近因不属于保险责任范围，则保险人免责。

在保险实践中，由于致损原因的发生与损失结果之间的因果关系错综复杂，判定近因和运用近因原则不是容易的事，需要参照国内外典型案例来分析确定案件的近因。

1.3 机动车保险种类

我国机动车保险业务主要受《保险法》《中华人民共和国道路交通安全法》简称《道路交通安全法》、《机动车交通事故责任强制保险条例》（简称《条例》）等法律、法规的指导。其中，《保险法》是层级较高的人大法律，对财产保险和人身保险等各种保险都具有法律效力。而《机动车交通事故责任强制保险条例》是法律层级相对较低一些的国务院条例，是专门针对车辆保险业务的，具有更强的可操作性。所有从事车险业务的人员都应当认真学习相关条款和规定。

我国的机动车保险分为机动车交通事故责任强制保险（简称交强险）、机动车商业保险和新能源汽车商业保险，机动车商业保险包括商业三者险、车损险、盗抢险、车上人员险等各种主险和附加险，新能源汽车商业保险涵盖了4个主险和15个附加险。

1.3.1 机动车交通事故责任强制保险

机动车交通事故责任强制保险是我国首个由国家法律规定实行的强制保险制度。《机动车交通事故责任强制保险条例》规定：交强险是由保险公司对被保险机动车发生道路交通事故造成受害人（不包括本车人员和被保险人）的人身伤亡、财产损失，在责任限额内予以赔偿的强制性责任保险。交强险主要是承担广覆盖的基本保障。对于更多样、更高额、更广泛的保障需求，则由商业第三者责任险和车辆损失险等保险来解决。例如，消费者在购买交强险后，还可以购买更多责任限额（例如5万元、10万元、15万元或更高）的商业第三者责任险、车辆损失险以及附加全车盗抢险、不计免赔险和玻璃单独破碎险等保险，以获得更高水平的保险保障。

交强险是责任保险的一种。《条例》未正式实施之前，商业机动车第三者责任保险（简称"商业三者险"）按照自愿原则由投保人选择购买。在现实生活中，商业三者险投保比率较低，致使发生道路交通事故后，可能会因为肇事方没有保险保障或支付能力有限，导致受害人得不到及时的赔偿和救治，由此也造成了大量经济赔偿纠纷。因此，国家以法律的形式强制机动车所有人或管理人购买相应的责任保险，以提高三者险的投保面，在最大程度上为交通事故受害人提供及时的基本保障。

《条例》规定，在中华人民共和国境内道路上行驶的机动车的所有人或管理人应当投保交强险。同时规定，机动车所有人、管理人未按照规定投保交强险的，由公安机关交通管理部门扣留机动车，通知机动车所有人、管理人依照规定投保，并处依照规定投保最低责任限额应缴纳的保险费的2倍罚款。

交强险和商业三者险都属于三者险，那么它们有什么不同呢？一是赔偿原则不同。根据《道路交通安全法》的规定，对机动车发生交通事故造成人身伤亡、财产损失的，由保险公司在交强险责任限额范围内予以赔偿；而在商业三者险中，保险公司是根据投保人或被保险人在交通事故中应负的责任来确定赔偿责任。二是保障范围不同。除《条例》规定的个别事项外，交强险的赔偿范围几乎涵盖了所有道路交通责任风险；而商业三者险中，保险公司不同程度地规定有免赔额、免赔率或责任免除事项。三是交强险具有强制性。根据《条例》规定，机动车的所有人或管理人应当投保交强险，同时，保险公司不能拒绝承保、不得拖延承保和不得随意解除合同。四是根据《条例》规定，交强险实行全国统一的保险条款和基础费率，中国银保监会按照交强险业务总体上"不盈利不亏损"的原则审批费率。五是交强险实行分项责任限额。

交强险责任限额是指被保险机动车发生道路交通事故时，保险公司对每次保险事故所有受害人的人身伤亡和财产损失所承担的最高赔偿金额。交强险责任总赔偿限额为20万元，但对各项赔偿限额又做了进一步细分，见表1-1。

表1-1　交强险赔偿限额

赔偿限额	被保险机动车在道路交通事故中有责任	被保险机动车在道路交通事故中无责任
死亡伤残赔偿限额	18万元	1.8万元
医疗费用赔偿限额	1.8万元	1800元
财产损失赔偿限额	2000元	100元

交强险责任限额水平并不是一成不变的，可能会随着国民经济的发展逐步提高。这也是国际通行做法。交强险制度实施一段时间后，中国银保监会将根据国民经济发展水平以及制度实施的具体情况，会同相关部门适时调整责任限额。

交强险的保险期通常为 1 年，仅在以下四种情况下投保人才可投保 1 年以内的短期交强险：一是境外机动车临时入境的；二是机动车临时上道路行驶的；三是机动车离规定的报废期限不足 1 年的；四是国务院保险监督管理机构规定的其他情形。

道路交通事故具有突发性。为了确保交通事故受害人能得到及时有效的救治，《条例》规定，对于驾驶人未取得驾驶资格或者醉酒的、被保险机动车被盗抢期间肇事的、被保险人故意制造道路交通事故的，保险公司应在交强险医疗费用赔偿限额内垫付抢救费用，之后再向致害人追偿。

▶ 1.3.2 机动车商业保险

我国机动车商业保险已经进入市场化运作阶段，各家保险公司推出的机动车商业保险的种类会有差异，但归纳起来可以分为两大类别：主险（基本险）和附加险。主险是指可以独立承保的险种，如车辆损失险、第三者责任险等。附加险不能单独承保，只能附加在主险之上，如自燃损失险、车上人员责任险、玻璃单独破碎险等。

2007 年，中国保险行业协会牵头中国人保（A）、中国平安（B）、太平洋（C）三家保险公司联合制定了 2007 版 A、B、C 三套行业商业车险产品，包括车辆损失险和商业三者险两个险种。各经营商业车险业务的保险公司可选择使用以上三款车险行业条款或自主开发车险条款，并可以在车险行业条款基础上开发补充性车险产品和其他特色车险产品。车险行业条款为消费者提供了标准化的车险产品，产品差异进一步缩小，保障范围、费率结构、费率水平和费率调整系数基本一致，还增强了实务操作的透明度，理赔服务方面的竞争将更加激烈。2007 年 4 月 1 日，各家保险公司正式启用由行业协会制定的 2007 版商业车险条款，2006 版条款同时作废。

2007 版条款降低了投保人理解保险条款的难度，对于条款约定不明确、实务中易引起纠纷的内容，在文字表述上进行了修改。实现了与交强险的进一步衔接。表 1-2 是中国人保（A）、中国平安（B）、太平洋（C）三家保险公司 2007 版保险条款的差异对比。

表 1-2 2007 版三套行业商业车险条款的差异对比

保险公司	机动车保险产品体系				摩托车、拖拉机保险
中国人保（A）	机动车保险条款		特种车保险条款	免税机动车关税责任险	摩托车、拖拉机保险条款
	家庭用车车损险条款	三者险条款	特种车保险条款	免税机动车关税责任险	
	非营运车车损险条款				
	营运车车损险条款				
	全车盗抢险条款				
	附加险（含特约险）条款				
	车上人员责任险条款				车上人员责任险
中国平安（B）	机动车保险条款：总则＋主险、附加险＋通用条款				摩托车、拖拉机保险条款
太平洋（C）	机动车保险条款：三者险条款、车损险条款、车上人员责任险条款、全车盗抢险条款、附加险条款、特约险条款				摩托车、拖拉机保险条款

2015 年 2 月 3 日，保监会发布《关于深化商业车险条款费率管理制度改革的意见》（简称《意见》）。《意见》提出三方面的改革方案：

1）以行业示范条款为主体，创新型条款为补充，建立标准化、个性化并存的商业车险条款体系。

2）以大数法则为基础，市场化为导向，逐步扩大财产保险公司商业车险费率厘定自主权。

3）以动态监管为重点，以偿付能力监管为核心，加强和改善商业车险费率监管。

黑龙江、山东、广西、重庆、陕西在 2015 年 5 月启动改革试点。

2015 年 2 月 4 日，中国保险行业协会发布《2014 版商业车险行业示范条款（征求意见稿）》（简称《新版条款》）及配套单证，向社会公开征求意见。

《新版条款》删除了现行条款责任免除中争议比较大的"驾驶证失效或审验未合格"等 15 项条款，同时将三者险中"被保险人、驾驶人的家庭成员人身伤亡"列入承保范围。《新版条款》还厘清了歧义概念，减少消费者因对条款理解不当造成的纠纷。一方面，进一步明确了保险责任和除外责任的关系；另一方面，明确了"第三者""车上人员"的范围。此外，《新版条款》还将现行的 38 个附加险整合为 11 个附加险，精简优化条款体例，规范优化配套单证，以利于消费者的阅读和理赔。

中国银保监会于 2020 年 9 月 2 日印发了《关于实施车险综合改革的指导意见》，自 2020 年 9 月 19 日起开始施行。在中国银保监会的指导下，中国保险行业协会组织行业力量对 2014 版商业车险示范条款进行了修订完善，在征求多方意见的基础上，形成了《中国保险行业协会机动车商业保险示范条款（2020 版）》等五个商业车险示范条款，并于 2020 年 9 月 3 日印发，供参考使用。

此次商业车险改革及条款修订的主要成果如下：

1）提升交强险保障水平：提高交强险责任限额；优化交强险道路交通事故费率浮动系数。

2）拓展和优化商业车险保障服务：理顺商业车险主险和附加险责任；优化商业车险保障服务；提升商业车险责任限额；丰富商业车险产品。

3）健全商业车险条款费率市场化形成机制：完善行业纯风险保费测算机制；合理下调附加费用率；逐步放开自主定价系数浮动范围；优化无赔款优待系数；科学设定手续费比例上限。

4）改革车险产品准入和管理方式：发布新的统一的交强险产品；发布新的商业车险示范产品；商业车险示范产品的准入方式由审批制改为备案制；支持中小财险公司优先开发差异化的创新产品。

5）推进配套基础建设改革：全面推行车险实名缴费制度；积极推广电子保单制度；加强新技术研究应用。

6）全面加强和改进车险监管：完善费率回溯和产品纠偏机制；提高准备金监管有效性；强化偿付能力监管刚性约束；强化中介监管；防范垄断行为和不正当竞争。

7）明确重点任务职责分工：监管部门要发挥统筹推进作用；财险公司要履行市场主体职责；相关单位要做好配套技术支持。

8）强化保障落实：加强组织领导；及时跟进督促；做好宣传引导。

1.3.3 新能源汽车商业保险

2021年12月14日,中国保险行业协会发布了《新能源汽车商业保险专属条款(试行)》(简称《条款》),由《新能源汽车商业保险示范条款(试行)》、《新能源汽车驾乘人员意外伤害保险示范条款(试行)》组成。

《新能源汽车商业保险示范条款(试行)》有3个主险、13个附加险。主险在结构上与现行的《机动车商业保险示范条款(2020版)》保持一致,包括新能源汽车损失保险、新能源汽车第三者责任保险、新能源汽车车上人员责任保险共3个独立的险种。投保人可以选择投保全部险种,也可以选择投保其中部分险种,附加险不能独立投保。附加险除保留现行的《机动车商业保险示范条款(2020版)》9个附加险外,修改完成了《附加新能源汽车增值服务特约条款》,新增了《附加外部电网故障损失险》《附加自用充电桩损失保险》《附加自用充电桩责任保险》3个示范附加险。

针对"用电安全"和"火灾事故"等消费者关注的热点问题,《条款》明确,新能源汽车损失保险责任涵盖了保险期间内被保险人或被保险新能源汽车驾驶人在使用被保险新能源汽车过程中,因自然灾害、意外事故(含起火燃烧)造成被保险新能源汽车车身、电池及储能系统、电机及驱动系统、其他控制系统、其他所有出厂时的设备的直接损失。同时,新能源汽车第三者责任保险、新能源汽车车上人员责任保险,也将意外事故(含起火燃烧)列入保险责任所覆盖的意外事故之中。使用被保险新能源汽车的"使用"也包括行驶、停放、充电及作业。

1.4 机动车保险合同

1.4.1 机动车保险常用术语

1. 保险常用术语

依据《保险法》,保险常用术语解释如下:

(1) 保险 是指投保人根据合同约定,向保险人支付保险费,保险人对于合同约定的可能发生的事故因其发生所造成的财产损失承担赔偿责任,或者当被保险人死亡、伤残、疾病或者达成合同约定的年龄、期限等条件时承担给付保险金责任的商业保险行为。

(2) 人身保险 是以人的寿命和身体为保险标的的保险。

(3) 财产保险 是以财产及其有关利益为保险标的的保险。

(4) 责任保险 是指以被保险人对第三者依法应负的赔偿责任为保险标的的保险。它是保险人对被保险人由于过失等行为造成他人的财产损失或人身伤亡,根据法律或合同的规定,应对受害者承担的赔偿责任提供经济赔偿。**责任保险具有两种承保方式:独立的责任险和附加的或基本的责任险。**前者指保险人出立专门的独立保单的责任保险,一般分为产品责任保险、公众责任保险、雇主责任保险、职业责任保险。后者与特定的物质财产保险有密切联系,可分为作为一般财产保险的附加险承保和作为一般财产保险的基本险承保。作为附加险的,如船舶碰撞责任保险、飞机旅客责任保险等;作为基本险的,如机动车第三者责任险。

（5）保险人　是指与投保人订立保险合同，并按照合同约定承担赔偿或给付保险金责任的保险公司。

（6）投保人　是指与保险人订立保险合同，并按照合同约定负有支付保险费义务的人。

（7）被保险人　是指其财产或者人身受保险合同保障，享有保险金请求权的人。投保人可以为被保险人。

（8）受益人　是指人身保险合同中由被保险人或者投保人指定的享有保险金请求权的人。投保人、被保险人可以为受益人。

（9）保险合同　是投保人与保险人约定保险权利义务关系的协议。

（10）保险利益　是指投保人或者被保险人对保险标的具有的法律上承认的利益。

（11）保险标的　是指财产及其有关利益。不同的标的因其风险程度不同而保险费率有差异，是确定风险承担和保险利益的重要依据，也是决定保险险种、确定保险金额和选定保险费率的依据。

（12）保险费　投保人按照保险合同的约定向保险人支付的费用。

（13）保险费率　单位保险金额应该收取的保险费。

（14）保险金额　是指保险人承担赔偿或者给付保险金责任的最高限额。

（15）保险价值　经保险合同当事人约定并记载于保险合同中的保险标的的价值，或保险事故发生后保险标的的实际价值。

（16）免赔额　是指由保险人和被保险人事先约定，被保险人自行承担损失的一定比例、金额，损失额在规定数额之内，保险人不负责赔偿。免赔额分为相对免赔额和绝对免赔额两种。相对免赔额是指保险人规定一个免赔额，当保险财产损失程度超过免赔额时，保险人按全部损失赔偿，不作任何扣除。绝对免赔额是指保险人规定一个免赔额，当保险财产受损程度超过免赔额时，保险人扣除免赔额后，只对超过部分负赔偿责任。车险理赔中使用的是绝对免赔额。

（17）免赔率　是指不赔金额与损失金额的比率。免赔率分为相对免赔率与绝对免赔率两种。相对免赔率是指保险人规定一个免赔率，当保险财产损失程度超过免赔率时，保险人按全部损失赔偿，不作任何扣除。绝对免赔率是指保险人规定一个免赔率，当保险财产受损程度超过免赔率时，保险人扣除免赔率后，只对超过部分负赔偿责任。车险理赔中使用的是事故责任免赔率和绝对免赔率。

（18）投保单　投保人为订立保险合同而向保险人提出的书面申请，又称为"要约"。

（19）保险单　保险人对投保人的要约表示同意，并出具书面的合同称为保险单。保险单的内容应当与要约的内容一致，保险单生效时合同成立。

（20）批单　保险人在保险单或其他保险合同上附贴的证明保险合同变更事项的书面文件。批单需由保险人签署。

（21）续保　在保险期满前，投保人或被保险人向保险人提出申请，保险人同意以原合同承保条件或一定附加条件继续承保的行为。

（22）无赔款优待　被保险人或保险标的在一定期限内无赔款，在续保时可享受的保险费折扣。

（23）保险期限　是指保险合同的有效期限，即保险合同从生效到终止的期间。

（24）保险事故　是指保险合同约定的保险责任范围内的事故。

（25）保险索赔　是指保险事故发生后，根据保险合同的约定，被保险人向保险人要求履行赔偿的行为，保险事故的发生是提出保险索赔的前提。

（26）保险理赔　是指在保险事故发生后，保险人根据被保险人的索赔请求，依照保险合同的约定，对保险标的遭受损失或者损害的情况进行调查核实，并予以赔付的行为。

（27）诉讼时效　也叫索赔时效。是指被保险人在保险标的因保险事故而遭受损失后，依据保险合同的有关规定，请求保险人给予经济补偿的法定时效。《保险法》规定：属于人寿保险以外的其他保险，被保险人对保险人请求赔偿的权利，自其知道或者应当知道保险事故发生之日起二年为诉讼时效。

2. 车险常用术语

（1）不定值保险　保险合同当事人在保险合同中未约定保险标的的保险价值的保险。

（2）基本险　又称主险，是指不需附加在其他险别之下的，可以独立承保的险种，简单地说，就是可以独立投保的保险险种称为基本险。

（3）附加险　相对基本险而言，是指附加在主险合同下的附加合同，它不可以单独投保，要购买附加险必须先购买主险。

（4）第三者　相对保险合同双方当事人之外的人或财产等称为"第三者"。

（5）新车购置价　新购置的机动车本车的价格，一般包含车辆购置税。

（6）实际价值　是指投保人根据保险标的的实际价值自行确定，或当事人双方根据保险标的的实际情况协商确定的保险标的的价值。

（7）机动车保险　以机动车本身及其对第三者的赔偿责任为保险标的的保险。

（8）责任保险　是指以被保险人对第三者依法应负的赔偿责任为保险标的的保险。

（9）机动车交通事故责任强制保险　由保险公司对被保险人机动车发生道路交通事故造成本车人员、被保险人以外的受害人的人身伤亡、财产损失，在责任限额内予以赔偿的强制保险。

（10）单方责任事故　没有涉及人伤或其他车辆损坏，仅本保险车辆的损失的责任事故。

（11）直接损失　由风险事故导致的财产本身的损失。

（12）间接损失　由直接损失引起的额外费用损失、收入损失和责任损失等。

（13）全部损失　保险标的在遭受意外而造成标的本身完全损毁或灭失，且不可修复的损失，可分为实际损失、推定损失、协议损失。

（14）部分损失　保险标的遭受意外损坏但其受损程度未达到全损程度的，经修复可恢复原来状态或功能的损失。

（15）施救费用　保险事故发生后，被保险人或其代理人在施救过程中所发生的必要的、合理的费用。

（16）查勘　保险人对保险事故的性质、经过、原因、损失程度和责任认定等方面进行的调查，包括非现场调查和现场查勘。

（17）定损　确定保险标的的实际损失的过程。

（18）核赔　被保险人提出索赔请求后，保险人对索赔资料进行认定、审核、调查，作出赔付或拒赔决定的过程。

(19) 理算　在核赔过程中，保险人确定赔付保险金数额的过程。

(20) 缮制　指的是理算缮制，就是保险公司的理算人员根据前期定损人员的定损结果，结合客户保单的投保险种、案件性质、单据等，做出理算单，理算出客户这起事故保险公司应该赔付的金额。

▶ 1.4.2　机动车保险合同

1. 保险合同的概念

合同（也称契约）是平等主体的当事人为了实现一定的目的，以双方或多方意思表示一致设立、变更和终止权利义务关系的协议。

《保险法》第十条规定："保险合同是投保人与保险人约定保险权利义务关系的协议。"

保险合同的当事人是投保人和保险人；保险合同的内容是保险双方的权利义务关系。根据保险合同的约定，收取保险费是保险人的基本权利，赔偿或给付保险金是保险人的基本义务。与此相对应，交付保险费是投保人的基本义务，请求赔偿或给付保险金是被保险人的基本权利。

保险合同属于一种民商合同，其设立、变更和终止的是具有保险内容的民事法律关系。因此，保险合同不仅适用于《保险法》，也适用于《民法通则》等。

机动车保险合同是保险合同的一种，《保险法》关于保险合同的一般规定，包括合同订立、变更、解除以及保险合同双方当事人的权利义务关系等基本内容，对机动车保险合同的订立、变更等行为同样是适用的。不过，机动车保险业务活动毕竟与其他的具体险种合同行为存在差别，知道并掌握这些差别，对于正确投保机动车保险具有十分重要的意义。

1) 汽车的保险价值，可以由投保人和保险人约定并在保险合同中载明，也可以按照保险事故发生时汽车的实际价值确定。投保机动车保险时，车辆损失险的保险金额不能超过保险价值，超过保险价值的，超过部分无效；保险金额低于保险价值，保险人按照保险金额与保险价值的比例承担赔偿责任。这就是说，保险金额定得太高，超出了保险价值，多投保的那一部分，投保人也不能多得；如果保险金额定得太低，投保人的损失将得不到足额补偿。

2) 如果汽车的损毁是因第三者造成的保险事故引起，保险人自向被保险人赔偿保险赔款之日起，在赔款金额范围内代位行使被保险人对第三者请求赔偿的权利。如果被保险人已经从第三者取得部分损害赔偿的，保险人在赔偿保险赔款时，可以相应扣减被保险人从第三者已取得的赔款金额。若汽车的损毁是因第三者造成的事故引起的，被保险人不能放弃对第三者的请求赔偿权利。如果放弃了这种请求赔偿权利，不仅这种行为无效，而且保险人不承担赔偿保险责任，或者保险人可以相应扣减保险赔偿金。在机动车保险实际业务中，被保险人碍于情面，或者认为反正有保险公司的赔偿，轻率地放弃对事故责任方的索赔权，而导致保险人拒赔或引发保险纠纷的事例，不胜枚举。因此，被保险人对《保险法》的内容不可等闲视之。

2. 机动车保险合同的特征

(1) 机动车保险合同是有名合同　无名合同是法律尚未确定名称和规范的合同；有名合同是法律直接赋予某种合同以名称并规定了调整规范的合同。在我国，机动车保险被赋予了"机动车保险"的名称，它是保险合同中的一种重要合同，是有名合同。

(2) 机动车保险合同是有偿合同　订立保险合同是双方当事人有偿的法律行为，保险合同是有偿合同。保险合同的一方享有合同的权利，必须为对方付出一定的代价，这种相互的报偿关系称为对价。机动车保险合同以投保人支付保险费作为对价换取保险人来承担风险。投保人的对价是支付保险费，保险人的对价是承担保险事故风险，并在保险事故发生时承担给付保险金或赔偿损失的义务，这种对价是相互和有偿的。

（3）机动车保险合同是双务合同　任何合同对双方当事人都是法律行为，双方都有义务履行合同，所以是双务合同。当事人双方的义务与享有的权利是互为联系、互为因果的，交纳保险费是保险合同生效的先决条件。投保人在承担支付保险费的义务后，机动车保险合同生效，被保险人在保险汽车发生保险事故时，依据保险合同享有请求保险人支付保险金或补偿损失的权利。同样，保险人在收取投保人保险费后，就必须履行保险合同所规定的赔偿损失义务。因此，保险人和投保人或被保险人的权利与义务互为因果，机动车保险合同是双务合同。

（4）机动车保险合同是最大诚信合同　任何合同的订立和履行都应遵守诚实信用的原则。但是，由于保险双方信息的不对称性，保险合同对诚信的要求远远高于其他合同。因为，保险标的在投保前或投保后均在投保方的控制之下，而保险人通常只是根据投保人的告知来决定是否承保以及承保的条件。此外，投保方对保险标的的过去情况、未来的事项也要向保险人做出保证。所以，投保人的道德因素和信用状况对保险经营来说关系极大。另外，保险经营的复杂性和技术性使保险人在保险关系中处于有利地位，而投保人处于不利地位。这就要求保险人在订立保险合同时，应向投保人说明保险合同的内容；在约定的保险事故发生时，履行赔偿或给付保险金的义务等。所以，保险合同较一般合同对当事人的诚实信用的要求更为严格，故称为最大诚信合同。

机动车保险合同作为保险合同的一种，也是最大诚信合同。机动车保险合同自投保人正式向保险人提出签订合同的要约后，就必须将机动车保险合同中规定的要素如实告知保险人。作为投保人，应当将汽车本身的情况如实告知保险人，或者如实回答保险公司提出的问题，不得隐瞒；而保险人也应将保险合同的内容及特别约定事项、免赔责任如实向投保人进行解释，不得误导或引诱投保人参加机动车保险。

（5）机动车保险合同是射幸合同　射幸合同是合同的效果在签订时不能确定的合同，即合同当事人一方并不必然履行赔偿或给付义务，而只有当合同中约定的条件具备或合同约定的事件发生时才履行。机动车保险合同是一种典型的射幸合同。机动车保险合同的射幸性表现为投保人以支付保险费为代价，买到了一个将来的可能补偿的机会。如果在保险期限内，保险汽车发生保险责任事故造成了损失，被保险人在保险人处得到的赔偿就可能远远超过投保人所支付的保险费；如果在保险期限内没有保险事故发生，被保险人只支付保险费而没有任何收入。对于保险人来说，情况正好相反，当发生较大的保险事故时，其所赔付的保险金可能远大于所收取的保险费；如果没有保险事故发生，他只有收取保险费的权利而没有赔付的义务。

机动车保险合同的射幸性特征，即机会性特征，是由机动车保险责任事故发生的偶然性决定的。这种射幸性仅局限于单个机动车保险合同。对于保险人全部承担的机动车保险合同而言，保险人所收取的保险费总额，原则上应当等于所付的赔偿债务和运营支出之和。所以，对于保险人的整个机动车保险业务而言是不存在机会性和偶然性的。

（6）机动车保险合同是附和合同　附和合同是指其内容不是由当事人双方共同协商拟定，而是由一方当事人事先拟定，另一方当事人只是作出是否同意的意思表示的一种合同。

保险合同可以采用保险协议书、保险单或保险凭证的形式订立。在采用保险单和保险凭证形式时，保险条款已由保险人事先拟订，当事人双方的权利义务已规定在保险条款中，投保人可以与保险人协商，增加特别约定条款，或对保险责任进行限制或扩展，但一般不能改变保险条款的基本结构和内容。

3. 机动车保险合同的主体和客体

（1）机动车保险合同的主体　保险合同的主体是指具有权利能力和行为能力的保险关系双方，包括保险合同的当事人和关系人。

1）机动车保险合同的当事人是指参加车辆保险合同法律关系、享有权利、承担义务的人，包括投保人和保险人。投保人和保险人通过订立保险合同，依法设定了双方的权利义务关系，从而成为保险合同的主体。

① 投保人。投保人就是为汽车办理保险并支付保险费的团体或个人。一般的投保人是汽车的所有者或使用者，当然投保人不一定是车主本人。

② 保险人。保险人是与投保人订立机动车保险合同，对于合同约定的可能发生的事故因其发生造成汽车本身损失及其他损失承担赔偿责任的财产保险公司。保险人有权决定是否承保，有权要求投保人履行如实告知义务，有权代位追偿、处理赔偿后损余物资。同时也有按规定及时赔偿的义务。

2）机动车保险合同的关系人。机动车保险合同是财产保险合同的一种，所以机动车保险合同的关系人是被保险人。

① 被保险人的特征。被保险人又称"保户"，是指其财产或人身受保险合同保障，享有保险金请求权的人。在机动车保险合同中，被保险人一般是指汽车的所有人或对其具有利益的人，也就是车主。

② 投保人和被保险人的关系。

a. 相等关系。在机动车保险中，投保人以自己的汽车投保，投保人同时也是被保险人。

b. 不等关系。投保人以他人的汽车投保，保险合同一经成立，投保人与被保险人分属两者。被保险人是保险事故发生而遭受损失的人，具有请求赔偿的权利，而投保人则没有。

（2）机动车保险合同的客体　保险利益是保险合同的客体，保险标的是保险利益的载体。机动车保险利益是指投保人对投保车辆所具有的实际或法律上的利益，如果该利益丧失，将使之蒙受经济损失。

> 机动车保险利益具体表现在财产利益、收益利益、责任利益与费用利益四个方面。
> 1）财产利益包括汽车的所有利益、占有利益、抵押利益、留置利益、担保利益及债权利益。
> 2）收益利益包括对汽车的期待利益、营运利益、租金利益等。
> 3）责任利益包括汽车的民事损害赔偿责任利益。
> 4）费用利益是指施救费用利益及救助费用利益等内容。

4. 机动车保险合同的形式

在保险实务中，为了便于当事人双方履行合同，特别是在保险事故或事件发生后，能够为被保险人索赔和为保险人承担保险责任提供法律依据，避免日后发生纠纷，也为了便于举证，如无特殊情况，保险合同通常采用书面形式。**书面形式的保险合同包括投保单、保险**

单、暂保单、保险凭证和批单等。

(1) 投保单　投保单（又称要保单）是投保人向保险人申请订立保险合同的书面要约。投保单一般由保险人按照统一格式事先印刷，通常为表格形式。投保单所列项目因险种不同而有所区别，投保人应按照表格所列项目逐一填写并回答保险人提出的有关保险标的的情况和事实。投保单一经保险人接受并签章，即成为保险合同的组成部分。

(2) 保险单　保险单也称保单，是指保险合同成立后，保险人向投保人（被保险人）签发的正式书面凭证。保险单由保险人制作，经签章后交付给投保人。根据《保险法》第十三条的规定，保险合同成立后，保险人应当及时向投保人签发保险单或其他保险凭证，保险单或其他保险凭证应载明当事人双方约定的合同内容。

> 保险单包括以下四部分：
> 1) 声明事项。即投保人应向保险人说明的具体事项，如被保险人名称（姓名）及住所、保险标的及其所在地、保险价值及金额、保险期限、危险说明及承诺的义务。
> 2) 保险事项。即保险人责任范围，指保险人所承担的保障风险项目，包括损失赔偿、责任赔偿、费用负担（施救、救助、诉讼费用等），以及保险金给付的一些规定。
> 3) 除外责任。即免除保险人责任的事项，包括道德风险、特殊风险以及保险标的物的原有品质不良和缺陷等。
> 4) 条件事项。即保险合同当事人双方享受权利时所应承担的义务。例如，保险单的变更、转让、注销、索赔期限、索赔手续、代位追偿、争议处理等，在保险单上都有明确的规定，保险当事人双方必须遵守，不得违反。

保险单具有下述法律意义：①证明保险合同的成立；②确立保险合同内容；③明确当事人双方履行保险合同的依据；④具有证券作用。

(3) 暂保单　暂保单也称临时保险单，是指由保险人在签发正式保险单之前，出立的临时保险凭证。暂保单的内容比较简单，一般只载明被保险人、保险标的、保险金额、险种等重要事项以及保险单以外的特别保险条件。**暂保单的有效期一般为30天**。有关保险双方当事人的权利义务，都以保险单的规定为准。

(4) 保险凭证　保险凭证也称"小保单"，是保险人向投保人签发的证明保险合同已经成立的书面凭证，是一种简化了的保险单。保险凭证的法律效力与保险单相同，只是内容较为简单，实践中只在少数几种保险业务，如货物运输保险、机动车保险及第三者责任保险中使用。另外，在团体保险中也使用保险凭证，即在主保险单之外，对参加团体保险的个人再分别签发保险凭证。

(5) 批单　批单又叫背书，是保险双方当事人协商修改和变更保险单内容的一种单证，也是保险合同变更时最常用的书面单证。批单实际上是对已签订的保险合同进行修改、补充或增减内容的批改，一般由保险人出具。批单列明变更条款内容事项，必须由保险人签章，一般附贴在原保险单或保险凭证上。批单的法律效力优于原保险单的同类款项。凡经批单改过的内容均以批单为准；多次批改，应以最后批改为准。批单也是保险合同的重要组成部分。

5. 保险合同的转让

保险标的转让的，保险标的的受让人承继被保险人的权利和义务。被保险人或者受让人应当及时通知保险人，但货物运输保险合同和另有约定的合同除外。若被保险人、受让人未履行通知义务，因转让导致保险标的危险程度显著增加而发生的保险事故，保险人不承担赔偿保险金的责任。

因保险标的转让导致危险程度显著增加的，保险人自收到被保险人或者受让人通知之日起 30 日内，可以按照合同约定增加保险费或者解除合同。保险人解除合同的，应当将已收取的保险费，按照合同约定扣除自保险责任开始之日起至合同解除之日止应收的部分后，退还投保人。

6. 保险合同的解除

保险合同的解除是指保险合同有效期间，当事人依法律规定或合同约定提前终止合同效力的一种法律行为。解除方式有以下两种：

（1）法定解除　指法律赋予合同当事人的一种单方解除权。

（2）协议解除　又称约定解除，是指当事人双方经协商同意解除保险合同的一种法律行为。

7. 保险合同的终止

保险合同终止是指某种法定或约定事由的出现，致使保险合同当事人双方的权利义务归于消灭。主要原因有合同的期限届满、履行完毕、主体消灭等。

8. 机动车保险合同争议的处理方式

保险合同争议的处理方式有三种：协商、仲裁、诉讼。

1.5　机动车保险理赔

机动车保险理赔是指被保险人依据机动车保险合同的约定，对被保险人提出的赔偿金索赔请求进行处理的行为和过程。做好机动车保险理赔工作，对于维护被保险人的利益，加强机动车的经营和管理，提高保险企业的信誉和效益，具有十分重要的意义。

1.5.1　机动车保险理赔的含义

机动车保险理赔就是当被保险人或其允许的合法驾驶人在使用被保险机动车过程中发生保险事故时，因被保险人或责任保险的受害人提出索赔申请，保险人依据保险合同的约定及相关法律法规，审核、认定保险责任、确定损失项目与金额并给付赔偿金的行为。

简单地说，理赔就是赔偿金申请、审核、给付的过程。

1.5.2　机动车保险事故处理流程

机动车保险事故处理涉及两类情况，一类是交强险事故的处理，另一类是商业保险事故的处理。进行事故处理时，应首先按照交强险规定进行理赔，对于超过交强险各分项赔偿限额的部分再按照商业保险相关条款负责赔偿。机动车交通事故责任强制保险是由国家法律规定实行的强制保险制度。国家主管部门制定了《交强险理赔实务规程》《交强险互碰赔偿处理规则》《交强险财产损失"互碰自赔"处理办法》等规范性文件，对交强险的保险范围、查勘理赔程序、赔偿限额等有统一、详细、规范的规定。而机动车商业保险事故处理流程并没有统一的规定，各保险公司商业保险事故处理具体的流程并不完全一样，但基本流程是相似的。

1. 机动车商业保险理赔流程

机动车商业保险理赔流程如图 1-2 所示。

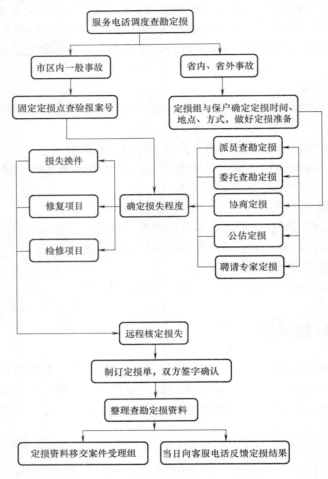

图 1-2　机动车商业保险理赔流程

2. 机动车商业保险理赔简化流程

机动车商业保险理赔简化流程可分为 5 个步骤，即受理案件—现场查勘—损失确定—赔款理算—赔付结案。

（1）受理案件

1）接受报案。机动车发生保险事故后，被保险人应及时向保险公司报案。及时报案是被保险人履行合同义务的一个重要内容，一般来说，除不可抗力外，被保险人应在保险事故发生后 48h 内通知保险公司。《保险法》第二十一条规定，投保人、被保险人或者受益人知道保险事故发生后，应当及时通知保险人，否则造成损失无法确定或扩大的部分，保险人不承担赔偿责任。保险公司及时地受理案件，早期进行调查，容易掌握事故的真实原因，利于尽快确定案件损失，履行赔偿责任。

① 报案方式。一般，保险人都向被保险人提供了多种便捷、畅通的报案渠道。通常被保险人报案时可采取的报案方式有客户上门报案、客户电话报案、客户传真方式报案等。其

中电话报案方式快捷方便，是最常用的报案方式，各大保险公司也提供了全国统一的报案电话，如人保 95518、太保 95500、平保 95512 等。

② 报案部门。被保险人报案时，可向保险公司的理赔部门或客户服务中心报案，也可向保险公司的经营单位或者业务人员或保险公司的代理人等处报案。对于在外地出险的车辆，如果保险人在出险当地有分支机构的，被保险人可以直接向保险人的当地分支机构报案。

③ 报案记录。无论是电话报案，还是上门报案，保险公司应对报案的一些内容进行记录，记录的主要内容包括：

a. 记录报案人、被保险人、驾驶人的姓名和联系方式。

b. 记录出险的时间、地点、简单原因、事故形态等案件情况。

c. 记录保险车辆的情况，如厂牌、车型、牌照等。如涉及第三方车辆的，也需要询问第三方车辆的车型、牌照等信息，根据这些信息查询第三方车辆是否为同一公司系统内承保的车辆，如果是且在事故中负有一定比例的事故责任，则一并登记，进行报案处理。

d. 记录保单号码，以便查询保单信息，核对承保情况。

2）出险通知。业务人员在受理报案的同时，应向被保险人提供"保险车辆出险通知书"和"索赔须知"，并指导其据实详细填写"保险车辆出险通知书"。若被保险人用电话报案，应在事后补填出险通知书。

一般出险通知书应包括以下内容：

① 保险单证号码。

② 被保险人名称、地址及电话号码。

③ 保险汽车的种类及厂牌型号、生产日期、第一次申领牌照日期、牌照号码、发动机号码等。

④ 驾驶人情况，包括姓名、住址、年龄、婚否、驾驶证号码、驾龄和与被保险人的关系等。

⑤ 出险时间、地点。

⑥ 出险原因及经过，包括事故形态，如正面碰撞、侧面碰撞、追尾碰撞、倾覆、火灾、失窃等；事故原因，如超速、逆向行车、倒车不当等；发生事故前车辆的动态，如行驶方向、行驶速度、超车、转弯等；撞击部位，如车头、车中、车尾等。

⑦ 涉及的第三者情况。第三者的财产损失包括其姓名、住址、电话号码，以及第三者车辆损失情况，或其他财产损失情况；涉及第三者伤害的包括伤亡者姓名、性别、受伤情形和救治的医院等。

⑧ 处理事故的交通管理部门名称，经办人姓名及电话号码等。

⑨ 被保险人签章与日期。

3）查核保单信息。根据保单号码，查询保单信息，核对承保情况。如：根据保单信息，查验出险时间是否在保险期限内，出险时间是否接近保险期限起讫时间，与上起案件报案时间是否比较接近；查明投保人投保了哪些险种，是否存在不足额投保，是否已经缴费；核对驾驶人是否为保单中约定的驾驶人，并初步审核报案人所述事故原因与经过是否属于保险责任等。对于明显不属于保险责任的情况，应向客户明确说明，并耐心细致地向客户做好解释工作。对属于保险责任范围内的事故和不能明确确定拒绝赔偿的案件，应登入保险车辆报案登记簿，并立即调度查勘人员赶赴现场，同时通知查勘人员进一步了解有关情况。

4）立案。对于符合保险合同条件的案件，业务人员应进行立案登记，正式确立案件，统一编号，对其进行程序化的管理。对不符合保险合同条件的案件，应在出险通知书和机动车保险报案、立案登记簿上签注"因×××不予立案"，并向被保险人做出书面通知和必要的解释。本地公司承保车辆在外地出险，接到出险地公司通知后，应将代查勘公司名称登记。

受理案件结束后，由查勘定损人员进行现场查勘与定损。

（2）现场查勘　现场查勘是指用科学的方法和现代技术手段，对交通事故现场进行实地验证和查询，将所得的结果完整准确地记录下来的工作过程。现场查勘是查明事故真相的根本措施，是分析事故原因和认定事故责任的基本依据，也为事故损害赔偿提供证据。所以，现场查勘应公正、客观、严密地进行。

查勘定损人员接案后，应迅速做好查勘准备，尽快赶赴事故现场，会同被保险人及有关部门进行现场查勘工作。现场查勘工作必须由两位以上查勘定损人员参加，尽量查勘第一现场。如果第一现场已经清理，必须查勘第二现场，调查了解有关情况。现场查勘的主要内容如下：

1）查明出险时间。为核实出险时间，应详细了解车辆启程或返回的时间、行驶路线、伤者住院治疗的时间。对涉及车辆装载货物出险的，还应了解委托运输单位的装卸货物时间等。对接近保险起止时间的案件应特别注意查实，排除道德风险因素。

2）查明出险地点。对擅自移动出险地点或谎报出险地点的，要查明原因。

3）查明出险车辆情况。查明出险车辆的车型、牌照号码、发动机号码、车架号码、行驶证，并与保险单或批单核对是否相符，查实车辆的使用性质是否与保险单记载的一致。如果是与第三方车辆发生事故，应查明第三方车辆的基本情况。

4）查明驾驶人情况。查明驾驶人姓名、驾驶证号码、准驾车型、初次领证时间等。注意检查驾驶证的有效性，是否为被保险人或其允许的驾驶人等。

5）查明事故原因。这是现场查勘的重点，要深入调查，利用现场查勘技术进行现场查勘，索取证明，收集证据，全面分析。凡是与事故有关的重要情节，都要尽量收集以反映事故全貌。对于所查明的事故原因，应说明是客观因素还是人为因素，是车辆自身因素还是车辆以外因素，是不是故意违法行为。当发现是酒后驾车、驾驶证与所驾车型不符等嫌疑时，应立即协同公安交通管理部门获取相应证人证言和检验证明等。对于重大复杂或有疑问的理赔案件，要走访有关现场见证人或知情人，了解事故真相，做出询问记录，载明询问日期和被询问人地址并由被询问人确认签字。对于造成重大损失的保险事故，如果事故原因存在疑点且难以断定的，应要求被保险人、造成事故的驾驶人、受损方对现场查勘记录内容确认并签字。

6）施救整理受损财产。现场查勘人员到达事故现场后，如果险情尚未控制，应立即会同被保险人及其有关部门共同研究，确定施救方案，采取合理的施救措施，以防损失进一步扩大。保险车辆受损后，对于当地的修理价格合理，应安排就地修理，不得带故障行驶。对于当地修理费用过高需要拖回本地修理的，应采取防护措施，拖拽牢固，以防再次发生事故。如果无法修复的，应妥善处理汽车的残值部分。

7）核实损失情况。查清受损车辆、承运货物和其他财产的损失情况及人员伤亡情况，查清事故各方所承担的事故责任比例，确定损失程度。同时，应核查保险车辆有无重复保险情况，以便理赔计算时分摊赔款。

现场查勘结束后，查勘人员应按照上述内容及要求认真填写现场查勘记录。如果可能，应力争让被保险人或驾驶人确认签字。

（3）损失确定　根据保险合同的规定和现场查勘的实际损失记录，在尊重客观事实的基础上，确定保险责任，然后开展事故定损和赔款计算工作。

损失确定包括车辆损失、人身伤亡费用、其他财产损失等内容。车辆损失主要是确定维修项目的工时费用和换件项目的价格；人身伤亡费用按道路交通事故的相关规定进行计算即可；其他财产损失一般按实际损失通过与被害人协商确定。

（4）赔款理算　理算是保险公司按照法律和保险合同的有关规定，根据保险事故的实际情况，核定和计算应向被保险人赔付金额的过程。理算工作决定保险人向被保险人赔偿数额的多少与准确性，因此，保险公司理赔人员应本着认真、负责的态度做好理算工作，确保既维护被保险人的利益，又维护保险公司的利益。

理算工作的开展需以被保险人提供的单证为基础，首先核对单证的真实性、合法性和合理性；然后理算人员对车辆损失险、第三者责任险、附加险及施救费用等分别计算赔偿金额。计算完赔款以后，要缮制赔款计算书。赔款计算书应该分险别项目计算，并列明计算公式。赔款计算应尽量用计算机出单，应做到项目齐全、计算准确。业务负责人审核无误后，在赔款计算书上签署意见和日期，然后送交核赔人员。在完成各种核赔和审批手续后，转入赔付结案程序。

（5）赔付结案　业务人员根据核赔的审批金额，填发"赔款通知书"及赔款收据，被保险人在收到"赔款通知书"后在赔款收据上签章，财会部门即可支付赔款。在被保险人领取赔款时，业务人员应在保险单证、副本上加盖"×××年××月××日出险，赔款已付"字样的印章。

赔付结案时，应进行理赔单据的清分。**一联赔款收据交被保险人；一联赔款收据连同一联赔款计算书送会计部门作付款凭证；一联赔款收据和一联赔款计算书或赔案审批表，连同全案的其他材料作为赔案案卷。**

被保险人领取赔款后，业务人员按照赔案编号，输录"保险车辆赔案结案登记表"，同时在"报案、立案登记簿"备注栏中注明赔案编号与日期，作为续保时是否给付无赔款优待的依据。

被保险人领取赔款后，保险人要进行理赔案卷的整理。理赔案卷应按照一案一卷整理、装订、登记。赔款案卷应单证齐全，编排有序，目录清楚，装订整齐，照片与原始单证应粘贴整齐并附必要的说明。一般的理赔案卷单证包括赔款计算书、赔案审批表、出险通知书、汽车保险单及批单的抄件、事故认定书、判决书或其他出险证明文件、现场查勘报告、保险车辆定损协议书及其财产损失清单、询报价单、第三者及车上人员伤亡的费用清单、照片、有关原始单据、权益转让书，以及其他有关的证明与材料等。

★ 本 章 小 结 ★

1. 风险是指在某一个特定时间段里，人们所期望达到的目标与实际出现的结果之间产生的距离。

2. 保险所承担的风险简称可保风险。保险一般只保障纯粹的风险，对有可能获利的投机风险一般是不承保的。可保风险是个相对的概念，它是对一定时期的保险市场而言的。既不是一切纯粹风险都可以承保，也不是投机风险一概都不予承保，而是根据保险市场的供需关系决定的，即投保人对保险商品有需求、保险人对保险商品供给附有条件。

3. 保险法有四大基本原则，分别是保险利益原则、最大诚信原则、损失补偿原则、近因原则，这些基本原则是保险立法的依据，又是保险活动中必须遵循的准则。

4. 我国的机动车保险分为机动车交通事故责任强制保险（简称"交强险"）和机动车商业保险，机动车商业保险又包括商业第三者责任险、车辆损失险、全车盗抢险、车上人员责任险等各种主险和附加险。

5. 保险合同的当事人是投保人和保险人；保险合同的内容是保险双方的权利义务关系。根据保险合同的约定，收取保险费是保险人的基本权利，赔偿或给付保险金是保险人的基本义务。与此相对应，交付保险费是投保人的基本义务，请求赔偿或给付保险金是被保险人的基本权利。

6. 机动车保险事故处理涉及两类情况，一类是交强险事故的处理，另一类是商业保险事故的处理。处理事故时，应首先按照交强险规定进行理赔，对于超过交强险各分项赔偿限额的部分再按照商业保险相关条款负责赔偿。

习　题

1. 对于机动车交通事故责任强制保险，甲说：该保险的保险期由双方约定，可以是一年或多年。乙说：被保险人是指投保人，其他驾驶人不能视为被保险人。以下（　　）选项是正确的。

（A）只有甲正确　　（B）只有乙正确　　（C）甲乙都正确　　（D）甲乙都不正确

2. 甲说：被保险车辆的轮胎在行驶中被钉子扎坏属于保险赔偿范围；乙说：被保险车辆在碰撞中引起的轮胎损坏属于保险赔偿范围。以下（　　）选项是正确的。

（A）只有甲正确　　（B）只有乙正确　　（C）甲乙都正确　　（D）甲乙都不正确

3. 甲说：车辆在发生事故后，车主有权利自己选择修理厂，保险公司不能强制车主到定点修理厂修理；乙说：修理厂的估损员可以按照车主的要求将保险免赔额算到保险理赔额中。以下（　　）选项是正确的。

（A）只有甲正确　　（B）只有乙正确　　（C）甲乙都正确　　（D）甲乙都不正确

4. 一辆汽车在交通事故责任强制保险有效期内发生事故，交警检测发现驾驶人属醉酒驾车，保险公司按照以下（　　）方式进行处置最得当。

（A）不予赔偿

（B）仅在强制保险责任限额范围内对被保险车辆的损失进行赔偿

（C）仅在强制保险责任限额范围内对受伤的人员进行赔偿

（D）先在强制保险责任限额范围内垫付抢救费用，然后向被保险人追偿

5. 在对事故车进行查勘定损时，如果发现事故车已超过（　　）未经车管部门检验即

视为报废汽车。

(A) 半年 　　　　(B) 一年 　　　　(C) 二年 　　　　(D) 三年

6. 保险估损人员在对一辆事故车进行现场查勘时，发现其车牌号与行驶证中的牌号不同，对于这种情况，以下说法中（　　）是正确的。

(A) 只要其保险合同在有效期内就应当正常理赔

(B) 应当先教育车主，然后再理赔

(C) 应当先查验是否有合法的号牌，然后再决定是否理赔

(D) 应当保留好证据，不予理赔

7. 甲说：2007版商业车险中，各家保险公司的附加险以统一面目亮相。车险产品差异化缩小；乙说：2007版机动车保险附加险险种包括玻璃单独破碎险、车身划痕损失险、自燃损失险、车辆停驶损失险、代步车费用险等。以下（　　）选项是正确的。

(A) 只有甲正确　　(B) 只有乙正确　　(C) 甲乙都正确　　(D) 甲乙都不正确

8. 甲说：交强险合同中的受害人是指因被保险机动车发生交通事故遭受人身伤亡或者财产损失的人；乙说：还包括被保险机动车本车车上人员、被保险人。以下（　　）选项是正确的。

(A) 只有甲正确　　(B) 只有乙正确　　(C) 甲乙都正确　　(D) 甲乙都不正确

9. 甲说：在保险行业中，降雨量达 16mm/h 以上的为暴雨；乙说：连续 12h 降雨量达 30mm/h 以上，或连续 24h 降雨量达 50mm/h 以上的为暴雨。以下（　　）选项是正确的。

(A) 只有甲正确　　(B) 只有乙正确　　(C) 甲乙都正确　　(D) 甲乙都不正确

10. 甲说：因履行交强险合同发生争议的，由合同当事人协商解决。协商不成的，提交保险单载明的仲裁委员会仲裁；乙说：也可以直接向人民法院起诉。以下（　　）选项是正确的。

(A) 只有甲正确　　(B) 只有乙正确　　(C) 甲乙都正确　　(D) 甲乙都不正确

第2章

车辆识别基础

本章学习目标:

1. 了解主要汽车企业、车型及零部件供应商。
2. 了解我国汽车的常用分类标准。
3. 掌握车辆识别代号(VIN)知识。
4. 熟悉车辆手续识别知识。

在对车辆进行承保、理赔或修理时,正确识别车辆是重要环节之一,只有搞清楚客户的车辆是哪个厂家生产的,是哪年生产的,是什么车型,装配了什么发动机、变速器等问题,才能根据这些信息查询到正确的零件价格和工时数据以及维修保养信息。因此,汽车保险估损从业人员应当系统学习并掌握车辆识别相关知识。

2.1 汽车企业与车型

2.1.1 国外主要厂家和车型

国外主要的汽车厂家集中在美国、日本、韩国、德国、英国、法国、意大利等国家。作为汽车保险估损人员,应当学习和了解这些厂家和车型信息,平时可以通过互联网查询,也可以通过阅读相关专业书籍来更新这方面的知识。表2-1中列举了国外主要汽车厂家及其产品品牌和部分车型信息。

表2-1 国外主要汽车厂家及其产品品牌和部分车型信息

车标	品牌	主要车型
通用集团(GM)		
	别克 Buick	君越、君威、威朗、阅朗、英朗、凯越、昂科旗、昂科威、昂科拉、GL8、GL6

（续）

车标	品牌	主要车型
通用集团（GM）		
	凯迪拉克 Cadillac	CT4、CT5、CT6、XT4、XT5、XT6
	萨博 Saab	9-5、9-3
	大宇 Daewoo	蓝龙、旅行家、典雅
	悍马 Hummer	H2、H3
	雪佛兰 Chevrolet	迈锐宝XL、科鲁泽、科沃兹、沃兰多、探界者、开拓者、创酷、创界、畅巡
	欧宝 Opel	雅特、赛飞利、威达、欧捷利
	吉姆西 GMC	商务之星、Sierra
福特集团（Ford）		
	福特 Ford	福克斯、福睿斯、蒙迪欧、金牛座、领界S、翼虎、锐际、锐界、撼路者、探险者
	林肯 Lincoln	大陆、MKZ、领航员、飞行家、航海家、冒险家
	水星 Mercury	Cougar、Sable、Villager、Mountainer、Mystique、Grand Marquis、Puma
戴姆勒股份公司（Daimler AG.）		
	梅赛德斯-奔驰 Mercedez-Benz	A级、B级、C级、E级、S级、V级、G级、GLA、GLB、GLC、GLE、GLS、CLA、CLS、SLC、GT
	迈巴赫 Maybach	62、57
	斯玛特 Smart	节奏、纯洁

(续)

车标	品牌	主要车型
克莱斯勒集团（Chrysler）		
	道奇 Dodge	酷威、公羊、捷龙、霓虹
	克莱斯勒 Chrysler	新300C、大捷龙、300C
	吉普 Jeep	大指挥官、自由光、指南者、新指南者、自由侠、牧马人、大切诺基
大众集团（Volkswagen）		
	大众 Volkswagen	辉昂、高尔夫、迈腾、甲壳虫、波罗、桑塔纳、宝来、朗逸、凌渡、速腾、CC、帕萨特、途观、探岳、探影、途铠、探歌、途岳、途昂、途锐、途安、迈特威
	宾利 Bentley	新添越、添越、欧陆、欧陆GT、飞驰、慕尚
	兰博基尼 Lamborghini	AVENTADOR、HURACAN、URUS
	保时捷 Porsche	718、911、Taycan、Panamera、Macan、Cayenne
	布加迪 Bugatti	EB16.4 Veyron、16C Galibier
	奥迪 Audi	A1、A2、A3、A4、A5、A6、A7、A8、A9、S3、S4、S5、S6、S7、S8、Q2、Q3、Q4、Q7、Q8、Q9、TT
	斯柯达 Skoda	速派、明锐、Yeti、昕锐、柯珞克、柯迪亚克
	西雅特 Seat	Ibiza、Leon、欧悦博

（续）

车标	品牌	主要车型
宝马集团（BMW）		
	宝马 BMW	1系、2系、3系、4系、5系、6系、7系、8系、X1、X2、X3、X4、X5、X6、X7、Z4、M系、i系
	劳斯莱斯 Rolls-Royce	幻影、库里南、古斯特、曜影、魅影
	迷你 Mini	MINI、MINI COUNTRYMAN、MINI CLUBMAN、MINI CABRIO
丰田公司（Toyota）		
	丰田 Toyota	凯美瑞、汉兰达、卡罗拉、普拉多
	雷克萨斯 Lexus	CT、ES、LS、LC、UX、NX、RX、LM系列
本田公司（Honda）		
	本田 Honda	雅阁、里程、思域、序曲、奥德赛、CR-Z hybrid、飞度 Hybrid
	讴歌 Acura	CDX、RDX、MDX、NSX
菲亚特集团（Fiat）		
	菲亚特 Fiat	Fiorino、Mobi、多宝、菲亚特500、菲亚特500新能源、Panda、Tipo、Argo
	玛莎拉蒂 Maserati	新Ghibli轿车系列、新Levante SUV系列、新Quattroporte总裁轿车系列、MC20
	阿尔法-罗密欧 Alfa-Romeo	Giulia、Stelvio
	法拉利 Feerrari	812 Superfast、812 GTS、SF90 Stradale、SF90 Spider、F8 Tributo、F8 Spider、Ferrari Roma、Ferrari Portofino M、Ferrari Monza SP1、Ferrari Monza SP2
	蓝旗亚 Lancia	Thesis

(续)

车标	品牌	主要车型
雷诺-日产-三菱联盟		
	雷诺 Renault	科雷傲、Sandero、卡缤、科雷缤新能源、梅甘娜、风景、科雷嘉
	英菲尼迪 Infiniti	Q50、Q50L、Q60、Q70L、QX30、QX50、QX60、QX70、QX80、ESQ
	日产 Nissan	聆风、NV300、NV250、Ariya、阳光、劲客、纳瓦拉、NV3500、楼兰、逍客、GT-R、NV200
	达西亚 Dacia	Logan、Sandero、Duster
	三菱 Mitsubishi	帕杰罗、L200、Mirage、Express、欧蓝德、ASX 劲炫、奕歌
现代起亚集团		
	现代 Hyundai	帕里斯帝、H350、IONIQ、伊兰特、HB20、i40、Saga、i20、雅尊、KONA、BAYON、Avante、i30、飞思、索纳塔、途胜、胜达
	起亚 Kia	K5、索兰托、索兰托新能源、霸锐、K3、SPORTAGE、斯汀格、Forte、极睿、凯尊、K7、Soul、K9
MG 罗孚汽车集团		
	名爵 Morris Garages	MG3、MG5、MG6、MG7
	罗孚 Rover	ROVER 75
宝腾公司		
	宝腾 Proton	Perdana V6、SatriaGTi、Wira
	路特斯 Lotus	Elise、Exige、Evora

(续)

车标	品牌	主要车型
塔塔汽车		
	塔塔 Tata	纳努
	捷豹 Jaguar	F – PACE、E – PACE、I – PACE、F – TYPE、XEL、XFL
	路虎 Landrover	揽胜、揽胜运动版、揽胜星脉、揽胜极光、发现、发现运动版、卫士
富士重工（Subaru）		
	斯巴鲁 Subaru	傲虎、森林人、XV、力狮
特斯拉（Tesla）		
	特斯拉 Tesla	Model S、Model 3、Model X、Model Y、Cybertruck

2.1.2 国内主要厂家和车型

虽然我国汽车企业总产量高，但生产过于分散，每个地区和单个企业的竞争力都不强，行业内部的整合还需时间。目前国内市场汽车品牌仍是以合资品牌为主，自主品牌通过加强技术研发、调整产品结构也呈现出快速发展的势头。表 2-2 中列举了国内主要汽车企业及其产品品牌和部分车型信息。

表 2-2　国内主要汽车企业及其产品品牌和部分车型信息

车标	品牌	主要车型
一汽集团		
	一汽解放	J6P 牵引车、J6M 牵引车、J7 牵引车、J6P 自卸车、J6M 自卸车、J6P 载货车、J6L 载货车
	一汽轿车	红旗 H5、红旗 H7、红旗 H9、红旗 HS5、红旗 HS7、红旗 L5、奔腾 B70、奔腾 T33、奔腾 T77、奔腾 T99、奔驰 X40
	一汽吉林汽车	森雅 R7、森雅 R8、佳宝 V 系列

(续)

车标	品牌	主要车型
一汽集团		
	一汽大众	CC、宝来、高尔夫、捷达 VA3、捷达 VS5、捷达 VS7、迈腾、速腾、探歌、探影、探岳、奥迪 A3、奥迪 A4、奥迪 A6、奥迪 Q2、奥迪 Q3、奥迪 Q5
	一汽丰田	RAV4、卡罗拉、柯斯达、威驰、亚洲龙、奕泽、皇冠、普拉多、威尔法
	一汽轿车	马自达 6、CX-4、MX-5、阿特兹
	一汽红塔	蓝舰 T340
	一汽凌河	雷神
东风汽车集团		
	东风日产	天籁、轩逸、蓝鸟、新轩逸、骐达、楼兰、奇骏、途达、逍客
	东风本田	思域、LIFE、INSPIRE、享域、CR-V、XR-V、UR-V、艾力绅
	神龙汽车	雪铁龙新 C3、雪铁龙 C3L、雪铁龙 C4 PICASSO、雪铁龙新 C4L、云逸 C4、天逸 C5、雪铁龙全新爱丽舍、雪铁龙第三代 C5、雪铁龙 C6、标致 408、标致 508L、标致 4008、标致 5008、标致全新一代 2008
	东风悦达起亚	K3、凯绅、福瑞迪、焕驰、KX5、全新一代傲跑、奕跑、智跑、KX7、KX3 纯电动、凯酷、K3 EV
	东风裕隆	U5、优 6、纳 5、锐 3、大 7 MPV
	东风乘用车	风神奕炫、风神 AX7、风神 AX4、风神 A9、风神 AX3、风神 AX5、风行 CM7、风行 F600、风行 SX6、风行 T5、景逸 X6、景逸 S50、菱智 M3、菱智 M5、风光 580、风光 S560、风光 370S、风光 S330

（续）

车标	品牌	主要车型
东风汽车集团		
	东风小康	X系列、D系列、K系列
	东风商用车	东风天龙、东风天锦、乘龙H7、乘龙H5、乘龙T5、乘龙T7
	东风英菲尼迪	Q50L、QX50
	东风启辰	T70、T90、D60、M50V
上汽集团		
	上汽大众	全新一代Polo Plus、桑塔纳、朗逸、凌渡、帕萨特、辉昂、途安L、威然、途铠、途岳、途观L、途观X、途昂、斯柯达昕锐、斯柯达昕动、斯柯达明锐、斯柯达速派、斯柯达柯米克、斯柯达柯珞克、斯柯达柯迪亚克
	上汽通用	君威、昂科威、GL8、君越、威朗、英朗、昂科旗、昂科拉、凯越、GL6、开拓者、畅巡、创界、创酷、科鲁泽、迈锐宝XL、新探界者、沃兰多、科沃兹、CT4、CT5、CT6、XT4、XT5、XT6
	上汽通用五菱	宝骏310、宝骏310W、宝骏360、宝骏730、宝骏510、宝骏530、五菱宏光、新宝骏RC-5、新宝骏RS-3、新宝骏RM-5、新宝骏RC-6、新宝骏RS-5、新宝骏E300、宝骏E100、宝骏E200、宏光MINIEV、五菱荣光、五菱之光
	上海汽车	荣威i5、荣威i6、荣威RX3、荣威RX5、MG5、MG6、MG HS、MG ZS
	上汽大通	G50、G20、G10、D60、T70
北汽集团		
	北京奔驰	GLB SUV、AMG A 35 L 4MATIC、EQC纯电SUV、A-Class L、C-Class L、E-Class L、GLA SUV、GLC L SUV

(续)

车标	品牌	主要车型
北汽集团		
	北京现代	全新一代名图、第七代伊兰特、第十代索纳塔、第一代悦纳、菲斯塔、瑞纳、新名图、全新悦动、第五代途胜 L、全新 ix35、第四代途胜、新一代 ix25
	北汽福田	欧曼、欧马可、欧航、奥铃、瑞沃、时代领航、祥菱、图雅诺、风景、拓陆者
	北京汽车	绅宝、BJ 系列
	北汽新能源	EU7、EU5、EX5、EX3、EC5、EC3、EX360、EX220
	北汽银翔	幻速 S7、幻速 S6、幻速 S5、幻速 S3L、幻速 S2、幻速 H6、幻速 H3F、幻速 H3、幻速 H2、205、206
	北汽昌河	福瑞达、M50S、北斗星 X5、EC100、EV5、EV2
	昌河汽车	利亚纳、北斗星、浪迪、福瑞达、铃木派喜
长安集团		
	长安汽车	锐程 CC、逸动、CS55、CS75、CS85、CS95、奔奔、CS15、CS35
	长安福特	福睿斯、福克斯、蒙迪欧、金牛座、领界 S、翼虎、锐际、锐界、撼路者、探险者、MUSTANG、F-150 猛禽
	长安铃木	锋驭、奥拓、雨燕、羚羊、天语 SX4、天语尚悦
	长安马自达	CX-30、CX-5、CX-8、MAZDA 3 昂克赛拉
	哈飞汽车	赛马、路宝、中意、民意、赛豹、路尊小霸王、骏意

(续)

车标	品牌	主要车型
江铃控股		
	陆风	陆风X6、陆风X9、陆风X5、陆风X8、陆风风尚、陆风风华
	江铃JMC	驭胜、经典全顺、新世代全顺、宝典、域虎、宝威、凯锐、凯威
华晨汽车		
	华晨宝马	3系、5系、1系、X1、X2、X3
	华晨中华	V7、V6、V3、H3、H530出租车
	华晨雷诺	金杯海狮王、金杯海狮、金杯新快运、阁瑞斯
广汽集团		
	广汽本田	雅阁、凌派、飞度、奥德赛、冠道、皓影、缤智
	广汽丰田	雷凌、凯美瑞、致炫、威兰达、汉兰达、C-HR、埃尔法
	广汽传祺	GS3、GS4、GS5、GS8

（续）

车标	品牌	主要车型
广汽集团		
	广汽三菱	欧蓝德、新劲炫、奕歌、帕杰罗、祺智 EV
	广汽菲克	Jeep+大指挥官、Jeep+自由光、Jeep 新指南者、Jeep 自由侠
	广汽埃安	AION LX、AION V、AION S、GE3 530
	广汽蔚来	合创 007
	广汽日野	重卡
江淮汽车		
	江淮汽车	思皓、瑞风、嘉悦、和悦、江淮 iEV、星锐、帅铃、骏铃、康铃、格尔发
奇瑞汽车		
	奇瑞汽车	瑞虎 8、瑞虎 7、瑞虎 5x、瑞虎 3x、瑞虎 3、艾瑞泽 5
	奇瑞捷豹路虎	捷豹 XEL、捷豹 XFL、捷豹 E-PACE、揽胜极光、发现运动版
	星途汽车	TXL、LX、TX、揽月
吉利控股		
	吉利	星瑞、豪越、博越、星越、嘉际、缤越、缤瑞、博瑞、帝豪、帝豪 GL、帝豪 GS、远景、远景 X3、远景 X6
	沃尔沃亚太	S90、S60、XC60、XC40
	几何汽车	几何 A、几何 C
	领克汽车	01、02、03、05、06

(续)

车标	品牌	主要车型
东南汽车		
	东南汽车	DX3、DX5、DX7、DX7 星跃、A5 翼舞
长城汽车		
	长城	长城炮、风骏 7、风骏 5
	哈弗	初恋、H2、H4、H5、H6、H7、H9、M6、大狗
	WEY	VV5、VV6、VV7、坦克 300
	欧拉	好猫、黑猫、白猫、iQ
比亚迪汽车		
	比亚迪汽车	汉、唐、宋、秦、元、e1、e2、e3、s2、F3
	腾势 DENZA	腾势 X
华泰汽车		
	华泰汽车	B11、宝利格、吉田、路盛 E70、圣达菲、圣达菲 C9、特拉卡、特拉卡 T9
中兴汽车		
	中兴汽车	领主、大领主、威虎、小老虎

（续）

车标	品牌	主要车型
	特斯拉中国	Model 3、Model Y
	蔚来汽车	ET7、EC6、ES8、ES6
	小鹏汽车	G3、P7
	恒大新能源	恒驰1、恒驰2、恒驰3、恒驰4、恒驰5、恒驰6
	汉腾汽车	X5、X7、V7
	理想汽车	理想ONE
	零跑汽车	C11、S01、T03
	合众新能源	哪吒U、哪吒V、哪吒N01
	云度新能源	π3、π1、V01L
	爱驰汽车	U5、U6、U7
	威马汽车	EX5、EX6

2.1.3 主要零部件供应商

汽车品牌和车型复杂多样,其上游零部件供应商的数量更多,体系更加复杂。汽车由几万个零部件组成,但汽车整车企业大多只生产其中的少数几类零部件,包括冲压件、发动机、变速器等,其他大多数零部件都是从供应商那里采购过来的。有些整车企业甚至连发动机、变速器等关键零部件也不自己生产,而是由供应商提供。有时,同一个车型的同一个零部件可能来自多个供应商,质量和价格水平有时会有较大的差异。因此,汽车零部件供应商对汽车的技术水平、产品质量、维修工艺、零部件价格和维修工时具有很大的影响。了解汽车零部件供应商的情况也是汽车保险和估损人员的基本素质之一。我们不大可能也没必要了解所有零部件供应商的情况,但有必要时刻关注那些世界级的主流供应商及其零部件技术的发展情况。下面介绍一些主流供应商及他们的主要产品。

1. 博世（BOSCH）

博世公司是一家历史悠久的德国企业,总部设在德国斯图加特市。博世公司不仅拥有自己的汽车专业服务网络,也提供各种系统、配件及检测诊断设备。主要产品有柴油系统、汽油系统、电子系统、舒适系统、起动/停止系统、ESP、ABS 以及各种照明产品、蓄电池、起动机、发电机、喇叭、刮水器等电气元件。目前几乎所有整车企业都采用博世的产品和技术,图 2-1 所示为博世柴油系统电控单元和高压泵。

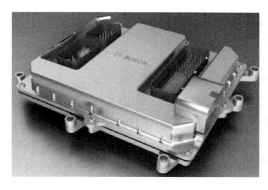

图 2-1　博世柴油系统电控单元和高压泵

2. 电装（DENSO）

电装是一家源于日本的世界顶级汽车系统零部件供应商,是博世公司的强劲竞争对手,总部位于日本爱知县刈谷市。其产品生产线涵盖环境保护、发动机管理、车身电子产品、驾驶控制与安全、信息和通信等领域,如汽车空调和暖风系统、汽车电子控制单元、燃油管理系统、散热器、火花塞、组合仪表、过滤器、产业机器人等。电装为全球主要整车生产商提供零部件,在日系车辆上,电装的零部件更是随处可见,图 2-2 所示为电装火花塞。

3. 德尔福（DELPHI）

德尔福的总部位于美国密歇根州特洛伊市,在汽车电子、汽车零部件和系统集成技术方面处于世界领先地位。德尔福的产品包括电子/电气架构系统及零部件,发动机管理系统及零部件,暖气、通风、空调（HVAC）系统及零部件,电子控制、娱乐与驾驶信息系统及零部件等。图 2-3 所示为德尔福的行车电脑。产品供给包括通用、福特、大众、丰田、日产、雷诺、上汽大众、上汽通用、一汽-大众、神龙汽车、长安奥拓、北京吉普等在内的国内外厂家。

图 2-2 电装火花塞

图 2-3 德尔福的行车电脑

4. 联合电子（UAES）

联合汽车电子有限公司成立于 1995 年，是中联汽车电子有限公司和德国罗伯特博世有限公司在中国的合资企业。公司总部位于上海市浦东新区。公司主要从事汽油发动机管理系统、变速器控制系统、车身电子、混合动力和电力驱动控制系统的开发、生产和销售。目前该公司产品已服务于上海大众、上海通用、一汽-大众、北汽、长城、奇瑞、福特、奔驰、宝马、日产等国内外几十家汽车生产企业。

5. 江森自控（Johnson Controls）

江森自控有限公司总部设于美国威斯康星州的密尔沃基。江森自控在汽车领域的产品主要分为两类：一是汽车内饰，如汽车座椅总成及零部件、座椅面套、座椅零件、顶篷、遮阳板、顶饰系统、门板（图 2-4）等；二是蓄电池，其 VARTA 品牌系列蓄电池一直是世界各大著名汽车厂商的首选。目前，江森自控为一汽-大众、东风本田、上海通用、上海大众、长安福特、奇瑞等厂家提供配套产品。

6. 伟世通（Visteon）

伟世通公司总部位于美国密歇根州，主要为各大汽车厂商设计和制造空调系统、汽车内饰以及照明系统等。伟世通的产品涉及汽车仪表、汽车音响、导航、功率放大器、空调面板、车身控制模块、动力控制模块等。此外，在安全系统方面，伟世通的产品还包括安全性能优异的多功能转向盘、气囊、预紧式安全带等。公司产品服务于现代起亚、福特、雷诺-日产、标致-雪铁龙等众多厂家。图 2-5 所示为伟世通生产的保险杠和中控面板。

图 2-4 奔腾 B70 的门板

7. 爱信（AISIN）

日本爱信精机株式会社总部位于日本爱知县刈谷市。其产品包括传动系统、车身、信息系统、制动器及底盘、发动机等相关总成及零部件，其中变速器产品更为人们所熟知，如图

图 2-5　i30 的保险杠和新嘉年华的中控面板

2-6 所示。目前，其产品被众多厂家所采用，包括丰田、铃木、马自达、五十铃、雷诺-日产、通用、福特、克莱斯勒、沃尔沃、宝马、戴姆勒、现代、起亚等。

8. 舍弗勒（SCHAEFFLER GRUPPE）

舍弗勒集团是一家来自德国的家族企业，总部位于德国纽伦堡。舍弗勒集团是全球范围内生产滚动轴承和直线运动产品的领导企业，也是汽车制造业中极富声誉的供应商之一。其旗下有三个知名品牌——"INA" "FAG"和"LuK"。大众的多款变速器和离合器都采用"LuK"品牌。"INA"和"FAG"两个品牌在轴承行业占有举足轻重的地位，主要生产滚动轴承和滑动轴承，汽车上的轴承很多都采用他们的产品。图 2-7 所示为其生产的变速器和轴承。

图 2-6　雷克萨斯 LS 系列的 8 速自动变速器

舍弗勒集团汽车工业部凭借其在轿车和货车的整体动力系统（发动机、离合器、变速器和辅助装置）中的专业技术成为几乎所有汽车制造商和其他主要供应商的可靠合作伙伴。

图 2-7　LuK 7 速干式双离合变速器和调心滚子轴承

9. 博格华纳（Borger Warner）

博格华纳的总部位于美国密歇根州奥本山，公司为全球主要汽车生产商提供先进的动力系统解决方案。在发动机领域，博格华纳最有名的产品是涡轮增压器。大众众多车型所使用的 K03 涡轮就是博格华纳 K0 系列的产品。而在动力传动领域，博格华纳已有 100 多年的历史,是全世界所有汽车变速器生产厂家所依赖的供应商。世界首台应用在量产车上的双离合变速器就出自于博格华纳。目前,在涡轮增压器和双离合变速器方面同博格华纳合作的企业包括大众集团、通用、现代、起亚、宝马、克莱斯勒等主流汽车整车制造厂。图 2-8 所示为博格华纳生产的涡轮增压器和双离合变速器。

图 2-8　涡轮增压器和双离合变速器

10. 采埃孚萨克斯（ZF SACHS）

采埃孚萨克斯公司的总部位于德国腓德烈斯哈芬市,专业提供传动、转向、底盘系统等汽车零配件。采埃孚集团的汽车动力传动系统和底盘技术具有世界领先地位。采埃孚的产品广泛应用于轿车、客车、货车、轮船和工程机械类车辆,其客户包括一汽集团、一汽-大众、上海大众、上海通用、长安福特、华晨宝马、奇瑞汽车、重汽集团、金龙公司、东风集团等。除了变速器和传动系统外,采埃孚也提供减振器等其他产品,例如凯迪拉克 CTS 旗舰版车型的后悬减振器以及新君越的 CDC 主动式减振器都是由采埃孚提供的 SACHS 减振器。图 2-9 所示为采埃孚萨克斯生产的后悬架和液力变矩器。

图 2-9　凯迪拉克 CTS 旗舰版后悬架和 SACHS 自动变速器的液力变矩器

11. 法雷奥（VALEO）

法雷奥集团总部位于法国圣康坦。在汽车动力总成、节能减排和电子新能源等方面有独特的经验与技术优势。法雷奥的零部件不仅门类多,而且技术含量高。自动泊车（大众、奔驰）、360°全方位摄像头（英菲尼迪）、盲区监测（大众和沃尔沃）、车道偏离预警（沃尔沃）,这些新技术都来自法雷奥。当然除了这些高新技术装备之外,法雷奥还生产门锁、无钥匙起动系统、双离合变速器、起动机、滤芯、冷凝器、空调压缩机、车灯等汽车零配件。

图 2-10 所示为奥迪 Q5 的 LED 前照灯和帝豪 EC718 的前照灯，都来自法雷奥。

这家已有 80 多年历史的法国企业不仅为大众、奔驰、沃尔沃、奥迪等世界知名品牌提供配套产品，同时其产品业务也覆盖了我国大部分整车企业。

图 2-10　奥迪 Q5 的 LED 前照灯和帝豪 EC718 的前照灯

12. 风帆蓄电池

风帆股份有限公司隶属中国船舶重工集团，是军用起动铅酸蓄电池的定点生产单位。公司完全等效采用美国、德国、日本、法国及其著名汽车制造厂的先进技术标准，产品性能达到当前国际技术水平。风帆蓄电池（图 2-11）已在奥迪 A6、帕萨特领驭、桑塔纳、别克荣御、克莱斯勒 300C、上汽荣威和名爵、现代途胜、依维柯等车型上应用。

13. 福耀玻璃

福耀集团是国内最具规模、技术水平最高、出口量最大的汽车玻璃生产供应商，产品"FY"商标是中国汽车玻璃行业迄今为止唯一的"中国驰名商标"，如图 2-12 所示。在国内，福耀为各著名汽车品牌提供配套产品，市场份额占据半壁江山。在国际汽车玻璃配套市场，福耀已经取得了世界八大汽车厂商的认证，已经成为奥迪、宾利、大众、通用、福特、丰田、本田、日产、标致-雪铁龙、沃尔沃、现代、戴姆勒等企业的合格供应商。

图 2-11　风帆蓄电池　　　　　　　　　图 2-12　福耀玻璃商标

14. 主要轮胎品牌

（1）普利司通（BRIDGESTONE）　普利司通公司创立于日本福冈县久留米市，是世界最大的轮胎及橡胶产品生产商。普利司通在 25 个国家 170 多家工厂进行轮胎及其他多元化产品的生产。主要销售的轮胎产品有：乘用车轮胎，商用车轮胎和工程车辆轮胎。目前公司为丰田、日产、本田、马自达、北京现代、广汽菲亚特、上海汽车、上海通用、华晨宝马等企业提供配套产品。

（2）固特异（GOODYEAR） 固特异公司是世界上最大规模的轮胎生产公司，总部位于美国俄亥俄州阿克隆市，公司主要在28个国家90多个工厂生产轮胎、工程橡胶产品和化学产品。固特异目前主要配套车型包括宝马5系、奥迪A6L、奥迪A4、荣威750等诸多中高档、豪华车型。目前，固特异已经全面领先国内中高端配套市场，辐射豪华轿车、高档轿车、中高档轿车和SUV等市场区间，成为国内外中高端汽车品牌选择配套轮胎最多的轮胎厂家。

（3）米其林（Michelin） 米其林集团是全球轮胎科技领导者，一百多年前在法国的克莱蒙费朗建立。米其林集团在全球设立了75家工厂、6个橡胶种植园，在法国、日本、美国、泰国及中国设有研究与测试中心，在超过170个国家设立了销售与市场机构。米其林集团生产及推广包括米其林、BFGoodrich（百路驰）、Uniroyal、Kleber、Riken、Siam、Taurus、Stomil-Olsztyn、Laurant、Wolber、Tyremaster、Icollantas、回力等品牌在内的各类轮胎。通常米其林轮胎配套于沃尔沃S80、新奔驰E级、本田CR-V、奥迪A6、奥迪Q5、凯迪拉克等中高档车型。

（4）倍耐力（Pirelli） 倍耐力集团总部设在意大利的米兰。倍耐力轮胎具有舒适、耐用、安全的优异性能。奥迪、宾利、法拉利、兰博基尼、宝马、奔驰等著名汽车品牌皆指定倍耐力轮胎为原厂配套轮胎。

（5）马牌（Continental） 德国马牌轮胎公司总部位于德国汉诺威市，在全球27个国家拥有100多个工厂、研发机构和测试中心。马牌轮胎一直与国际的顶级整车企业合作，如劳斯莱斯、保时捷、宝马、奔驰等。

（6）固铂（Cooper） 固铂轮胎总部设在美国俄亥俄州的芬德利。主要品牌有Cooper（固铂）、Mastercraft、Avon、Starfire（斯达飞）、Chengshan（成山）、Roadmaster、Dick Cepek、Dean（迪恩）、Austone（澳通）、Fortune（富神）等。

（7）锦湖（KUMHO） 锦湖轮胎是韩国锦湖韩亚集团所属的大型专业轮胎生产企业。锦湖轮胎能够提供乘用车轮胎、商用车轮胎、高科技轮胎等产品。主要品牌有ECSTA（翼驰）LX、ECSTA（翼驰）LE SPORT、CRUGEN Premium、ROAD VENTURE SAT、ROAD-VENTURE SAT。雪佛兰科鲁兹、雪铁龙世嘉、福特福克斯、别克凯越、现代伊兰特、起亚赛拉图、道奇酷威、标致206、比亚迪F3、铃木雨燕等很多车型都配用锦湖轮胎。

（8）韩泰（HANKOOK） 韩泰是来自韩国的著名轮胎品牌，主要生产乘用车、轻型货车（SUV、RV等）、中型货车及客车用子午线轮胎。韩泰轮胎与世界主要汽车生产厂家均有合作关系，为一汽-大众、上海大众、北京现代、东风日产、广汽本田、广汽丰田等多家汽车厂商提供配套产品。

15. 主要动力电池品牌

（1）宁德时代 宁德时代新能源科技有限公司（CATL）成立于2011年，原为新能源科技集团（ATL）的动力电池分部，2012年宁德时代新能源在青海成立青海时代新能源科技有限公司，主要从事动力锂电池、储能锂电池制造。2015年宁德时代新能源通过股权改革成为全中资公司，2018年6月成功上市。

CATL主打方形电池，2018年开始批量供应软包，主要供应日产轩逸。在电芯的化学体系上，CATL正极材料选择磷酸铁锂和三元路线，其在2016年底开始加大对三元方形动力电池的布局，目前方形电池正极材料以 NCM523 为主，2019 年批量供应 NCM811 体系。负极材料目前主要采用石墨，2020 年后采用硅碳负极。

根据 2018 年宁德时代配套车企的电池装机量来看，宇通客车、北汽新能源、吉利汽车、上汽乘用车、奇瑞汽车的电池装机量排名前五，装机量均超过 1.5GWh，其中宇通客车 3.6GWh，为年度最大装机量客户。

（2）松下　1931 年，松下开始涉足电池领域，先后研发并量产干电池、铅酸蓄电池以及锂离子电池。1994 年，松下开发出锂离子电池。2008 年，松下与特斯拉展开合作。2010 年 11 月，松下出资 3000 万美元增持特斯拉股份。2010 年，松下又成功开发出车用方形锂离子电池。

过去几年，跟随特斯拉的量产步伐，松下锂离子电池产能持续高速扩张，根据松下规划，截至 2019 年 3 月，松下与特斯拉独家合作的超级工厂将拥有 35GWh 电池产能。在地域分布上，松下动力电池产能布局为：①日本：以方形电池为主；②美国：生产圆柱电池，主要供给特斯拉储能系统和 Model 3；③中国：大连工厂成立于 2016 年 12 月，是松下在中国的第一座车用动力电池工厂，主要生产方形电池，于 2018 年 3 月开始量产供货。

动力电池技术规划：松下动力电池包括方形和圆柱两种，方形主要配套 HEV/PHEV 车型，圆柱配套 BEV 车型，主要供给特斯拉。

2018 年松下动力电池受特斯拉 Model 3 产能释放带动，销售额显著增长，全年销售额突破 550 亿元，涨幅超 100%。松下动力电池的核心客户是特斯拉，其他客户包括大众、通用、福特、丰田、日产等。

（3）比亚迪　比亚迪依托于集团新能源汽车业务的带动，动力电池出货量一直处于国内领先地位。2017 年 8 月比亚迪动力电池业务正式被拆分出来，由之前几乎完全闭合的生产链条转为开放了自己的供货体系。

2018 年比亚迪动力电池仍以自供为主，向比亚迪、广汽比亚迪、北京华林三家配套车辆分别为 22.02 万辆、0.50 万辆、0.01 万辆。同时，2018 年比亚迪正式对外开放动力电池业务，并已成功配套泰开汽车、徐工机械生产出样车。

（4）LG　1995 年，LG 化学开始研发锂电池。1998 年，LG 化学开始进入电池领域。2009 年，LG 化学与韩国现代起亚合作，首次将自主研发生产的锂离子电池应用于商用电动车。

目前 LG 化学已发展成为全球动力电池主流厂商，是全球软包动力电池龙头。LG 化学的动力电池解决方案涵盖 Cell、模块、Pack、BMS 等，可以提供与动力电池相关的全部产品组合。

截至 2018 年底，LG 化学在全球拥有四大电池工厂，分别是韩国吴仓、美国霍兰德、中国南京与波兰弗罗茨瓦夫。由于韩国电池配套车型短期难以进入国内新能源汽车补贴目录，2017 年南京工厂被吉利以设备与技术包的形式收购，但 2018 年 7 月，南京江宁滨江开发区与 LG 化学举行签约仪式，LG 化学计划在滨江开发区投资 20 亿美元建设动力电池项目。该项目将在今年 10 月开工，2019 年 10 月开始实现量产，2023 年实现全面达产，预计年产能 32GWh。

2018 年，LG 化学动力电池产能有望达到 34GWh。2018 年底，LG 化学宣布上调公司 2020 年产能规划至 90GWh。

早在2009年，LG化学就与现代起亚达成战略合作关系，其核心客户为通用、雷诺、现代起亚、沃尔沃、CT&T等，主要配套车型有雪佛兰Bolt、Volt、雷诺Zoe。除了与长城汽车合作外，LG化学已与中国五家自主车企（上汽、一汽、东风柳汽、长安和观致）进行合作。

（5）三星SDI　三星SDI是生产用于IT、汽车、ESS（Energy Storage System）的二次电池和半导体、显示器、太阳能等的材料企业。1999年，三星SDI开始进入电池领域。2008年，三星SDI和博世合资成立了动力电池公司SBLimotive，开启了汽车动力电池业务。

三星SDI的单体锂离子电池产品系列比较齐全，标准产品包括高能量的BEV（纯电动汽车）60Ah、94Ah电池，PHEV（插电式混合电动车）26Ah、37Ah电池（26Ah会逐渐被37Ah取代），HEV（混合动力电动汽车）5.2Ah、5.9Ah电池，以及与超级电容器结合应用于低压系统的高功率电池（4Ah、11Ah）。形成了从电池单元、模块到电池组完整的电动汽车动力电池业务体系。

根据三星SDI的规划，第3.5代电池产品能量密度可以达到630Wh/L，预计在2019年量产，同时还在加速研发第4代电池，能量密度可以达到700Wh/L，预计2021～2022年左右量产，此后第5代电池能量密度会达到800Wh/L，在2023年以后量产。

三星SDI已在韩国、中国、美国、匈牙利及奥地利等地布局了汽车动力电池的工厂。三星SDI与欧美亚众多主要汽车制造商开展合作，迄今为止被选为30多种电动车型的核心电池供应商。三星SDI是BMW的官方战略合作伙伴，其他核心客户包括大众、马恒达、Lucid Motors等。

（6）国轩高科　国轩高科主要从事铁锂动力电池新材料、电池芯、电池组及电动自行车、风光锂电绿色照明系统、电动汽车等相关产品的研发、生产、销售，并延伸开发电动高尔夫车、锂电光伏电源、锂电备用电源等多领域系列产品。

国轩高科动力电池产品有方形、圆柱两种，其中方形电池产能占主要部分。除此之外，2018年公司还成功研发出软包电池，2020年已实现量产。

产品能量密度方面，2018年国轩高科乘用车用主打三元电池产品系统能量密度在160Wh/kg，单体能量密度220Wh/kg；推出的商用车标准磷酸铁锂电池产品系统能量密度在140Wh/kg，单体能量密度突破190Wh/kg。

另外，公司研发的811三元软包电池单体能量密度达到302Wh/kg，是国内仅有的三家能量密度能够超过300Wh/kg的企业之一。截至2018年底国轩高科动力电池总产能达13.8GWh。

2018年国轩高科动力电池装机量前五的客户为江淮汽车、北汽新能源、奇瑞商用车、新楚风汽车、安凯汽车，装机量分别为1.13GWh、0.61GWh、0.32GWh、0.22GWh和0.20GWh。其中，江淮汽车电池装机量占比最高，达36%。

2.2　车辆类型

车辆分类是很复杂的，在不同的场合，为了实现不同的目的，可能采用不同的车辆分类方法。在汽车保险的承保、理赔等各个环节中，为了简化工作，避免混淆，应当参照国家标准或公安机关车辆登记中所采用的车辆分类标准。下面对常用分类方法分别进行介绍。

2.2.1 按《机动车运行安全技术条件》（GB 7258—2017）分类

《机动车运行安全技术条件》（GB 7258—2017）于 2018 年 1 月 1 日起开始实施，是我国机动车运行安全管理最基础的技术标准，是新车注册登记检验和在用车安全技术检验、事故车检验鉴定的主要技术依据，也是新车定型强制性检验、新车出厂检验和进口机动车检验的重要技术依据之一。该标准对机动车分类如下：

1. 汽车（motor vehicle）

由动力驱动、具有四个或四个以上车轮的非轨道承载的车辆，包括与电力线相连的车辆（如无轨电车）。主要用于：载运人员和/或货物（物品）；牵引载运货物（物品）的车辆或特殊用途的车辆；专项作业。

本术语还包括以下由动力驱动、非轨道承载的三轮车辆：

1）整车整备质量超过 400kg、不带驾驶室、用于载运货物的三轮车辆。

2）整车整备质量超过 600kg、不带驾驶室、不具有载运货物结构或功能且设计和制造上最多乘坐 2 人（包括驾驶人）的三轮车辆。

3）整车整备质量超过 600kg 的带驾驶室的三轮车辆。

（1）载客汽车（passenger vehicle） 设计和制造上主要用于载运人员的汽车，包括装置有专用设备或器具但以载运人员为主要目的的汽车。

1）乘用车（passenger car）。设计和制造上主要用于载运乘客及其随身行李和/或临时物品的汽车，包括驾驶人座位在内最多不超过 9 个座位。它可以装置一定的专用设备或器具，也可以牵引一辆中置轴挂车。

2）旅居车（motor caravan）。装备有睡具（可由桌椅转换而来）及其他必要的生活设施、用于旅行宿营的汽车。

3）客车（bus）。设计和制造上主要用于载运乘客及其随身行李的汽车，包括驾驶人座位在内座位数超过 9 个。根据是否设置有乘客站立区，分为未设置乘客站立区的客车和设有乘客站立区的客车。

4）校车（school bus）。用于接送 3 周岁以上学龄前幼儿或接受义务教育的学生上下学的 7 座以上载客汽车。

（2）载货汽车（goods vehicle） 设计和制造上主要用于载运货物或牵引挂车的汽车，也包括：

1）装置有专用设备或器具但以载运货物为主要目的的汽车。

2）由非封闭式货车改装的，虽装置有专用设备或器具，但不属于专项作业车的汽车。

注：封闭式货车是指载货部位的结构为封闭厢体且与驾驶室联成一体，车身结构为一厢式或两厢式的载货汽车。

3）半挂牵引车（semi-trailer towing vehicle）。装备有特殊装置用于牵引半挂车的汽车。

4）低速汽车（low-speed vehicle）。三轮汽车和低速货车的总称。

（3）专项作业车（special motor vehicle） 装有专用设备或器具，在设计和制造上用于工程专项（包括卫生医疗）作业的汽车，如汽车起重机、消防车、混凝土泵车、清障车、高空作业车、扫路车、吸污车、钻机车、仪器车、检测车、监测车、电源车、通信车、电视车、采血车、医疗车、体检医疗车等，但不包括装置有专用设备或器具而座位数（包括驾驶人座位）超过9个的汽车（消防车除外）。

（4）气体燃料汽车（gaseous fuel vehicle）　装备以石油气、天然气或煤气等气体为燃料的发动机的汽车。

（5）双燃料汽车（dual-fuel vehicle）　具有两套燃料供给系统，且两套燃料供给系统按预定的配比向燃烧室供给燃料，在缸内混合燃烧的汽车，如柴油-压缩天然气双燃料汽车，柴油-液化石油气双燃料汽车等。

（6）纯电动汽车（battery electric vehicle）　由电动机驱动，且驱动电能来源于车载可充电能量储存系统（REESS）的汽车。

（7）插电式混合动力汽车（plug-in hybrid electric vehicle）　具有可外接充电功能，且有一定纯电驱动模式续驶里程的混合动力汽车，包括增程式电动汽车。

（8）燃料电池汽车（fuel cell electric vehicle）　以燃料电池作为主要动力电源的汽车。

（9）教练车（training vehicle）　专门用于驾驶技能培训的汽车。

（10）残疾人专用汽车（vehicle for handicapped driving）　在采用自动变速器的乘用车上加装符合标准和规定的驾驶辅助装置，专门供特定类型的肢体残疾人驾驶的汽车。

2. 挂车（trailer）

设计和制造上需由汽车或拖拉机牵引，才能在道路上正常使用的无动力道路车辆，包括牵引杆挂车、中置轴挂车和半挂车，用于载运货物或其他特殊用途。

（1）牵引杆挂车（draw-bar trailer）　至少有两根轴的挂车，具有一轴可转向；通过角向移动的牵引杆与牵引车联结；牵引杆可垂直移动，联结到底盘上，因此不能承受任何垂直力。

（2）中置轴挂车（centre axle trailer）　牵引装置不能垂直移动（相对于挂车），车轴位于紧靠挂车的重心（当均匀载荷时）的挂车，这种车辆只有较小的垂直静载荷作用于牵引车，不超过相当于挂车最大质量的10%或10000N的载荷（两者取较小者）。其中一轴或多轴可由牵引车来驱动。

（3）半挂车（semi-trailer）　均匀受载时挂车质心位于车轴前面，装有可将垂直力和/或水平力传递到牵引车的联结装置的挂车。

（4）旅居挂车（caravan）　装备有睡具（可由桌椅转换而来）及其他必要的生活设施、用于旅行宿营的挂车，包括中置轴旅居挂车和旅居半挂车。

3. 汽车列车（combination of vehicle）

由汽车（低速汽车除外）牵引挂车组成，包括乘用车列车、货车列车和铰接列车。

（1）乘用车列车（passenger/car trailer combination）　乘用车和中置轴挂车的组合。

（2）货车列车（goods road train）　货车和牵引杆挂车或中置轴挂车的组合。

（3）铰接列车（articulated vehicle）　半挂牵引车和半挂车的组合，也包括带有连接板的货车和旅居半挂车的组合。

4. 摩托车（motorcycle and moped）

由动力装置驱动的，具有两个或三个车轮的道路车辆，但不包括：

1）整车整备质量超过 400kg、不带驾驶室、用于载运货物的三轮车辆。

2）整车整备质量超过 600kg、不带驾驶室、不具有载运货物结构或功能且设计和制造上最多乘坐 2 人（包括驾驶人）的三轮车辆。

3）整车整备质量超过 600kg 的带驾驶室的三轮车辆。

4）最大设计车速、整车整备质量、外廓尺寸等指标符合相关国家标准和规定的，专供残疾人驾驶的机动轮椅车。

5）符合电动自行车国家标准规定的车辆。

（1）普通摩托车（motorcycle） 无论采用何种驱动方式，其最大设计车速大于 50km/h，或如使用内燃机，其排量大于 50mL，或如使用电驱动，其电动机额定功率总和大于 4kW 的摩托车，包括两轮普通摩托车、边三轮摩托车、正三轮摩托车。

（2）轻便摩托车（moped） 无论采用何种驱动方式，其最大设计车速不大于 50km/h 的摩托车，且如使用内燃机，其排量不大于 50mL；如使用电驱动，其电动机额定功率总和不大于 4kW。

5. 拖拉机运输机组（tractor towing trailer for transportation）

由拖拉机牵引一辆挂车组成的用于载运货物的机动车，包括轮式拖拉机运输机组和手扶拖拉机运输机组。

此处所指的拖拉机是指最高设计车速不大于 20km/h、牵引挂车方可从事道路货物运输作业的手扶拖拉机，和最高设计车速不大于 40km/h、牵引挂车方可从事道路货物运输作业的轮式拖拉机。手扶拖拉机运输机组还包含手扶变型运输机，即发动机 12h 标定功率不大于 14.7kW，采用手扶拖拉机底盘，将扶手把改成转向盘，与挂车连在一起组成的折腰转向式运输机组。

6. 轮式专用机械车（wheeled mobile machinery for special purposes）

有特殊结构和专门功能，装有橡胶车轮可以自行行驶，最大设计车速大于 20km/h 的轮式机械，如装载机、平地机、挖掘机、推土机等，但不包括叉车。

7. 特型机动车（special-sized vehicle）

质量参数和/或尺寸参数超出 GB 1589—2016 规定的汽车、挂车、汽车列车。

2.2.2 按《汽车和挂车类型的术语和定义》（GB/T 3730.1—2001）分类

2001 年，我国开始实施新的车辆分类标准：GB/T 3730.1—2001《汽车和挂车类型的术语和定义》和 GB/T 15089—2001《机动车辆及挂车分类》。GB/T 3730.1—2001 将汽车分为乘用车和商用车两大类，其定义分别如下：

乘用车是指在设计和技术特性上主要用于载运乘客及其随身行李和临时物品的汽车，包括驾驶人座位在内最多不超过 9 个座位。它也可以牵引一辆挂车。与旧分类相比，乘用车涵盖了轿车、微型客车以及不超过 9 座的轻型客车，而载货汽车和 9 座以上的客车全部不属于乘用车。有一类特殊情况，即部分车型（如金杯海狮）同一长度的车既有 9 座以上的，又有 9 座以下的，在实际工作中通常将这类车辆归属为商用车。乘用车的详细分类情况见表 2-3。

表 2-3 乘用车类型

车辆类型	定义	示意图
普通乘用车 Saloon（Sedan）	车身：封闭式、侧窗中柱有或无。 车顶（顶盖）：固定式、硬顶。有的顶盖一部分可以开启。 座位：4 个或 4 个以上座位，至少两排。后排座椅可折叠或移动，以形成装载空间。 车门：2 个或 4 个侧门，可有一个后开启门。 车窗：2 个或 4 个以上侧窗	
活顶乘用车 Convertible Saloon	车身：具有固定侧围框架的可开启式车身。 车顶（顶盖）：车顶为硬顶或软顶，至少有两个位置：①封闭；②开启或拆除。可开启式车身可以通过使用一个或数个硬顶部件/合拢软顶将开启的车身关闭。 座位：4 个或 4 个以上座位，至少两排。 车门：2 个或 4 个侧门。 车窗：2 个或 4 个以上侧窗	
高级乘用车 Pullman Saloon （Pullman Sedan） （Executive Limousine）	车身：封闭式。前后座之间可以设有隔板。 车顶（顶盖）：固定式，硬顶。有的顶盖一部分可以开启。 座位：4 个或 4 个以上座位，至少两排。后排座椅前可安装折叠式座椅。 车门：4 个或 6 个侧门，也可有一个后开启门。 车窗：6 个或 6 个以上侧窗	
小型乘用车 Coupe	车身：封闭式，通常后部空间较小。 车顶（顶盖）：固定式，硬顶。有的顶盖一部分可以开启。 座位：2 个或 2 个以上座位，至少一排。 车门：2 个侧门，也可有一个后开启门。 车窗：2 个或 2 个以上侧窗	
敞篷车 Convertible	车身：可开启式。 车顶（顶盖）：车顶可为软顶或硬顶，至少有两个位置：第一个位置遮覆车身；第二个位置车顶卷收或可拆除。 座位：2 个或 2 个以上的座位，至少一排。 车门：2 个或 4 个侧门。 车窗：2 个或 2 个以上侧窗	

(续)

车辆类型	定义	示意图
仓背乘用车 Hatchback	车身：封闭式，侧窗中柱可有可无。 车顶（顶盖）：固定式，硬顶。有的顶盖一部分可以开启。 座位：4个或4个以上座位，至少两排。后排座椅可折叠或可移动，以形成一个装载空间。 车门：2个或4个侧门，车身后部有一舱门	
旅行车 Station Wagon	车身：封闭式。车尾外形特殊，可提供较大的内部空间。 车顶（顶盖）：固定式，硬顶。有的顶盖一部分可以开启。 座位：4个或4个以上座位，至少两排。座椅的一排或多排可拆除，或装有向前翻倒的座椅靠背，以提供装载平台。 车门：2个或4个侧门，并有一后开启门。 车窗：4个或4个以上侧窗	
多用途乘用车 Multipurpose Passenger Car（MPV）	以上各种车辆以外的，只有单一车室载运乘客及其行李或物品的乘用车。但如果这种车辆同时具备以下两个条件，则不属于乘用车而属于货车： ① 除驾驶人以外的座位数不超过6个；只要车辆具有可使用的座椅安装点，就应算"座位"存在。 ② $P-(M+N\times 68)>N\times 68$ 式中 P——最大设计总质量； M——整车整备质量与1位驾驶人质量之和； N——除驾驶人以外的座位数	
短头乘用车 Forward Control Passenger Car	一种乘用车，它一半以上的发动机长度位于车辆前风窗玻璃最前点以后，并且转向盘的中心位于车辆总长的前四分之一部分内	
越野乘用车 Off-road Passenger Car	在其设计上所有车轮同时驱动（包括一个驱动轴可以脱开的车辆），或其几何特性（接近角、离去角、纵向通过角、最小离地间隙）、技术特性（驱动轴数、差速器锁止机构或其他形式结构）和其他的性能（爬坡度）允许在非道路上行驶的一种乘用车	
专用乘用车 Special Purpose Passenger Car	运载乘员或物品并完成特定功能的乘用车，它具备完成特定功能所需的特殊车身和装备。包括旅居车（Motor Caravan）、防弹车（Armoured Passenger Car）、救护车（Ambulance）、殡仪车（Hearse）等	

商用车是指在设计和技术特性上用于运送人员和货物的汽车,并且可以牵引挂车。商用车分为客车、货车、半挂牵引车、客车非完整车辆和货车非完整车辆,共五类。与旧分类相比,商用车包含了所有载货汽车和9座以上的客车。商用车的详细分类情况见表2-4。

表2-4 商用车类型

车辆类型		定义	示意图
客车类型	客车 Bus	在设计和技术特性上用于载运乘客及其随身行李的商用车辆,包括驾驶人座位在内座位数超过9座。客车有单层或双层的,也可牵引一挂车	
	小型客车 Minibus	用于载运乘客,除驾驶人座位外,座位数不超过16座的客车	
	城市客车 City-bus	一种为城市内运输而设计和装备的客车。这种车辆设有座椅及乘客站立的位置,并有足够的空间供频繁停站时乘客上下车走动用	
	长途客车 Interurban Coach	一种为城间运输而设计和装备的客车。这种车辆没有专供乘客站立的位置,但在其通道内可载运短途站立的乘客	
	旅游客车 Touring Coach	一种为旅游而设计和装备的客车。这种车辆的布置要确保乘客的舒适性,不载运站立的乘客	
半挂牵引车 Semi-trailer Towing Vehicle		装备有特殊装置,用于牵引半挂车的商用车辆	
货车 Goods Vehicle		一种主要为载运货物而设计和装备的商用车辆,可牵引一挂车	

2.2.3 按公安车辆登记管理分类

为了便于对机动车辆核发牌照和登记管理，公安车辆管理部门也有一套自己的车辆分类方法，如机动车行驶证上就有车辆类型信息。从2004年8月1日开始，公安机关开始按照QC/T 698.1—2004《车辆说明文件》对机动车辆进行登记管理，其中对车辆类型是按照GA/T 16.4—2012《道路交通管理信息代码 第4部分：机动车车辆类型代码》规定进行分类的，详见表2-5和表2-6。

表2-5　按车辆规格分类的车辆类型

分类		规格术语	说明
汽车	载客	大型	车长大于等于6m或者乘坐人数大于等于20人。乘坐人数可变的，以上限确定。乘坐人数包括驾驶人（下同）
		中型	车长小于6m，乘坐人数大于9人且小于20人
		小型	车长小于6m，乘坐人数小于9人
		微型	车长小于等于3.5m，发动机气缸总排量小于等于1L
	载货	重型	车长大于等于6m或者总质量大于等于12000kg
		中型	车长大于等于6m，总质量大于等于4500kg且小于12000kg
		轻型	车长小于6m，总质量小于4500kg
		微型	车长小于3.5m，载质量不大于1800kg
	三轮汽车（原三轮农用运输车）		以柴油机为动力，最高设计车速不大于50km/h，最大设计总质量不大于2000kg，长不大于4.6m，宽不大于1.6m，高不大于2m，具有三个车轮的货车
	低速货车（原四轮农用运输车）		以柴油机为动力，最高设计车速不大于70km/h，最大设计总质量不大于4500kg，长不大于6m，宽不大于2m，高不大于2.5m，具有四个车轮的货车
摩托车		普通	最大设计车速大于50km/h，或者发动机气缸总排量大于50mL
		轻便	最大设计车速不大于50km/h，或者发动机气缸总排量不大于50mL
挂车		重型	最大总质量大于等于12000kg
		中型	最大总质量大于等于4500kg且小于12000kg
		轻型	最大总质量小于4500kg

表2-6　按车辆结构分类的车辆类型

分类		规格术语	说明
汽车	载客	普通客车	车身为长方体或近似长方体，单层地板，一厢或两厢式结构，安装座椅的载客汽车
		双层客车	车身为长方体或近似长方体，双层地板，一厢或两厢式结构，安装座椅的载客汽车
		卧铺客车	车身为长方体或近似长方体，单层地板，一厢或两厢式结构，安装卧铺的载客汽车
		铰接客车	车身为长方体或近似长方体，单层地板，由铰接装置连接两个车厢且连通，安装座椅的载客汽车
		越野客车	车身结构为一厢或两厢式，所有车轮能够同时驱动，接近角、离去角、纵向通过角、最小离地间隙等技术参数按照高通过性设计的载客汽车
		轿车	车身结构为两厢式且乘坐人数不超过5人，或者车身结构为三厢式且乘坐人数不超过7人的载客汽车。但同一型号车辆可增加乘坐人数的除外

（续）

分类		规格术语	说明
汽车	载货	普通货车	载货部位的结构为栏板的载货汽车，不包括具有自动倾斜装置的载货汽车
		厢式货车	载货部位的结构为封闭厢体且与驾驶室各自独立的载货汽车
		封闭货车	载货部位的结构为封闭厢体且与驾驶室联成一体，车身结构为一厢式载货汽车
		罐式货车	载货部位的结构为封闭罐体的载货汽车
		平板货车	载货部位的地板为平板结构且无栏板的载货汽车
		集装箱车	载货部位为框架结构且无地板，专门运输集装箱的载货汽车
		自卸货车	载货部位具有自动倾斜装置的载货汽车
		特殊结构货车	载货部位为特殊结构，专门运输特定物品的载货汽车，如运输小轿车的双层结构载货汽车、运输活禽畜的多层结构载货汽车
	其他	半挂牵引车	不具有载货结构，专门用于牵引半挂车的汽车
		专项作业车	装置有专用设备或器具，用于专项作业的汽车，如洒水车、吸污车、水泥搅拌车、起重车、医疗车等
		三轮汽车	载货部位为栏板结构，具有三个车轮的货车
		普通低速货车	载货部位为栏板结构，具有四个车轮的低速货车
		厢式低速货车	载货部位为封闭厢体结构且与驾驶室各自独立，具有四个车轮的低速货车
		罐式低速货车	载货部位为封闭罐体结构，具有四个车轮的低速货车
		自卸低速货车	载货部位具有自动倾卸装置，具有四个车轮的低速货车
电车		无轨电车	以电动机驱动，设有集电杆，驾线供电的电车
		有轨电车	以电动机驱动，设有集电杆，驾线供电，有轨道的电车
摩托车		二轮摩托车	装有两个车轮的摩托车
		正三轮摩托车	装有与前轮对称分布的两个后轮，仅有驾驶人座位的摩托车
		正三轮载客摩托车	装有与前轮对称分布的两个后轮的具有载客装置的摩托车
		正三轮载货摩托车	装有与前轮对称分布的两个后轮的具有载货装置的摩托车
		侧三轮载货摩托车	在两轮摩托车的一侧装有边车的摩托车
轮式自行机械		轮式装置机械	具有装卸设备的轮胎式自行机械
		轮式挖掘机械	具有挖掘设备的轮胎式自行机械
		轮式平地机械	具有平整设备的轮胎式自行机械

(续)

分类	规格术语	说明
挂车	普通全挂车	载货部位为栏板结构的半挂车
	厢式全挂车	载货部位为封闭厢体结构的全挂车
	罐式全挂车	载货部位为封闭罐体结构的全挂车
	平板全挂车	载货部位的地板为平板结构且无栏板的全挂车
	集装箱全挂车	载货部位为框架结构且无地板，专门运输集装箱的全挂车
	自卸全挂车	载货部位具有自动倾斜装置的全挂车
	普通半挂车	载货部位为栏板结构的半挂车
	厢式半挂车	载货部位为封闭厢体结构的半挂车
	罐式半挂车	载货部位为封闭罐体结构的半挂车
	平板半挂车	载货部位的地板为平板结构且无栏板的半挂车
	集装箱半挂车	载货部位为框架结构且无地板，专门运输集装箱的半挂车
	自卸半挂车	载货部位具有自动倾斜装置的半挂车
	特殊结构半挂车	载货部位为特殊结构，专门运输特定物品的半挂车

2.3　VIN 与铭牌

VIN 是英语 Vehicle Identification Number 的缩写，即车辆识别代号，每辆汽车都有唯一的识别代号，相当于车辆的身份证号码。因为它的唯一性和标准性，**VIN 是汽车生产、销售、承保、理赔、维修等各个环节的主索引信息，在填写保险单、理赔单或查找维修资料时，必修首先获取正确的车辆识别信息。** 如果不掌握 VIN 的相关知识，在汽车保险中将很难准确确定车型，会给承保、理赔和维修带来很多麻烦。在实际保险理赔工作中，不能把 VIN 仅仅看作一串需要登记在理赔单上的数字，更重要的是要发挥 VIN 的车辆识别作用，也就是通过 VIN 获得自己所需的关键信息，如车型、厂家、生产年份、配置等。车辆信息也可以通过查看车辆信息铭牌获得。车辆铭牌是标明车辆基本特征的标牌，主要包括厂牌、型号、发动机功率、总质量、载质量或载客人数、出厂编号、出厂日期等。车身特定位置还会标注油漆代码，便于维修人员查询相应油漆配方。

2.3.1　VIN 概述

VIN 是一组由 17 位数字或字母组成的编码，俗称"十七位码"，相当于车辆的身份证号码。它包含了车辆的生产厂家、年代、车型、车身形式、发动机及组装地点等信息，是最重要的车辆识别信息。

为了便于识别和管理，国际标准化组织（ISO）经过对欧美各国的车辆识别方案和管理经验的总结和发展，建立了世界统一的道路车辆识别系统的四个国际标准：

ISO 3779—2009《道路车辆　车辆识别代号（VIN）内容与构成》

ISO 3780—2009《道路车辆　世界制造厂识别代号（WMI）》

ISO 4030—1983《道路车辆 车辆识别代号（VIN）位置与固定》

ISO 4100—1980《道路车辆 世界零件制造厂识别代号（WPMI）》

我国1996年12月25日颁布了相应的车辆识别代号（VIN）管理规则和四个推荐标准，于1997年开始试行，1999年正式实施。我国以下四个道路车辆识别系统标准均等同采用了国际ISO标准：

GB/T 16735—1997《道路车辆 车辆识别代号（VIN）位置与固定》

GB/T 16736—1997《道路车辆 车辆识别代号（VIN）内容与构成》

GB/T 16737—1997《道路车辆 世界制造厂识别代号（WMI）》

GB/T 16738—1997《道路车辆 世界零件制造厂识别代号（WPMI）》

因为以上标准是推荐性的，不作为强制要求，所以在此期间销售的一些车辆，尤其是进口车辆没有严格按照我国VIN标准标注VIN，给承保和理赔带来了一定的困难。2004年，我国的VIN标准再次经过修订，成为两个国家强制标准，并于2004年10月1日强制实施，所以2004年之后销售车辆的VIN识别要容易一些。2019年发布了这两个国家强制标准的修订版，并于2020年1月1日开始实施，这两个道路车辆识别系统强制标准是：

GB 16735—2019《道路车辆 车辆识别代号（VIN）》

GB 16737—2019《道路车辆 世界制造厂识别代号（WMI）》

2.3.2 VIN的构成

如图2-13所示，17位的VIN可以根据其各自代表的含义划分成三个部分，它们分别是世界制造厂识别代号（WMI）、车辆说明部分（VDS）和车辆指示部分（VIS）。

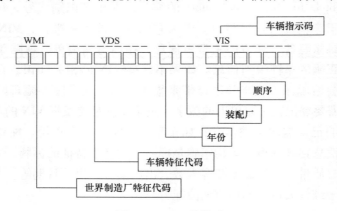

图2-13 VIN的构成

（1）世界制造厂识别代号（WMI）——世界制造厂识别代号，用来标识车辆制造厂的唯一性，通常占车辆识别代号（VIN）的前三位。WMI代号中应使用下列阿拉伯数字和罗马字母：

1 2 3 4 5 6 7 8 9 0

A B C D E F G H J K L M N P R S T U V W X Y Z

（字母I、O及Q不能使用）

车辆制造厂应由其所在国的国家机构分配一个或几个WMI代号。国内车辆制造厂的WMI代号由国家汽车主管部门进行分配，所分配的WMI代号还要向国际标准化组织（ISO）

授权的国际代理机构——美国汽车工程师学会（SAE），进行申报并核对。

WMI 包含了以下信息：

1）WMI 的第一位是由 SAE 分配的，用以标明地理区域。目前，SAE 已经根据需要为每个地理区域分配了几个字符，例如：北美洲是 1~5，大洋洲是 6 和 7，南美洲是 8、9 和 0，亚洲是 J~R，欧洲是 S~Z。

2）WMI 的第二位也是由 SAE 分配的，用以标明特定地理区域内的一个国家。目前，SAE 已经根据需要为每个国家分配了几个字符。WMI 的第一位和第二位字符组合在一起，即保证了国家识别标志的唯一性。如：10~19、1A~1Z 为美国，2A~2W 为加拿大，3A~3W 为墨西哥，W0~W9、WA~WZ 为德国，L0~L9、LA~LZ 为中国。

3）WMI 的第三个字符是由各国授权机构分配的，用以标明特定的汽车制造厂。如我国的几个主要汽车制造厂的 WMI 为：

```
LVS 长安福特      LNB 北京汽车      LGB 东风日产
LBE 北京现代      LHG 广汽本田      LTV 天津丰田
LSV 上海大众      LBV 华晨宝马      LSG 上海通用
```

（2）车辆说明部分（VDS）——说明车辆的一般特性，由车辆识别代号（VIN）的第 4 位到第 9 位（共六位字符）组成。如果制造厂不用其中的一位或几位字符，应在该位置填入选定的字母或数字占位。此部分应能识别车辆的一般特征，其代号顺序由制造厂决定。

（3）车辆指示部分（VIS）——制造厂为了区别不同车辆而指定的一组字符，车辆指示部分由车辆识别代号（VIN）的后八位字符组成，其最后四位字符应是数字。

以下将对各位字符的含义做详细的说明：

1）第 1~3 位（WMI）：制造厂、品牌和类型。

2）第 4~8 位：车辆特征。

轿车：种类、系列、车身类型、发动机类型及约束系统类型。

MPV：种类、系列、车身类型、发动机类型及车辆额定总质量。

货车：型号或种类、系列、底盘、驾驶室类型、发动机类型、制动系统及车辆额定总质量。

客车：型号或种类、系列、车身类型、发动机类型及制动系统。

3）第 9 位：校验位，按标准通过加权计算得到。

4）第 10 位：车型年份，其代码及含义见表 2-7。由字母或数字代表。其中字母 I、O、Q、U、Z 及数字 0 不使用，字母加数字共能用 30 年，2040 年又循环回到 A。

表 2-7　VIN 中的车型年份代码

年份	代码	年份	代码	年份	代码
2011	B	2018	J	2025	S
2012	C	2019	K	2026	T
2013	D	2020	L	2027	V
2014	E	2021	M	2028	W
2015	F	2022	N	2029	X
2016	G	2023	P	2030	Y
2017	H	2024	R	2031	1

(续)

年份	代码	年份	代码	年份	代码
2032	2	2035	5	2038	8
2033	3	2036	6	2039	9
2034	4	2037	7	2040	A

5) 第11位：车辆装配厂。

6) 第12~17位：顺序号。

以下我们就以北汽E150轿车为例，简单了解一下VIN编码规则，见表2-8，其VIN为LNBSCBAFXBD000001。

表2-8　北汽轿车VIN示例

WMI			VDS						VIS							
L	N	B	S	C	B	A	F	X	B	D	0	0	0	0	0	1
1	2	3	4	5	6	7	8	9	10	11	12	13	14	15	16	17

第1~3位是世界制造厂识别代码。LNB代表北京汽车集团有限公司。

第4位是车辆类型，见表2-9，该车为轿车。

表2-9　车辆类型代码

代码	车辆类型	代码	车辆类型
S	轿车	A	旅居车
R	运动型乘用车	B	救护车
M	多用途乘用车	D	防弹车
		E	殡仪车
		1	其他专用乘用车

（"专用乘用车"对应代码A、B、D、E、1）

第5位代表车辆总长及座位数（含驾驶人座位），见表2-10，该车总长为3500~6000mm，座位数≤5。

表2-10　车辆总长及座位数代码

代码	车辆总长/mm	座位数（含驾驶人座位）	代码	车辆总长/mm	座位数（含驾驶人座位）
A	≤3500	≤5	D	3500~6000	5~9
B	≤3500	>5	E	>6000	≤9
C	3500~6000	≤5			

第6位是车身类型代码，见表2-11，该车为承载式车身，两厢式，5门结构。

表2-11　车身类型代码

代码	车身类型	代码	车身类型
A	承载式车身，两厢式，4门	D	非承载式车身，两厢式，3门
B	承载式车身，两厢式，5门	E	非承载式车身，两厢式，4门
C	承载式车身，三厢式，4门	F	非承载式车身，两厢式，5门

（续）

代码	车身类型	代码	车身类型
G	承载式车身，两厢式，2门	H	承载式车身，两厢式，3门
L	承载式车身，单厢式，>6座	K	承载式车身，三厢式，2门
V	承载式车身，单厢式，≤6座	S	承载式车身，三厢式，2门，Sport车身
U	承载式车身，两厢式，5门，CUV车身	W	承载式车身，两厢式，5门，旅行车车身

第7位代表动力及能源类型，表示能源类别、发动机排量（L）、混合动力汽车排量（L）、纯电动车电动机功率（kW），见表2-12，该车采用排量≤1.6L的四缸汽油机。

表2-12 动力及能源类型代码

代码	动力及能源类型（能源类别、发动机排量L、混合动力车排量L、纯电动车电动机功率kW）	代码	动力及能源类型（能源类别、发动机排量L、混合动力车排量L、纯电动车电动机功率kW）	代码	动力及能源类型（能源类别、发动机排量L、混合动力车排量L、纯电动车电动机功率kW）
A	≤1.6、四缸汽油机	K	≤1.6、汽油机混合动力	V	≤5.0、六缸柴油机
B	1.6~2.0、四缸汽油机	M	1.6~3.0、汽油机混合动力	W	>5.0、柴油机
D	2.0~2.5、四缸汽油机	N	天然气发动机	X	≤3.0、柴油机混合动力
E	2.5~3.0、四缸汽油机	P	≤1.6、四缸柴油机	Y	>3.0、柴油机混合动力
F	3.0~4.0、四缸汽油机	R	1.6~2.0、四缸柴油机	C	>3.0、汽油机混合动力
G	≤2.5、六缸汽油机	S	2.0~2.5、四缸柴油机	L	液化石油气发动机
H	2.5~4.0、六缸汽油机	T	2.5~3.0、四缸柴油机	1	燃料电池
J	>4.0、汽油机	U	3.0~5.0、四缸柴油机	2	二甲醚
9	≤1.0、三缸汽油机	0	1.0~1.3、三缸柴油机	5	75~110、纯电动
3	≤55、纯电动	4	55~75、纯电动	8	>185、纯电动
6	110~150、纯电动	7	15~185、纯电动		

第8位代表制动、操纵类型及被动安全装置（安全带、安全气囊），见表2-13，该车配置前盘后鼓式制动器，手动变速器，带安全气囊。

表2-13 制动、操纵类型及被动安全装置代码

代码	制动、操纵类型及被动安全装置（安全带、安全气囊）	代码	制动、操纵类型及被动安全装置（安全带、安全气囊）
A	前盘后鼓制动系统，手动，不带安全气囊	F	前盘后鼓制动系统，手动，带安全气囊
B	前后鼓式制动系统，手动，不带安全气囊	G	前后鼓式制动系统，手动，带安全气囊
C	前后盘式制动系统，手动，不带安全气囊	H	前后盘式制动系统，手动，带安全气囊
D	前盘后鼓制动系统，自动，不带安全气囊	J	前盘后鼓制动系统，自动，带安全气囊
E	前后盘式制动系统，自动，不带安全气囊	K	前后盘式制动系统，自动，带安全气囊

第9位是校验位，为0~9中任何一数字或字母"X"。

美国与加拿大要求在车辆识别代号（VIN）的第九位使用校验位，我国的国家标准也做

了同样的规定。与身份证号码中的校验位一样，VIN 的校验位可以用来校验 VIN 是否正确。一些盗抢车辆、拼装车辆、走私车辆经常通过修改 VIN 诈保、骗保，其实通过 VIN 第九位校验是很容易将它们甄别出来的。有关校验位的详细算法，可参见 GB 16735—2019《道路车辆 车辆识别代号（VIN）》。

第 10 位为年份代码，参照表 2-7 可知，该车为 2011 年款。

第 11 位为装配厂代码，见表 2-14，该车为北京汽车株洲分公司装配。

表 2-14 装配厂代码

代码	装配厂	代码	装配厂
A、H、J、K、N	北京汽车制造厂有限公司	D、R	北京汽车株洲分公司
F、V、W	北京汽车北京生产基地	E、T、U	北京北旅汽车制造有限公司

第 12~17 位为车辆制造顺序号。

解读整个 VIN，其含义就是 2011 年北京汽车集团有限公司生产，由北京汽车株洲分公司负责装配的北京汽车 E150 两厢五门轿车，该车为承载式车身结构，总长为 3500~6000mm，座位数≤5，采用排量≤1.6L 的四缸汽油机，配置前盘后鼓式制动系统，手动变速器，带安全气囊，出厂编号 000001。

2.3.3 VIN 标牌的位置

为了使车辆的 VIN 容易被查找到，ISO 国际标准和各国的标准中都规定了 VIN 标牌的固定位置，但各个国家规定的位置不尽相同。例如。美国规定 VIN 应安装在仪表板左侧，在车外透过前风窗玻璃可以清楚地看到。而欧盟则规定 VIN 应安装在汽车右侧的底盘车架上或刻在车辆铭牌上。为防止车辆被盗窃后的拆件交易，美国高速公路交通安全管理局（NHTSA）还规定：轿车、MPV 及轻型货车的主要零部件（如：发动机、变速器、保险杠、翼子板等）上必须标记车辆的 VIN。

GB 16735—2019《道路车辆 车辆识别代号（VIN）》中对 VIN 的位置规定如下：

1）VIN 可直接打刻在车架上，对于无车架车身而言，可以直接打刻在不易拆除或更换的车辆结构件上。

2）VIN 可打印在标牌上，但此标牌应同样是永久固定在上述车辆结构件上。

3）VIN 应尽量标示在车辆右侧的前半部分、易于看到且能防止磨损或替换的车辆结构件上（玻璃除外），如受结构限制，亦可放在便于接近和观察的其他位置。

4）VIN 还应标示在产品标牌上（两轮摩托车和轻便摩托车可除外）。

5）M1 类（9 座以下的乘用车）、N1 类（最大设计总质量不超过 3500kg 的载货车）车辆的 VIN 还应永久地标示在仪表板上靠近风窗立柱的位置，在白天不需移动任何部件，从车外就能够分辨出车辆识别代号。

6）车辆制造厂至少应在一种随车文件中标示 VIN。

根据以上规定，我国现在生产和进口的车辆的 VIN 标牌通常位于仪表板左上方，通过前风窗玻璃可以直接看到，如图 2-14 所示。另外，车辆合格证上也有 VIN。

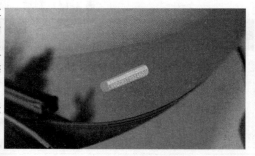

图 2-14 VIN 位置

2.3.4 识读铭牌信息

中华人民共和国工业和信息化部为规范《车辆生产企业及产品公告》管理,要求列入《产品公告目录》的车辆才能进行销售。而被列入《产品公告目录》的车辆要采用汽车产品型号来识别。

1. 汽车和挂车产品型号编制规则

汽车和挂车产品的型号是指为了识别汽车而给一种汽车指定的一组汉语拼音字母和阿拉伯数字组成的编号。

汽车和挂车产品型号由企业名称代号、车辆类别代号、主参数代号、产品序号组成,如图2-15所示,对于专业汽车及专用挂车还应增加专用汽车分类代号。必要时,可以附加企业自定义代号。

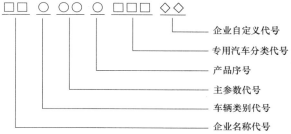

图 2-15 汽车和挂车产品型号构成

(1) 企业名称代号 企业名称代号用代表企业名称的两个或三个汉语拼音字母表示。如 CA 代表一汽。

(2) 车辆类别代号 车辆类别代号用一位阿拉伯数字表示,各类汽车(包括底盘)和挂车的车辆类别代号见表2-15。

表 2-15 各类汽车(包括底盘)和挂车的车辆类别代号

车辆类别代号	车辆种类	车辆类别代号	车辆种类	车辆类别代号	车辆种类
1	载货汽车	4	半挂牵引车	7	轿车
2	越野汽车	5	专用汽车	8	挂车
3	自卸汽车	6	客车	9	

注:1. 表中载货汽车是指符合 GB/T 3730.1—2001《汽车和挂车类型的术语和定义》中第 2.1.2.3.1、2.1.2.3.2、2.1.2.3.3 条定义的,具有敞开式(平板式)载货空间的货车。
2. 表中越野汽车是指符合 GB/T 15089—2001《机动车辆及挂车分类》中第 3.5 条(G 类)定义的车辆(包括符合 QC/T 775—2007《乘用车类别及代码》中第 4.2 条定义的车辆)。
3. 表中自卸汽车是指符合 GB/T 3730.1—2001《汽车和挂车类型的术语和定义》中第 2.1.2.3.6 条定义的,具有普通自卸货厢(加盖或者不加盖)和自卸功能、不属于 GB/T 17350—2009《专用汽车和专用挂车术语、代号和编制方法》中第 3.1.3 条(专用汽车)规定的车辆。
4. 表中半挂牵引车是指符合 GB/T 3730.1—2001《汽车和挂车类型的术语和定义》中第 2.1.2.2 条定义的车辆。
5. 表中专用汽车是指符合 GB/T 17350—2009《专用汽车和专用挂车术语、代号和编制方法》中有关专用汽车定义的车辆。
6. 表中客车是指符合 GB/T 3730.1—2001《汽车和挂车类型的术语和定义》中第 2.1.2.1.1~2.1.2.1.6 条定义的车辆(不包括越野客车和专用客车),及符合 QC/T 775—2007《乘用车类别及代码》中第 4.3 条定义的车辆。
7. 表中轿车是指符合 QC/T 775—2007《乘用车类别及代码》中第 4.1 条定义的车辆。
8. 表中挂车是指符合 GB/T 3730.1—2001《汽车和挂车类型的术语和定义》中第 2.2 条定义的车辆。

(3) 主参数代号 主参数代号用两位阿拉伯数字表示,对于各类汽车的规定如下:

1) 载货汽车、越野汽车、自卸汽车、半挂牵引车、专用汽车和挂车的主参数代号为车辆的总质量（单位：t）。当总质量存在多个数值时，以总质量最大数值进行修约作为主参数代号；当总质量在100t以上时，允许用三位数字表示。

2）客车的主参数代号为车辆的长度（单位：m）。当车辆长度小于10m时，应精确到小数点后一位，并以长度值（m）的十倍数值表示。当长度存在多个数值时，以长度最大数值进行修约。

3）轿车的主参数代号为发动机的排量（单位：L），精确到小数点后一位，并以其值的十倍数值表示。对于纯电动轿车，主参数代号为"00"。

4）主参数的数值修约按GB/T 8170—2008《数值修约规则与极限数值的表示和判定》的规定。

5）主参数不足规定位数时，在参数前以"0"占位。

6）当对已公告产品进行变更、扩展时，如变更、扩展数值影响到了主参数代号，则应对产品型号进行更正。

（4）产品序号　产品序号用阿拉伯数字表示，数字由0、1、2、3、4、5……依次使用。

（5）专用汽车分类代号　专用汽车分类代号按照GB/T 17350—2009《专用汽车和专用挂车术语、代号和编制方法》的规定。

（6）企业自定义代号　企业自定义代号按照企业的需要编制，可用汉语拼音字母和阿拉伯数字表示，位数由企业自定。

新能源汽车的企业自定义代号规定如下：

HEV——混合动力电动汽车/底盘

SHEV——串联式混合动力电动汽车/底盘

PHEV——并联式混合动力电动汽车/底盘

CHEV——混联式混合动力电动汽车/底盘

BEV/EV——纯电动汽车/底盘

FCEV——燃料电池电动汽车/底盘

DMEV——二甲醚汽车/底盘

为了避免与数字混淆，不应采用汉语拼音字母中的"I"和"O"。

根据以上介绍，就可以根据汽车铭牌中的数字和字母看出该车的一些技术参数或配置。例如，原来常见的"北京212"，第一个"2"表示越野汽车，"1"表示载重1t，第二个"2"表示第二代产品。再如"标致505"或"504"，第一位数字"5"代表第五代产品，"0"是一个习惯数字，没有意义，第三位数字"5"或"4"代表底盘型号。还有一些数字代表发动机的排量，如"奔驰E280"代表装配2.8L发动机，丰田、日产等车尾常见"2.8、2.0或3.0"等字样，分别代表发动机排量为2.8L、2.0L、3.0L。还有的数字是用乘号连接起来的，如"4×2""4×4"，乘号前的数字代表汽车车轮数，乘号后的数字代表驱动车轮数。字母标在车身上表示特殊含义，如"SGL"通常代表超豪华级，"EFI"通常代表电子燃油喷射，"T"通常代表涡轮增压的发动机。还有一种数字和字母组合的方式，不同形式的组合代表的意义可能完全不同。如"V6"表示装载了V形6缸发动机，"4WD"表示四轮驱动。汽车上的数字、字母不仅代表了汽车的性能和级别，也是汽车制造技术发展的标志。

2. 国产汽车发动机产品名称和型号编制规则

由于汽车发动机主要采用内燃机，所以本节介绍内燃机产品名称和型号编制规则。为了便于内燃机的生产管理和使用，我国国家标准 GB/T 725—2008 对内燃机名称和型号的编制规则做了详细规定，内燃机型号依次包括下列四部分，表示方法如图 2-16 所示。

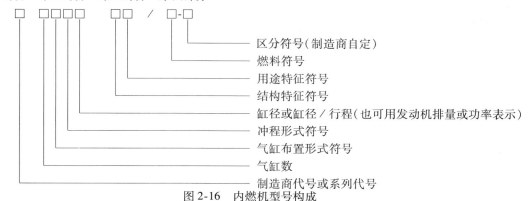

图 2-16　内燃机型号构成

（1）第一部分　由制造商代号或系列符号组成。本部分代号由制造商根据需要选择相应 1~3 位数字字母表示。

（2）第二部分　由气缸数、气缸布置形式符号、冲程形式符号、缸径符号组成。

① 气缸数用 1~2 位数字表示。

② 气缸布置形式符号按表 2-16 规定。

表 2-16　气缸布置形式符号

符号	含义
无符号	多缸直列及单缸
V	V 形
P	卧式
H	H 形
X	X 形

注：其他布置形式符号见 GB/T 1883.1—2005。

③ 冲程形式为四冲程时符号省略，二冲程用 E 表示。

④ 缸径符号一般用缸径或缸径/行程表示，也可用发动机排量或功率表示。其单位由制造商自定。

（3）第三部分　由结构特征符号、用途特征符号、燃料符号组成。其符号分别按表 2-17、表 2-18 和表 2-19 的规定。

表 2-17　结构特征符号

符号	结构特征
无符号	冷却液冷却
F	风冷
N	凝气冷却
S	十字头式

(续)

符号	结构特征
Z	增压
ZL	增压中冷
DZ	可倒转

表 2-18　用途特征符号

符号	用途特征
无符号	通用型及固定动力（或制造商自定）
T	拖拉机
M	摩托车
G	工程机械
Q	汽车
J	铁路机车
D	发电机组
C	船用主机、右机基本型
CZ	船用主机、左机基本型
Y	农用三轮车（或其他农用车）
L	林业机械

注：内燃机左机和右机的定义按 GB/T 726—1994 规定。

表 2-19　燃料符号

符号	燃料名称	备注
无符号	柴油	
P	汽油	
T	天然气（煤层气）	管道天然气
CNG	压缩天然气	
LNG	液化天然气	
LPG	液化石油气	
Z	沼气	各类工业化沼气（农业有机废弃物、工业有机废水物、城市污水处理、城市有机垃圾）允许用 1~2 个字母的形式表示。如"ZN"表示农业有机废弃物产生的沼气
W	煤矿瓦斯	浓度不同的瓦斯允许用 1 个小写字母的形式表示。如"Wd"表示低浓度瓦斯
M	煤气	各类工业化煤气如焦炉煤气、高炉煤气等。允许在 M 后加 1 个字母区分煤气的类型，"MJ"表示焦炉煤气
S SCZ	柴油/天然气双燃料 柴油/沼气双燃料	其他双燃料用两种燃料的字母表示
M	甲醇	
E	乙醇	
DME	二甲醇	
FME	生物柴油	

注：1. 一般用 1~3 个拼音字母表示燃料，亦可用成熟的英文缩写字母表示。
　　2. 其他燃料允许制造商用 1~3 个字母表示。

（4）第四部分 为区分符号。同系列产品需要区分时，允许制造商选用适当符号表示。第三部分与第四部分可用"-"分隔。以下举几个例子对发动机的型号进行进一步说明：

1）柴油机

① YZ6102Q——6缸、直列、四冲程、缸径102mm、冷却液冷却、汽车用（YZ为扬州柴油机厂代号）。

② 12VE230ZCz——12缸、V形、二冲程、缸径230mm、冷却液冷却、增压、船用主机、左机基本型。

2）汽油机

① 1E65F——单缸、二冲程、缸径65mm、风冷、通用型。

② BJ492QA——直列、4缸、四冲程、缸径92mm、冷却液冷却、汽车用，区分符号A表示变型产品（BJ为北京汽车制造厂代号）。

3）燃气机

① 12V190ZL/T——12缸、V形、四冲程、缸径190mm、冷却液冷却、增压中冷、燃气为天然气。

② 16V190ZLD/MJ——16缸、V形、四冲程、缸径190mm、冷却液冷却、增压中冷、发电用、燃气为焦炉煤气。

4）双燃料发动机

① G12V190ZLS——12缸、V形、缸径190mm、冷却液冷却、增压中冷、燃料为柴油/天然气双燃料（G为系列代号）。

② 12V260/320ZL/SCZ——12缸、V形、缸径260mm、行程320mm、冷却液冷却、增压中冷、燃料为柴油/沼气双燃料。

▶ 2.3.5 车辆油漆代码

油漆代码通常是由字母和数字混合组成的代码，代表汽车出厂时的油漆类型和颜色。一般车身ID号或维修配件标签上给出汽车油漆及装饰件的相关信息，包括油漆的类型和颜色编号，如果是双色漆还给出车身上部和下部的颜色。车身ID号印在车身ID牌上，在车上有多个安装位置。油漆代码位置如图2-17所示。

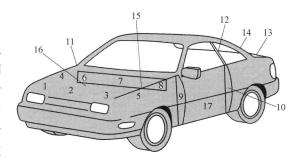

图2-17 车辆油漆代码的位置

在对事故车进行喷涂之前应当先查看油漆代码，表2-20中列出了部分汽车厂惯用的油漆代码位置：

表2-20 部分汽车厂惯用的油漆代码位置

汽车品牌	油漆代码的位置	汽车品牌	油漆代码的位置
大众	2、11	奔驰	2、7、9
奥迪	12、13	路虎	1、3、4、5
丰田	7、8、14	通用	12、13、14
本田	8、10	福特	10
马自达	1、2、3、4、6、8	现代	6、7

汽车厂家在生产过程中可能会频繁地改变设计。相同年份、相同车型的车辆上可能会有一个或多个零件的变化，这会影响到修理。制造商或售后市场的服务商通常会在其维修材料中注释出年份变化。图2-18是一本原厂维修手册中解释油漆代码含义的内容，颜色标签位于该车B柱上，在其他标签的正上方。

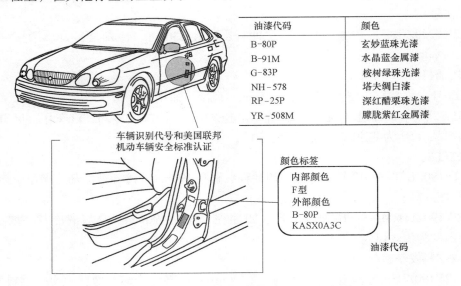

图2-18 原厂维修手册中油漆代码含义的解释

2.4 车辆认证管理和证照识别

2.4.1 汽车公告制度

从2001年1月1日起，国家经济和贸易委员会以发布《车辆生产企业及产品公告》（以下简称《公告》）的方式对汽车企业的新产品实施管理。《公告》的内容包括新产品批准、产品扩展、勘误更改和撤销。至此，汽车生产企业和产品进入《公告》管理时代。2003年，国务院再次调整机构，撤销国家经贸委，其汽车产业管理职能纳入国家发展和改革委员会。2004年5月21日，国家发改委发布《汽车产业发展政策》（2004年国家发展和改革委员会令第8号），依据本政策和国家认证认可条例建立统一的道路机动车辆生产企业和产品的准入管理制度。符合准入管理制度规定和相关法规、技术规范的强制性要求并通过强制性产品认证的道路机动车辆产品，登录《道路机动车辆生产企业及产品公告》，由国家发展和改革委员会和国家质检总局联合发布。公告内产品必须标识中国强制性认证（3C）标志。政府有关职能部门要按照准入管理制度对汽车、农用运输车和摩托车等产品分类设定企业生产准入条件，对生产企业及产品实行动态管理。**企业生产准入条件中应包括产品设计开发能力、产品生产设施能力、产品生产一致性和质量控制能力、产品销售和售后服务能力等要求。** 道路机动车辆产品认证机构和检测机构由国家质检总局会商国家发展改革委后指定，并按照市场准入管理制度的具体规定开展认证和检测工作。

2008年6月，在国务院新一次的机构调整中，汽车行业管理职能转入国家工业和信息化部。工信部对《车辆生产企业及产品公告》技术要求进行了完善和调整,并着重加强对道路机动车辆产品检测工作的监督管理。工信部对外发布关于所有国内合法机动车的型号和参数标准。机动车公告是机动车车辆上牌的唯一依据,没有批准公告的机动车辆不得生产和对外销售,车管部门也不予上牌。一汽-大众速腾1.4T轿车的公告信息见表2-21。

表2-21 一汽-大众速腾1.4T轿车的公告信息

公告型号	FV7146TATG	公告批次	232
品牌	速腾(SAGITAR)	类型	轿车
额定质量		总质量	1930
整备质量	1425	燃料种类	汽油
排放依据标准	GB 18352.6—2016 国Ⅳ	轴数	2
轴距	2578	轴荷	950/980
弹簧片数	-/-	轮胎数	4
轮胎规格	205/55 R16	接近角/离去角	17.5/29.5
前悬后悬	882/1084	前轮距	1539
后轮距	1528	识别代号	LFV2A21K×××××××
整车长	4544	整车宽	1760
整车高	1461	货厢长	
货厢宽		货厢高	
最高车速	200	额定载客	5
驾驶室准乘人数		转向形式	
准拖挂车总质量		载质量利用系数	
半挂车鞍座最大承载质量		企业名称	一汽-大众汽车有限公司
企业地址	吉林省长春市东风大街	电话号码	0431-575×××
传真号码	(0431)575×××	邮政编码	130011
底盘1	承载式车身	底盘2	
底盘3		底盘4	
发动机型号	发动机生产企业	发动机商标	排量	功率
CFB	上海大众动力总成有限公司		1390	96
CFB	一汽-大众汽车有限公司		1390	96

备注:
带OBD功能。选装:天窗。防擦条与车身同色的下部进气格栅。亮色车窗装饰条。氙气灯,前照灯清洗器。行李舱盖亮条。不同尾部标识。不同进气格栅。不同雾灯。(附照片)ABS生产厂家是上海汽车制动系统有限公司或者大陆泰密克汽车系统(上海)有限公司,型号是MK 60。

2.4.2 强制性产品认证制度

3C认证的全称为"中国强制性产品认证制度",英文名称China Compulsory Certification,英文缩写为CCC,如图2-19所示。它是中国政府为保护消费者人身安全和国家安全、加强产品质量管理、依照法律法规实施的一种产品合格评定制度。

国家监督检验检疫总局和国家认证认可监督管理委员会于2001年12月3日一起对外发

布了《强制性产品认证管理规定》，对列入目录的19类132种产品实行"统一目录、统一标准与评定程序、统一标志和统一收费"的强制性认证管理。将原来的"CCIB"认证和"长城CCEE认证"统一为3C认证。

图2-19　3C认证标志

当前的"CCC"认证标志分为四类，分别为：CCC+S安全认证标志；CCC+EMC电磁兼容类认证标志；CCC+S&E安全与电磁兼容认证标志；CCC+F消防认证标志。

上述四类标志每类都有大小五种规格。3C认证标志一般贴在产品上面，或通过模压压在产品上。当前设计的3C认证标志不仅有激光防伪，而且每个型号都有一个独特的序号，序号不重复。消费者区别真假3C认证标志的方法很简单，细看3C认证标志，会发现多个小棱形的"CCC"暗记。另外，3C认证标志最不容易仿冒的地方，就是每个标志后面都有一个随机码，它注明每个随机码所对应的厂家及产品，根据随机码，即可识别产品来源是否正宗。

在汽车估损过程中，也需要注意相关零部件是否有强制认证标志。按照《实施强制性产品认证的产品目录》要求，机动车及零部件实行"3C"认证的范围如下：

1）汽车：在公路及城市道路上行驶的M、N、O类车辆（M类车辆是指乘用车；N类指载货车辆；O类指带挂车的车辆）。

2）摩托车：发动机排量超过500mL或最高设计车速超过50km/h的摩托车。

3）汽车摩托车零部件：汽车安全带、摩托车发动机。

4）机动车辆轮胎（汽车、摩托车）。

5）汽车安全玻璃（A类夹层玻璃、B类夹层玻璃、区域钢化玻璃、钢化玻璃）。

6）机动车灯具产品（前照灯、转向灯；汽车前位灯/后位灯/制动灯/示廓灯、前雾灯、后雾灯、倒车灯、驻车灯、侧标志灯和后牌照板照明装置；摩托车牌照灯、位置灯）；机动车回复反射器、汽车行驶记录仪、车身反光标识、汽车制动软管、机动车后视镜、机动车喇叭、汽车油箱、门锁及门铰链、内饰材料、座椅及头枕。

▶ 2.4.3　机动车登记制度

机动车登记是指机动车登记机关对我国境内道路上行驶的机动车所有人的名称（或者姓名）、地址、单位代码（或者身份证号码）、联系电话、车辆技术数据及变化情况等进行的记录备案。机动车所有人必须依法进行机动车登记，在领取登记证书、号牌和行驶证后，车辆方可在道路上行驶。《道路交通安全法》第8条规定："国家对机动车实行登记制度。机动车经公安机关交通管理部门登记后，方可上道路行驶。尚未登记的机动车，需要临时上道路行驶的，应当取得临时通行牌证。"

机动车登记制度能够保障公安机关交通管理部门随时掌握车辆的动向，使其能及时查找车主，为实施交通和社会治安管理，追查肇事车辆，侦破案件提供准确情况；还能够及时为国家调控道路交通流量，制定汽车产业政策，实施环境保护措施等提供基本信息。对于机动车所有人而言，机动车登记也很重要，当车辆出现变化情况，及时办理变更登记也有利于减少纠纷，保护当事人的合法权益。

《机动车登记规定》第十条规定，已注册登记的机动车有下列情形之一的，机动车所有人应当向登记地车辆管理所申请变更登记：
1）改变车身颜色的。
2）更换发动机的。
3）更换车身或者车架的。
4）因质量问题更换整车的。
5）营运机动车改为非营运机动车或者非营运机动车改为营运机动车等使用性质改变的。
6）机动车所有人的住所迁出或者迁入车辆管理所管辖区域的。

另外，交强险条款也明确规定，在保险合同有效期内，保险车辆因改装、加装、使用性质改变等导致危险程度增加的，被保险人应当及时通知保险人，并办理批改手续。

机动车改装、加装设备的，被保险人负有通知义务。保险公司在其车损险条款中都会约定："在保险期间内，被保险机动车改装、加装设备要通知保险人"。如果被保险人未履行加装、改装的通知义务，因加装、改装使车辆危险程度显著增加而发生的保险事故，保险人不承担赔偿保险金的责任。如果车辆改装过度，或不符合国家标准，或未通过年检，又没有事先通知保险公司和进行汽车改装保险报备，同样得不到赔偿。

▶ 2.4.4 机动车年检制度

国家规定机动车必须定期通过汽车尾气、外观、车灯、制动系统、底盘等检测，并以无违法记录的情况下，发放检验合格标志，如图 2-20 所示。所有年检日期按行驶证上登记的日期为准，机动车从注册登记之日起，按照下列期限进行安全技术检验，一般统称为"年检"或"年审"。

小型、微型非营运载客汽车（核定载人数：9 人及以下）6 年内免检，只需要每隔 2 年做一次车辆的资料审核；超过 6 年不满 10 年的，每两年检测一次；超过 10 年不满 15 年的，每年检测一次；超过 15 年不满 20 年的，每 6 个月检测一次；超过 20 年的，每 3 个月检测一次。

营运载客汽车 5 年以内每年检测 1 次；超过 5 年的，每 6 个月检测 1 次。

图 2-20　年检标和环保标

载货汽车和大、中型非营运载客汽车 10 年以内每年检测 1 次；超过 10 年的，每 6 个月检测 1 次。

进口车辆跟其他车型一样，在任意检测场都可以定期检验。年检通过后车主会得到年检标和环保标，并按规定张贴于前风窗玻璃右上角。

一般的保险公司的车险格式合同上都有"责任免除"规定，比如人保的车险合同中规定："除另有约定之外，发生保险事故时，被保险机动车无公安机关交通管理部门核发的行驶证或号牌或未按规定检验或检验不合格的，都可以不予理赔。"此外，驾驶证被暂扣、扣留、吊销、注销的，驾驶人开车发生事故时也不予理赔。

GVS 是 Green Vehicle Sign 的简称，即机动车绿色环保标志，也就是所谓的"绿标"，它是对符合国家规定机动车尾气排放标准的机动车的一种证明。与之相对的是"黄标"，是对尾气排放较严重机动车的一种区分。最早发放绿色环保标志的时间是在 1999 年 1 月 1 日，北京市环保部门组织对符合《北京市轻型汽车排气污染物排放标准》的机动车发放"绿色环保标志"。各地越来越重视机动车尾气所带来的污染，纷纷成立机动车绿色环保标志的发放部门，以及划定城市限行路段，禁止排污严重的机动车进入，并逐步淘汰这类机动车。部分地区甚至规定，黄标车违反禁令标志指示，闯入限行路段，一旦发生了交通事故，在事故责任认定上，就要增加应承担的责任范围。比如，普通路上发生事故，黄标车本来是无责的，但是如果是在绿标路上发生了同样事故，就要承担责任。

▶ 2.4.5 机动车牌照

机动车牌照能反映大量信息，在事故车查勘估损过程中起到很大作用。机动车牌照是国家车辆管理法规规定的具有统一格式、统一式样，由车辆管理机关经过对申领牌照的汽车进行审核、检验、登记后，核发的带有注册登记编码的硬质号码牌。一般为两面，分别按规定安装在汽车前后部指定位置上。机动车牌照是准许汽车上道行驶的法定凭证，是道路交通管理部门、社会治安管理部门及广大人民群众监督汽车行驶情况，识别、记忆与查找机动车的凭证。车牌及编号颜色含义见表 2-22。

表 2-22 车牌及编号颜色含义

车牌及编号颜色	机动车类型
黄底黑字	中型、大型汽车以及农用车、摩托车
蓝底白字	小型民用汽车
黑底白字及红色"使"字标志	大使馆外籍汽车
黑底白字及红色"领"字标志	领事馆外籍汽车
黑底白字	其他外籍汽车
蓝底白字且数字前有"试"字标志	试验车辆
蓝底白字且数字前有"学"字标志	学习车牌照
白底红字且数字前有"临时"二字	临时牌照
黄底黑字且数字后有"学"字标志	教练车
白底黑字	汽车补用牌照
白底红字	车辆移动证

民用汽车编号，一般为 5 位数字，即从 00001～99999。编号超过 10 万时，就用 A、B、C 等英文字母代替，但为了避免字母 I 和数字 1 混淆，字母 O 和数字 0 混淆，车牌编号中都不含字母 I 和 O。英文字母 I 因为在车牌的字体中和数字 1 一样，所以不使用。车牌底色所代表的机动车的类型见表 2-23。

表 2-23 车牌底色辨识

车牌底色	机动车类型
蓝	普通车辆：小型民用汽车
黄	普通车辆：中型、大型汽车以及农用车、摩托车
绿	市区专用车
白	军用或公安机关用车辆
黑	涉外车辆：大使、领事馆、外资企业

2.4.6 机动车驾驶证

在事故查勘过程中，查勘人员需要查验肇事驾驶人的驾驶证，确认驾驶证是否有效；所驾驶的车辆是否与准驾车型相符；驾驶人是否是被保险人或其允许的驾驶人；驾驶人是否为保险合同中约定的驾驶人；特种车驾驶人是否具备国家有关部门核发的有效操作证；营业性客车的驾驶人是否具有国家有关行政管理部门核发的有效资格证书。若前述证件有不合格的应当用数码相机拍照，取得证据。

机动车驾驶证是指依法允许学习驾驶机动车的人员，经过学习，掌握了交通法规知识和驾驶技术后，经管理部门考试合格，核发许可驾驶某类机动车的法律凭证。无证驾驶机动车属违法行为。无证驾驶可分为以下几种情形（有其中之一的均可认定为无证驾驶）：

1）机动车驾驶人在未经过专门的驾驶人培训学校的驾驶技能训练与考试，未取得机动车驾驶证的情况下，驾驶机动车的，为无证驾驶。

2）驾驶人驾驶的机动车车型超出驾驶证核定的准驾车型的范围的（可参考下面的"准驾车型及代号"表格进行对照），做无证驾驶处理（比如只持有 C 照的人开 B 照的车，或只持 B 照的人开 A 照的车等）。机动车驾驶证准驾车型和代号见表 2-24。

3）驾驶人未随身携带与所驾车型相符的机动车驾驶证的，应视为无证驾驶。

4）使用伪造、变造驾驶证或其他非法途径获取的驾驶证，或驾驶证已过期失效，或被暂扣、吊销或撤销的，均视为无证驾驶。

5）驾驶人的年龄或健康状况不符合驾驶条件的（多指实际年龄超出所驾车型的最大年龄限制，如年龄不足按照非法获取机动车驾驶证处理，归类到4）的情况）。

6）持军队、武装警察部队驾驶证驾驶民用机动车的（有特殊许可证明的除外）。

7）持境外机动车驾驶证在中国驾驶的。

《道路交通安全法》第十九条第一款明确规定，驾驶机动车，应当依法取得机动车驾驶证。未取得驾驶证的人员不得驾驶机动车辆。否则，根据该法第九十九条之规定，将有可能被处以 200 元以上 2000 元以下罚款，或有可能并处 15 日以下拘留；构成犯罪的，将依法追究刑事责任。《机动车交通事故责任强制保险条例》第二十二条明确规定，驾驶人未取得驾驶资格证的，发生交通事故后，保险公司仅在机动车交通事故责任强制保险责任限额范围内垫付抢救费用，并有权向致害人追偿。

2008 版机动车驾驶证由证夹、主页和副页三部分组成，其中主页是用塑料封的已签注的证芯，副页是已签注的证芯。

表 2-24　机动车驾驶证准驾车型和代号

准驾车型	代号	准驾的车辆	准予驾驶的其他准驾车型
大型客车	A1	大型载客汽车	A3、B1、B2、C1、C2、C3、C4、M
牵引车	A2	重型、中型全挂、半挂汽车列车	B1、B2、C1、C2、C3、C4、M
城市公交车	A3	核载10人以上的城市公共汽车	C1、C2、C3、C4
中型客车	B1	中型载客汽车（含核载10人以上、19人以下的城市公共汽车）	C1、C2、C3、C4、M
大型货车	B2	重型、中型载货汽车；重型、大型、中型专项作业车	C1、C2、C3、C4、M
小型汽车	C1	小型、微型载客汽车以及轻型、微型载货汽车	C2、C3、C4
小型自动档汽车	C2	小型、微型自动档载客汽车以及轻型、微型自动档载货汽车	
低速载货汽车	C3	低速载货汽车（原四轮农用运输车）	C4
三轮汽车	C4	三轮汽车（原三轮农用运输车）	
残疾人专用小型自动档载客汽车	C5	残疾人专用小型、微型自动档载客汽车	
普通三轮摩托车	D	发动机排量大于50mL或者最大设计车速大于50km/h的三轮摩托车	E、F
普通二轮摩托车	E	发动机排量大于50mL或者最大设计车速大于50km/h的二轮摩托车	F
轻便二轮摩托车	F	发动机排量等于50mL或者最大设计车速小于等于50km/h的摩托车	
轮式自动机械车	M	轮式自行机械车	
无轨电车	N	无轨电车（叉车）	
有轨电车	P	有轨电车	

　　主页塑料封有正面和背面两面。正面图文由平安结、立交桥、连续变化的五角星等图案和"中国 CHINA""驾驶证 DRIVING LICENSE"等字样构成。平安结中心几何图形颜色在蓝色和黄绿色之间交互变化，白光在45°时，平安结中间正方形图案的反射光为黄绿色，四周三角形的反射光为蓝色；旋转90°后，正方形图案的反射光为蓝色，四周三角形的反射光为黄绿色。"中国 CHINA"和"驾驶证 DRIVING LICENSE"为动态景深文字，不同角度分别出现。背面至少有5个完整的荧光字符和长城组合图案，在紫外光照射下，字符呈现荧光红色，长城图案呈现荧光绿色。

　　主页正面由"中华人民共和国机动车驾驶证""证号""姓名""性别""出生日期""住址""国籍""准驾车型""初次领证件日期""有效起始日期""有效期限"等中英对照文字、证件专用章和相片等构成，如图2-21所示。证号背景正视显紫色，斜视显黑色。证件专用章在紫外光照射下，印章呈现荧光红色。主页背面主要内容是准驾车型代号规定。右侧有开窗式安全线，每段都有烫银底激光字母"JSZ"，并且有无缝对接的底纹。

　　副页正面由"中华人民共和国机动车驾驶证副页""证号""姓名""档案编号""记录"和13位条形码组成，如图2-22所示。姓名一栏下划线是一组微缩文字，用8倍以上放大镜观察可见"DRIVING LICENSE OF THE PEOPLE'S REPUBLIC OF CHINA"。副页背面有"记录"等文字。副页在紫外光照射下，证芯呈现无规则荧光红色、蓝色、绿色纤维。

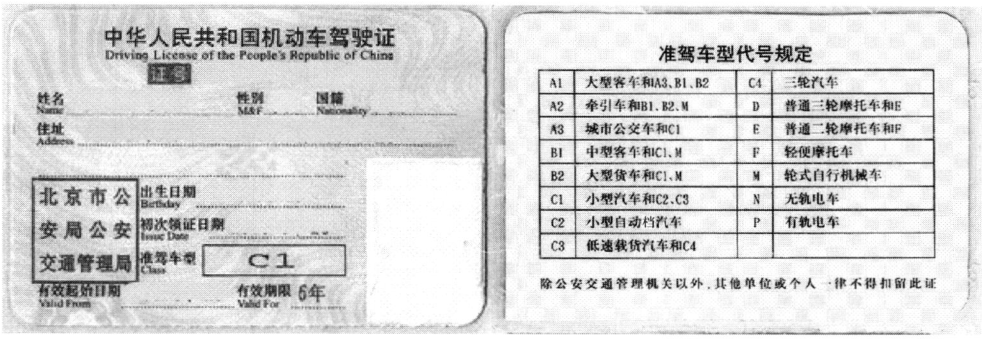

图 2-21 驾驶证主页正面和背面

图 2-22 驾驶证副页正反面

2.4.7 机动车行驶证

机动车行驶证是准予机动车在我国境内道路上行驶的法定证件。

行驶证由证夹、主页、副页三部分组成。其中：主页正面是已签注的证芯，背面是机动车相片，并用塑封套塑封。副页是已签注的证芯。

主页正面文字颜色为黑色。"中华人民共和国机动车行驶证"字体为12磅黑体，位置居中；还包括"号牌号码""车辆类型""使用性质""所有人""住址""品牌型号""发动机号码""车辆识别代号""注册日期""发证日期"等文字，如图 2-23 所示。

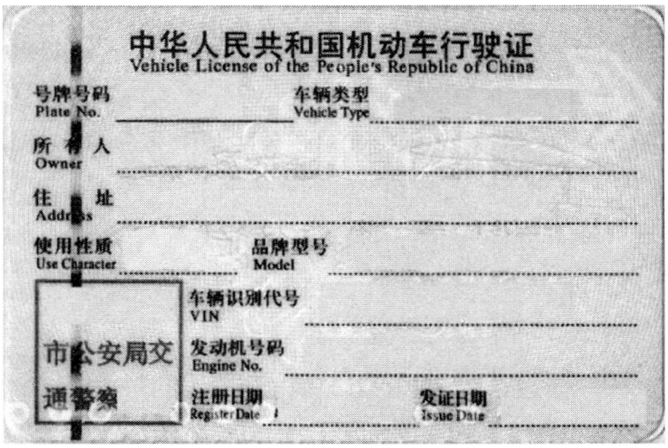

副页正面文字颜色为黑色。包括"号牌号码""核定载人数""档案编号""整备质量""总质量""核定载质量""外廓尺寸""准牵引总质量""备注""检验记录"等文字，如图 2-24 所示。

车辆必须经过车辆管理机关检验合格，领取号牌、行驶证，方准行驶。因

图 2-23 机动车行驶证主页

此，持有机动车行驶证是车辆上路行驶的先决条件之一，无论是没有领取机动车行驶证还是忘记随身携带，驾驶人上路行车不带行驶证都属于违规行为。机动车行驶证上"车主姓名"一栏登记的车主是法律承认的车辆所有人，其有合法使用和处置该宗财产的权力，如果发生交通事故或经济纠纷，其也是法定的责任承担人。对于办理了保险的机动车辆，如果发生了保险责任范围内的交通事故，投保人只有持机动车行驶证，而且是有效行

图 2-24　机动车行驶证副页

驶证（即按时参加了年度检验），保险公司才有可能理赔。如果不能出示有效行驶证，即使在保险有效期之内，保险公司也会拒绝赔偿。

★ 本章小结 ★

1. 国外主要汽车生产厂家和车型，介绍了全球主要的乘用车生产厂家，如美国的通用、福特，德国的大众、宝马，日本的丰田、本田，韩国的现代起亚等企业及其相关车型。

2. 国内主要汽车生产厂家和车型，介绍了我国主要的乘用车生产厂家，如一汽、上汽、北汽、广汽、东风、奇瑞、吉利等企业及其相关车型。

3. 《机动车运行安全技术条件》（GB 7258—2017）将机动车分为：汽车、挂车、汽车列车、摩托车、拖拉机运输机组、轮式专用机械车、特型机动车。

4. 2001 年开始实施新国标 GB/T 3730.1—2001《汽车和挂车类型的术语和定义》和 GB/T 15089—2001《机动车辆及挂车分类》将汽车分为乘用车和商用车两大类。

5. 公安车辆管理部门从 2004 年 8 月 1 日开始按照 QC/T 698.1—2004《车辆说明文件 第一部分：车辆注册技术参数表》对机动车辆进行登记管理，其中对车辆类型是按照 GA/T 16.4—2005《机动车登记信息代码 第 4 部分：机动车辆类型代码》规定进行分类的。

6. VIN 是一组由 17 位数字或字母组成的编码，相当于车辆的身份证号码，通常包含车辆的生产厂家、年代、车型、车身形式、发动机及组装地点等信息。

7. 2004 年 10 月 1 日，我国开始实施 VIN 的强制标准 GB 16735—2019《道路车辆 车辆识别代号（VIN）》和 GB 16737—2019《道路车辆 世界制造厂识别代号（WMI）》。

8. 17 位的 VIN 可以根据其各自代表的含义划分成三个部分，分别是：世界制造厂识别代号（WMI）、车辆说明部分（VDS）和车辆指示部分（VIS）。

9. 我国生产的轿车（M1 类汽车）的 VIN 标牌一般都贴在仪表板左上角或右上角，透过前风窗玻璃能够看到。

10. 通过汽车型号能够看出汽车的厂牌、类型和主要特征参数等。汽车型号是由汉语拼音字母和阿拉伯数字组成。

11. 油漆代码通常是由字母和数字混合组成的代码，代表汽车出厂时的油漆类型和颜

色。在对事故车进行喷涂修复之前应当先查出油漆代码。

12. 工信部对《车辆生产企业及产品公告》技术要求进行了完善和调整，并着重加强对道路机动车辆产品检测工作的监督管理。工信部对外发布关于所有国内合法机动车的型号和参数标准。机动车公告是机动车车辆上牌的唯一依据，没有批准公告的机动车辆不得生产和对外销售，车管部门也不予上牌。

13. 3C认证的全称为"中国强制性产品认证制度"，英文名称 China Compulsory Certification，英文缩写为CCC。它是中国政府为保护消费者人身安全和国家安全、加强产品质量管理、依照法律法规实施的一种产品合格评定制度。

14. 一般的保险公司的车险格式合同上都有"责任免除"规定，比如人保的车险合同中规定："除另有约定之外，发生保险事故时，被保险机动车无公安机关交通管理部门核发的行驶证或号牌或未按规定检验或检验不合格的，都可以不予理赔。"此外，驾驶证被暂扣、扣留、吊销、注销的，驾驶人开车发生事故时也不予理赔。各地越来越重视机动车尾气所带来的污染，纷纷成立机动车绿色环保标志的发放部门，以及划定城市限行路段，禁止排污严重的机动车进入，并逐步淘汰这类机动车。

15. 机动车牌照是国家车辆管理法规规定的具有统一格式、统一式样，由车辆管理机关经过对申领牌照的汽车进行审核、检验、登记后，核发的带有注册登记编码的硬质号码牌。一般为两面，分别按规定安装在汽车前后部指定位置上。

16. 持有《机动车行驶证》是车辆上路行驶的先决条件之一，无论是没有领取《机动车行驶证》还是忘记随身携带，驾驶人上路行车不带行驶证都属于违规行为。

习　题

1. 在勘察一辆事故车时，看到其尾部标明的型号为 BJ7202A，以下说法中正确的是（　　）。

（A）这是一辆客车　　　　　　（B）这是一辆轿车
（C）该车长度为 2m　　　　　　（D）该车额定装载质量为 2t

2. 在事故勘察时看到事故车的 VIN 为 LVSFAFAB63F023832，以下说法中正确的是（　　）。

（A）这是一辆进口车
（B）该车是 2006 年生产的
（C）通过第 9 位可以查验该 VIN 真伪
（D）以上都正确

3. 车辆铭牌上记录了车辆的很多信息，但一般以下（　　）信息不包含在车辆铭牌上。

（A）车辆的生产厂家和车型
（B）轮胎的标准气压
（C）发动机的型号和排量
（D）车身油漆代码

4. 甲说：我国生产的轿车的 VIN 标牌都贴在仪表板左上角；乙说：我国于 1996 年 12 月 25 日开始正式实施车辆识别代号（VIN）管理规则。以下（　　）选项是正确的。

(A) 只有甲正确 (B) 只有乙正确
(C) 甲乙都正确 (D) 甲乙都不正确

5. 甲说：VIN 根据代表的含义划分为三个部分，分别是 WMI、VDS、VIS；乙说：世界制造厂识别代号（WMI）用来表示车辆制造厂的唯一性，通常占车辆识别代号（VIN）的前四位。以下（　　）选项是正确的。
(A) 只有甲正确 (B) 只有乙正确
(C) 甲乙都正确 (D) 甲乙都不正确

6. 标在车身上的字母一般表示特定的含义，"EFI" 通常代表（　　）。
(A) 涡轮增压发动机 (B) 电子燃油喷射
(C) 超豪华级 (D) 四轮驱动

7. 甲说：油漆代码由字母和数字混合组成，代表汽车出厂时的油漆类型和颜色；乙说：一般车身 ID 号给出了汽车油漆的相关信息，各个厂家的车身 ID 号位置一般在车辆的 B 柱上。以下（　　）选项是正确的。
(A) 只有甲正确 (B) 只有乙正确
(C) 甲乙都正确 (D) 甲乙都不正确

8. 以下不属于 3C 强制认证的部件是（　　）。
(A) 转向灯 (B) 机动车后视镜
(C) 刮水器 (D) 机动车喇叭

9. 以下（　　）色为市区专用车牌底色。
(A) 黄 (B) 蓝
(C) 绿 (D) 黑

第3章 事故现场查勘

本章学习目标：

1. 了解现场查勘的目的和意义。
2. 掌握现场查勘的主要内容。
3. 掌握现场查勘技能，重点是现场查勘中的痕迹物证的检验方法和常见的保险欺诈行为的判断识别。

前面两章介绍了车辆保险的相关政策法规、车辆结构知识和车辆事故损坏情况。在掌握这些知识之后，就具备了从事汽车保险估损工作的基础知识，可以进一步学习保险估损过程中的一些实践知识了，如事故查勘、维修费用估算等。图 3-1 给出了一个典型的事故车保险理赔程序，从中可以看出，在保险公司接到事故报案后，首先就是进行事故查勘，然后根据查勘获得的相关信息进行损失评估（即估损），制订定损单，定损单经过保险公司核定后，由被保险人和保险公司双方签字确认，即可进行理赔。本章将重点介绍事故现场查勘的相关知识。

3.1 保险事故现场

保险事故现场是指保险事故发生并留下后果的具体场地，它包括与该起事故相关的车辆、人、畜及各种痕迹物证所占有的一切空间。它是保险事故调查中最主要的事故信息来源。

事故现场一般分为以下 5 类：

1. 原始现场

原始现场是指事故发生后至现场查勘前，没有被改变或破坏的现场。这种现场能较为清楚、真实地反映事故演变过程，对查勘的价值最大。强调保护现场的重要性，其目的就在于争取将现场保护在原始状态，为现场查勘提供有利条件。

2. 变动现场

变动现场指保险事故发生时的原始状态已经全部或部分发生变化的现场。变动的原因通常有如下6种。

1）抢救伤者：变动了现场的车辆和有关物体的位置。
2）保护不善：现场上的痕迹被过往车辆碾压和行人践踏而模糊或消失。
3）自然影响：因下雨、下雪、刮风等自然因素的影响，造成现场或物件上遗留下来的痕迹模糊不清或完全消失。
4）特殊情况：执行任务的消防、救护、警备、工程抢险车以及首长、外宾乘坐的汽车在发生事故后，因任务的需要驶离了现场。
5）一些主要交通干道或繁华地段发生事故，造成交通堵塞，需立即排除，因而移动了车辆及其他物体。
6）其他原因：如车辆发生了事故后，当事人没有发觉，驾车驶离了现场。

对于变动现场，必须注意识别和查明变动的原因及情况，以利于辨别事故的发生过程，正确分析原因和责任。

3. 伪造现场

伪造现场是指当事人为逃避责任、毁灭证据或达到嫁祸于人的目的，有意改变或布置的现场。

4. 逃逸现场

逃逸现场是指肇事人为了逃避责任，驾车潜逃而导致现场变动的情况。其性质与伪造现场相同，但具有更大的破坏性。《道路交通事故处理办法》明确规定，对于当事人逃逸或者故意伪造现场，使交通事故责任无法确定的，应负全部责任，并吊销机动车驾驶证。

5. 恢复现场

恢复现场是指事故现场因某种原因撤离后，基于事故分析或复查案件的需要，为再现出险现场的全貌，根据现场调查记录资料重新布置恢复的现场。

3.2 现场查勘概述

对汽车碰撞事故进行现场查勘是道路交通事故处理过程中的一项法定程序，同时也是处理机动车辆保险理赔案件过程中的一项法定程序。当被保险车辆发生交通事故时，会有专人到事故现场进行查勘。对事故现场进行全方位的分析和勘定，查勘交通事故所引起的损失程度的大小、损失的真实性等，同时对可能存在的骗保等虚假事故行为进行有效的甄别。

> **知识拓展**：一些保险公司将查勘流程标准化并提炼出相应准则，更有助于查勘人员开展工作。以人保为例，其查勘方法及准则总结为 654321 方法和准则：
> - 六个方面："车、证、人、路、货、行"六个方面的内容
> - 五字法取证："问、闻、看、思、摄"五种取证方法
> - 四个基本问题：保险车辆、保险责任、谁的责任、损失金额
> - 三项技能：调查取证、现场图绘制、现场查勘报告填写
> - 两个顺序：由表及里、由前往后
> - 一个目标：有利于车主及修理厂

3.2.1 主要内容

现场查勘的主要工作就是利用合适的方法尽可能地获取详实的事故现场资料，然后利用

这些资料进行综合分析，最后认定事故的性质。对于每个事故案件，这些程序都应认真履行。更具体地说，现场查勘的工作内容主要有：

1. 查明真实的出险时间和地点

> 注意：对于出险时间在保险单有效期开始后一周的案件，需要特别核实真实的出险时间。对于保险单快到期的事故也要认真核查。

核查真实的出险时间的目的是为了防止投保前已发生的车损事故被纳入保险责任范围，致使保险人的利益受到损害。

核查真实的出事地点是依法按保险合同条款进行保险理赔的工作需要。例如，在 B 款机动车辆保险条款中，针对出事地点就有明确的规定：

【发生保险事故时，保险车辆实际行驶区域超出保险单约定范围的，增加10%的绝对免赔率。】

2. 查明真实的出险原因和经过

真实的出险原因是准确认定保险事故是否属于保险责任的重要条件。而核实出险经过是认定出险原因是否真实的依据。真实的出险原因为准确判定事故是否属于保险公司的赔偿范围提供可靠的材料。在机动车保险合同中，保险责任条款和责任免除条款对出险原因都做出了明确规定。例如，B 款机动车辆商业保险条款第一条规定了保险责任范围。

【第一条 在保险期间内，被保险人或其允许的合法驾驶人在使用保险车辆过程中，因下列原因造成保险车辆的损失，本公司按照本保险合同的规定负责赔偿：

1）碰撞、倾覆。
2）火灾、爆炸，按照保险合同约定为非营业企业或机关车辆的自燃。
3）外界物体倒塌或坠落、保险车辆行驶中平行坠落。
4）雷击、暴风、龙卷风、暴雨、洪水、海啸、地陷、冰陷、崖崩、雪崩、雹灾、泥石流、滑坡。
5）载运保险车辆的渡船遭受本条第4）项所列自然灾害（只限于有驾驶人随船照料者）。】

例如，B 款机动车辆商业保险条款第二条规定了责任免除的部分范围：

【第二条 下列原因导致的意外事故，本公司不负责赔偿：

1）地震。
2）战争、军事冲突、恐怖活动、暴乱、扣押、罚没、查封、政府征用。
3）核反应、核污染、核辐射。
4）受害人与被保险人或其允许的驾驶人恶意串通。
5）被保险人或其允许的驾驶人或受害人故意导致事故发生的。】

3. 查明被保险的机动车辆在事故中的责任

保险合同条款中规定了"按责任赔偿"，因此需要查明被保险机动车在交通事故中是否负有责任，以及在交通事故中所负责任的比例，若无责任，则保险公司不负责赔偿。可以根据公安机关交通管理部门的裁决确定被保险机动车是否负有责任和事故责任的比例。例如，B 款机动车辆保险条款中车上人员责任险中作出的规定是：

【第九条 保险车辆发生道路交通事故，本公司根据驾驶人在交通事故中所负事故责任比例相应承担赔偿责任。

公安机关交通管理部门处理事故未确定事故责任比例的，按照下列规定确定事故责任比例：

保险车辆方负全部事故责任的，事故责任比例不超过100%；
保险车辆方负主要事故责任的，事故责任比例不超过70%；
保险车辆方负同等事故责任的，事故责任比例不超过50%；
保险车辆方负次要事故责任的，事故责任比例不超过30%；
保险车辆方无事故责任的，本公司不承担赔偿责任。】

4. 查明被保险车辆的使用性质

此项工作的重点是为了防止在保险理赔中出现两种有违保险合同规定和有违相关法律规定的现象：一是营运车辆按非营运车辆投保，二是非营运车辆非法营运（载客或载货）。

防止营运车辆按非营运车辆投保是指在车辆损失保险的保险责任条款中，规定了非营运汽车损失险包括爆炸、自燃，而营运汽车损失险中是不包括火灾、爆炸、自燃的。另外，合同中规定的费率计算方法也是不同的，因可保风险的内容不同，两者之间的费率差值很大。因此，在查勘工作中应核查车辆使用性质，若发现营运车辆按非营运车辆投保，可以确认为不存在保险利益，违背了最大诚信原则，也不存在理赔，所签订的保险合同作废。

防止非营运车辆非法营运是指营运车辆和非营运车辆的使用性质在道路交通安全法规中已做出严格的界定，各保险公司依据这个界定，在机动车保险合同中已明确了不同的承保对象。所以，在核查使用性质时，若发现是非营运车辆非法营运而引发的事故，由公安交通管理机关处理，保险公司可不承担任何赔偿责任。

A条款中汽车损失险包括：【家庭自用汽车损失险（家庭自用汽车是指在中华人民共和国境内（不含香港、澳门、台湾地区）行驶的家庭或个人所有，且用途为非营业性运输的客车）、非营业用汽车损失保险（非营业用汽车是指在中华人民共和国境内（不含香港、澳门、台湾地区）行驶的党政机关、企事业单位、社会团体、使领馆等机构从事公务或在生产经营活动中不以直接或间接方式收取运费或租金的自用汽车，包括客车、货车、客货两用车）、营业用汽车损失保险（营业用汽车是指在中华人民共和国境内（不含香港、澳门、台湾地区）行驶的，用于客、货运输或租赁，并以直接或间接方式收取运费或租金的汽车）。】

在家庭自用汽车损失保险和非营运用汽车损失保险合同中规定：【在保险期间内，被保险机动车改装、加装或从事营业运输等，导致被保险机动车危险程度增加的，应当及时书面通知保险人。否则，因被保险机动车危险程度增加而发生的保险事故，保险人不承担赔偿责任。】

5. 查明被保险人对保险车辆有无保险利益

在保险合同中对有无保险利益做出的规定是：如被保险的车辆转卖、转让、赠送他人，改装或加装设备，被保险人应当事先书面通知保险人，并办理申请批改手续，未办理批单的，保险人不承担赔偿责任。例如，在A款机动车辆保险条款中的机动车辆保险"合同变更和终止"的条款中明确规定：

【在保险期间内，被保险机动车转让他人的，投保人应当书面通知保险人并办理批改手续；下列情况下，不论任何原因造成被保险机动车损失，保险人均不负责赔偿：被保险机动车转让他人，未向保险人办理批改手续。】

6. 查勘出险驾驶人（当事人）与被保险人的关系

例如，在B款保险条款的汽车损失保险合同中规定：

【下列情况下，不论任何原因造成被保险机动车损失，保险人均不负责赔偿：非被保险人允许的驾驶人使用被保险机动车。】

【投保时指定驾驶人，保险事故发生时为非指定驾驶人使用被保险机动车的，增加免赔

率10%。】

【保险期间内，被保险人或其允许的合法驾驶人在使用被保险机动车过程中，因下列原因造成被保险机动车的损失，保险人依照本保险合同的约定负责赔偿。】

在A款保险条款的机动车第三者责任保险的"保险责任"条款中规定：

【保险期间内，被保险人或其允许的合法驾驶人在使用被保险机动车过程中发生意外事故，致使第三者遭受人身伤亡或财产直接损毁，依法应当由被保险人承担的损害赔偿责任，保险人依照本保险合同的约定，对于超过机动车交通事故责任强制保险各分项赔偿限额以上的部分负责赔偿。】

7. 查明出险车辆的现场情况及受损部位

不论是单方事故还是双方事故，都要确定现场是否被移动，并记录移动后的地点，以便需要时进行回勘。确定车辆的受损部位，核对碰撞痕迹。以防止出现假现场、假案件。

在查勘理赔时，必须特别注意违约的事故现场，一般常见的违约现场有如下类型：

1）酒后驾车、吸食或注射毒品、被药物麻醉。
2）违反装载规定。
3）改变车辆使用性质。
4）车辆未经检验合格。
5）无驾驶证或车审过期后驾车。
6）不是被保险人允许的驾驶人。
7）标的车进厂修理期间出险。
8）被保险人失去保险利益后的标的车出险。
9）非亲属或家庭共同生活成员借用被保险人车辆出险。
10）标的车在进行违法活动时车辆出险。

在查勘现场时还需警惕欺诈现场，常见的欺诈现场有：

1）人为故意制造的假事故现场。
2）顶替肇事驾驶人承担责任的现场。
3）套牌车辆发生事故后出险的现场。

8. 查明第三者财产损失情况

仔细清点现场的第三者财物损失，确定受损财产的数量、面积、规格型号、品种，并列出清单，要求事故当事人（双方）签名确认。有路产损失的，需要有当地路政部门出具的核损报价表，并报警处理。注意：只要涉及第三者赔付的，必须有交警的事故调解书（这样也便于核赔人进行核赔）。

▶ 3.2.2 查勘注意事项及工作流程

1. 安全注意事项

在查勘过程中，对工作人员的安全要求也是非常重要的，除了按照有关法规规定的要求之外，还包括针对车辆技术状况的安全措施及注意事项。

1）依据《道路交通安全法实施条例》相关规定，机动车在道路上发生故障或者发生交通事故，妨碍交通又难以移动的，应当按照规定开启危险报警闪光灯并在车后50~100m处设置警告标志，夜间还应当同时开启示廓灯和后位灯。

2）车上如有其他人员则应当立即下车，不要在路上逗留，迅速转移至路外或者安全地带，防止二次事故发生。

3）为保证工作人员安全，在查勘时应关掉所有肇事车辆的发动机。

4）在事故现场应禁止吸烟，规避易燃易爆物品（泄漏的燃油、集聚的尘埃和气体等）的风险。

5）如有人员伤亡，应迅速估计现场情况，包括事故涉及人员数量，受伤人员数量及状况，事故涉及车辆数量等，并拨打求救电话。求救时详细说明发生意外的地点及人员伤亡情况。

6）对无法起动的车辆进行拖车时，要注意根据车辆形式区别对待。对于自动变速器车辆，不建议进行拖车，但客观条件要求必须拖车时，一定要将变速器置于空档（N位），然后松开驻车制动进行拖车。一般情况下，尽量把车速控制在30km/h，拖车距离控制在50km以内。另外可将事故车驱动轮抬起或用平板车整车拖运。在这里需要注意的是：自动变速器汽车如果驱动轮在拖车时进行运动，变速器就要处于工作状态，此时由于发动机并没有起动，变速器油不能通过变速器油泵传递到变速器内，如果长时间快速地拖车，很容易造成变速器内部温度过高，从而造成零部件的损坏。而对于没有空档的纯电动汽车，如特斯拉，也建议使用平板拖车整车拖运。

7）对于新能源汽车，一定要优先判断车辆损伤部位和损伤程度是否涉及高压部件，并检查车辆损坏部位附近的裸露金属部位（如轮毂）是否带电。对于不能行驶的车辆，尽快拆卸12V蓄电池负极，条件允许时断开维修开关，保证安全。

2. 交强险查勘定损应注意的事项

1）核实保险标的及事故当事各方的交强险和商业保险承保情况，指导尚未报案的事故各方当事人向其投保的交强险和商业险的保险公司报案：

- 登记事故各方机动车辆的车牌号、车架号、交强险的保单号、保险期限、保险公司名称、理赔电话，并对事故各方机动车辆的交强险标志或保单原件拍照取证。
- 查验、核实事故各方机动车辆的车牌号、保险凭证、保险标志是否相符。
- 如果事故现场仅有单方保险公司进行查勘，必须查验事故各方机动车辆的行驶证和事故当事人的驾驶证，做好记录，并用数码相机拍摄两证原件，异常情况记录在《机动车辆保险事故查勘记录》查勘意见中，并及时复印，要求证件持有人签字确认。
- 询问事故各方机动车辆的已报案情况，收集涉及事故的其他保险公司的意见，积极主动与其沟通协调。
- 如果发现标的车的其他有效保险单未在此次案件中被关联，应认真记录相关保单信息，及时反馈给接报案人员。

2）查勘时应注意区分交强险和商业保险的保险责任，重点核实以下要素：

- 标的车驾驶人的驾驶资格（无驾驶证或者驾驶证失效、驾驶的机动车与驾驶证载明的准驾车型不符）。
- 标的车驾驶人的酒后或醉酒嫌疑。
- 事故当事人（受害人或被保险人）的故意行为。
- 标的车的盗抢情况。
- 标的车是否存在改装、加装、使用性质改变等导致危险程度增加的情形。
- 核实交强险条款约定的重要事项，投保人在投保时是否已履行如实告知义务。

3）损失认定：

- 确认车物损失范围、项目，注意区分三者车外物损、三者车上物损，收集现场的相关证据资料。
- 了解并记录事故各方的人身伤亡情况，登记伤员的姓名、性别、年龄、救治医院和科室、伤情、抢救或垫付情况，并核实人伤类型：本车上人员、三者车上人员或三者车外人员，及时转医疗核损人员进行跟进处理。
- 查勘定损人员应对事故涉及的各类财产损失进行完整确认，即不论财产损失是否超过交强险的责任限额，都应分类确认全部的损失金额。定损报告一车一份，由事故各方当事人共同签字确认；如果条件允许，参与事故处理的各保险公司理赔人员也应签字确认。

4）对于现场真实，事故当事人对事实及成因无争议，标的车、三者车和其他三者财物损失较小，各方损失都在交强险保险限额内的，查勘定损人员可现场核定各方损失，指导事故当事人协商、调解，确认赔偿金额及责任，协助撤离事故现场。

5）预估车、物损失超过交强险分项责任限额的、涉及人身伤亡的及有下列情形的，必须要求报警处理：
- 当事人对交通事故事实、成因及事故责任有争议的。
- 机动车无号牌、无检验合格标志、无保险标志的。
- 驾驶人无有效机动车驾驶证的。
- 驾驶人饮酒、服用国家管制的精神药品或者麻醉药品的。
- 事故中任何一方或多方没有交强险的。

6）如果事故应由多家保险公司共同处理，原则上应由各承保公司对各自承保车辆对应的第三者车辆的损失进行查勘定损。

7）因故未能参与事故查勘定损的，要求事故当事人出具能够证明事故各方损失情况的相关资料和单证（如：事故证明、现场/车/物损照片、损失清单、其他相关保险公司出具的查勘报告和定损报告、向受害人进行赔偿而取得的赔偿凭证、医疗发票、维修发票等），原则上应认可其他相关保险公司已经出具的查勘、定损意见，遇到异议或单证不完善，可要求事故当事人进行补充或及时与相关承保公司沟通、协调，不能与客户发生冲突。

3. 查勘工作流程

现场查勘应做到快速查勘、准确掌握事故起因。为达到这一目标，应遵循科学的查勘流程，如图3-1所示。在这个流程中，有如下几个关键控制点：

1）组织现场施救：协助组织施救，减少保险财产损失。

2）拍摄现场照片：不仅拍摄事故现场全景，而且还应有保险标的受损和反映局部损失的照片，如财产的标的、类型、受损程度，尽可能反映出灾害源（例如起火点）。对于车辆的损坏项目要逐一拍照，散落的零件要放在车头一起拍照。

3）初定事故责任：根据查勘情况，初定是否属保险责任。任何情况下，尚未了解清楚之前，查勘人员切忌主观武断，轻易表态，以免给理赔工作造成被动。

4）初定损失项目及损失金额：对受损程度及类型分别清点，估计受损物件数量及残值，要求被保险人提供财产损失清单并要求被保险人签章。对于财产险类业务，查勘时尽快查看被保险人的会计账册资料，掌握投保时与出险当时的各项账面数据。如必要时，可视情况封存账册。

5）绘制现场草图与做询问笔录：重大赔案要绘制现场平面图，并走访相关人员，做询问笔录。询问笔录一定要被询问人签字或盖章。

6）现场查勘记录：报告内容要全面准确，书写符合要求。

7）发放索赔须知和索赔单证：明确告知被保险人索赔应提供的单证，如事故证明、事故报告等。

8）指导填写单证：要求详细、准确填写，并要求签字或盖章。

9）审核损失清单：对被保险人提供的财产损失清单逐项核对。

10）交内勤归档：整理查勘收集到的证据、查勘笔录，一并交给内勤人员归档。

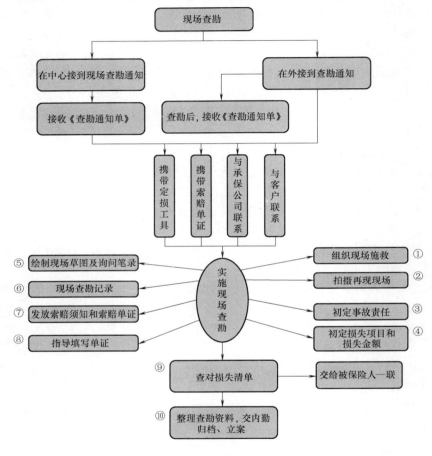

图 3-1 现场查勘流程图

提示：查勘中可能用到的相关单证有《查勘通知单》和《查勘报告》。

3.3 现场查勘技能

3.3.1 现场查勘中的痕迹物证

事故发生后，无论是机动车辆之间，还是车辆与固定的物体，或车辆与行人之间，甚至车辆自身的事故，都会或多或少地在车体上留下各种痕迹。查勘人员到达现场后须对现场的肇事车辆、地面、伤亡人员以及碰撞物体，进行认真仔细的勘查，寻找和确定事故发生的原因。

1. 事故痕迹的鉴别

交通事故中车辆发生碰撞、刮擦，势必会形成接触痕迹。因碰撞、刮擦的形态不同，必然造成车体不同程度的痕迹。因发生碰撞的客体结构不同、碰撞的相对速度不同、车辆的总质量不同、接触部位及角度不同，车辆的损伤程度也不同。

（1）被撞物体与碰撞的关系　树木、电杆、桥栏、砖墙等物体具有不同的刚度，对冲击动能的吸收能力也不同。车辆撞在这些不同的物体上，损坏程度也就不一样。显然，以同样的行驶速度，车辆碰撞刚度越大的物体，导致车辆损坏的程度就越大。

（2）车速与碰撞的关系　两车相撞时，车速越高，撞击力就越大，损坏程度也越高。相同质量的两车相撞，速度高的一方损坏更严重。

（3）质量与碰撞的关系　两辆运行的车辆相撞，质量大的车辆产生的撞击力大；反之，质量小的车辆受到的撞击力大。因此，两辆质量不同的车辆相撞，质量大的损伤更严重。

（4）作用力角度与碰撞的关系　车辆在发生迎头侧面碰撞和斜碰撞时，由于碰撞力的作用方向通过或不通过承受客体的重心，其冲击的强度和形成的各种痕迹也不相同。当碰撞冲击力偏离被撞车辆重心时，被撞车辆将做回转运动。在相同碰撞速度下，做回转运动的一方冲击强度较小，损坏较轻。

2. 车辆痕迹的查勘

车辆发生交通事故后，车身都会出现一定形式的变形痕迹，观察这些变形痕迹的状态可以帮助分析事故过程。**在进行车辆痕迹查勘时，应遵循"由前到后，从上到下，从有关一侧到无关一侧"的顺序。**

（1）车前部痕迹　当车辆发生正面碰撞事故时，即使存在一定角度，一般也都会在车的前部形成片状凹陷痕迹。如前保险杠、前照灯框、散热器框架、百叶窗、翼子板、发动机舱盖等。在现场查勘时，要记录痕迹的凹陷深度、形态、面积及痕迹所处车身的部位，以便认定事故瞬间两客体接触时的状态及相互位置关系。如直行车辆与转弯车辆相撞，可以从车体接触痕迹及特征来判定事故全过程和接触部位，并认定事故责任。

（2）车辆侧面痕迹　车辆发生刮碰或侧面碰撞、斜碰撞时，会在车的侧面形成片状、条状刮擦痕迹或片状凹陷痕迹。根据痕迹部位、面积、痕迹中心距地面的高度、痕迹起始点距前保险杠的距离，认定两客体接触点及事故责任。如直行车辆与横穿马路的自行车发生刮碰事故，自行车失去平衡向下坠去时，在车身侧面形成斜向下方的划痕。

（3）底盘上的痕迹　在交通事故中，如有人或物体进入车下，人或物体与车辆底盘突出部分就极有可能发生刮碰，在突出部位形成擦痕。重点应查勘转向拉杆、前后轴、油底壳、驱动桥壳、排气管、车裙下沿及其他突出部位。痕迹查勘时应注意记录其长度、宽度、至地面高度和距前保险杠的距离。**纵向划痕应注意查勘划痕始端距保险杠的距离、两侧距车轮的距离；横向划痕查勘时应注意两端距前保险杠的距离和某一端距一侧车轮的距离。**通过底盘痕迹的查勘，确定人或物体与车辆底盘的接触情况，确定人或物体的高度以及碾轧过程中的形态，确定车辆的走向。

3. 查勘车辆痕迹时的注意事项

（1）准确区分碰撞痕迹形成的先后顺序　车辆发生碰撞后形成第一次痕迹，碰撞后由于减速或滑移与第三者发生碰撞形成的痕迹叫第二次痕迹，如乘员在车内受到的碰撞，车辆碰撞后与其他车辆、自行车或行人的碰撞。

在交通事故痕迹查勘过程中，只有第一次痕迹才能准确说明事故形成的原因，其他痕迹只能说明事故的演变过程和结果。因此，在现场查勘时，要针对车体上的损伤痕迹，根据其所在部位、形状及与其相撞的事故车辆或现场上其他相关物体、车辆上的痕迹，进行实际比对，确认出第一次碰撞痕迹。

(2) 仔细确定痕迹形成的着力点与走向 根据痕迹的受力角度，判断两客体的相对运动方向和交叉角度，可以据此分析事故形成的原因，为事故责任认定提供有意义的依据。

(3) 认真查勘车、物痕迹处的附着异物 查勘时，应注意附着异物的新旧程度及形成原因。例如，可以根据灯丝的颜色鉴定灯泡破损时车灯处于什么状态，如灯亮着且灯泡破损，灯丝立即氧化变黑，而灯未亮着，则灯泡破损时灯丝颜色不变。

(4) 在查勘车辆的传力部件断裂痕迹时要认真 在查勘车辆的传动机构、转向机构、钢板弹簧和U形螺栓等部件的断裂痕迹时，应注意其断裂原因的分析。若由于材料不合格或疲劳引起的断裂，会造成方向失控，断裂可能发生在事故之前。事故中由于冲击力超过材料抗冲击载荷的能力也会引起断裂。但两者形成的断裂痕迹完全不同，应特别重视。

(5) 碰撞事故会造成轮胎爆破 行车中由于轮胎爆裂使车辆方向失控造成的事故也屡见不鲜。在对有轮胎爆裂的事故进行查勘时，必须从轮胎爆裂处的状态鉴别是事故前破裂，还是事故造成的破裂。

(6) 在分析判断事故接触点时要认真 在分析判断事故接触点、力的作用方向和接触后的运动状态时，应注意依据路面挫痕及沟槽痕的位置、形状、深浅、方向、长短等情况。对于痕迹上的附着异物，应根据其新旧程度，推测其形成的时间，用以比较与事故发生时间是否吻合。

▶ 3.3.2 查勘中的照相技术

查勘中照相是为了完整客观地反映事故现场环境及状况。照相技术最大的特点是纪实性，它能把影像真实无误地记录下来。在查勘过程中，要针对各种痕迹物证进行照相，保证证据的效力。

通过照相将文字记录和现场测绘图不能形象反映的现场真相反映出来，照片应能够把现场的道路环境、路幅宽度、交通设施状况、肇事车辆的型号、号牌、停车位置、视野视距条件、制动距离、尸体位置以及相互关系反映出来。特别是那些不易保存、易消失的痕迹物证。**拍照时要注意表现痕迹的部位、形状特征，供事故分析研究使用。同时，真实记录车辆的损伤部位和损伤零件的情况，为确定财产损失和赔偿提供依据。**

1. 查勘拍照要求

1）拍摄保险车辆特征，包括车牌号、车架号、铭牌、发动机号照片。

2）拍摄保险车辆的行驶证、驾驶人的驾驶证（客运车辆驾驶人准驾证、特种车辆驾驶人操作资格证）。

3）双方或多方事故，应拍摄三者车辆的交强险标志——正面及背面均需拍摄，如图3-2所示。条件允许的应拍摄三者车辆交强险保单。必要时可要求相关证人或肇事驾驶人与受损车辆拍摄合影照片。

4）查勘人员必须与出险车辆合影，如图3-3所示。夜间拍摄时，可使用照明工具（车辆前照灯、手电筒等），提高现场的亮度，保证照片清晰可辨。

5) 第一现场（包括补勘第一现场）照片能够反映出事故现场的全貌，有明显的参照标志物，如路标、建筑物等，如图 3-4 所示，以便于确定大致的位置；顺车辆运动方向（包括制动痕迹），拍摄事故撞击点，推定事故真实性；水淹车应标明水位高度，火烧车应标明起火点。

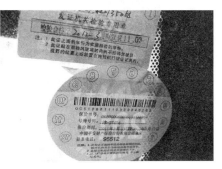

图 3-2 拍摄交强险标志

图 3-3 查勘人员与出险车辆合影　　　　　　图 3-4 事故现场全貌

6) 在现场对事故车定损拍照时，要由远及近，先拍整车（能反映车牌号码 45°四方向拍摄），以判断标的出险行驶方向、碰撞着力点和碰撞走向；车牌脱离车体时，需复位拍照，**严禁单独拍摄车牌及损失部位，尤其要注意对隐损部位的拍摄**，如图 3-5 所示。

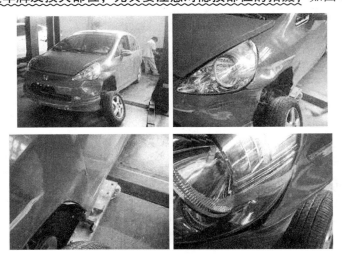

图 3-5 事故车定损照

7) 凡是需要更换或修理的部件、部位，必须进行局部特写拍照。内部损失解体后，必须对事故部位补拍照片，并能反映事故损伤原因，如图3-6所示。

图3-6　局部特写拍照

8) 损失部位不明显时，应做标记或有人指点损失处拍摄；**拍摄玻璃照片时注意玻璃的光线反光**；玻璃单独破碎险中当玻璃损坏不严重时，先拍一张照片，然后击打玻璃受损处将损坏扩大明显后（需提前通知被保险人），再拍一张照片。

9) 受损财产的照片应能够反映出财产损失的全貌及损失部位，多处受损应分别拍摄；**带包装的物品受损应将包装拆下后拍摄，并注意拍摄包装物上的数量、类型、型号、质量等**；价值较高的货物在分类后单独编号拍摄。

10) 在理赔系统上传照片时，一般按照先远后近、先外后内、先全貌后配件的顺序上传。

> **注意事项：**
> ① 数码相机的日期顺序调整为年、月、日，并在照片中显示。
> ② 数码照片显示日期必须与拍摄日期一致，严禁以各种理由调整相机日期。
> ③ 照相机的焦距调整准确，光线运用得当，数码相机像素调整为 640×480，单张照片大小不得超过 150KB（要求会随技术发展而调整）。
> ④ 拍摄驾驶证、车辆行驶证、交警证明、查勘报告、索赔申请书等要调节数码相机的近距离拍摄模式。

2. 拍照实务

车险查勘定损拍照对照片的要求是信息完整、图像清晰。在一个理赔案中至少应包括需要审验的证件照片、车架号或VIN等定型信息照片、带牌照的整车照片、受损部位照片、受损零部件的细节照片以及其他证明保险事故的单证照片和事故现场的查勘照片等。以下为保险事故的车辆和证件拍照步骤及要求，以供参考。

> **注意事项：**先拍摄原始状况，后拍摄变动状况；先拍摄现场路面痕迹，后拍摄车辆、物体痕迹；先拍摄易破坏、易消失的痕迹，后拍摄不易破坏和消失的痕迹。在实际拍摄过程中，要根据现场车辆的损失情况进行照相，并应注意真实性和完整性。

(1) 需要审验的证件照片　赔案中证件照片应清晰、齐全，包括以下证件照片，如图3-7所示。

1) 当事驾驶人驾驶证照片（如驾驶证因事故被吊扣，应有交管部门暂扣凭证照片）。

2）被保险车辆行驶证照片。
3）如事故是由交管部门处理的，应有事故责任认定书照片。
4）根据出险地理赔规定，确定是否应有身份证照片。

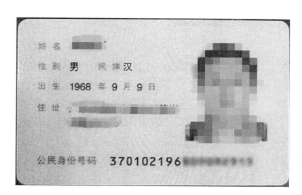

a）身份证

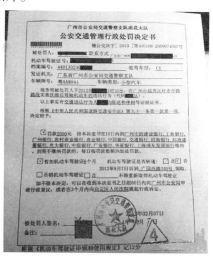

b）事故责任认定书

c）驾驶证

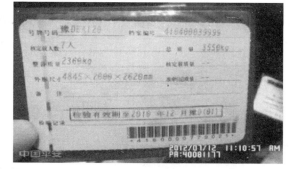

d）行驶证

图 3-7　需要审验的证件照片

（2）车架号或 VIN 等定型信息照片　VIN 的位置一般在前风窗下角的仪表台上。对于没有 VIN 的老款车型应拍照该车的车架号或铭牌，如图 3-8 所示。

注意事项：
对事故中的第三者车辆应有照片反映该车的车型信息，如行驶证、VIN 或铭牌照片。

a) VIN

b) 车架号

c) 铭牌

图 3-8 信息照片

（3）带牌照的整车照片 整车照片上反映出险车辆整车及牌照号码，兼顾反映车辆受损的部位，如图 3-9 所示。**角度以车前方或后方约 45°为宜，避免在车的正前方或正后方照相。**对于没有车牌照的车辆，必须拍照车架号或发动机号。

> **注意事项**：车辆严重损坏估计损失在 2 万元以上时，应有四个斜角方向的整车外观照片以反映车辆整体损失状况。

（4）受损部位照片 受损部位照片应能反映出险车辆受损部位拆解前的状况。对于简单事故应该能够反映车辆损坏的程度，车辆底部损坏事故应有拆解前的车辆底部照片，如图 3-10 所示。

图 3-9 整车照片

图 3-9　整车照片（续）

图 3-10　受损部位照片

车辆前部损坏严重的，应在发动机舱盖掀开或驾驶室移开后，拍照拆解前的损失状况。拍照时应**特别注意有可能损坏的发动机附件**，如图 3-11 所示。

对于车辆气囊引爆以及前风窗玻璃或仪表台因事故碰撞而破损的车辆，需要对车辆内部项目拍照。发生气囊引爆的，应**特别注意检查安全带是否损坏**，如图 3-12 所示。

图 3-11　发动机前部受损部位照片

图 3-12　气囊引爆及仪表台破损照片

（5）受损零部件的细节照片　当受损部位照片仍不能准确反映出损坏程度的，应该对需要进一步说明的零部件照相，必要时可以借助其他人、物、标牌指示损坏的地方和所属车辆，如图3-13所示。

图3-13　受损零部件细节照片

注意事项：为明确货车事故中涉及轮胎的定损查勘，定损员应对事故中损坏的轮胎在拆解前拍照，并在定损时注明轮胎的位置。

（6）特殊案件类型的拍照

车身划痕损失险赔案情况如下：

1）拍照损失部位要按前后顺序保证所拍部位清晰（图3-14）。

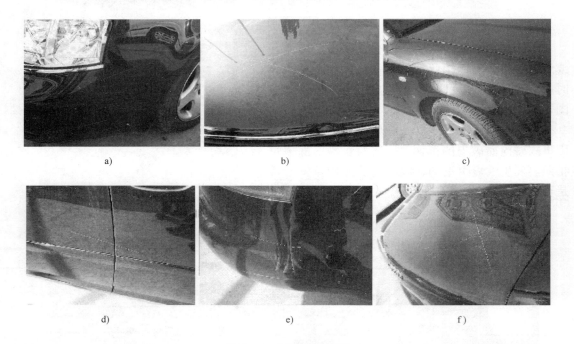

图3-14　划痕拍照顺序

2）损失部位要有特写照片，如不明显，要指明损失痕迹，如图3-15所示。

3）玻璃单独破碎险理赔案。玻璃单独破碎案中，应包含损失部位的外观照片、损失部位特写照片、风窗玻璃标识照片，如图3-16~图3-18所示。

图3-15 指明划痕

图3-16 损失部位的外观照片

图3-17 损失部位的特写照片

图3-18 风窗玻璃标识照片

3.3.3 常见的车险诈骗行为及违约现场

所谓车险诈骗，就是通过虚构保险标的，或伪造、虚构保险事故，或故意扩大、夸大责任事故损失程度等手段，欺骗保险人，以骗取保险赔款，达到非法占有的目的。

1. 车险诈骗

（1）伪造事故现场 这种手段是实施车险诈骗最常见的手法。主要表现为被保险人（车主）与修理厂人员勾结，或修理厂在被保险人（车主）不知情的情况下，用待维修车辆或无现场的事故车辆伪造虚假交通事故现场后向保险公司报案申请理赔。伪造事故现场可大致分为伪造"小"事故或"大"事故和一次事故多次索赔三种情形。

1）伪造"小"事故多发于车身划痕损失险、玻璃单独破碎险、车辆损失险、交强险等险种，相当多的修理厂或多或少都存在此种诈骗行为，可谓"遍地开花"，虽然个案涉案金额较小，但积少成多，最终蚕食了大量保险赔款。

如伪造划痕事故，用2000号的粗砂纸将车体表面擦伤，报案后通常定损200元以上，修理时只需用200号的细砂纸打磨后再抛光就可以恢复原状，几乎没有成本。再如伪造玻璃单独破碎险的事故，高档轿车一块副厂风窗玻璃仅600~800元，故意砸碎后报案，保险公司在定损时如以原厂价定损通常在5000元以上。

2）伪造"大"事故主要发生在车损险、商业三者险领域。诈骗者通常采取以旧件、副厂件安装到车辆上人为制造事故，或是将已发生事故车辆未受损零部件换成旧件、副厂件扩大损失等手段实施诈骗。有的修理厂专门收购4S店的废旧件，在遇到"合适"车型发生事故后，在定损环节实施上述行为，由于废旧件和副厂件的价格远低于新品原厂件，一些修理厂及车主利用差价大做文章。

例如奥迪Q7发动机舱盖如购买非正常渠道件只需3万元，人为伪造事故后，保险公司定损通常在15万元以上；将破损保险杠进行修复后安装，然后以三者的身份制造事故，标的车全责就得按真件、原厂件赔偿；将旧气囊洗干净，充上气，用火药等制造气味，然后安装在事故车上报案索赔；还有一些人专门购买高档二手旧车后投保高额车损险，人为制造事故后向保险公司索赔，投保车辆购置价较低，维修费用较高，此类诈骗多有修理厂人员参与。伪造大的事故现场虽然不像伪造小事故现场那么普遍，但个案诈骗金额较高，危害很大。

3）一次事故多次索赔。事故车在第一次出险并获得理赔后，没有对事故车进行修复，在事隔一段时间后再制造小的事故并向保险公司报案理赔。这种情况在一些不诚信的保险代理维修点容易发生。

（2）先出险后投保　即所谓"倒签单"。车辆本来没有保险或保险合同已过期，但在发生事故后赶紧上保险，过几天后再向保险公司报案。车险领域此类案件往往涉案金额较高，当事人多通过修理厂、"保险掮客"等中间人联系保险公司内部人员，内外勾结达到诈骗目的。

（3）提供虚假索赔材料　按照虚假材料的种类可以分为伪造、变造修车发票，伪造公安交警部门交通事故责任认定书等。按照虚假材料的来源又可以分为被保险人（车主）伪造、修理厂人员伪造以及被保险人（车主）与修理厂人员串通伪造等。

以下是一个骗保人私刻公安机关的公章，私自制作虚假的事故证明材料，骗取保费的典型案例。王先生先主动来到保险公司为其车辆投保了车损险、第三者责任险、玻璃单独破碎险及不计免赔特约险。在其后的4个月内，他连续3次以不同的理由向保险公司提出索赔。这引起了保险公司核赔人员的警觉，立即对相关事故材料进行进一步审核。结果，在审核王先生提供的事故现场照片时发现了问题，核赔人员对王先生的几次赔案卷宗进行了仔细对照，发现了诸多疑点。例如，他修车虽在不同城市，但三张维修发票的字迹却似乎出自同一人；三次事故现场的照片中均没有出现第二个人和第二辆车，与真正的交通事故现场明显不符，而且其自拍的事故现场照片太过"完美"。经与交警和修理厂进一步核实，得知王先生提供的事故证明材料全部是自己做的，公章则是私刻的。

（4）"一单保多车"　车主将多辆车套用一个车牌，将一车投保后达到一单保多车的目的。即"真车"正常投保车险，在套牌车出险后，依据真车的保险合同索赔。此类情况在货运车队中较多见。

（5）无保险车辆冒充同车型有保险车辆　有的车辆未投保车险，在出现事故后，找到同一颜色、同一型号有保险的车辆将车牌互换，提供有保险车辆的车架号申请理赔。这种手段诈骗得逞的前提必然是与保险公司查勘定损人员内外勾结。

（6）更换驾驶人　这类案件主要是驾驶人因酒后驾驶、无证驾驶、体检不合格、车证不符等原因发生事故后，找人替换驾驶人然后向保险公司索赔，其中以酒后驾驶换驾居多，发案时间多为晚间或深夜，往往事故损失金额较大。

2. 发生保险诈骗的原因及保险诈骗的特征

（1）保险诈骗的常见原因

1）某些投保人或被保险人的法制观念淡薄。

2）保险人与保险标的在空间上的分离客观上使保险欺诈成为可能。

3）社会缺乏诚信体系和健全的监控机制。

4）同业间的信息交流不畅通。

5）核保核赔缺乏必要的内控机制。

6）高回报产生的强力诱惑。

（2）保险诈骗案的特征

1）投保时间与出险时间非常接近或接近保险期限截止时间。

2）曾多次动员投保未能奏效，却突然上门投保。

3）旧车（老款高档车、配件难买且昂贵）超额投保。

4）投保险种有针对性选择，且高保额投保。

5）保险合同成立后迟迟不按约定缴费，而突然以现金方式上门主动上缴，或在周末假日等时间交给业务人员，造成缴费事实后主动报案索赔。

6）事发现场发生在深夜且人烟稀少之地。

7）当事人在事发后立即外出或去向不明。

8）车身严重损坏，而驾驶人或乘客却无受伤或轻伤。

9）提供的单证有涂改，笔迹相似，签署时间过于集中或使用的术语不标准、不规范等现象。

10）在定损或核赔时极易达成协议，假意不计较赔款数额，或假意以打官司相威胁。

3. 保险欺诈的法律责任

根据《中华人民共和国保险法》《中华人民共和国刑法》等法律的相关规定，保险欺诈属于刑事犯罪行为，相关责任人将会承担相应的刑事责任。法律的具体规定有：

【第二十七条 未发生保险事故，被保险人或者受益人谎称发生了保险事故，向保险人提出赔偿或者给付保险金请求的，保险人有权解除合同，并不退还保险费。

投保人、被保险人故意制造保险事故的，保险人有权解除合同，不承担赔偿或者给付保险金的责任；除本法第四十三条规定外，不退还保险费。

保险事故发生后，投保人、被保险人或者受益人以伪造、变造的有关证明、资料或者其他证据，编造虚假的事故原因或者夸大损失程度的，保险人对其虚报的部分不承担赔偿或者给付保险金的责任。

第四十三条 投保人故意造成被保险人死亡、伤残或者疾病的，保险人不承担给付保险金的责任。投保人已交足二年以上保险费的，保险人应当按照合同约定向其他权利人退还保险单的现金价值。】

【第一百九十八条 有下列情形之一，进行保险诈骗活动，数额较大的，处五年以下有期徒刑或者拘役，并处一万元以上十万元以下罚金；数额巨大或者有其他严重情节的，处五年以上十年以下有期徒刑，并处二万元以上二十万元以下罚金；数额特别巨大或者有其他特别严重情节的，处十年以上有期徒刑，并处二万元以上二十万元以下罚金或者没收财产：

> 1. 投保人故意虚构保险标的，骗取保险金的。
> 2. 投保人、被保险人或者受益人对发生的保险事故编造虚假的原因或者夸大损失的程度，骗取保险金的。
> 3. 投保人、被保险人或者受益人编造未曾发生的保险事故，骗取保险金的。
> 4. 投保人、被保险人故意造成财产损失的保险事故，骗取保险金的。
> 5. 投保人、受益人故意造成被保险人死亡、残疾或者疾病，骗取保险金的。
> 有前款第四项、第五项所列行为，同时构成其他犯罪的，依照数罪并罚的规定处罚。
> 保险事故的鉴定人、证明人、财产评估人故意提供虚假的证明文件，为他人提供诈骗条件的，以保险诈骗的共犯论处。】

4. 常见违约现场

（1）酒后驾车出险现场

1）饮酒后驾车出险现场是指驾驶人在饮酒后驾驶保险车辆发生事故造成损失的现场。

2）法律责任：被保险人及驾驶人的行为违反了《保险法》第五十一条、《道路交通安全法》第二十二条规定。

3）现场常见现象

① 驾驶人呈现饮酒后的特征。

② 道路现场留下的车辆制动拖印较短或没有。

③ 追尾碰撞事故居多，撞护栏和路边固定物体的单方事故时有发生。

④ 车辆损害程度较大。

⑤ 驾驶人伤亡情况较常见。

⑥ 车辆经常占道行驶或逆向行驶或在道路上不规则行驶等。

4）现场询问提纲

① 请你陈述一下事故发生的详细经过？

② 你认为是什么原因造成事故的？

③ 发生事故时标的车在执行什么任务？何时何地出发到哪里去？

④ 发生事故前用餐否？在哪里用餐？几个人用餐？吃了什么饭菜？是否饮酒？如果是数人喝酒，则要问明是哪些人。

⑤ 你认识被保险人×××吗？你与他是何种关系？如果有借车情节，要了解清楚借车的详细经过。

（2）违反装载规定的车辆出险现场

1）违反装载规定出险现场是指保险车辆违反了国家或行业有关装载规定载货，或超过车辆行驶证上核定的人数载人，增加了保险车辆的危险程度，并发生事故及造成相当损失的现场。

2）法律责任：被保险人及驾驶人违反《保险法》第五十一条和《道路交通安全法》第四十八条、第四十九条规定。

3）现场常见现象

① 货车运载有质量较大或体积宽大的货物。

② 标的车多为大型拖车、长途货运车及面包车等小型客运车，在客运高峰期大型客车

也常见超载现象。

③ 事故车在现场留下的制动拖印明显较宽。

④ 事故车车身下沉，轮毂发热，转向系统及制动系统可能出现故障。

⑤ 客运车辆出险现场，常见伤亡，在现场的乘员会较多。

4）现场询问提纲

① 发生事故时标的车在执行什么任务？是谁派你执行任务的？

② 车上装载的是什么货物？货物是怎么包装的？

③ 货主是谁？谁装的货？装货时你在场吗？何时何地装货起运的？目的地是哪里？

④ 货物有多少件？每件多重？共重多少？

⑤ 你驾驶的车上除运货外还载了多少人？（如果超员，则要问乘员的姓名、身份、地址等；如果有人货混装的情况，则要问明与货物坐在一起的人员数量、姓名等。）

⑥ 有无该批货物的清单和凭证？能否提供给我们？

⑦ 你认识被保险人×××吗？与他是何种关系？

5）对客车超载的驾驶人的询问

① 发生事故时车辆在执行什么任务？何时何地出发到哪里？是谁派你执行任务的？

② 车上坐的是什么人？与你是何关系？在哪里上的车？

③ 共有多少乘客？分别坐在哪个座位上，请在图上标示出来可以吗？

④ 你认识被保险人×××吗？与他是何种关系？

（3）改变使用性质的车辆出险现场

1）改变使用性质的车辆出险现场是指被保险人改变被保险车辆的使用性质，将被保险车辆用于保险合同中规定以外的用途，增加了保险车辆危险程度，并发生了事故及造成了相当的损失的现场。

2）主要表现形式

① 非营运车辆用于营运活动（非法营运）。

② 投非营运险的车辆进行营运活动时发生保险事故（车辆本身属于营运车辆）。

③ 客车用于货物运输活动。

④ 货车用于载客。

3）法律责任：被保险人及驾驶人违反《保险法》第五十一条和《道路交通安全法》第四十九条、第五十条的规定。

4）现场常见现象

① 标的车多为人货车、面包车、蓝牌小型客车。

② 客车载货的通常座位已被拆除。

③ 驾驶人多为个体运载人员和外地人员。

④ 驾驶人对乘客的情况姓名等不太了解。

5）现场询问提纲

对于载货车辆的驾驶人：

① 发生事故时你驾车在执行什么任务？是谁派你执行任务的？

② 运载的是什么货物？货主是谁？货物是何时何地装车的？目的地是哪里？

③ 你和货主是什么关系？

④ 运输这批货物收取多少运费？
⑤ 怎样收取运费的？
对于载客车辆的驾驶人：
① 发生事故时你驾车在执行什么任务？是谁派你执行任务的？
② 车上坐的什么人？有几个人？何时何地上的车？目的地在哪里？
③ 车上乘员与你是何种关系？
④ 他们坐车需向你交多少车费？交费了吗？
⑤ 认识被保险人×××吗？你与他是何种关系？

（4）未经检验合格的车辆出险现场
1）未经检验合格的车辆出险现场是指投保人将未经检验合格的车辆向保险公司投保，或在保险有效期内，保险车辆的检验合格届满，被保险人没有再对车辆安全技术条件进行检验合格却继续使用标的车，致使保险合同失效后发生事故并造成损失的现场。
2）法律责任：被保险人违反了《道路交通安全法》第十三条及保险条款。
3）现场常见现象
① 标的车多为残旧老款车型及外地车。
② 驾驶证上没有当年年检记录，或年检记录为私自刻章盖制。
4）现场询问提纲
① 你驾驶的车每年是何时年检的？
② 你驾车发生事故前车况如何？最近维修保养过吗？
③ 该车今年有无到车辆检测部门进行例行检测？有无到车管所年检？

（5）虚构驾车肇事经历，顶替肇事驾驶人承担责任的现场
1）虚构驾车肇事经历，顶替肇事驾驶人承担责任的现场是指无证驾驶或酒后驾驶被保险车辆的驾驶人在保险车辆发生事故后，找有合法驾驶资格或其他人员顶替其承担责任及处理事故的现场。
2）法律责任：《最高人民法院关于审理交通肇事刑事案件具体应用法律若干问题的解释》中规定：为逃避法律追究逃离事故现场的，属交通肇事行为，酌情处罚定罪。《中华人民共和国民事诉讼法》第一百零二条规定，诉讼参与人或其他人员伪造、毁灭重要证据，妨碍人民法院审理案件的，以及以暴力、威胁、贿买方法阻止证人作证及指使、贿买、胁迫他人作伪证的，人民法院可以根据情节轻重，予以罚款、拘留；构成犯罪的，依法追究刑事责任。
3）现场常见现象
① 多为酒后或无证驾驶发生事故。
② 事故现场的特点与酒后驾车及无证驾驶事故的特点相似。
③ 驾驶人不能清楚描述事故经过，对车主及被保险人的情况，车内物体存放及车上乘客乘坐位置不太清楚。
4）现场询问提纲
① 事故发生时你驾车在执行什么任务？
② 该车的车主是谁？被保险人是谁？
③ 你与车主是何种关系？你认识被保险人×××吗？你与他是何种关系？

④ 该车为何由你驾驶？你驾驶该车多长时间了？平时该车由谁驾驶？
⑤ 该车是什么车辆？车况如何？最近维修情况？有无办理年检？
⑥ 发生事故的详细经过。（何时从何地到哪里？执行什么任务？几个人？什么人？分别坐的位置怎样？车速及车辆损失情况等。）

（6）无驾驶证或年审过期后驾车出险的现场

1）无证驾驶车辆或年审过期后驾车出险现场是指无车辆管理部门核发的合格驾驶证件的驾驶人，或有驾驶证但没有经必要年审的驾驶人驾驶被保险车辆发生事故，并造成相当损失的现场。

2）法律责任：被保险人及驾驶人违反了《保险法》第五十一条和《道路交通安全法》第二十三条、第二十九条的规定。

3）现场常见现象

① 驾驶人情绪紧张。
② 驾驶人可能谎称没有带驾驶证。
③ 事故现场比较异常。
④ 驾驶证上没有当年年审记录。

4）现场询问提纲

① 你有无驾驶证？准驾车型是什么？何时考的驾驶证？在哪里考的驾驶证？
② 驾驶证有无年审？为何没有年审？

（7）不是被保险人允许的驾驶人驾车出险的现场

1）不是被保险人允许的驾驶人驾车出险的现场是指驾驶人在未征得保险人允许的情况下驾驶被保险车辆发生事故并造成相当损失的现场。

2）法律责任：被保险人违反了《保险法》第四十八条，保险事故发生时，被保险人对保险标的不具有保险利益的，不得向保险人请求赔偿保险金。

3）现场常见现象

① 驾驶人对车主及被保险人的情况不太了解，可能刻意隐瞒车的来历。
② 驾驶人可能隐瞒驾车执行何任务时发生事故并造成相当损失的现场。

4）现场询问提纲

① 该车的车主是谁？被保险人是谁？
② 你与车主或被保险人是何关系？
③ 该车为何由你驾驶？
④ 被保险人知不知道你驾驶该车？有没有经过他的同意？
⑤ 你驾驶该车发生事故时在执行什么任务？

（8）套牌车辆发生事故后报出险的现场

1）套牌车辆发生事故后报出险的现场是指保险标的车为无牌车辆、套用其他车辆牌照使用并发生事故及造成相当损失后报出险的现场。

2）法律责任：发生事故的车辆为不合法车辆，也不是保险标的车，是有人套用标的车牌照冒充保险车辆使用，企图在出险后获得赔偿，这是保险诈骗行为，行为人违反了《刑法》第一百九十八条的规定，可能构成刑事犯罪。保险公司对套牌车发生的事故及造成的损失依法不承担责任。

3）现场常见现象

① 套牌车辆多为货车、拖挂车和外地车辆。

② 事故车车架号和发动机号字体不正规、不清晰。

③ 行驶证印制得较为粗糙，是伪造证件。

4）现场询问提纲

① 该车的车主和被保险人分别是谁？

② 你和车主及被保险人是何关系？

③ 该车是何时何地购买的？购置价格是多少？

④ 该车在何时何地上的车牌？

（9）人为故意制造假事故的现场

1）人为故意制造假事故的现场是指被保险人或其他人员在被保险车辆没有发生保险事故的情况下，人为故意制造事故，并造成损失的现场。

2）法律责任：行为人违反了《刑法》第一百九十八条及《保险法》第二十七条规定，可能构成犯罪，保险公司依法不承担责任。

3）现场常见现象

① 车辆多为老款残旧的进口车型。

② 事故时间多为深夜和凌晨时分。

③ 事故地点多为偏僻少人的道路及空地。

④ 车损部位和痕迹不吻合，地上车身的残片往往不能拼凑成型。

⑤ 有气囊爆裂，无异味和高于常温的情况，气囊的接头也有异常。

⑥ 离碰撞部位较远的部位也有损伤。

⑦ 事故车身上往往有旧的痕迹和锈迹，或有现场不存在的漆印。

⑧ 事故道路上很少有制动拖印。

⑨ 事故现场附近停有无关车辆。

⑩ 驾驶人多为有多年驾龄的驾驶人。

⑪ 驾驶人故意表现出急躁情绪，对事故经过很难描述清楚或虚构情节，事故中很少有人员受伤。

⑫ 事故双方存在揽责和推卸责任的情况。

4）现场询问提纲

① 驾驶人的身份（驾驶证、身份证、行驶证）？

② 车主及被保险人的姓名等情况？

③ 你与车主×××及被保险人×××是何种关系？

④ 该车为何由你驾驶？

⑤ 事故的详细经过？（何时何地到哪里去？执行什么任务？车上坐有几个人？车速多少？什么情况下发生的事故？当时采取了何种措施？车损部位等。）

（10）标的车进厂修理期间出险的现场

1）标的车进厂修理期间出险现场是指被保险人或车辆的使用人将被保险车辆送至修理厂维护修理期间，修理厂人员及相关人员驾驶该车发生事故并造成相当损失的现场。

2）法律责任：行为人违反了《保险法》第六十条规定，因第三者对保险标的的损害而造成保险事故的，保险人自向被保险人赔偿保险金之日起，在赔偿金额范围内代位行使被保险人对第三者请求赔偿的权利。

3）现场常见现象

① 驾驶人多为修理厂修理人员。

② 除了现场碰撞痕迹外还有其他修理期间出现的特征。

③ 驾驶人可能刻意隐瞒修车事实。

4）现场询问提纲

① 车主姓名及被保险人姓名等情况。

② 你与车主×××及保险人×××是何种关系？

③ 该车为何由你驾驶？

④ 车主允许你驾驶该车出厂吗？

⑤ 该车是何时进厂维修的？什么原因进厂维修？

⑥ 该次事故发生前该车修理情况怎样了？当时维修费用预计多少？

（11）被保险人失去保险利益后标的车出险的现场

1）被保险人失去保险利益后标的车出险的现场是指在保险合同有效期内，因将保险车辆转卖、转让、赠送他人等导致被保险人对保险标的车不再享有法律上承认的利益，也不再因保险标的车的损坏而遭受任何的经济损失，即对保险标的车失去了保险利益，而被保险人未将标的车的保险利益同时转让，未经保险公司批改的标的车在新产权所有人使用时发生事故并造成相当损失的现场。

2）法律责任：根据《保险法》第四十九条规定，保险人不承担责任。

3）现场常见现象

① 事故现场的标的车驾驶人对车主和被保险人的情况不太了解。

② 行驶证上车主可能已更改，与保单上行驶证的车主姓名不同。

4）现场询问提纲

① 该车车主姓名及被保险人姓名等情况。

你与被保险人×××是何种关系？

② 该车原行驶证上的车主是谁？

③ 你是何时何地取得该车所有权的？

④ 你是以什么价格购买该车的？

⑤ 当时有无签订相关的车辆转让协议书？

⑥ 被保险人是否将该车的保险单随车一起转让给你？

（12）非亲属或非家庭共同生活成员借用被保险人车辆出险的现场

1）非亲属或非家庭共同生活成员借用被保险人车辆出险的现场是指除被保险人的亲属和家庭成员以外的第三者借用保险车辆时发生事故并造成损失的现场。

2）法律责任：《保险法》第六十条规定：因第三者对保险标的的损害而造成保险事故的，保险人自向被保险人赔偿保险金之日起，在赔偿金额范围内代位行使被保险人对第三者请求赔偿的权利。

3）现场常见现象

① 事故现场的标的车驾驶人对车主和被保险人的情况不太了解。

② 驾驶人不愿将事故情况告诉被保险人。
4）现场询问提纲
① 车主姓名及被保险人姓名等情况。
② 你和车主×××及被保险人×××是何种关系？
③ 该车为何由你驾驶？
④ 你是何时何地借到该车的？向谁借的？
⑤ 借车时有无办理租借手续？被保险人×××有无告知你车况及用车注意事项？有无约定还车时间？

（13）利用标的车进行违法活动时出险的现场

1）利用保险标的车辆进行违法活动时出险的现场是指被保险人或车辆的使用人利用保险标的车辆作为实施违法活动的工具，导致危险程度增加而发生事故并造成相当损失的现场。

2）法律责任：被保险人或其授权人或有关人员违反了《保险法》第三十七条规定。

3）现场特点
① 标的车驾驶人神情紧张，不能清楚描述事故详细经过。
② 事故现场表现出异常，如在嫖宿卖淫过程中出现，在实施盗抢活动中出现，在打架斗殴过程中出现等。
③ 常伴有车辆驾驶人酒后驾驶的情况。

4）现场询问提纲
① 车主姓名及被保险人姓名等情况？
② 你和车主及被保险人是何关系？
③ 事故的详细经过如何？从哪里出发去哪里？执行什么任务？期间曾发生何种性质的事件？
④ 该车为何由你驾驶？车上坐有几个人？何时何地上车的？乘员的详细姓名，工作单位等情况。

需要注意的是，有些事故并不一定是恶意行为，可能是有难言之隐。不要把任何人、任何事故都当虚假事故来办，保险公司查勘员应该站在被保险人的立场来判断事故。要正确地引导被保险人详细介绍事故经过和相关情况，这才是保险公司查勘的主要目的。

3.4 查勘报告写作要求

查勘报告是查勘人员在对整个保险事故进行全面的调查之后作出的一个具有较强专业性的事故情况报告。对于公估公司而言，查勘报告就是他的产品，就是其服务和技术水平的体现。

3.4.1 查勘报告的基本要求

查勘报告的基本要求是真实、专业和规范。

1. 查勘报告的真实性

真实性是对查勘报告最基本的要求。查勘报告是保险赔案理算的主要依据，所以它必须能够真实地反映事故情况，这是最基本的要求。为了体现真实性，查勘报告应当全面、具体和完整地反映案件情况。也就是说，查勘报告应对事故的相关细节予以详细的记载和描述，如出险的时间、地点和经过，涉及的有关人员和责任等，这些细节应当相互吻合和印证，而不能互相矛盾。

对于作为第三方查勘人的公估公司，提供真实的查勘报告还有更深一层意义。对于公估公司而言，查勘报告就是他的产品，必须对其真实性承担法律责任。一旦保险公司因查勘报告缺乏真实性而进行了错误的赔付，就有权要求公估公司予以赔偿。同时，查勘报告的真实性也是公估公司信誉的体现和生存的关键。

2. 查勘报告的专业性

专业性是指查勘人员不能只是一名普通的目击者，而应当用专业的眼光对事故进行观察和分析。查勘报告应从车辆、法律和保险等各个专业的角度体现事故现场调查的结果，并根据调查的情况进行专业的分析，从而得出科学的结论。

查勘报告应做到：利用汽车设计、制造和修复的专业知识，能够对事故发生的可能原因、损失程度、修复方案以及修复费用进行科学的分析，得出正确的结论；利用与交通事故处理相关的法律、法规和专业知识，对被保险人在事故中应当承担的责任、损失赔偿的合理程度以及对于有责任的第三者进行追偿等进行分析和判断；利用保险专业知识，正确地认定保险责任，确定保险损失，计算保险赔偿费用。

3. 查勘报告的规范性

规范性是指查勘报告应采用标准化格式，以确保查勘报告能够满足保险人和被保险人的基本要求。标准化格式还有利于规范查勘人员的现场查勘及后续的工作程序。查勘报告通常可以采用两种标准格式范本，一种用于普通的简单案件，另一种用于一些重大和复杂的案件。

▶ 3.4.2 查勘报告的基本内容

查勘报告的内容可能随着案件类型的不同、公司的不同或查勘人员的不同而有所不同。但是，查勘报告规范化的特点要求其基本内容必须基本相同。通常，查勘报告应包括以下几个方面的基本内容：

1. 保险的基本情况

1）保险合同的基本情况，包括保单号、投保险别（基本险和附加险）、被保险人、保险金额（保险价值）和赔偿限额、免赔额、保险期限等。

2）保险车辆的基本情况，包括车辆的品牌和型号、车辆的载客数或吨位、车辆颜色、车辆牌照号码、发动机号码、车架号和里程表公里数等。

3）驾驶人的基本情况，包括驾驶人的姓名、性别、年龄、驾驶证件的发放机关、驾驶证件的号码、准驾车型、初次取得驾驶证的时间和以往的肇事记录等。

2. 事故发生和处理的经过

1）出险时间，出险时的天气状况，出险地点以及周围情况。

2）事故现场情况。

3）事故原因描述。

4）施救情况。

3. 损失情况

对于损失情况的描述应尽可能采用图示，同时对于损失情况的表述应尽可能采用规范措辞，包括对部件名称、损失程度的描述都应统一用词。

对于重大案件，初步查勘报告可能暂时难以确定准确的损失金额，查勘人员应当根据经验估计最大可能损失，作为保险人提取未决赔款准备金的依据。

4. 修理方案及修复情况

修复方案同样使用专业的统一用词。

5. 保险责任的认定

查勘人员应在对事故进行全面的调查之后，对照保险条款进行保险责任的认定，确认事故是否属于保险理赔范畴。

对于保险责任的认定是体现查勘人员水平的一个重要方面。专业公司的查勘人员在出具查勘报告时，更应当从技术的角度对事故的原因进行分析，并对照保险合同条款，判定应承担相应的职业责任。

6. 有关追偿问题

如果事故损失存在有责任的第三方，查勘报告中应当明确提出向责任方追偿，以及追偿的依据和追偿的可能性。

交通事故通常与人、车、路有关，尽管大多数情况下是由人为因素和道路条件引起的，但也不能完全排除车辆质量问题导致事故的可能性。例如，国家质检总局从 2004 年就开始对有安全隐患的汽车实施召回政策，如果发现事故车已经在国家发布的召回目录中，就应当留意该事故是否与被召回车辆的缺陷有关。如果发现事故可能与汽车质量问题有关，应注意采集相关的证据，并建议保险公司向责任方追偿。

7. 查勘报告的书写指引

查勘报告的书写根据事故发生原因的不同，应该有不同的写法，见表3-1。

表 3-1　查勘报告的书写指引

单方事故	例：据当事人口述，标的车在上述时间、地点，倒车时由于车速较快，造成倒车时撞树。经现场查勘，标的车尾部受损，受损形状为竖状圆柱形，标的车尾部粘有树皮，三者树皮有脱落，地面散落有标的车碎片，与碰撞痕迹吻合，根据保险条款，碰撞属于保险责任，建议立案
	主要描述：①要描述出事故发生的原因；②描述出碰撞痕迹吻合（不吻合）的依据；③写出查勘意见
水淹车	例：据当事人口述，标的车在津塘路正常行驶时，由于路面积水较深，造成标的车被淹熄火。经现场查勘：标的车停在路边，路中央由于大雨有较深的积水，水淹至驾驶室内，驾驶室内有水渍但未淹到仪表台。车辆被淹熄火后未再次起动（发动机可能会产生清洗费）。根据保险条款，暴雨属于保险责任，建议立案。 告知当事人尽快对车辆电器元件进行烘干处理以及相关索赔事宜
	要求：①描述出车辆被淹经过（停放被淹或行驶被淹）；②水淹深度；③告知当事人对车辆的处理办法；④委婉告知发动机受损除外责任；⑤写出查勘意见
双方事故	例：据当事人口述，标的车在上述时间、地点正常行驶时，由于前方车辆紧急制动，我方车辆来不及制动与三者车辆尾部发生碰撞，经现场查勘，标的车头部受损，三者车尾部受损，经测量高度一致，三者车行李舱盖粘有标的车红色油漆，颜色一致，痕迹吻合，根据保险条款碰撞属于保险责任，建议立案
	要求：①描述出详细的事故经过，确定事故责任；②双方碰撞痕迹是否一致（确定保险责任）；③写出查勘意见
火烧车	例：据当事人口述，标的车在南京路正常行驶时，突然发动机舱内冒烟，当事人立即下车报警，接着火势蔓延到驾驶室内，消防警察来后车辆已被烧完，经现场查勘，车辆已被烧完，消防警察已离开，交警还在处理。附近其他火源（为确定是火灾或自燃奠定基础）。车架号无法拍摄。待消防部门出具着火原因确定是否属于保险责任。 告知当事人相关索赔事宜
	要求：①火烧经过及着火点；②是否报消防灭火施救；③写出查勘意见

(续)

盗抢车	例：据当事人口述，标的车在上述时间停放＊＊＊＊小区车位，第二天早上9点发现车辆被盗，当事人已报警。经查勘：标的车已不在停放的车位，警察已出具报警回执。停放车位附近无作案工具，停放地点无摄像装置。小区物业对业主停放的车辆是不收费的。标的车有投保全车盗抢险。此事故属于保险责任。告知当事人相关索赔事宜
	要求：①出险经过；②注明是否收费，有无摄像装置；③是否报警（县级以上）；④写出查勘意见

▶ 3.4.3 现场草图的绘制

事故现场草图是指查勘事故现场时，按一定的图形符号手工绘制的，对现场环境，事故形态，有关车辆、人员、物体、痕迹的位置及其相互关系所做的图形纪录。绘制时，首先锁定道路的某一坐标，标明事故车辆、车辆方位、道路、制动痕迹等情况，同时还需记录当时的气候条件及周围显著标志物等。

1. 常用线型运用

常用线型见表3-2。

表3-2 常用线型表

线型名称	线条宽度/mm	用 途
实线	$B = 0.5 \sim 1.0$	道路、桥梁界限，抛面图的道路面层线，车辆、建筑物轮廓线等
虚线	$B/4 \sim B/3$	不可见的轮廓线
细实线	$B/4 \sim B/3$	路面标线、尺寸线、尺寸界限、引出线、标高线、建筑物的剖面线
点画线	$B/4 \sim B/3$	路面中心线、轴线、对称中心线
波浪线	$B/4 \sim B/3$	断裂线、中断线
双点画线	$B/4 \sim B/3$	车辆可行路面与不可行路面界限、车道与人行道界限、其他辅助线

2. 常用车辆简略图

常用交通元素的图例见表3-3。

表3-3 交通元素图例

载货汽车		手扶拖拉机	
大客车		挂车	
轿车或越野车		畜力车	
三轮汽车		人力三轮车	
三轮摩托车		人力车	
两轮摩托车		自行车	
拖拉机		人	

3. 道路设施图例

常用道路安全设施的图例见表3-4。

表 3-4 道路安全设施图例

信号灯	○○○	公路标志	○ △ ▯
分道灯	————	防护栏	—○—○—○—
隔离栏	△ △ △	正在施工	○ ✕

4. 车辆行驶形态图例

车辆行驶形态的图例见表 3-5。

表 3-5 车辆行驶形态图例

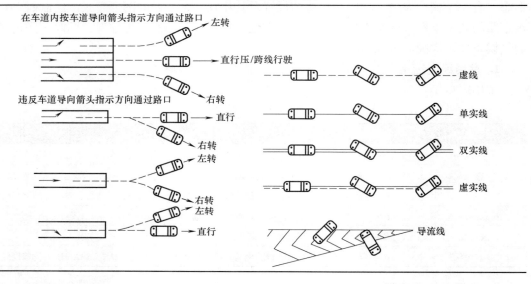

5. 地形地物图例

地形地物的图例见表 3-6。

表 3-6 地形地物图例

建筑物	▨▨	障碍物或堆积物	石子 沙子
轨道	•••••••••••	电杆	⚡
铁路	▭▭▭▭	树	🌳
桥梁	═══╲═══	林带	🌲 🌲
涵管及涵洞	══►══ 管洞	稻田	
河流水渠	有堤 无堤	草地	
斜坡	石砌 土坡	水泡地	
山谷或盆地	58/60/62/64	山丘	

3.5 车辆损伤鉴定

从现场查勘流程图中可以看出，事故查勘的另一个重要任务就是对车辆本身的损伤情况进行初步鉴定。要想对事故车的损伤情况进行彻底查勘和精确分析，有时要借助一些专用工具和仪器，并且要遵循规范的检查顺序。对于损坏比较严重的汽车，损伤鉴定工作可能非常复杂，如果不按照规范的检查步骤，就很难做到准确无误。下面将介绍有关车辆损伤鉴定的知识。

▶ 3.5.1 估损人员的工具

估损人员在估损时常用的工具有：

（1）记录信息的工具　可以用铅笔和笔记本记录车辆的损伤情况，也可以用口述的方式将损坏情况记录在录音笔等录音设备上（随后进一步处理），或者直接记录在笔记本电脑等设备上。

（2）查询配件信息的手册和软件　可以是原厂配件手册、第三方手册（如米切尔配件手册）或专业软件公司的估损软件，以便查询配件信息和关键的车身尺寸。

（3）必要的测量工具　钢卷尺和量规。

（4）举升设备　估损人员应当能够自己操作举升机或千斤顶，对车辆进行正确的举升操作。对于比较严重的碰撞事故，一般都要将车辆举起检查车身底部。

（5）常用的手动工具　估损人员应当能够熟练使用扳手、螺钉旋具和钳子等常用工具。查勘估损时通常需要拆卸一些损坏的配件以便做进一步检查，因此需要经常使用这些工具。

▶ 3.5.2 检查程序

除知识和工具之外，估损人员还应该有一套科学的损伤检查方法，这对于受损严重的事故车尤其重要。估损时如果不遵循规范的检查程序，很容易遗漏一些受损件或维修项目，或者对同一项目重复计算，制作出的定损单就会错漏百出，其结果是使保险公司受损，或产生不必要的争端，同时也给自己的声誉造成不良影响。

科学规范的检查程序可以最大限度地减少定损单中遗漏或重复的项目，保证定损单的准确性，同时还最大限度地减少了将来对定损单进行增补的可能性。

在北美洲，事故查勘和估损中最常用的规范程序是区位检查法。它最早是由美国汽车厂和汽车碰撞维修国际工业委员会（I-CAR）共同创立的，在北美洲已经应用多年，其科学性和有效性已得到充分验证。该方法按碰撞损坏规律把汽车分为五个区位：

一区：直接受到碰撞的部位，也就是直接损伤部位。
二区：间接损伤的其他车身部位。
三区：机械零部件，包括受损的动力传动系统和附件等机械件。
四区：乘员舱，包括乘员舱内受损的内饰、灯、附件、控制装置和漆面等零部件。
五区：车身外部件和装饰件。

在对事故车进行估损时，应当从一个区位到另一个区位逐个地仔细检查，同时按顺序记录车辆的损伤情况。无论是用区位检查法还是其他方法，在检查事故车时都应遵循以下顺序：

（1）从前到后　从事故车的前面往后面依次检查，但对于后端碰撞，应当从后到前检查。

（2）从外到内　先查看外部零部件的损坏情况，如装饰件；然后再检查内部结构件和连接件的损坏情况。

（3）从主到次　先查看主要分总成的损坏情况，然后再查看小器件和其他附件的损坏情况。

在查勘事故车时，估损人员还要注意非原厂配件。这些配件在原厂配件手册、第三方配件或估损手册中一般都查不到。另外，还应注意事故车先前损坏的痕迹，例如，明显与本次事故无关的凹痕、弯折和锈蚀。这些先前损坏保险公司是不予理赔的。根据车辆保险合同，保险公司只有义务将车辆恢复到本次事故之前的状况，而其他任何损坏的维修费用应当由车主自己承担。可以在定损单之外建立一个自付费项目表。虽然这不是损坏分析的一部分，但有助于避免以后因维修费用发生争议。

▶ 3.5.3　一区——直接损伤

区位检查法的第一步是对直接碰撞部位进行直观检查，列出碰撞点的直接损伤情况。直接损伤情况因车辆结构、碰撞力度和角度的不同而不同，还受到一些其他因素的影响。多数情况下，直接损伤会导致板件弯折、断裂和部件损坏，如图3-19所示。直接损伤直观明了，一般不需要测量。在检查一区时，首先应检查外部装饰件、塑料件、玻璃、镀铬层以及外板下面的金属材料。

对于前部碰撞事故，一区应检看的项目通常包括但不限于前保险杠总成、格栅、发动机舱盖、翼子板、前车灯、玻璃、前车门、前车轮、油液泄漏。

对于后部碰撞，一区应检看的项目通常包括后保险杠总成、后侧围板、行李舱盖、后车灯、玻璃、后车轮、油液泄漏。

对于侧面碰撞，一区应检看的项目通常包括车门、车顶盖、玻璃、立柱、前车身底板、支撑件、油液泄漏。

图3-19　一区包括直接碰撞点附近的所有直接损伤

在列出受损的外部板件和部件后，有时要将事故车举升起来，检查以下部位的损伤情况：车身底部板件、发动机支架等支撑件、结构性支撑、横梁和纵梁。

为了检查哪些部位受到损伤，应当查找以下线索或痕迹：缝隙、卷边损坏、裂开的焊点、扭曲的金属板。

一定要密切关注结构横梁，因为车辆的强度取决于所有结构件的状况。在修复事故车时，必须对所有的小裂缝、划伤或裂开的焊点进行适当的修理，这样才能保证车辆性能恢复到设计要求。

按从前到后、从外到内的顺序，在估损表或维修工作单中列出所有直接受损的零部件。在此过程中，可以参照原厂配件手册、第三方估损手册或相关的估损软件，查找正确的零件分解图、名称、编号以及板件的焊点位置，这样有利于防止遗漏。

▶ 3.5.4 二区——间接损伤

间接损伤发生在一区以外，与碰撞点有一定的距离，如图 3-20 所示。车辆在碰撞时，碰撞力会沿着车身向各个方向传递，从而引起间接损伤。也就是说，碰撞力在从碰撞点向邻近区域扩展过程中，将被邻近的板件吸收，对这些相邻的板件产生损害。碰撞力扩展和间接损伤的范围取决于碰撞的力度和角度，以及车身纵梁和横梁吸收碰撞力的能力。为了在事故中保护乘员，许多承载式车身中都设计了一些吸能区，可以在碰撞中产生变形，吸收碰撞力。这些吸能区通常会在碰撞中产生间接损伤。动力传动系统和后桥也会引起间接损伤。当汽车由于碰撞突然停止时，这些重型机械零部件在惯性作用下继续前移，对其支座和支撑构件产生一个强大的惯性力，从而造成相邻金属件变形、划伤或焊点开裂。因此，对于比较严重的事故，一定要仔细检查悬架、车桥、发动机和变速器的支撑点。

查找间接损伤不是一件容易的事。有些间接损伤通过一些看得见的损坏痕迹就能够找到，但很多间接损伤需要通过测量和分析才能确认。

图 3-20　二区包括车身其他部位可能发生的间接损伤

1. 间接损伤的直观痕迹

通常，以下变形痕迹预示着事故车可能存在一些间接损伤或隐蔽损伤。

1）板件产生皱褶或变形。
2）油漆产生皱褶或裂纹。
3）板件之间的间隙变得不均匀。
4）接缝密封裂开。
5）焊点断开。

这些线索通常可以帮助我们查找到哪些部位可能受到间接损伤，例如，在查勘前部被撞的事故车时，可以查看翼子板、发动机舱盖和车门等板件之间的间隙是否不规则，如图 3-21 所示。车辆后部也可能受到间接损伤，以至于行李舱盖或背门无法打开和关闭。对于严重的前部碰撞，应当查看前风窗玻璃立柱上部与车门窗框前上角之间的缝隙是否增大，比较左右两边的缝隙。如果缝隙变大，说明前围板向上推动了立柱，并且可能已使车顶受损。

查看外部板件是否产生皱褶。在严重碰撞事故中，中柱正上方的车顶板常常会产生皱褶。对于装有天窗的车辆，还要检查天窗窗框的各个边角是否有变形。外部板件的变形通常预示着内部结构件受到了间接损伤。

查看后轮罩上方、后门后部的后立柱下段是否开裂和变形，以及后角窗立柱正下方的后侧围板是否产生皱褶，这些痕迹都预示着后部车身纵梁可能弯曲。

打开发动机舱盖和行李舱盖，查看漆面是否产生皱褶，焊点密封剂是否开裂，以及焊点是否断开。碰撞力可能会使金属板在焊点处撕裂，并且使油漆松脱。

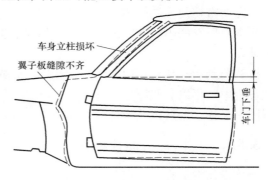

图 3-21 翼子板缝隙不齐表明内部结构件有间接损伤

2. 测量间接损伤

在评估车身的损伤时通常要参照车身尺寸图对车身的特定点进行测量。图 3-22 给出了一张典型的承载式车身尺寸图，从图中可以看出，很多尺寸是用对角线法测量的。图 3-23 是一张车架式车身尺寸图。车身尺寸一般采用公制单位，用钢卷尺或轨道式量规就可以测量。量规测量的每个尺寸都应当记录下来，而且必须另选两个控制点进行交错检查，其中至少有一个是对角线尺寸。最好选择悬架和机械零件的安装点作为量规的测量点，因为这些点对于定位至关重要。很多原厂车身尺寸手册中给出的尺寸是从轨道式量规杆上读取的测量值，而不是钢卷尺测量的绝对距离，实际作业时一定要仔细查看手册中的有关说明。

车身尺寸要从车辆上的控制点测量。大多数控制点实际上是车辆结构件上的孔，测量的尺寸是孔心之间的距离。控制点的孔径通常比量规尖端的直径大，所以为了确保测量精确，通常测量两个孔同一边沿的距离（对于直径相同的孔）。如果两个孔的直径不等，但孔的类

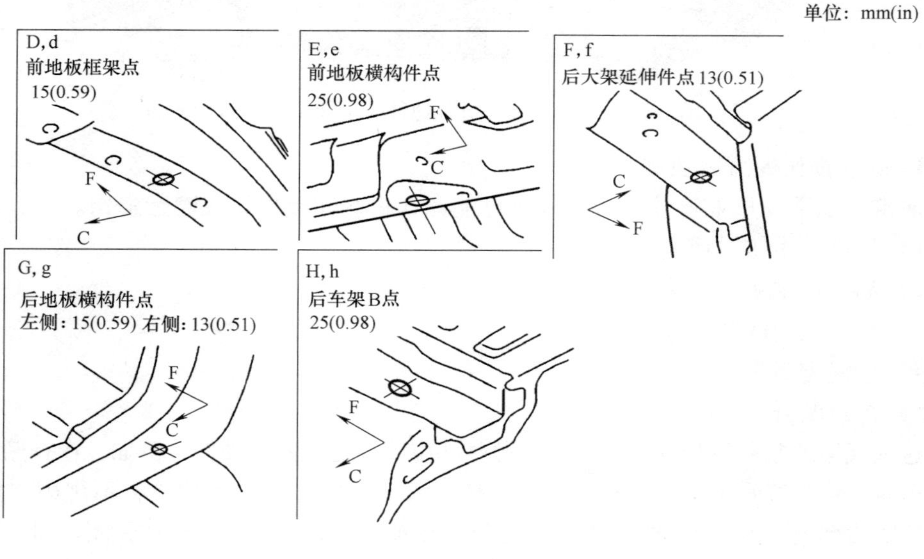

单位：mm(in)

图 3-22 原厂手册中给出的承载式车身底部尺寸

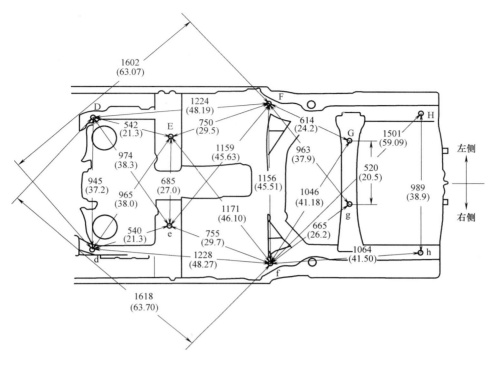

图 3-22 原厂手册中给出的承载式车身底部尺寸（续）

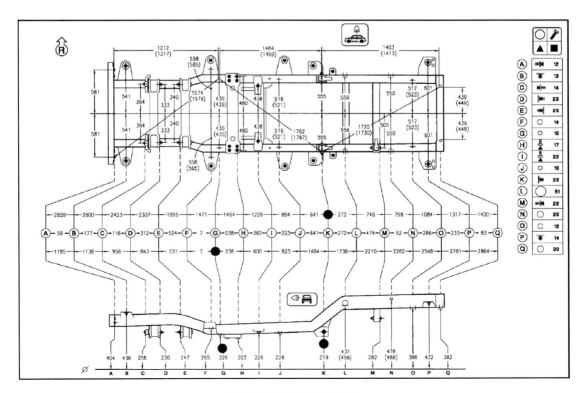

图 3-23 车架式车身尺寸

型相同，如果都是圆孔、正方形孔、长方形孔等，则可以先测量两个孔内缘之间的距离，然后再测量外缘之间的距离，将两次测量结果相加除以2，就得到中心到中心的距离。例如，如果一个圆孔的直径是10mm，另一个圆孔的直径是30mm，测量两孔的内侧距离是60mm，外侧距离是80mm，其中心到中心的尺寸就应当是（60mm + 80mm）/2 = 70mm。对照原厂车身尺寸图，如果该尺寸与规范值不符，说明车身已经受损。

使用量规测量时，需要对照原厂车身尺寸规范，才能对车辆损坏情况进行精确评估。如果没有原厂车身规范，可以对一辆完好无损的相同车型进行测量，获得原厂尺寸。另外，如果车辆只有一侧损坏，通常可以对未损坏的一侧进行测量，然后比较这两侧的测量值。

3. 上部车身尺寸

除底部车身外，轨道式量规和钢卷尺也可以用来测量上部车身尺寸，其测量方法与底部车身基本相同。汽车制造企业一般也提供一些重要的上部车身尺寸，如图3-24所示。

（1）测量前部车身　如果车身前部在事故中受到损伤，在确定其损伤程度时要对前部金属板进行测量。即使只有一侧车身受到碰撞，另一侧也可能受到损伤，因此也要检查另一侧车身的变形情况。图3-25给出了车身前部常用的测量点，可以对照原厂车身尺寸图进行检查。

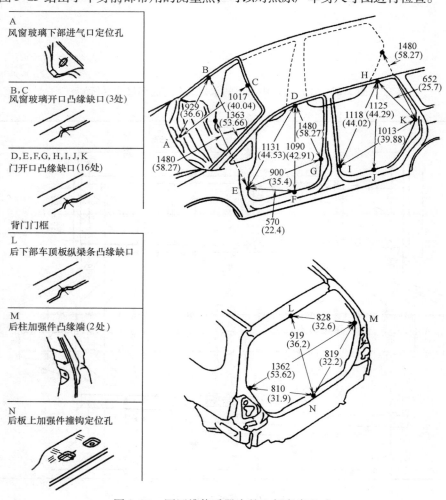

图3-24　原厂维修手册中的上部车身尺寸

一定要检查哪些尺寸是对称的。对称意味着中线两边的尺寸相等。有时测量点是不对称的。如果一辆汽车的发动机舱尺寸是不对称的,两个对角线的测量尺寸就不相等。在这种情况下,测量每个对角线尺寸时就要重新设置一次轨道式量规的长度。在用量规检查前部车身尺寸时,最好选择悬架和机械零件的固定点进行测量,因为它们是关键的定位点。每个尺寸还要从另外两个参考点进行测量确认,其中至少有一个参考点是对角线尺寸。尺寸越长,测量精度就越高,因为较长的尺寸能够覆盖更大的车身范围。例如,测量从前围板底部到发动机前支承的距离就比测量前围板底部的一端到另一端的距离好。在估损时,每个控制点采用两个以上的测量值能够确保更高的精度,对确认板件的损伤程度和方向更有利。

(2)测量车身侧面板件　在评估车身侧面构件的损伤情况时,可以对车门进行打开和关闭操作,因为车身侧面构件的变形可能会影响车门的正常开闭。**注意:有些部位变形可能会导致车身漏水**。因此,查勘估损时必须进行精确测量。车身侧面常用的测量点如图3-26所示。

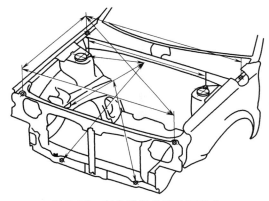

图3-25　车身前部常用的测量点

图3-26　车身侧面常用的测量点

通过测量车身对角线尺寸可以查看车身是否对称,从而发现车辆是否在事故中产生翘曲变形(图3-27a)。在没有发动机舱和车身底部尺寸时,或者车辆在倾翻事故中严重损坏时,就可以用这种方法查看车身的翘曲变形情况。

在查看车身两侧的变形情况或扭曲变形情况时,仅用对角线测量法是不够的。在这种情况下,通过对角线无法测量出左右两侧的差别(图3-27b、c)。如果左右两侧变形相同,对角线差值就不大(图3-27d)。此时,测量和比较两侧的长度尺寸可能更有效一些,如图3-28所示,比较yz和YZ的大小。不过,这种方法最好与对角线测量法一起使用,而且只适用于左右两侧对称的板件。

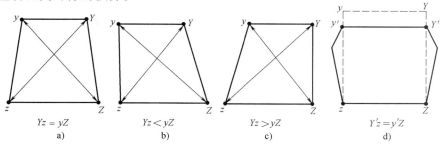

图3-27　车身侧面板件的对角线测量法

(3) 后部车身测量 在检查车身后部的变形情况时,可以通过打开和关闭行李舱,查看行李舱的开闭操作是否顺畅来检查。为了查看变形的具体部位,检查是否有可能漏水,最好进行精确测量(图3-29)。另外,后地板的褶皱通常是由于后纵梁的变形引起,所以在测量车身后部时应同时测量车身底部。这样也有利于更有效地对车身进行校正维修。

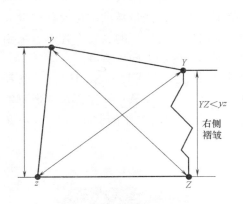

图3-28 比较侧面板的长度尺寸

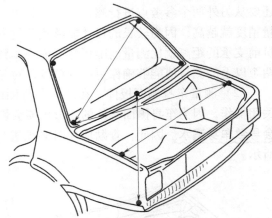

图3-29 车身后部常用的测量点

注意:在使用轨道式量规时,一定要牢记以下几点:
① 测量点一定要选择车辆上的固定点,如螺栓、螺塞或孔。
② 量规测量的不是点到点的实际距离。
③ 量规杆应与车身平行,为了达到这个要求,有时需要将量规的指针设为不同的长度。
④ 为了绕过障碍物,可以使用较长一点的指针。
⑤ 有些车身尺寸手册给出的是量规尺寸,有些手册给出的则是点到点的长度尺寸,还有些两者都有。在查看尺寸手册时,一定要注意手册中给出的是哪种尺寸,采用与之相同的测量方法,否则容易出错。
⑥ 在对事故车进行测量时,一定要参照车身尺寸手册对指定的点进行测量。将规范值减去实测值就可以得到车辆的受损程度。不过,对于估损来说,板件的偏移量是多少并不重要。重要的是这些偏移量意味着车身已经发生损伤,定损单中必须考虑其维修工时和费用。

(4) 车架的精确测量 精确测量的目的是确定车架损坏的位置和程度,一般要用到以下三个概念:
1) 长度。长度是指车架纵梁有多长。
2) 中线。中线是一条假想线,它从中间把车辆分为左右两等份(图3-30)。
3) 基准面。基准面是车辆下面的一个假想平面,所有高度值都是以基准面为基点。
车辆碰撞可能会导致车架出现以下几种变形:
1) 扭曲:在车辆的中部,门槛板相对基准面失去了水平。
2) 歪曲:侧向碰撞力使车辆纵梁相对中线产生了歪斜。
3) 挤压:碰撞力使纵梁的长度缩短。
4) 凹陷:碰撞力使纵梁相对基准面向下凹陷或向上隆起。

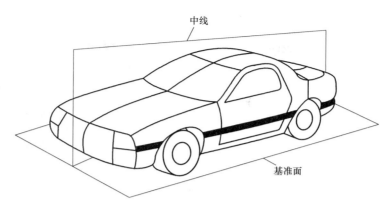

图3-30 车辆的中线和基准面

5)菱形:碰撞力使两侧纵梁在前后方向上产生相对位移,只有车架式车身才会发生这种形式的损坏。

现在,我们精确测量车辆损坏情况的仪器主要有3种:悬挂式测量仪、机械测量系统和计算机测量系统。

1)悬挂式测量仪。在使用悬挂式测量仪时,应先从车身尺寸手册中找到悬挂量尺的位置和高度,用轨道式量规测量长度。

首先测量车辆的中部。对于车架式车身,用轨道式量规测量驾驶室底部的对角线长度,检查有无菱形损伤。**注意:不要使用驾驶室的安装螺栓作为测量点,而应使用纵梁上的孔或铆钉**。如果对角线的长度相差6mm以上,说明车身存在菱形损坏。对于车架式车身和承载式车身,都可以进行以下测试。在前围板下面悬挂一个量尺,在后座或驾驶室后面(皮卡车)再悬挂一个量尺,站到离车3m以外的地方查看这些量尺是否水平。如果不水平,说明车身存在扭曲变形,如图3-31所示。如果水平,说明车身不存在扭曲变形。接下来,在车辆的前端悬挂一个量尺,通常挂在散热器支架的下方,在车辆后面挂一个量尺,通常挂在纵梁上。如果所有量尺彼此等高,说明车身在高度方向没有变形。如果前后两个量尺与中间两个量尺不等高,说明车身存在凹陷变形,如图3-32所示。用一只眼睛观察中线销钉,如果呈一条直线,说明车身没有歪曲;如果中线销钉不在一条直线上,说明车身发生了歪曲变形。为了检查车身

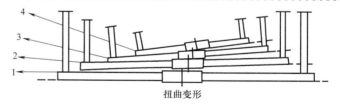

图3-31 量尺不水平说明车身或车架有扭曲变形

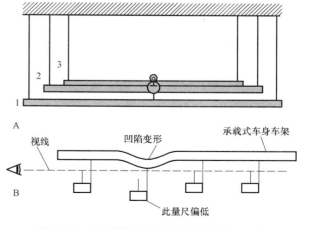

图3-32 量尺指示车身存在凹陷变形,A为从前往后看,B为从侧面看

是否发生了挤压变形，可以用量规测量纵梁的长度。画一个底部车身的示意图，在上面标出其变形情况。

2）机械测量系统。机械测量系统通常由车架桥、量针和插销组成。在安装机械系统时，应查看相关手册，确认量针在车架桥上的安装位置，如图3-33所示。有时量针的高度是可调的，而有时则有多种量针可供选择，测量时只能选用规定长度的量针。将车桥在车辆的下方装配好，如果量针没有指在车辆的正确位置，说明车身存在变形。车身的压短、歪曲、凹陷、扭曲等各种变形都可以通过量针读出。同样，在测量时应当画一张底部车身图，在图中标出车身损伤的情况。

图3-33　机械测量系统

3）计算机测量系统。计算机测量系统将车辆尺寸信息储存在计算机软件中，如图3-34所示。只需输入或选择好车型，计算机显示器上就显示出可用的激光靶，这些靶子安装在车身的指定部位。测量系统利用激光读出靶子的位置，并将数据传输给计算机。计算机自动比较实际测量值和规范值，其差值在屏幕上显示出来，也可以打印出来使用。有些计算机测量系统不是用激光，而是用超声波或机械臂进行测量。

图3-34　计算机测量系统

▶ 3.5.5　三区——机械损坏

在检查完车身的直接损伤和间接损伤之后，估损人员的下一个检查重点应当是三区——车辆的机械部件。对于前部碰撞的事故车，应当检查发动机舱盖下的散热器、风扇、动力转向泵、空调、发电机、蓄电池、活性炭罐、前风窗玻璃清洗器储液罐以及其他机械和电子元件是否损坏。查看油液是否泄漏，带轮是否与正时带不对正，软管和电线是否错位以及是否有凹坑和裂纹等。

如果碰撞比较严重，发动机和变速器也可能受损。如果条件允许，应当起动发动机，怠速到正常工作温度。举升车辆，使车轮离开地面，在各个档位运转发动机，听一听有没有异常的响声。对于手动档车辆，检查换档是否平顺，离合器的工作是否正常。查看节气门拉索、离合器操作机构和换档拉索是否卡滞。

打开空调，确保空调正常运转。查看充电、机油压力等仪表板灯和仪表，如果发现发动机故障灯或类似的灯点亮，说明发动机存在机械或电控故障。

现在很多车辆都装备了车载自诊断系统（OBD），当电控系统出现某些故障时，控制电脑将存储故障码。这些故障码可以通过解码器或其他诊断设备读出，其所表示的具体故障和维修步骤可以在维修手册中查到。故障码表示车辆的某个系统或部位存在故障，它对于快速诊断和故障维修很有帮助。但是，估损人员要知道，有些故障码可能是在事故之前就已经存储在控制电脑中了，这些故障码并不是事故引起的。对于这些故障码，其维修费用不应当包含在保险定损单中，因为保险公司只负责将车辆修复到碰撞前的状况，而没有责任修复以前本已存在的故障。对于这些事故前已经存在的故障，在修复之前应当告知车主，征得其同意，并应当由车主自己付费。

机械损坏有时是间接损伤而不是直接碰撞的结果。例如，由于发动机和变速器的质量很大，在碰撞中会因惯性向前移动多达15cm，从而造成其附件和相关元器件的损坏。因为发动机和变速器在事故后能够回到其原来的位置，所以它们造成的间接损伤通常不太容易被注意到。应当仔细检查发动机支承是否损坏，带轮和正时带是否不对正，以及软管和拉索是否松动。

在完成发动机舱的检查后，用千斤顶举起事故车，钻到车辆下面检查转向和悬架元件是否弯曲，制动软管是否扭曲，制动管路和燃油管路及其接头是否有泄漏。检查发动机、变速器、差速器、转向器和减振器是否有泄漏。将转向盘向左和向右打死，检查是否卡滞，是否有异响。转动车轮，检查车轮是否跳动，轮胎是否有裂口、刮痕和擦伤。降下车辆，使轮胎着地，转动转向盘，使车轮处于正直向前的位置，测量前轮毂到后轮毂的距离，左右两侧的测量值应当相同，否则，说明转向或悬架元件有损伤。

进行轮胎弹跳试验，快速检查车轮定位情况。

（1）车轮上跳　如图3-35所示，当车轮滚过一个鼓包时，向上压缩悬架弹簧。也就是说，车轮上跳时向车身靠近。在修理车间，坐在翼子板上向下压汽车即可模拟车轮上跳的动作。汽车两侧的上跳量应当相等。

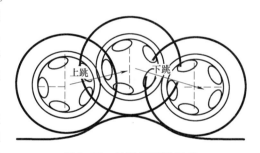

（2）车轮下跳　当车轮滚过一个凹坑或在上跳后回位时，向下拉伸悬架弹簧。也就是说，车轮在下跳时远离车身。在修理车间，向上抬起翼子板即可模拟车轮下跳的动作。汽车两侧的下跳量应当相等。

图3-35　轮胎的弹跳运动

车轮的弹跳试验还可以检查出齿条齿轮式转向器是否对正。

在快速检查时，解开转向盘锁，查看转向盘在车轮跳动试验中是否晃动。如果要更仔细地检查，可以用粉笔在胎面上做一个标记，将一个指针平齐地指向这个标记。然后由一个人做轮胎弹跳试验，由另一个人观察粉笔标记和指针，如果在多次弹跳试验后，粉笔标记向左或向右的移动量超过了一个胎面花纹的宽度，说明转向臂或转向器没有正确定位。做完一侧轮胎后再用同样的方法测试另一侧轮胎。

另外一种定位试验是测量转向角。对转向角的检查可用来评估两个前轮在转向时是否保持合适的位置关系。为了测量转向角，将两个前轮放在相同的转动盘或量角器上，将左侧车轮转动一个角度，查看右侧车轮的转动量。然后再转动右侧车轮，查看左侧车轮的转动量。比较左右测量结果，确定两个前轮的转动角度是否相同。

在检查转向角时，左前轮应该向外转动 20°，测量右前轮的转动。右前轮应该向内转动相同的度数或少 2°，这个转角差引起转弯时内、外侧车轮转弯半径的不同。然后，对右侧车轮重复以上步骤，右侧车轮向外转动 20°，用量角器或转动盘测量左侧车轮的转动量，左侧车轮向内转动的角度应当相同或少 2°。

有的车辆向左和向右的转弯半径本来就是不同的（就是这样设计的），在检测时如有疑问，可参考原厂规范值。如果多次测量的转向角度不相同（相差超过 2°），说明转向臂或转向器已经损坏。通过测量转向角，还可以帮助判断前束不正是由车轮定位不当引起的，还是由悬架零件损坏引起的。

通过检查外倾角可以确定悬架是否损坏。为了诊断悬架滑柱的状况，可以进行以下外倾角检查，检查时也可以使用外倾角测试仪或四轮定位仪。外倾角测量的一种方法称为弹跳测量，就是给悬架加压（与上面测量前束的弹跳试验相似），测量一个车轮的外倾角。然后松开悬架上的压力（与上面测量前束的弹跳试验相似），第二次读取同一个车轮的外倾角。比较这两个读数。对于麦弗逊式悬架，两者之差应不超过 3°。如果超过 3°，说明悬架滑柱在横向受到损伤。

悬架的纵向弯曲可以通过测量外倾角的摆动进行检查。**方法是：将前轮向右转到底，读取外倾角值；然后再将前轮向左转到底，再次读取外倾角值。** 如果两次读数之差超过 6°，说明悬架滑柱可能前后弯曲。

为了检查悬架而进行外倾角测量时，车辆并非必须置于水平地面上，也不是要测量实际的外倾角值，而是要查看外倾角的两次读数之差。因此，每次读取外倾角值必须从车轮的同一点读取。

▶ 3.5.6　四区——乘员舱

乘员舱的损坏可能是由碰撞力直接引起的，如侧碰时；内饰和车内附件的损坏也可能是由乘员室内的乘客和物品的碰撞能量引起的。

首先应检查仪表板。如果碰撞导致前围板或车门立柱受损，那么仪表板、暖风机芯和管道、音响、电子控制模块和安全气囊等就有可能受损。所有在三区检查中没有被查看的元器件都要进行检查。

检查转向盘是否损坏。查看其安装紧固件、倾斜和伸缩性能、喇叭、前照灯和转向信号灯开关、点火钥匙以及转向盘锁。转动转向盘，将车轮打到正直向前的位置，查看此时转向盘是否对中。对于吸能式转向盘，还应查看它是否已经发生溃缩。

检查门把手、操纵杆、仪表板玻璃和内饰是否受损。打开、关闭并锁住杂物箱，查看杂物箱是否在碰撞中变形或损坏。检查制动踏板是否变形、卡滞或松脱等。掀开地毯，查看地板和踢脚板，检查铆钉是否松脱、焊缝是否裂开。

检查座椅是否受损。汽车在前端受到碰撞时，乘客的身体质量会产生较大的惯性力，由于乘客被安全带捆绑在座椅上，所以这个惯性力可能会对座椅框架调节器和支撑件产生损害。汽车在后端受到碰撞时，座椅靠背的铰链点可能受到损害。将座椅从最前位置移动到最后位置，查看其调节装置是否完好。

检查车门的状况。乘客的惯性力可能损坏肘靠、内饰板件和车门内板。如果发生侧碰，门锁和车窗调节器也可能受损。即使是前端碰撞，车窗玻璃产生的惯性力也可能使车窗轨道和调节器受损。将车窗玻璃降到最低后再完全升起，检查玻璃是否卡滞或受到干扰。将车窗降下4cm，查看车窗玻璃是否与车门框平齐。查看电动门锁、防盗系统、车窗和门锁控制装置以及后视镜的电控装置等所有附件是否正常。

检查乘员约束系统。今天的汽车大都装备了被动式约束系统，应当检查安全带是否能够正常扣紧和松开，安全带插舌和锁扣是否完好。对于主动式安全带系统，检查其两点式和三点式安全带是否都能轻松地扣紧和解开。查看卷收器、D形环和固定板是否损坏。有些安全带有张力感知标签。如果安全带在碰撞中磨损，或者安全带的张力超过设计极限，张力感知标签撕裂，就必须予以更换。将安全带从卷收器中完全拉出，就可以看到这个张力感知标签。

查勘报告还应当列出车内的非原装附件，如民用无线电装置、GPS、车载DVD、倒车雷达、行车记录仪等。

3.5.7　五区——外饰和漆面

在车身、机械件、内饰和附件都检查完毕之后，再围绕车辆检查一圈，查看并列出受损的外饰件、嵌条、乙烯车顶板、轮罩、示宽灯以及其他车身附件。

打开灯光开关，检查前照灯、尾灯、转向信号指示灯和危险信号指示灯。车灯的灯丝通常在碰撞力的作用下断裂，如果碰撞时车灯处于点亮状态，灯丝就更容易断裂。

如果在一区和二区检查中没有查看保险杠，那么现在就应该对保险杠进行检查。查看保险杠外皮和防尘罩是否开裂，吸能装置是否受损或泄漏，橡胶隔振垫是否开裂。

仔细检查油漆的状况。记录下哪块油漆必须重新喷涂，并要列出那些需要特别注意的事项，如清漆涂层、柔性塑料件和表面锈迹。板件的轻度损坏可能只需进行局部喷涂，而有些维修项目则需喷涂整块板件甚至多块板件。无论是哪种情况，都需要考虑新漆与原漆的配色和融合工时。如果事故车的损坏非常严重，或者原有漆面已经严重老化，则可能需要进行整车喷漆。

检查漆面是否在事故前就已经损坏也很重要。这些事故前已有的凹痕、裂缝、擦伤和油漆问题不在保险公司的理赔范围内，其维修费用应当由客户自行承担。

3.6　特殊事故现场查勘

对于水灾事故、火灾事故、拖底事故（新能源汽车）及车辆被盗抢案件，其查勘与双方事故的查勘有不同的侧重，下面分类予以说明。

3.6.1　水灾事故

1. 燃油汽车

1）车辆涉水行驶或被水淹后，如果处理或操作不当，则极易造成发动机内部损坏。而这些内部损坏一般都是除外责任内的损失。车辆被水浸泡后，其电子元器件极易遭到腐蚀、氧化，导致损失扩大，所以水灾致损车辆的查勘速度一定要快，而且要尽快提出施救方案，督促被保险人积极施救，车辆到修理厂后，及时拆检定损，避免损失扩大。水灾现场的查勘，除了按现场查勘的基本流程操作外，还应特别注意以下要求：

接到报案后，联系客户时注意询问客户的车被水浸泡了多长时间？水位有多高？是否重新起动？如客户未重新起动，则应告知"请您千万不要点火起动车辆，避免扩大损失"。

2）到达现场后，快速进行处理，拍摄现场相片，必须拍出水淹的水线位置，确定车辆被浸泡的高度，了解受损的大概情况。

3）拍摄完现场照片后，应协助客户积极联系施救厂，并协助客户将水淹车辆推（拖）出水淹现场。

4）查勘水灾事故现场时，估损人员必须制作现场询问记录，就车辆水淹后如何熄火、熄火后有没有再次点火、点火多少次等问题，要求事故车辆驾驶人做出明确答复并做记录。

5）查勘水灾事故现场时，估损人员必须现场检查发动机进气口是否进水，空气滤清器滤芯是否被水浸湿，并拍照存档。如果空气滤清器滤芯没有浸湿，则可以排除发动机内部进水的可能性。

6）水淹案件的询问记录。水淹案件是指车辆在停放或行驶中被水浸泡，致车辆受损的事故，做记录主要是掌握被保险人有无扩大损失的行为，询问提纲如下：

① 你与车主什么关系？该车为何由你驾驶？
② 事故的详细经过？从哪里出发去哪里？
③ 当时是怎样发现车辆进水熄火的？
④ 事故发生后，你采取了哪些措施？有没有重新点火起动？点了几次火？

记录要点：
- 要详细记录当事人对于熄火后采取的措施的描述。确认熄火后有没有继续点火。
- 特别注意记录中互相矛盾的地方。

2. 新能源汽车

动力蓄电池的绝缘状态是保证车辆安全的重要前提。制造工艺及使用环境等因素会导致动力蓄电池包的气密性能变差，当车辆遭遇水淹或涉水行驶时，会因高压系统绝缘等级下降导致车身带电。因此，在水淹事故现场查勘时，尤其要注意避免触电事故。

（1）现场查勘事项

1）穿戴好防护用具，例如绝缘手套和绝缘雨靴等。
2）注意查看车内是否有受困人员，可协助施救。
3）在事故现场设置警示标识。
4）测量车辆浸水高度，拍照车身水位线痕迹：
① 车身表面的浸水高度。
② 驾驶室的浸水高度。
③ 动力蓄电池包是否全部浸入水中。
④ 检查高压部件浸水高度并拍照驱动电动机、电动机控制器、高压线束、插接件等。
⑤ 确认水淹时间及水质情况。
⑥ 详细询问车辆水淹时间并做好现场笔录。水淹时间是判断新能源车辆高压部件的损坏程度的一个很重要的依据，因此接到水淹报案后，应尽快查勘，尽快将车辆拖离现场，降低车辆损失。
⑦ 查看水质情况。不同水质对高电压部件的腐蚀存在差别，需注明水质情况，如城市污水、雨水、海水等。

（2）查勘现场处理

如果车辆出现漏电或车辆不能行驶的情况，应尽快联系道路救援。

如果判断水淹程度较轻，在确保安全的情况下可以进一步操作：

1）仪表板检查，重点检查仪表板以下信息：

① 车辆行驶里程。

② 电池 SOC 值或剩余续驶里程。

③ 高压系统故障灯是否点亮。

④ 其他故障灯是否点亮。

⑤ 如果高压故障灯点亮，则需要拆卸 12V 蓄电池负极并断开维修开关（若维修开关壳体有水渍，请勿操作）。

2）根据对事故车辆现场查勘的损失状态，对车辆损失进行大致判断，并对零部件表面的水渍状态分别进行拍照，充分采集证据，提高损失预估准确率。

3.6.2 火灾事故

火灾事故的发生原因复杂多样，造成的损失一般也比较大，起火原因主要有碰撞起火、自燃起火、人为失火三种类型，不同的起火原因属于不同的理赔责任范围，现场查勘时要多观察、多了解、多询问。

1. 燃油汽车

1）现场查勘，分析车辆起火原因。判断是碰撞事故引起的燃烧还是车辆自燃引起的燃烧；标的是动态状态下起火还是静态状态下起火；检查车辆燃烧痕迹，判断燃烧起火点及火源。

2）现场查勘重点

① 查勘路面痕迹。车辆着火现场路面和车上的各种痕迹在着火过程中消失，或在救火时被水、泡沫、泥土和沙等所掩盖，查勘时首先对路面原始状态查看、拍照，并做好各项记录。施救后，用清洁水将路面油污、污物冲洗干净，待暴露印痕的原状再详细勘察。方法是以车辆为中心向双方车辆驶来方向的路面寻查制动拖印、挫划印痕，测量其始点至停车位的距离及各种印痕的形态。

② 查勘路面上的散落物。查勘着火车辆在路面上散落的各种物品及伤、亡人员倒卧位置，以及因碰撞而被抛洒的车体部件、车上物品位置，与中心现场距离，实际抛落距离，推算着火车辆行驶速度。

③ 车体痕迹查勘。通过车体燃烧痕迹寻找车辆上的起火源。

④ 动态状态下着火燃烧的查勘。

- 碰撞车辆着火的一般规律是将外溢的汽油点燃，查勘重点是汽油箱金属外壳表层有无碰撞洼陷痕和金属质擦划的条、片状痕迹。车体燃烧后的接触部位痕迹容易受到破坏，查勘时就残留痕迹部位勘察其面积凹陷程度进行对比，以求判断碰撞力大小、方向、速度、角度等。

- 动态状态下发生车辆自燃主要是电器、线路、漏油原因造成，车体无碰撞损伤痕迹，但路面上一般都留有驾驶人发现起火后本能反应的紧急制动痕；火势由着火源随着风向蔓延。火源大部分分布在发动机舱和车内仪表台附近，重点区分车辆自燃和车内人员失火。

⑤ 静态状态下车辆着火。重点要注意检查现场有无遗留维修、作案工具，有无外来火种、外来可燃物或助燃物等，有无目击者，同时调查报案人所言有无自相矛盾之处，如事故现场周围环境、当时的天气、时空等有无可疑之处。

3）现场调查访问重点
① 车辆碰撞或翻车的具体情节及着火的原因。
② 车辆起火和燃烧的具体情节及后果。
③ 车辆起火后驾驶人采取了哪些扑救的措施。
④ 车辆着火时灭火及抢救的具体情况。

4）走访、调查现场有关人员，就其当时看到的情况做好询问笔录，并对笔录签名，留下联系电话。应特别注意了解车辆着火时驾驶人从车内出来时的言行举止。

5）在对当事人做现场笔录时应注意的问题。当事驾驶人与被保险人关系；车辆为何由当事驾驶人使用；保险车辆着火的详细经过，发现着火时当事人做了哪些应急处理；近来该车技术状况和使用情况如何，是否进行过修理，最近一次在哪家修理厂维修的。

6）重点查勘事故地周围有无异常物、车上配件、工具，调查起火前、起火中、起火后状况，认真比较有什么差异，发现下列问题，应深入细致地重点调查：
① 有几个起火点。
② 起火部位在一个不寻常的地方。
③ 火势突然而且过分猛烈。
④ 似乎没有合理的起火原因。
⑤ 与起保日期或保险终止日期相近。
⑥ 车辆上应有物品已不在。
⑦ 车上物品、配件被移下，有被搜寻或拆装证据。
⑧ 当事人反对某种调查。
⑨ 当事人行动反常，表现特别冷淡。
⑩ 当事人的叙述与已知的事实不相符，或证词相互矛盾。

7）事故拍照及保险标的确认。
确认保险内容：碰撞引起的标的着火燃烧属于"车辆损失险"责任范围，而自燃引起的标的损失属于"车辆自燃损失险"责任范围，人为失火引起的火灾不属于保险责任。对于不属于保险责任的，一定要取得公安消防部门关于车辆的火灾原因分析报告或车辆火灾原因相关证明后，会同查勘、调查取证形成的书面材料，上报分公司车险部审核后向被保险人下达拒赔通知，严禁主观判断就口头告知被保险人不属于保险责任或拒赔。

8）调查取证。
如果发现案件中存在某些疑点、牵涉到故意行为或人为失火情况，应做进一步调查，向有关的个人或单位负责人了解情况，取得可靠证据，必要时通过公安消防部门进一步了解案件性质、着火原因。
① 到车辆管理所核对车辆档案，查实档案记载的车型、牌照、制造年份、发动机号、车架号等与被保险人所述是否一致；查看车辆转让记录、年审记录。
② 对被保险人的单位性质、财务状况、经营情况进行调查，防止被保险人因经营不善等情况而进行保险欺诈。

③ 到公安消防部门调查火灾原因，与自己通过查勘、访问、观察、提取、检验、清点等方法分析得出的火灾原因进行比较，发现疑问要及时沟通，提出自己的观点，并做好笔录。

④ 对燃烧车辆的购买情况进行调查，将购车发票复印留存；到当地较大的车行了解被烧车型的新车购置价，取得新车购置价证明。通过对保险金额、购买价和市场价的对比，分析被保险人有无利用价差进行欺诈的可能。

⑤ 到火烧车辆进行维修保养的汽修厂进行有关情况调查，查明最后一次修车与燃烧事故在时空上有无关联；访问车辆实际车况。

⑥ 调阅投保档案，查看验车照片，向验车人了解投保验车时车辆实际状况。

9）定损核价、预估事故损失、缮制查勘报告及立案

① 根据查勘和调查取证情况，判定事故责任，推定全损时根据市场调查的车辆价值推算着火车辆现在实际价值，按照投保情况和免赔率，预估事故损失进行立案处理。

② 着火车辆发生部分损失时应立即进行定损核价，定损核价实际操作中特别注意的是：火烧车辆定损时一定要分析着火源、燃烧范围、热传导范围，对燃烧范围和热传导范围内的金属薄壳件、塑胶件、密封件、电器、线路、油液类要进行重点检查，对因高温造成的变形、变质件一定要予以更换。

③ 及时在网上查勘平台进行查勘信息录入，在规定时间内及时立案。

10）履行告知义务。

① 火烧车辆案件应告知被保险人或当事人及时向公安消防部门报案，要求相关技术人员对火灾现场勘察、调查、取证，必要时提取检验，应取得县级以上公安消防部门出具的火灾原因分析报告或火灾原因证明，驾驶证、行驶证在火灾中烧失无法提供复印件的，需到车辆管理所查抄驾驶人、车辆登记底档。另外，除要求被保险人正常填写《机动车保险出险通知书》外，还应对当事驾驶人及被保险人做询问笔录。

② 详细告知保户索赔时所需的材料及单证，送交客户索赔单证一览表，并由被保险人签收。

2. 新能源汽车

新能源汽车起火的直接原因大部分是由于动力蓄电池的热失控，间接原因可能是动力蓄电池过充、电池包受到外界冲击、使用环境温度过高、线路短路等，也有可能是外部火源导致车辆起火燃烧。现场查勘事项如下：

① 穿戴好防护用具，例如绝缘手套和绝缘雨靴等。

② 注意查看车内是否有受困人员，可协助施救。

③ 在事故现场设置警示标识。

④ 查看车辆外观，根据起火状态判断起火原因，确定燃烧位置。重点查看充电口是否烧损，动力蓄电池是否冒烟、起火并及时对其状态进行拍照。

⑤ 对于火势较重车辆，需详细拍摄损坏部件，为车辆损失评估做准备。

⑥ 对于火势轻微且未涉及动力蓄电池的车辆，灭火后及时将12V蓄电池负极及维修开关断开，并等待10min以上。

⑦ 消防队灭火后，索要起火原因证明。

⑧ 因火灾事故的特殊性，可在灭火后补充检查车辆信息及驾驶人信息。

⑨ 根据需要协助施救车辆进行拖车。

3.6.3 托底事故（新能源汽车）

托底事故通常包含在碰撞类事故中，但电动车托底主要损伤为动力蓄电池包，且事故损失赔付较高，风险较大，故单独分类。

现场查勘事项如下：

① 在车辆周围设置警示标识。

② 对动力蓄电池包外观进行检查。
- 如动力蓄电池有漏液现象，需远离车辆，并及时呼叫专业救援。
- 如动力蓄电池无漏液现象，仅外壳轻微损伤，可进行后续检查。

③ 漏电检查。

④ 仪表板检查，重点检查仪表板以下信息：
- 车辆行驶里程。
- 电池 SOC 值或剩余续驶里程。
- 高压系统故障灯是否点亮。
- 其他故障灯是否点亮。

⑤ 视情况拆卸 12V 蓄电池负极并断开维修开关。

⑥ 其他高压部件检查：驱动电动机、逆变器是否损伤，高压线束是否破皮、铜线裸露。若任一高压部件存在损伤，可能会导致高压漏电。

3.6.4 机动车被盗抢案件

机动车被盗抢案件，就是投保车辆发生全车被盗或被抢，根据保险条款，由保险公司在保险金额范围内按照出险时车辆的实际价值进行赔偿。盗抢案件查勘注意事项如下：

1）接到调度后，调查人员应立即赶赴第一现场查勘，对当事人进行询问并做好询问笔录，进行现场拍照并检查现场有无盗抢痕迹，有无遗留作案工具。注意调查报案人所言有无自相矛盾之处，如停车场周围环境、当时的天气等有无可疑之处。

2）走访、调查现场有关人员，调查车辆停放、保管、被盗抢的情况，做好询问笔录。应特别注意了解车辆被盗前的使用及停放情况。对车辆在停车场被盗的，要求取证停车记录及停车场看车人员的有关书面材料，特别注意停车场收费情况，要求被保险人提供停车收费凭证，如该地点有人看管收费，应向保安、管理人员或物业了解情况，要求其出具相关证明并写明收费看管情况（由被保险人协助办理），了解车辆丢失后追偿的可能性。

3）如果发现案件中存在某些疑点、牵涉经济纠纷、非法营运等行为，应做进一步调查，向有关的个人或单位负责人了解情况，取得可靠证据，必要时可以通过公安部门进一步了解案件性质。

4）在做询问笔录时应注意的几点

① 当事驾驶人与被保险人关系；车辆为何由当事驾驶人使用。

② 保险车辆丢失或被抢的详细经过，对案件发生有何线索可向公安机关或保险公司提供。

③ 是否存在营运行为或经济纠纷以及这两种情况是否与此车被盗（抢）有直接联系。

④ 该车手续是否齐全。

⑤ 丢车地点是否有人看管收费，有无收费票据。
⑥ 车况如何，是否进行过修理。
5）对被保险人的财务状况进行调查，防止被保险人因财务状况恶化进行保险诈骗。
6）调查车匙及修车情况。调查被盗车辆近期维修情况、被盗车辆的钥匙配备情况，对钥匙进行鉴定，判断是否曾经配过。
7）调查车辆购置情况。调查被盗抢车辆的购置、入户上牌及过户等情况，如被盗抢车辆发生转让，应请被保险人及时提供有关转让证明。
8）了解车辆档案。到公安车辆管理部门，核实档案记载的车牌号、车型、生产及上牌时间、车架及发动机号码等资料，核对被盗抢车辆是否已经挂失、封存档案。
9）调查报警情况。走访接报案公安部门的值勤民警，了解、记录接报案的详细情况。
10）调查案件侦破情况：调查人员应经常与公安机关刑侦部门联系，积极协助破案。在保险车辆被盗抢三个月后，应及时了解被盗抢车辆的侦破情况。
11）调查取证过程中发现下列疑点，应深入细致地重点调查取证：
① 盗抢发生在一个不寻常的地方。
② 行驶证上车主与被保险人、使用人不一致。
③ 单位车辆按私人投保或私人车辆按单位投保。
④ 环境、时间似乎没有发生盗抢的可能。
⑤ 与起保日期或保险终止日期相近，投保金额异常高。
⑥ 报称车辆所有证件一起被盗抢。
⑦ 交上来的车钥匙有配过痕迹或钥匙不齐。
⑧ 当事人反对某种调查。
⑨ 当事人行动反常，表现特别冷淡。
⑩ 当事人的叙述与已知的事实不相符，或证词相互矛盾。
12）根据现场查勘及案件调查情况和车辆实际使用年限，计算保险标的现有实际价值，及时在网上车险理赔系统内查勘和立案，将调查取证资料及时上传。
13）如果发现有以上任何可疑问题，应立即上报调查员。

★ 本章小结 ★

1. 现场查勘工作的性质就是调查取证，是对保险事故进行定性、定责、定损。

2. 现场查勘的主要工作程序有：查看保单信息和历史出险记录、填写相关信息、检查证件及相关证明、照片拍摄、主车查勘。

3. 现场查勘的主要工作内容有：查明真实的出险时间和地点、查明真实的出险原因和经过、查明被保险的机动车辆在事故中的责任、查明被保险车辆的使用性质、查明被保险人对保险车辆有无保险利益、查明出险驾驶人（当事人）与被保险人的关系、查明出险车辆的现场情况及受损部位、查明第三者财产损失情况。

4. 车辆检验照相主要有：拍摄车辆号牌和车型、车辆外部损伤拍照、车辆解剖拍照、零件损伤情况拍照。

5. 现场查勘的控制目标是：快速查勘、准确掌握事故起因，列明损失项目、估损金额。

6. 查勘报告是查勘人员在对整个保险事故进行调查后，做出的一个具有较强专业性的事故情况报告。查勘报告的基本要求是真实性、专业性和规范性。

7. 查勘报告应包括保险的基本情况、事故发生和处理的经过、损失情况、修理方案及修复情况、保险责任的认定、有关追偿问题等几个方面的基本内容。

8. 对车辆本身的损伤情况进行初步鉴定是事故查勘的重要任务之一，估损时可能要借助一些专用工具和仪器，并且要遵循规范的检查顺序。对于损坏比较严重的汽车，损伤鉴定工作可能非常复杂。

9. 估损人员在估损时常用的工具有：记录信息的工具（铅笔和笔记本）、查询配件信息的手册和软件、必要的测量工具（钢卷尺和量规）、举升设备、常用的手动工具（扳手、螺钉旋具和钳子等）。

10. 区位检查法最早是由美国汽车厂和汽车碰撞维修国际工业委员会（I-CAR）共同创立的。该方法按碰撞损坏规律把汽车分为五个区位：一区（直接受到碰撞的部位，也就是直接损伤部位）、二区（间接损伤的其他车身部位）、三区（机械零部件，包括受损的动力传动系统和附件等机械件）、四区（乘员舱，包括乘员舱内受损的内饰、灯、附件、控制装置和漆面等零部件）、五区（车身外部件和装饰件）。

11. 当前常用三种仪器来精确测量车辆的损坏情况：悬挂式测量仪、机械测量系统和计算机测量系统。

12. 现在很多车辆都装备了车载自诊断系统（OBD），电控系统的故障可能导致控制电脑存储故障码。用解码器读取这些故障码，从维修手册中查到相关说明，即可发现某个系统或部位存在的故障。

习 题

1. 在用测量仪检查车辆是否存在歪曲变形时，至少要悬挂（ ）个量尺。
（A）1　　　　　　　　　　　（B）2
（C）3　　　　　　　　　　　（D）4

2. 甲说：通过检查驾驶室底部的对角线长度可以确认皮卡车是否存在菱形变形；乙说：对于承载式车身，一般不需要检查是否有菱形变形。（ ）正确。
（A）只有甲正确　　　　　　（B）只有乙正确
（C）两人都正确　　　　　　（D）两人都不正确

3. 甲说：可以用钢卷尺测量发动机舱内的对角线尺寸；乙说：可以用量规测量发动机舱内的对角线尺寸。（ ）正确。
（A）只有甲正确　　　　　　（B）只有乙正确
（C）两人都正确　　　　　　（D）两人都不正确

4. 甲说：对于直径相同的两个孔，测量同一侧边缘的距离等于其中心距；乙说：对于直径不同的两个孔，测量同一侧边缘的距离等于其中心距。（ ）正确。
（A）只有甲正确　　　　　　（B）只有乙正确
（C）两人都正确　　　　　　（D）两人都不正确

5. 在进行事故车的损伤查勘时，机械件的损伤属于（ ）区的检查项目。

(A) 一 　　　　　　　　(B) 二
(C) 三 　　　　　　　　(D) 四

6. 在对车辆事故现场进行查勘时，应当检查驾驶人的驾驶证，主要检查（　　）。
(A) 是否在有效期内　　　(B) 照片是否与本人相符
(C) 证号是否与身份证一致　(D) 以上全部

7. 在对车辆事故现场进行查勘时，应当核对保单与车辆信息，此项检查一般不包括（　　）。
(A) 核对 VIN　　　　　　(B) 核对发动机号
(C) 核对车牌号　　　　　(D) 核对生产日期

8. 在接到车辆水灾事故报案后，如水位很高，车辆浸泡时间较长，估损人员正确的处置措施是（　　）。
(A) 尽快点火起动车辆，远离水域
(B) 尽快拍摄现场照片，然后联系施救厂将车辆拖离水域
(C) 尽快联系施救厂将车辆拖离水域，然后拍照
(D) 尽快排干车辆周围积水，然后拍照和估损

9. 为了确定事故车的悬架系统是否损伤，可以测量（　　）。
(A) 轮胎大小　　　　　　(B) 轮胎外倾角
(C) 汽车保险杠　　　　　(D) 前轮前束

10. 在事故查勘中，需对事故车整车进行拍照，通常以（　　）度的角度进行拍摄最能反映事故车的全貌。
(A) 15　　　　　　　　　(B) 30
(C) 45　　　　　　　　　(D) 60

第 4 章 事故损伤与评定

本章学习目标:

1. 掌握常见的碰撞类型。
2. 掌握碰撞力对车辆变形的影响,重点是承载式车身。
3. 了解机动车定损的基本概念、定损流程、人身伤亡费用的确定、其他财产损失的确定、施救费用的确定等和机动车定损相关的问题。
4. 掌握工时定额和费率的来源及计算方法,掌握零配件的种类及价格的来源。
5. 掌握车身板件的定损方法。
6. 掌握机械和电气部件的定损方法。
7. 掌握车辆全损的确定和残值的处理方法。
8. 掌握定损报告的制作方法。

本章将介绍常见的事故类型以及碰撞事故对各种车身结构可能造成的损坏情况。车辆事故千奇百怪,事故车的损坏情况也千差万别。车身结构不同的车辆在同类事故中受到的损坏也可能大不相同。要想对事故车做出精确定损,定损人员必须了解不同车辆结构在各种事故中的损伤类型。比如在比较严重的事故中,车身或车架通常会发生歪曲、褶皱、扭曲等变形。

定损时,需要了解机动车定损的基本概念、定损流程。确定哪些零件需要更换,哪些需要维修,掌握工时定额和费率的来源及计算方法,掌握汽车零配件种类及价格。掌握汽车机械和电气部件的定损方法,了解钣金、喷漆、拆装工时费的核定方法。

4.1 常见碰撞类型

汽车碰撞事故是指汽车与汽车或汽车与物体之间发生相互碰撞,从而造成车辆损坏、被撞物损坏甚至人员伤亡等各种损失。按照碰撞方向和事故所导致的后果,**可将车辆碰撞事故**

分为正面碰撞、侧面碰撞、尾部碰撞和翻车等几种类型。下面我们以乘用车为例说明常见的几种事故及其损坏情况。

1. 两车正面碰撞

两车正面碰撞如图4-1所示，A、B两车前部受损，可能会伤及保险杠面罩及保险杠、格栅、两侧前照灯、空调电磁扇、空调冷凝器、发动机散热器及其支架等；严重时损坏部位会扩大至发动机舱盖、翼子板、纵梁、前悬架机构，甚至导致气囊打开。在出现此类碰撞时，驾驶人会潜意识地规避风险，汽车正面碰撞的概率很小，往往会倾斜一定的角度。

图 4-1　两车正面碰撞

2. 两车正面一侧碰撞

两车正面一侧碰撞如图4-2所示，A、B两车前部的一侧受损，可能会伤及保险杠面罩及保险杠、格栅、一侧前照灯、一侧翼子板；严重时损坏部位会扩大到空调冷凝器、发动机散热器及其支架、发动机舱盖、一侧纵梁、一侧悬架机构，甚至导致一侧气囊打开。

图 4-2　两车正面一侧碰撞

3. 两车正面一侧刮碰

两车正面一侧刮碰如图4-3所示，A、B两车均为正面一侧面受损，可能会导致一侧的

图 4-3　两车正面一侧刮碰

后视镜、前后门、前后翼子板刮伤；严重时前风窗玻璃破碎和框架变形，一侧包角、前门立柱、前照灯等损坏。

4. 斜角侧面碰撞发动机舱位置

斜角侧面碰撞发动机舱位置如图4-4所示，A车为侧面碰撞受损，B车为前部碰撞受损。A车一侧前翼子板、前悬架机构、侧面转向灯等损坏；严重时一侧前翼子板报废，发动机舱盖翘曲变形、前门立柱变形、发动机移位等。B车前保险杠面罩及转角部、前翼子板、一侧前照灯等损坏；严重时一侧翼子板将严重损坏，并会导致一侧前悬架、轮胎、空调冷凝器、干燥器、高压管、发动机散热器及其支架等部件受损，甚至导致气囊打开、发动机舱盖变形。

图4-4 斜角侧面碰撞发动机舱位置

5. 两车斜角侧面碰撞前门位置

两车斜角侧面碰撞前门位置如图4-5所示，A车为侧面碰撞受损，B车为前部碰撞受损。A车前门、前柱、中柱、后门轻微变形，门窗玻璃破损；严重时损坏部位会扩大至仪表板、门槛板、车顶板、一侧翼子板和一侧前悬架机构。B车前保险杠面罩及转角部、前翼子板、一侧前照灯等损坏；严重时损坏范围会扩大至空调冷凝器、干燥器、发动机散热器及其支架、高压管、发动机舱盖等部件，甚至导致气囊打开。

图4-5 两车斜角侧面碰撞前门位置

6. 两车斜角侧面碰撞后门位置

两车斜角侧面碰撞后门位置如图4-6所示，A车为侧面碰撞受损，B车为前部碰撞受损。A车后门、中柱变形，门窗玻璃破损；严重时前后门不能开启，后侧围变形，前后门框、门槛板变形等。B车前保险杠面罩及转角部、前翼子板、一侧前照灯等损坏；严重时损坏范围会扩大至一侧前悬架、一侧翼子板、空调冷凝器、干燥器、高压管、发动机散热器及其支架、发动机舱盖等部件，甚至导致气囊打开。

图 4-6　两车斜角侧面碰撞后门位置

7. 两车斜角侧面碰撞行李舱位置

两车斜角侧面碰撞行李舱位置如图 4-7 所示，A 车为侧面碰撞受损，B 车为前部碰撞受损。A 车后侧围变形，严重时后侧围板严重损坏，后门框、后窗框、后柱、后轮及后悬架等部件受损，行李舱盖变形等。B 车前保险杠面罩及转角部、前翼子板、一侧前照灯等损坏，严重时一侧前悬架和一侧翼子板严重损坏，空调冷凝器、干燥器、高压管、发动机散热器及其支架、发动机舱盖等部件受损，甚至导致气囊打开。

图 4-7　两车斜角侧面碰撞行李舱位置

8. 两车垂直角度碰撞

两车垂直角度碰撞如图 4-8 所示，A 车是侧面受损，B 车是正面受损。A 车中柱呈凹陷变形，前后车门框及门槛板变形，前后车门翘曲变形；严重时会导致车底板、车顶板甚至车身整体变形，轴距缩短、门窗玻璃破碎等。B 车保险杠面罩及保险杠、格栅、两侧前照灯损坏等；严重时损坏范围会扩大至发动机散热器及其支架、空调冷凝器、高压管、发动机舱盖、翼子板、纵梁等，甚至导致发动机后移，气囊打开。

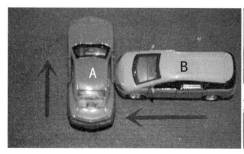 

图 4-8　两车垂直角度碰撞

9. 两车正面追尾碰撞

两车正面追尾碰撞如图4-9所示，A车为后部碰撞受损，B车为前部碰撞受损。A车后保险杠面罩及保险杠、后车身板、行李舱盖等变形，两侧尾灯损坏；严重时会导致两侧围板变形、行李舱底板变形、后悬架机构位置变形等。B车保险杠面罩及保险杠、格栅、两侧前照灯损坏等；严重时会导致发动机散热器及其支架、空调冷凝器和相关部件损坏，发动机舱盖、翼子板变形，发动机后移，纵梁损坏等。

图4-9　两车正面追尾碰撞

10. 两车正面一侧追尾碰撞

两车正面一侧追尾碰撞如图4-10所示，A车是尾部一侧受损，B车是前部一侧受损。A车尾部一侧保险杠面罩及保险杠、一侧尾灯、侧围板变形；严重时损坏范围会扩大至行李舱盖、行李舱底板等。B车保险杠面罩及保险杠、格栅、一侧前照灯、翼子板损坏；严重时会导致散热器及其支架、空调冷凝器、发动机舱盖、一侧翼子板和悬架损坏，甚至一侧气囊打开。

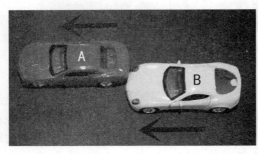 

图4-10　两车正面一侧追尾碰撞

11. 汽车正面与面积较大的物体碰撞

汽车正面与面积较大的物体碰撞如图4-11所示，碰撞面积较大，损坏程度相对小一些。保险杠面罩及保险杠、格栅、两侧翼子板轻微变形；严重时两侧翼子板会严重变形，前照灯、空调冷凝器、发动机散热器及其支架、发动机舱盖甚至车门、风窗玻璃、纵梁会损坏，气囊会打开。

12. 汽车正面与面积较小的物体碰撞

汽车正面与面积较小的物体碰撞如图4-12所示，碰撞面积较小，损坏程度相对大一些。保险杠面罩及保险杠、格栅、空调冷凝器、发动机散热器及其支架、发动机舱盖损坏；严重时两侧翼子板严重变形，前悬架（甚至扩大到后悬架）受损。

第4章　事故损伤与评定

图 4-11　汽车正面与面积较大的物体碰撞

图 4-12　汽车正面与面积较小的物体碰撞

13. 翻车

翻车事故如图 4-13 所示,当汽车翻车的时候,汽车顶部全面触地、车身整体变形,局部严重损坏。汽车顶板横梁、纵梁变形,顶板塌陷,车身前柱、中柱、后柱均变形,汽车在翻转过程中,车身侧面损坏;严重时车门、翼子板、后侧围板破损变形。

图 4-13　翻车

总之,车辆在不同的事故中受到的损伤是不一样的。因此,了解车辆事故类型对事故查勘和车辆定损具有重要意义。在实际工作中几乎看不到两起一模一样的车辆事故,碰撞事故可能还有许多其他的形式和组合,如车辆在一次事故中发生多次碰撞,或者多车连环相撞等。定损员要想作出精确的定损,关键是要搞清楚事故的前因后果,尽量获取更多的事故现场信息和车辆信息,必要时要借助科学的测量手段。

4.2 碰撞损坏分析

4.2.1 碰撞力对车辆变形的影响

在事故中，车辆的直接损坏是由碰撞力引起的。碰撞力的大小和方向不同，对事故车造成的损坏也不同。

碰撞力越大，对车辆的损坏就越大，这是不言而喻的。车辆与被撞物体的相对速度越大、被撞物的刚度越大、接触面积越小，产生的碰撞力就越大，对事故车造成的损坏就越大。

另外，碰撞力的方向对事故车的损坏程度也有很大的影响。在实际事故中，因为驾驶人在碰撞前的本能反应是躲让碰撞物和紧急制动，所以碰撞力的方向一般不会与车身的 X 轴（横向）或 Y 轴（纵向）和 Z 轴（竖向）平行，而是有一个偏角。但是，为了分析碰撞力对车辆变形的影响，我们可以将碰撞力沿着 X 轴、Y 轴和 Z 轴三个方向分解成三个分力，如图4-14所示。X 轴方向的分力使车辆横向产生挤压和弯曲变形，Y 轴方向的分力使车辆纵向产生挤压变形，Z 轴方向的分力使车辆产生向上或向下的拱曲或凹陷变形。各个方向的损坏情况取决于分力大小，而分力的大小与碰撞力的大小和作用方向有关。

碰撞力除了对车辆部件产生直接损坏之外，还对车辆产生扭转力矩，如图4-15所示。这个力矩的大小与碰撞力的大小成正比，也与碰撞力作用线距离车辆质心的距离成正比。如果碰撞力刚好穿过质心，那么力矩就为0，也就是不会使车辆产生旋转倾向，碰撞力完全由车辆吸收，这会对车辆零部件产生较大的损坏。如果碰撞力不是刚好穿过质心，就会使车辆产生旋转，旋转角度的大小取决于力矩的大小。这就是为什么在实际事故中经常能够看到被撞车辆明显产生偏转甚至掉头现象。但在这种情况下，一部分碰撞力用于推动车辆转动，减小了车辆本身的受力，可能会减轻车辆的损坏程度。但是在车辆旋转过程中，往往容易造成二次碰撞而导致更大的破坏。

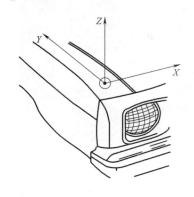

图4-14 碰撞力可分解为三个相互垂直的分力

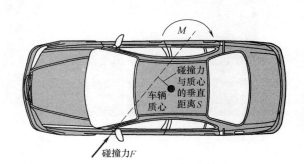

力矩 $M = FS$

图4-15 碰撞力产生的扭转力矩

驾驶人向一侧急转方向，力图避免碰撞，这样往往会使碰撞力作用在车辆的侧面，使车辆产生侧弯变形，如图4-16所示。驾驶人在碰撞之前的第一反应也可能是紧急制动，这种紧急制动可能会使车辆产生滑动，留下胎痕，这是事故查勘中的重要线索之一。在惯性作用下，车辆前端会下冲，后部会翘起。这样往往会造成车辆前端的上部接触碰撞物，导致前部下垂，同时还会造成车颈板、车顶板后错，后部翘起变形，如图4-17所示。

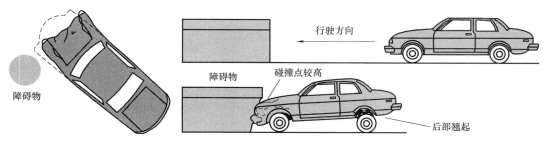

图4-16　驾驶人急转方向导致的侧弯变形

图4-17　驾驶人紧急制动导致的前部下垂和后部翘起变形

4.2.2　承载式车身的变形倾向

除了碰撞力和碰撞部位等外在因素外，车身结构是影响车辆损坏情况的重要内在因素。不同的车辆结构对碰撞力的吸收和传递方式有很大的差别，因此在类似的事故中损坏情况也可能大不相同，尤其对于比较严重的事故。

碰撞对承载式车身造成的损坏可以用"锥体理论"进行解释。承载式车辆在发生碰撞时主要由车身吸收碰撞能量，车身因吸收碰撞能量而发生褶皱、弯曲等多种变形。在较严重的事故中，碰撞力可能会穿过结构件，从而使更大范围的车身构件参与吸收能量，产生变形。碰撞力的这种扩散模式看上去像一个"锥体"，如图4-18所示。碰撞点是这个锥体的顶点，而锥体的中心线就是碰撞力的方向，锥体的高度和张开的幅度表明了碰撞力穿过承载式车身的方向和范围。

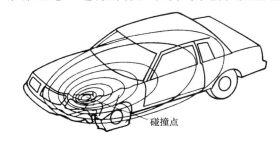

图4-18　碰撞力以"锥体"模式在承载式车身上传播

从以上锥体理论可以看出，承载式车辆在发生碰撞时，碰撞力可能会波及距离碰撞点很远的车身部件上，从而造成二次损坏。通常，二次损坏多发生在车身内部结构件或碰撞点对侧车身上。因此，在对承载式车身进行定损时，不能只看碰撞点周边的损坏，全面查看非常重要。

前面已经介绍过，为了缩小二次损坏的范围，保护乘员室的安全，承载式车身的前部和后部设计了一些变形吸能区，如图4-19所示。前部发生碰撞时，碰撞力主要被前段车身和前部吸能区吸收；后部发生碰撞时，碰撞力主要被后段车身和后部吸能区吸收；侧面发生碰撞时，碰撞力主要由门槛板、车顶侧梁、中立柱和车门吸收。

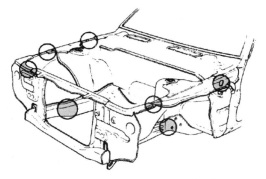

图4-19　承载式车身前段的碰撞吸能区

1. 车身前部变形倾向

车身前部损坏通常是由于车辆正向行驶时与另一辆汽车或物体发生正面碰撞造成的。碰撞力的大小取决于车辆的质量、速度、接触面积和被撞物的情况。如果是轻微碰撞，前保险杠会受到向后挤压，可能会使前纵梁、保险杠托架或支架、前翼子板、散热器及其支架、发动机舱盖锁支架产生弯曲变形，如图4-20所示。如果是比较严重的碰撞，将会使前翼子板向后挤压前车门，发动机舱盖铰链向上翘起，前纵梁也可能会产生皱褶，并挤压前悬架横梁，导致横梁弯曲；甚至可能会使前翼子板裙板和车身前柱（尤其是前车门上部铰链安装部位）弯曲，这将导致前车门下垂，如图4-21所示。另外，前悬架摆臂也可能会弯曲，减振器可能会损坏，前围板和前地板也可能受损，发动机支承点错位，空调通风装置受损，前风窗玻璃破碎，车轮定位参数遭到破坏，如图4-22所示。

图4-20　较轻微的正面碰撞导致发动机舱盖和发动机舱内的损伤情况

图4-21　较严重的正面碰撞导致车身前部的损伤情况

图4-22　严重的正面碰撞导致车身一侧和悬架部件受损

如果车辆的前部以某个角度发生碰撞，前纵梁的连接点就成为一个转动轴，从而在水平和垂直方向都产生弯曲。由于左、右前纵梁是通过横梁连在一起的，所以碰撞力会通过横梁传递到另一侧前纵梁，致使其产生变形。在定损时，侧纵梁的变形往往容易被忽略。

2. 车身后部变形倾向

当车辆在倒车时发生碰撞或发生追尾事故时，会造成车身后部的变形，其变形规律和变形倾向与车身前部大致相同。只是由于车身后部刚度相对较弱，在相同的撞击力下，后部变形相对大一些。但后部没有动力总成、空调系统等重要部件，损失相对小一些。

如果是轻微的后部碰撞，可能会引起后保险杠、后面板、行李舱盖和行李舱底板、后侧围板产生变形，如图 4-23 所示。如果是比较严重的碰撞，可能会将后侧围板挤压到车顶板的底部，甚至会造成车身中柱弯曲。大部分冲击能量通过这些部件以及后纵梁的变形而被吸收，如图 4-24 所示。**需要特别注意的是，现代乘用车的燃油箱大多位于后排座椅下面，在发生较严重的追尾事故时，可能会使燃油箱产生裂纹而造成汽油泄漏。**汽油极易燃烧，碰撞火星或静电火花都有可能造成严重的火灾，因此在查勘汽油泄漏的事故时一定要小心。

图 4-23　轻微的后部碰撞导致保险杠和行李舱盖的轻微变形

图 4-24　较严重的后部碰撞导致行李舱盖和后侧围板变形

3. 车身侧面变形倾向

承载式车身侧面在抵抗碰撞方面能力相对比较薄弱。一旦侧面被撞，可能会导致车门、门槛板、中柱、前翼子板以及后侧围板变形，甚至会导致地板变形。如果是前翼子板部位遭到侧面碰撞，前轮往往会向内挤压，从而影响到前悬架横梁和前纵梁。如果碰撞比较严重，悬架系统的零部件可能会损坏，前轮定位参数遭到破坏，轴距发生变化，甚至会使转向器被撞坏。如果车辆的前翼子板或后侧围板部位遭到较大的垂直碰撞，冲击波会传递到车辆的另一侧，从而造成对面板件的变形，如图 4-25 所示。如果是车辆中间部位遭到侧面碰撞，那么主要是车门总成、门槛板、门柱、车身底板受损，严重时冲击波可能会使对面车门部位产生变形，如图 4-26 所示。

图 4-25　前翼子板部位受到侧面碰撞导致的变形情况

4. 车身顶部变形倾向

车身顶部在事故中受损的概率比其他部位相对低一些。在车辆前部、后部或侧面碰撞中，只有当事故比较严重时，碰撞力才可能会传递到车身顶部，造成顶部梁和面板受损。此外，在翻车事故中，车身顶板可能会受到损失，如图 4-27 所示。还有一种不太常见的事故是由高处掉下的物体直接砸在车顶板上，造成顶板凹陷。

 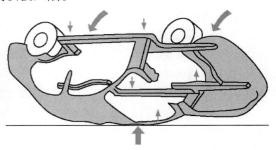

图 4-26　车身中部受到侧面碰撞导致的变形情况　　图 4-27　翻车事故造成的车身顶部损伤情况

5. 承载式车身碰撞变形顺序

承载式车身在发生前部或后部碰撞时，碰撞力将从碰撞点开始，沿着车身构件向外传播，从而造成更大面积的损坏。一般来说，车身发生变形的顺序如下：

（1）弯曲变形　在碰撞发生后的一瞬间，碰撞力达到最大，它首先会对构件产生挤压作用，使构件中部产生弯曲变形。但由于金属构件具有弹性，所以在碰撞力消失后可能会部分或全部恢复原状。查勘事故时，如果发现测量的高度值超出允许范围，通常表示产生了弯曲变形。

（2）褶皱变形　随着碰撞的进一步延续，碰撞点处会出现明显的褶皱，从而进一步吸收碰撞能量，以保护乘客舱的安全。由于碰撞力沿着车身传递，导致远离碰撞点的部位也可能发生褶皱、撕裂或拉松。查勘事故时，如果发现测量的长度值超出允许范围，通常表示发生了褶皱变形。

（3）扩宽变形　对于设计良好的承载式车身结构，乘客舱在事故中的变形量会很小，即使产生变形，也是使乘客舱的构件向外凸起，而不是侵入舱内，以保护乘员安全。这就是所谓的扩宽变形。查勘事故时，如果发现测量的宽度值超出允许范围，通常表示发生了扩宽变形。

（4）扭曲变形　如前面所述，碰撞点通常不是在车辆正中，碰撞力产生的力矩会使车身产生扭曲变形。即使碰撞发生在车辆正中，二次碰撞也可能会使车身产生扭曲变形。扭曲变形通常是最后发生的一种变形形式。查勘事故时，如果发现测量的高度和宽度值都不在允许范围内，通常表示发生了扭曲变形。

虽然承载式车身与车架式车身在碰撞事故中的损坏形式很相似，但是承载式车身的损坏往往更复杂。另外，承载式车身在严重碰撞中通常不会产生菱形损坏。

无论是哪种车身结构，事故车的车身修复顺序都遵循"后进先出"的规则，也就是说，后产生的损坏（间接损坏）先修复。

4.2.3　车架式车身的变形倾向

对于车架式（非承载式或半承载式）车身来说，车架与骨架是整车的基础，也是直接承受和传递碰撞力的主要构件。为了减小损伤，车架上也设计了一些比较薄弱的部位，用于在碰撞中吸收能量，如图 4-28 所示。车身通过螺栓安装在车架上，车身与车架之间设有橡胶垫，严重的碰撞可能会导致这些联接螺栓和橡胶垫的损坏，从而使车身与车架之间产生明显的裂缝。

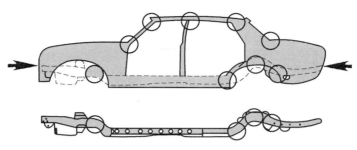

图 4-28　车架式车身上的吸能区

当车架式车辆发生碰撞时，其车身板件的损坏形式与承载式车辆基本类似。所不同的是，其车架作为承载件，可能会在严重的碰撞或倾翻事故中发生比较明显的变形，从而严重影响整车的操纵性能。车架最常见的损坏形式有歪曲、凹陷、皱褶、菱形变形和扭曲等，这几种损伤往往会在事故车上同时存在，在进行损伤鉴定时应仔细检查，逐一确认。

1）歪曲是指车架的前部或后部向一侧弯曲，如图 4-29 所示。通常在侧面碰撞中出现。一般通过查看车架纵梁的一侧是否向内或向外弯曲即可确定车架是否产生了歪曲变形。在事故查勘中，如果发现车门的长边缝隙变大而短边出现皱褶，或者发动机舱盖或行李舱盖的边缝变大或变小，就应当注意进一步查看车架是否产生了歪曲变形。

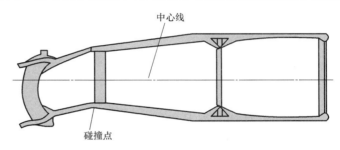

图 4-29　车架的歪曲变形

2）凹陷是指车架的某一处的离地高度低于正常值，即向下凹陷，如图 4-30 所示。车架的凹陷变形常见于车架的前部和后部，有时是一侧凹陷，有时是两侧凹陷。在事故查勘中，如果发现翼子板和车门之间的缝隙是顶部变小、底部变大，或者车门下垂，就应当注意进一步查看车架是否发生了凹陷变形。

3）挤压是指车架纵梁或横梁长度比正常值缩短，一般伴随着褶皱变形，如图 4-31 所示。车颈板前部和后风窗玻璃后部区域在前、后正碰中比较容易出现挤压变形。在事故查勘中，如果发现发动机舱盖、翼子板或车架纵梁有褶皱变形，轮罩上部的车架被抬高，就应当注意进一步查看车架是否发生挤压变形。

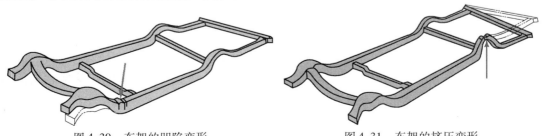

图 4-30　车架的凹陷变形　　　　　　图 4-31　车架的挤压变形

4) 菱形变形是指车辆的左右两侧发生前后错位,使车架和车身从矩形形状变成平行四边形形状,如图 4-32 所示,通常在车辆的一角发生剧烈碰撞时出现。菱形损坏使整个车架都发生了移位变形,对车辆的操纵性能影响很大。查勘事故时,如果发现发动机舱盖或行李舱盖的边缝不齐,乘员室或行李舱地板出现皱褶,就应当注意进一步查看车架是否发生了菱形损坏。

5) 扭曲是指车辆在对角线方向上产生变形,即对角线上的一个角高出正常值,另一个角低于正常值,如图 4-33 所示。通常在后部边角碰撞或翻滚事故中出现,如果车辆经常高速通过减速带或马路路肩,也可能会导致车架产生扭曲变形。查勘事故时,如果发现车辆的一角下垂,就应当**进一步查看车架是否产生了扭曲变形**。

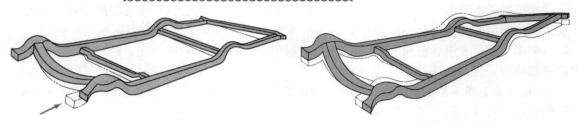

图 4-32　车架的菱形变形　　　　　　　图 4-33　车架的扭曲变形

与承载式车身一样,很多事故中车架也会出现多种变形。除了直接碰撞导致的变形外,车架还可能会因惯性力作用产生二次变形。例如,在剧烈的碰撞中,发动机可能会因惯性作用前后移动,这样会导致发动机支座(支撑发动机的横梁)产生变形损坏。在损伤鉴定中,通过比较车身门槛板与前后车架之间的间隙情况,或者比较前翼子板与轮毂前后部的间隙情况,可以初步判断车架有无变形。

车架损伤形式和损伤程度因碰撞力的大小、方向以及碰撞位置的不同而不同。因此,在事故查勘中应当收集尽可能多的信息,由此推断出事故发生的过程,这对于判断车架损伤情况十分重要。当然,最精确的损伤鉴定方法是科学的测量,例如根据主机厂车身修复手册测量关键的定位孔之间的距离,可以判断车架的变形情况。

4.3　车辆损伤形式

根据前面的介绍,车身板件和结构件在事故中的主要损伤形式是变形,如弯曲、凹陷、褶皱、菱形等各种变形形式,这些直接或间接碰撞造成的损伤应当属于事故理赔范围。而一般的腐蚀、锈蚀等非事故原因造成的损伤则不在事故保险理赔范围内。车身内饰件及其附件,如座椅、仪表板等主要是由惯性力或二次碰撞造成的损伤,其损伤原因也比较容易判别。车辆的其他系统和部件,如发动机、变速器、传动系统、悬架、制动系统、转向系统等部件的损坏原因则相对复杂一些,它们可能是在事故中损坏的,也可能是因为正常磨损或不当使用造成的,在定损时应当仔细辨别损坏原因,确认其修复费用是否属于保险理赔范围。为此,下面简要介绍车辆其他系统和部件的损伤鉴定知识。

4.3.1　发动机的损伤情况

车辆发生碰撞、倾翻等交通事故时,车身因直接承受撞击力而造成不同程度的损伤,同时由于波及、诱发和惯性的作用，发动机和底盘各总成也存在着受损伤的可能。但由于结构的原因，发动机和底盘各总成的损伤往往不直观，因此，在车辆定损查勘过程中，应根据撞击力的传播趋势认真检查发动机和底盘各总成的损伤。

在一般的轻度碰撞事故中，发动机本体基本不会受到损伤，顶多是车辆前端的散热器及其支架可能受到影响。但在比较严重的碰撞事故中，车身前部变形较严重时，发动机的一些辅助装置及覆盖件会受到波及和诱发的影响而损坏，如空气滤清器总成、散热风扇、发动机正时盖罩、油底壳等，发动机支座也可能产生变形或移位。对于乘用车来说，发动机舱内部都布置得十分紧凑，在碰撞事故中产生的关联损伤可能更大，例如，蓄电池、发电机和起动机、空调压缩机、转向助力泵、带轮及传动带、风窗清洗装置等总成、管路和支架可能受到损伤。更严重的碰撞事故会波及发动机的气缸盖、进/排气歧管、凸轮轴、曲轴等零部件，致使发动机缸体的薄弱部位破裂，甚至致使发动机报废。

在对发动机损伤进行检查时，应**详细检查有关支架以及发动机缸体部位有无损伤**，因为这些部位的损伤不易发现。发动机的辅助装置和覆盖件损坏，可以直接观察到，可以采用就车拆卸、更换或修复的方法。若发动机支承、正时盖罩和基础部分损坏，则需要将发动机拆下进行维修。当怀疑发动机内部零件有损伤或缸体有破裂损伤时，需要对发动机进行解体检验和维修。必要时应进行零件隐伤探查，但应正确区分零件形成隐伤的原因。在事故中容易受到损伤的发动机部件如图4-34所示。

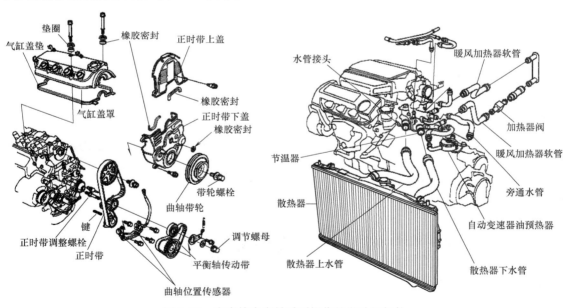

图4-34 在事故中容易受到损伤的发动机部件

4.3.2 悬架的损伤情况

悬架是车架（或承载式车身）与车桥（或车轮）之间的连接和传力装置，其主要构件有减振器、上控制臂、下控制臂、弹簧等，如图4-35所示。它使车轮可以随着路面的起伏而上下运动，但传递到车身上的振动却很小。悬架机构的正确固定确保了车轮的正确定位参数，维持车辆正常的操纵性能。因此，悬架机构一旦在碰撞中受到损伤，往往会导致车辆产生跑偏、摆动等症状。

由于悬架直接连接着车架（或承载式车身）与车桥（或车轮），其受力情况十分复杂，而且其安装位置也决定了它在碰撞事故中很容易受损。碰撞时，悬架系统由于受车身或车架传导的撞击力，悬架弹簧、减振器、悬架上支臂、悬架下支臂、横向稳定器、纵向稳定杆以及球头等零部件会都受到不同程度的变形和损伤。对于承载式车身，翼子板裙板作为悬架的上支座也可能产生变形，影响悬架的定位参数。悬架系统部件的变形和损伤往往不易直接观察到，在对其进行损伤鉴定时，应借助必要的测量仪器及检验设备。这些元件的损伤一般不宜采用修复方法修理，应换新件，车辆定损时应引起注意。

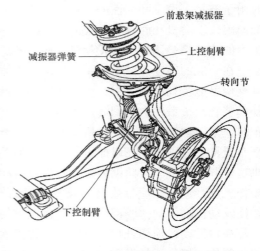

图 4-35 悬架系统的主要零部件

▶ 4.3.3 转向系统的损伤情况

转向系统通过转向器和连杆机构将转向盘的旋转力传递给转向车轮（一般是前轮），使转向车轮产生转动。转向系统的核心部件是转向器，其他重要部件有转向盘、转向柱、转向横拉杆、转向轴等，如图 4-36 所示。转向系统的技术状况直接影响着行车安全，而且由于转向系统的部件都布置在车身前部，在前部碰撞中可能会受到损伤。在较轻的碰撞事故中，撞击力一般不会波及转向系统的零部件；但当发生较严重的碰撞事故时，碰撞力可能会传递到转向系统零部件上，造成转向传动机构和转向器的损伤。值得一提的是，转向管柱都是可溃缩式的，在严重碰撞事故中，转向管柱可能因发生溃缩而需要更换。

转向系统容易受损伤的部件有转向横拉杆、转向梯形机构、转向助力储油罐、转向助力油管、转向柱、转向器、转向节等。

转向系统部件的损伤不太

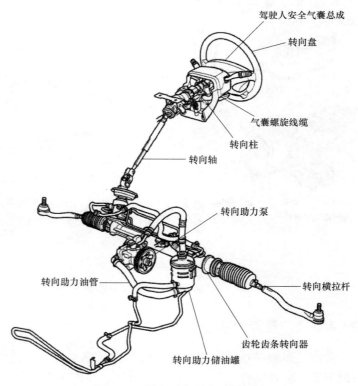

图 4-36 转向系统的主要零部件

容易直接查看到，因此在进行车辆定损鉴定时，应配合拆检进行，必要时进行探伤检验。

4.3.4 制动系统的损伤情况

制动系统通过制动蹄与制动鼓（鼓式制动器）的摩擦或者制动钳与制动盘的摩擦（盘式制动器）降低车速。驾驶人脚踩制动踏板的力通过制动主缸传递给制动管路中的制动液，再通过制动液传递到各个车轮的制动轮缸，轮缸利用液压推动制动蹄或制动钳，产生制动力。制动系统的主要零部件有制动主缸、制动助力器、制动管路和软管、制动轮缸、制动钳或制动蹄、制动盘或制动鼓等，如图 4-37 所示。现在的很多车辆上都装有防抱死制动系统（ABS），ABS 电控单元根据轮速传感器信号判断车轮是否即将达到抱死状态，通过液压调节器控制制动液压，从而使车轮在制动中不至于抱死，提高了制动稳定性和制动效能。

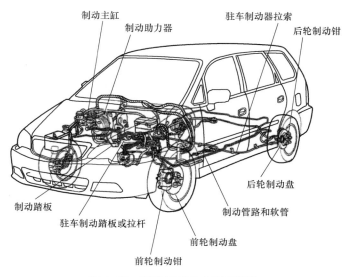

图 4-37　制动系统的主要零部件

制动性能的降低会导致交通事故，造成车辆损失。而车辆发生碰撞事故时，也可能会造成制动系统部件的损坏。

对于普通制动系统，在碰撞事故中，经常会造成车轮制动器的元器件及制动管路损坏。这些元器件的损伤程度需要进一步的拆解检验。对于装用 ABS 的车辆，在进行车辆损失鉴定时，除了查看制动元器件、ABS 轮速传感器、ABS 液压调节器、ABS 电控单元及相关电路是否有外观损坏之外，还要借助解码器等诊断设备对 ABS 进行电子诊断，查看是否存在故障码。

4.3.5 变速器和离合器的损伤情况

常见变速器有手动变速器、自动变速器（AT）、双离合变速器（DCT）、无级变速器（CVT）几种，虽然结构不同，但都起到降速增扭的作用，主要是采用齿轮传动或带传动的方式传递动力。变速器在低档时可以为车辆提供较大的转矩；在高档时可以提供较高的转速和较好的燃油经济性；在空档时切断发动机的动力传递，为发动机起动和怠速停车提供条件。

手动变速器的主要零部件如图 4-38 所示，自动变速器的主要零部件如图 4-39 所示。

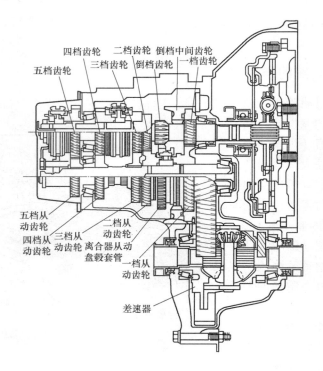

图 4-38　手动变速器的主要零部件

离合器是用来切断和接合发动机与手动变速器之间的动力传递的装置，主要零部件如图 4-40 所示。AT 和 CVT 车辆上没有离合器，取而代之的是液力变矩器，如图 4-41 所示。双离合变速器采用双离合配合实现变速器的自动换档，如图 4-42 所示，也得到越来越多的应用。

对于典型的发动机前置前轮驱动型汽车，变速器（有时称为变速驱动桥）和离合器（或液力变矩器）总成与发动机组装在一起，并作为发动机的一个支承点

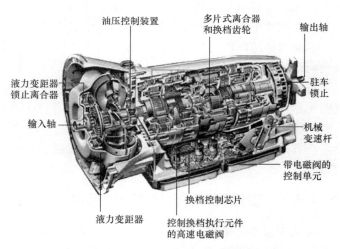

图 4-39　自动变速器的主要零部件

固定于车架（或承载式车身）上，变速器及离合器的操纵机构都布置在车身底板上。因此，当车辆发生严重碰撞事故时，由于碰撞力的传递，可能会造成变速器及离合器的操纵机构受损，变速器支承部位壳体损坏，飞轮壳开裂等。在对这些损伤进行评估鉴定时，有时需要将发动机拆下进行检查。

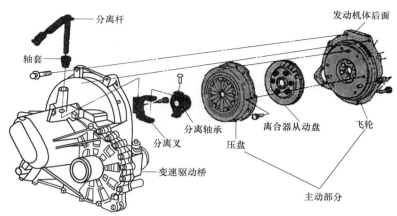

图 4-40 离合器的主要零部件

图 4-41 液力变矩器

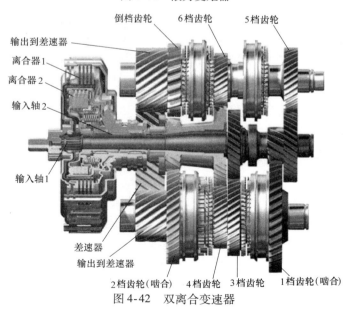

图 4-42 双离合变速器

在实际事故中,车辆上除了车身、发动机、变速器、转向系统、制动系统、悬架等主要总成可能会受到损伤之外,还有很多其他部件也可能受到损伤,比较常见的损伤有车灯损坏、后视镜脱落、轮胎爆裂、风窗玻璃和车窗玻璃破碎、气囊打开、仪表板损坏、座椅错位、内饰件损坏等，如图4-43所示。

图4-43 其他形式损坏

4.3.6 动力蓄电池包的损伤情况

新能源汽车最主要，且价值最高的部件为车辆的动力蓄电池包。由于动力蓄电池包的质量和体积较大，所以动力蓄电池包大多布置于车辆的底盘位置。动力蓄电池包由多个模组组成。动力蓄电池包为车辆提供动力来源。在碰撞事故中，侧面碰撞及尾部碰撞最有可能造成电池包受损。

4.3.7 其他高压部件的损伤情况

随着技术的发展，很多车型上都采用了二合一或多合一的集成方式，将电动机控制器、DC-DC变换器等高压部件集成在一起。

1. 电动机控制器

电动机控制器的功能是根据档位、加速、制动等指令，将动力蓄电池的直流电转化为驱动电动机所需的交流电，来控制车辆的起动运行、进退速度、输出转矩等行驶状态，或者帮助车辆制动，并将部分制动能量存储到动力蓄电池中。

2. DC-DC变换器

DC-DC变换器是一种在直流电路中使电压变化的装置，主要负责将高压直流电转变为低压直流电，供给车载低压用电设备使用。

正面碰撞事故中，很可能造成电动机控制器、DC-DC变换器等高压部件的损伤。

4.3.8 充电口的损伤情况

纯电动汽车通常有两个充电口：快充口、慢充口。一些车辆上，会将两个充电口布置在车辆前端的进气格栅处，还有一些会将充电口分别布置在车身两侧。碰撞事故中，充电口的损伤风险往往较高。

4.4 车辆板件的损伤评定

4.4.1 受损车辆板件修与换的原则

1. 承载式车身结构板件修与换的原则

碰撞受损的承载式车身结构件是更换还是修复，这是汽车定损人员几乎每天都必须面对的问题。美国汽车撞伤修理行业协会经过大量研究，得出关于损伤结构件修复与更换的一个简单的判断原则，即"**弯曲变形就修，折曲变形就换**"。

（1）弯曲变形的特点　零件发生弯曲变形，其特点是：

1）损伤部位与非损伤部位的过渡平滑、连续。

2）通过拉拔矫正可使它恢复到事故前的形状，而不会留下永久的塑性变形。

（2）折曲变形的特点

1）折曲变形剧烈，曲率半径小于3mm，通常在很短的长度上弯曲可达90°，如图4-44所示。

2）矫正后，零件上仍有明显的裂纹或开裂，或者出现永久变形带，不经调温加热处理不能恢复到事故前的形状。

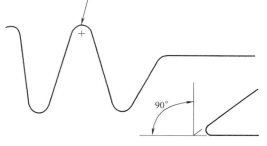

图4-44　折曲变形图例

（3）换与修的原则　"弯曲与折曲"概念是判断承载式车身结构件更换还是修复的重要依据，即使一个大结构件上仅有一些小的折曲变形或有裂纹的也必须更换。

另外，结构板件是否可以更换，一定要严格遵守该车制造厂家的建议。当需要切割或分割板件时，厂方的工艺要求必须遵守，一些制造厂不允许反复分割结构板件。另外一些制造厂规定只有在遵循厂定工艺时，才可以分割。所有制造厂家都强调，不要割断可能降低乘客安全性的区域、降低汽车性能的区域或者影响关键尺寸的地方。然而，目前在我国多数汽车修理企业没有做到完全按制造厂工艺要求更换车身结构件。所以，按照我国目前汽车修理行业的实际情况，如果送修的汽修厂达不到相应的技术条件，可以采用"弯曲变形就修，折曲变形就换"的原则，而不是"必须更换"，从而避免产生更大的车身损伤。另外，高强度钢在任何条件下，都不能用加热法来矫正。

2. 非结构板件修与换的原则

非结构板件又称覆盖钣金件，承载式车身的覆盖钣金件通常包括可拆卸的前翼子板、车门、发动机舱盖、行李舱盖和不可拆卸的后翼子板、车顶等。

（1）可拆卸件

1）前翼子板

① 损伤程度没有达到必须将其从车上拆下来才能修复，如整体形状还在，只是中部的局部凹陷，一般不考虑更换。

② 损伤程度达到必须将其从车上拆下来才能修复，并且前翼子板的材料价格低廉、供应流畅，材料价格达到或接近整形修复的工时费，应考虑更换。

③ 如果每米长度超过 3 个折曲、破裂变形，或已无基准形状，应考虑更换（一般来说，当每米折曲、破裂变形超过 3 个时，整形和热处理后很难恢复其尺寸）。

④ 如果每米长度不足 3 个折曲、破裂变形，且基准形状还在，应考虑整形修复。

⑤ 如果修复工时费明显小于更换费用，应考虑以修复为主。

2）车门

① 如果门框产生塑性变形，一般来说是无法修复的，应考虑更换。

② 许多汽车的车门面板是作为单独零件供应的，损坏后可单独更换，不必更换总成。其他同前翼子板。

3）发动机舱盖和行李舱盖。绝大多数汽车的发动机舱盖和行李舱盖，是用两个冲压成形的冷轧钢板经翻边胶粘制成的。

首先应判断损伤变形的发动机舱盖或行李舱盖是否要将两层分开进行修理。如果不需将两层分开，则不应考虑更换；若需将两层分开整形修理，应考虑工时费加辅料与其价值的关系，如果工时费加材料接近或超出其价值，则不应考虑修理，反之应考虑修复。其他同车门。

（2）不可拆卸件　碰撞损伤的汽车中最常见的不可拆卸件就是三厢车的后翼子板，由于更换需从车身上将其切割下来，受切割和焊接技术方面的限制，大多数汽车修理厂满足不了制造厂提出的工艺要求，从而造成车身结构方面新的修理损伤。所以，在现有修理行业的设备和工艺水平条件下，后翼子板只要有修理的可能性都应采取修理的方法修复，而不像前翼子板一样存在值不值得修理的问题。

3. 塑料件修与换的原则

随着塑料件在汽车上的广泛运用，在破损后许多损坏的塑料件，都可以经济地修理而不用更换，特别是不必从车上拆下零件。划痕、擦伤、撕裂和刺穿都可修理，由于某些零件无现货供应，而修理往往可迅速进行，从而缩短修理工时。

塑料件修与换的掌握应从以下 6 个方面来考虑：

1）对于燃油箱及要求严格的安全结构件，必须考虑更换。

2）整体破碎应以更换为主。

3）价值较低、更换方便的零件应以更换为主。

4）应力集中部位，应以更换为主。如车尾门铰链、撑杆锁机处。

5）基础零件，并且尺寸较大，受损形式为划痕、撕裂、擦伤或穿孔，这些零件拆装麻烦、更换成本高或无现货供应，应以修理为主。

6）表面无漆面的、不能使用氰基丙烯酸酯粘结法修理的，且表面粗糙度要求较高的塑料零件，由于修理处会留下明显的痕迹，一般应考虑更换。

4.4.2 保险杠

前后保险杠的作用是在车辆发生低速碰撞时保护车辆的前部和后部。以前车辆的保险杠大多是用螺钉固定在车架上的,这种保险杠在碰撞中虽然不容易弯折,但会将碰撞力直接传递到车架和乘员身上。现在的保险杠则具有吸能设计,可以最大限度地减小车架和乘员身体受到的碰撞力。传统的保险杠是由重型弹簧钢板制造的,这种镀铬钢制保险杠在一些大型乘用车和载货车上仍有应用。但是,现在的大部分乘用车都使用塑料保险杠,如聚氨酯、聚碳酸酯或合成塑料。这种塑料保险杠的外皮上可能有与车身漆面相配的漆层,将保险杠外皮与格栅、前面板和底部边框安装到一起时,就组成了保险杠面板,如图 4-45~图 4-47 所示。现在,一些高档车开始使用铝制保险杠。

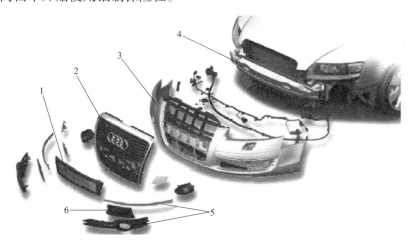

图 4-45　前保险杠结构
1—通风格栅　2—前面板　3—保险杠外皮　4—保险杠杠体　5—保护条　6—盖板

对于镀铬保险杠外皮,一旦损坏,通常只能更换。在碰撞力的作用下,镀铬层很容易发生皲裂或剥落。大多数修理厂都没有大型液压装备,无法将厚钢板的保险杠恢复到原形,除非其损坏程度很轻微,通过传统的手工钣金技术就可以复原。因此,镀铬保险杠一旦损坏,通常只能更换新件。

钢制保险杠可以在修理厂进行校正和喷漆,铝制保险杠的轻微弯曲也可以进行校正,铝制保险杠上

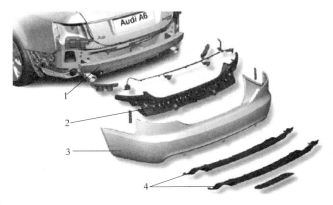

图 4-46　后保险杠结构
1—保险杠杠体　2—吸能材料　3—保险杠外皮　4—保险杠扰流板

的轻微刮痕通常通过打磨就可以恢复其光泽。但是如果维修费用超过了换件费用的 70%,大部分保险公司将选择更换新件。

如果要为保险杠更换一个新的外皮,应当在定损单中增加一个额外工时,用于将保险杠

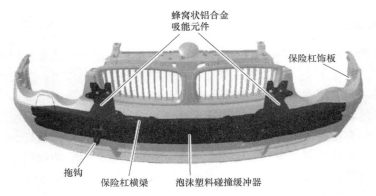

图 4-47　保险杠横梁外面罩着一个塑料缓冲器

安装到车辆上,另外还可能要增加一些新螺栓的费用。这些螺栓因为潮气和融雪剂的作用通常会锈迹斑斑。

对于塑料保险杠,其损坏通常是外皮的损坏。这些塑料件可以用新件进行更换。但是如果损坏只是一个小裂口或小孔,也可以用塑料焊接或胶粘的方式进行修复。如果聚碳酸酯型保险杠伤及加强部位(箱形部位),则必须予以更换。没有触及加强部位的小伤可以进行修复。

保险杠的其他部件也可能是由塑料制成的,如砂石挡板、边框及其他填充板等。这些板件也可以用塑料焊接的方式修复,不过因为它们一般都很便宜,通常都是更换掉。

有些较简单的小保险杠带有包角,用于封闭外皮的开口端。如果包角损坏,定损时就必须考虑其换件费用。这些包角可能是橡胶或钢制的。大型镀铬保险杠外皮的前端通常还装有保护杠,如果损坏,则必须更换此保护杠及其橡胶衬垫。

有些车辆保险杠的后面装有加强杆,通常是一根厚钢梁,以对车辆前端提供额外保护,如果损坏,也应当更换。

保险杠外皮或其加强杆安装在吸能装置上。如前所述,吸能装置的作用是吸收低速碰撞的能量,使保险杠能够恢复到其原来的位置而不对车辆产生损坏。常用的保险杠吸能器有橡胶或泡沫隔垫式、充气或充油式、弹簧储能式。

对于橡胶隔振器,应当查看橡胶垫的固定轴和固定板是否弯曲,橡胶垫是否撕裂。固定板弯曲有时可以校正,固定轴可以焊接,

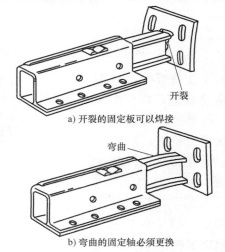

图 4-48　固定板、固定轴的修复与更换

如图 4-48a 所示。但是,如果固定轴弯曲,如图 4-48b 所示,或者橡胶垫脱离固定板,就必须更换隔振器。有些隔振器上带有圆形检查孔,如果橡胶垫占满检查孔的一半以上,就应当更换隔振器。

与所有吸能装置一样,隔振器可以单独更换,不需要成对更换。对于泡沫垫式吸能器,

要查看泡沫垫和杠皮是否开口和破裂。如果泡沫垫和保险杠外皮不能用塑料焊接工艺或塑料维修材料进行修复，就应当更换。对于充油或充气式吸能器，应查看是否有漏油痕迹，油缸是否弯曲、固定板是否弯曲，再检查一下吸能装置的长度，如图4-49所示。如果活塞或油缸弯曲或者损坏，吸能装置就无法恢复到其原始长度。变短的吸能装置则必须更换。充气型吸能装置不能矫直或焊接。

保险杠总成的拆卸和安装工时包括拆卸和安装保险杠总成以及在车辆上调整对齐保险杠总成所需的时间。如果要更换吸能器，或者为了接近车身面板而需拆卸保险杠，定损单中就应当包含这部分工时。通常，专业定损手册中还给出了保险杠总成的拆卸和更换工时、大修工时。

保险杠大修工时包括从车辆上拆下保险杠总成、分解保险杠、更换其中损坏的零部件、重新组装总成、再将保险杠安装到车辆上所需的工时。大修工时还包含在车辆上调整对齐保险杠的时间。

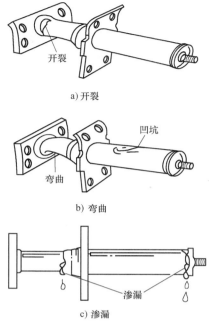

图4-49　充油和充气式吸能器在开裂、弯曲或凹陷、渗漏时应予以更换

▶ 4.4.3　格栅和灯具

车辆前端除了保险杠总成外还有一些部件，如格栅、前面板、前照灯总成、多种饰条和徽标。对于不同的车型，这些部件的安装位置可能不尽相同，在零件手册和定损手册中可能以不同的组合方式给出。例如，格栅可能是保险杠杠皮的一部分，也可能安装在前面板上。前照灯可能含在保险杠总成或格栅中，或者单独列出。在定损时，应当查阅具体车型的零件手册或定损手册。

1. 格栅

格栅位于车辆前部中央，既起到装饰作用，也有实际功能（用来隐藏散热器，并将空气导流到散热器芯上）。在不同的车型上，其安装位置可能不同，有的装在保险杠外皮上，有的装在前面板上、散热器支架上或发动机舱盖上。格栅的材质有多种，如铝、模铸金属、ABS塑料或聚氨酯材料。

格栅设计多种多样。有的格栅由多片组成，这些片可以分别单独更换而不是整体更换。附带的徽标、装饰件、支撑件、支架、饰条、固定件、填料也可以单独更换。轻微损坏的塑料格栅和聚氨酯格栅可以用塑料焊接工艺或塑料修复方法进行修复。如果无法修复，就应当更换新件。

定损员必须知道：在有些车型上，制动灯和各种饰条是格栅的一部分，这些零件已经包含在格栅拆换工时中，在定损单中不能再单独列出。格栅的拆换工时中一般还包含了标准配置饰条、铭牌和装饰件的更换。在确认哪些零件需要单独订购时，一定要查看零件手册或定损手册中的分解图，如图4-50、图4-51所示，以免在定损单中重复计算。更换格栅还可能涉及以下操作，在定损单中应单列：

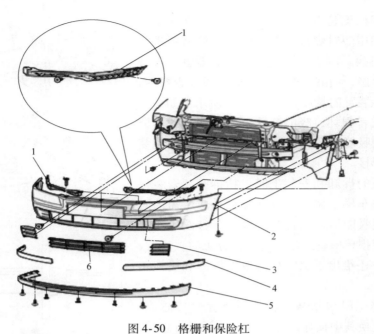

图 4-50 格栅和保险杠
1—导向件 2—前保险杠 3—盖板 4—保护条 5—扰流板 6—通风格栅

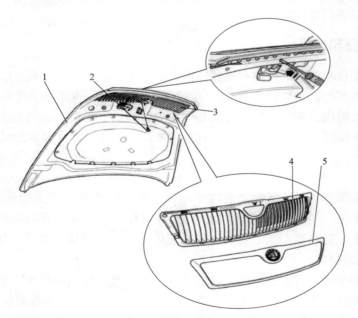

图 4-51 发动机舱盖和格栅
1—发动机舱盖 2—螺钉 3、4—格栅 5—格栅装饰框

1) 更换色带和标签的工时。
2) 更换选装饰条、铭牌和装饰件的工时。
3) 更换选装车灯的工时。
4) 调整前照灯的工时。

2. 前面板

前面板通常安装在散热器支架的前面，它可能由金属板、玻璃纤维、硬塑料、聚氨酯或铝等材料制成。对于塑料材质或玻璃纤维前面板，如果损坏得不太严重，可以用塑料焊接工艺或环氧树脂维修包修复（在维修玻璃纤维面板时，记住要在定损单中加上维修材料的费用）。如果前面板必须更换，应当<u>注意其拆卸和更换工时中是否包含格栅和前照灯总成的工时</u>。如果不包含，那么这些工时需要额外加上。对于有些车型，在拆卸前面板之前还必须先拆下保险杠。

新的前面板原厂件通常带有预先钻好的孔，用于安装饰条和徽标。如果没有这些孔，定损时必须增加一些钻孔的工时，钻圆孔的工时通常是 0.2h，每增加一个需要钻孔的饰条，应减去 0.1h 的重叠工时。如果为了安装装饰件需要制作方孔，工时应适当增加。

前面板的拆卸和更换工时通常包含格栅、前照灯总成、一些填料和延伸件的拆卸和安装工时，以及前面板的调整对齐工时，但是一般不包含以下操作的工时：

1）保险杠总成的拆卸。
2）条纹胶带、标签和覆盖件的拆卸和安装。
3）胶粘型饰条、铭牌和装饰件的拆卸和安装。
4）必需的钻孔工时。
5）前照灯的调整工时。

3. 前照灯总成

前照灯总成可能安装在前面板、前照灯安装面板、侧面板、散热器支架或保险杠上。图 4-52 给出了前照灯总成及其壳体的分解图。前照灯灯罩，也称作前照灯灯圈，可能是铝、模铸钢板或塑料制成的，有时是格栅的一部分。固定环用于固定密封的灯泡，灯座用于支撑灯泡并使灯泡对正。

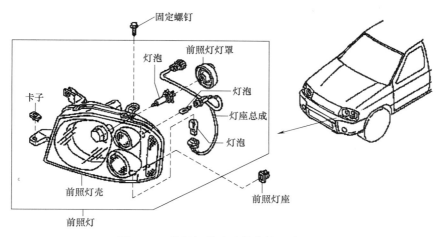

图 4-52 前照灯总成及其壳体的分解图

如果灯罩或灯圈必须更换，则必须单独作为一个维修项包含到定损单中。固定环、灯泡和灯座通常可以作为一个完整的总成购买到。定损时，还应查看电线是否断裂。断裂的线路可以捻接或焊接，或者用快速连接器重新连接。

组合前照灯通常是塑料或玻璃制的。灯泡是可更换的。在某些车型上，前照灯的灯座也是可更换的。灯光调整器通常制作在灯座内。一定要检查前照灯是否工作正常。前照灯的安装凸耳经常会在碰撞中断裂，如果前照灯摆动，说明凸耳断裂。

在对前照灯的更换进行定损时，必须在定损单中包含调校前照灯的工时。但是，如果只更换前照灯的灯罩或固定环，就没必要进行前照灯的调校。

4.4.4 散热器支架

在当前承载式车身结构中，散热器支架焊接在挡泥板和前横梁上，构成车辆的前面板。在一些车架式车身结构中，散热器支架焊接在翼子板、轮罩和车架总成上。它除了为前端面板提供结构性支撑外，还为散热器及相关的冷却系统部件提供支撑，如图 4-53、图 4-54 所示。在主机厂配件手册或专业定损手册中，散热器支架通常编排在冷却系统部件中。所有车架式车身和部分承载式车身结构中，散热器支架是一个整块的板件。在有些承载式车身结构中，散热器支架是由上连接杆、下连接杆、左侧和右侧扰流板等零件组成的。

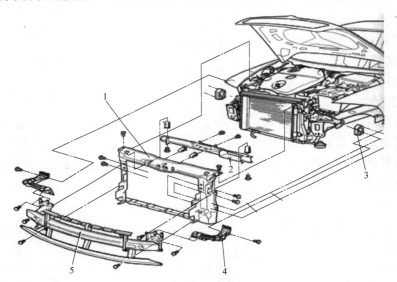

图 4-53　散热器支架和前保险杠支架
1—散热器支架　2—空气导流板　3—散热器支撑件　4—前照灯支架　5—前保险杠支架

损坏的散热器支架可以用普通的大梁矫直设备和技术进行矫直和维修。但是，如果散热器支架损坏得太严重而无法修复，就应当用新件进行更换。如果只是散热器支架中的某些零件损坏，如上连接杆或侧扰流板，则可以仅更换这些损坏的零件。如果散热器支架是一整块板件，则需查看原厂规范，看是否允许对它进行切割。切割可以节省很多工时，因为省去了钻掉所有焊点和重新焊接整块板件的操作。但用螺栓联接的散热器支架不应进行切割，应当整块更换。

散热器支架的结构和更换步骤多种多样，其拆卸和更换工时通常包含损坏板件的拆卸、新板件的调整对齐以及所有必需的焊接作业，但不包含以下操作：

1）空调抽真空和重新充注制冷剂。

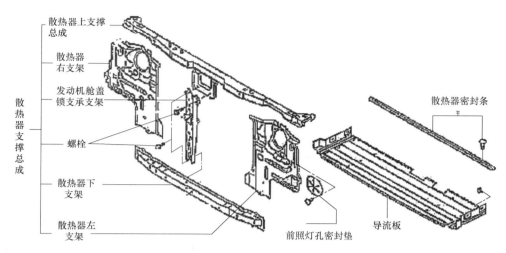

图 4-54　散热器支架的主要组成零件

2）空调部件的拆装。
3）保险杠、格栅、前照灯、前面板、翼子板和延伸件的拆装。
4）重新喷涂（有的散热器支架需要喷漆）。
5）涂抹底漆或防腐保护层。
6）前照灯的调整。

4.4.5　发动机舱盖

发动机舱盖在发动机舱的上面，两个翼子板之间，用于保护发动机免受污染，阻隔发动机噪声，如图 4-55～图 4-58 所示。发动机舱盖通常是由冷轧金属板构成的，现在也有些发动机舱盖是铝制、玻璃纤维和塑料材质的。它通常由外板和内板组成，内、外板沿着外沿点焊在一起。在发动机舱盖面板前沿的下部装有一个定位螺栓或锁扣，它在发动机舱盖关闭时与锁栓啮合。对于大多数乘用车，发动机舱盖锁栓装在散热器支架上。从车内扳动一下发动机舱盖开启拉索就可以使锁扣从锁栓上松开。发动机舱盖上还装有一个安全钩，它的作用是在锁栓突然无法正常锁住锁扣时防止发动机舱盖打开。发动机舱盖通过两个铰链安装在前围板或内挡泥板衬板上。在发动机舱盖打开时，有些铰链利用弹簧或扭杆将它保持在开启位置，有些则通过一根单独的支撑杆来保持发动机舱盖的开启。大多数发动机舱盖的底部还有一个隔垫，它是由玻璃纤维制成，用于隔绝发动机噪声，同时保护发动机舱盖面板及其油漆不受发动机舱高温的损坏。发动机舱盖上还有多种饰条、装饰件、冲压进气口、标签等。

发动机舱盖如果被撞出皱褶，则很难矫直，因为它是一个双层面板结构。

发动机舱盖的拆卸和更换工时包含拆卸和更换发动机舱盖的时间、拆卸和安装发动机舱盖隔垫的时间以及调整对齐发动机舱盖铰链的时间（如果发动机舱盖没有损坏，而只是被挤压偏离定位，则只需 0.5 个工时用来重新调整对齐）。另外，还可能包含锁扣和隔板的拆装，发动机舱盖锁栓、安全钩、开启拉索、铰链和饰条的拆装。锁扣、锁栓和安全闩属于安全件，如果损坏则必须更换，而不应维修。开启拉索如果损坏也应当更换。若铰链只受到轻微的损坏可以进行维修，但如果铰链弯曲或变形较大就应当予以更换。

图 4-55 发动机舱盖双层面板结构

图 4-56 发动机舱盖部件
1—发动机舱盖 2—橡胶轴承 3—支撑杆
4—支撑杆座 5—螺栓 6—饰盖 7—缓冲挡块
8—螺栓 9—铰链 10—导向件

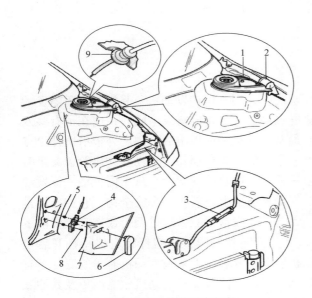

图 4-57 发动机舱盖开启部件
1—钢丝绳 2—塞子 3—钢丝绳耦合装置
4—垫片 5—螺母 6—开启把手 7—A柱内饰板
8—螺栓 9—橡胶套管

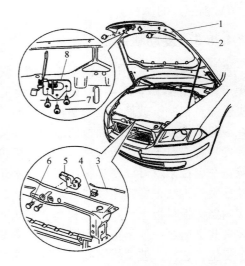

图 4-58 发动机舱盖锁止部件
1—发动机舱盖 2—缓冲挡块 3—钢丝绳 4—夹子
5—发动机舱盖锁 6、7—螺栓 8—安全钩

发动机舱盖饰条的构成材料有镀铬模铸钢、不锈钢、铝、塑料或橡胶等。在当今流线型车辆上,这种饰条已经不再像以前的车型那样常用,最常见的应用是在发动机舱盖的后沿有一个后部饰条,还有一种常见的饰条就是在发动机舱盖中部的饰条。有些车型可能在发动机舱盖的前沿也有饰条。前部饰条可能是一整条,也可能是三条(中部、左侧、右侧)。多片式饰条如果损坏只需更换损坏的部分。定损时注意不要忽略了发动机舱盖的装饰件、标签、

条纹胶带、徽标、排放控制标签和密封件。定损单中应包含这些零件的更换工时。当然，发动机舱盖面板的喷漆工时也应当考虑。

4.4.6 翼子板、挡泥板

1. 翼子板

汽车的翼子板是用螺栓联接到相邻的支撑构件上的。对于承载式车身，翼子板与前围侧板、裙板、散热器支架以及挡泥板相连。翼子板与发动机舱盖、前面板和保险杠总成一起构成车辆的外部、前端的装饰轮廓。图4-59～图4-61显示了翼子板及其相关零件。在做定损单时，每个零件都必须考虑到。

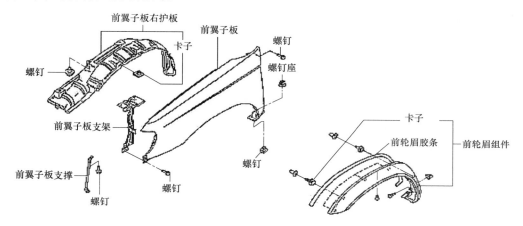

图4-59 前翼子板的主要组成零件

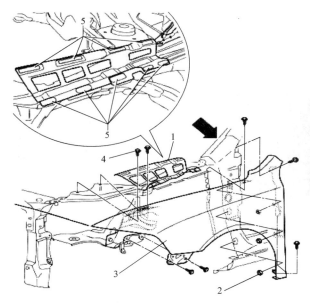

图4-60 通过粘结剂和螺钉固定的前翼子板
1—翼子板支撑件 2—螺母 3—前翼子板
4—螺钉 5—粘结剂

图4-61 前翼子板及附件
1—车灯 2—前翼子板 3—挡泥板 4—饰条

> **注意事项**：以前，车辆翼子板都是冷轧钢板制成的，但现在有些车辆使用玻璃钢和塑料翼子板。对于金属翼子板，如果碰出小坑用一般的钣金工艺就可以修复，除非碰撞力产生了较大的加工硬化效果使金属板不可被再加工。对于玻璃纤维翼子板，破损或撕裂后可以用玻璃纤维修理包（环氧树脂和玻璃纤维布）进行修补。塑料翼子板损坏后可以进行焊接或粘接。

翼子板的拆卸和更换一般包括：
1) 松开保险杠及相关填充板（如果必要）。
2) 与翼子板相连的所有零部件的拆装。
3) 标准装备的车灯的拆装（示廓灯等）。

但一般不包含以下操作：
1) 重新喷漆。
2) 粘接的饰条、铭牌、徽标和装饰件的转移。
3) 胶带、标签或覆盖件的粘贴。
4) 天线的安装。
5) 内部板件和轮罩板的更换。
6) 前照灯的调整。
7) 为饰条、铭牌、天线等钻孔。
8) 后视镜的拆装。
9) 涂抹底漆和防腐材料。

2. 挡泥板

挡泥板位于翼子板的后面，用来防止水汽溅到发动机部位和翼子板的背面。挡泥板是塑料材质，损坏后通常需要更换。在定损手册中，挡泥板一般不包含在翼子板的拆卸和更换工时中，必须单独计算。

> **注意事项**：在定损中，支架、支柱和加强件（如发动机舱盖铰链加强件）通常包含在翼子板的拆卸和安装中，但这些零件必须单独购买。
> 　　一些车型的翼子板拆卸和安装工时中包括边灯、转向信号灯和示廓灯的更换或转移工时。但是，在定损单中还要加上这些零件的换件费用，因为更换的翼子板上一般不带有这些灯或天线，所以要加上天线的拆卸和更换工时。天线必须单独购买，如果要人工制作天线的安装孔，还必须计算这部分工时。

▶ 4.4.7　饰条、标签和覆盖件

饰条的更换工时和钻孔工时是定损中很容易搞错或引起误解的项目之一。饰条有多种多样，维修情况也不尽相同，定损时可能需要对饰条的工时进行调整，如图 4-62 所示。以下将介绍如何针对不同类型的饰条和不同的操作调整工时。

对于粘贴型饰条，如果没有损坏，需要从旧件上拆下来安装到新翼子板上，包含的操作有：将饰条拆下，在其背面粘上新胶带，然后将其安装到新翼子板上。但是，如果将一个新饰条安装到新翼子板上，新饰条本身带有黏性背面。

对于螺栓安装或卡夹安装的饰条,则需要考虑钻孔时间。如果将旧饰条重新安装到新板件上,应当使用主机厂工时手册或定损手册中的全工时,再加上在新件上钻孔的工时。如果要从翼子板上拆下饰条以便对翼子板进行维修,并在维修后再重新装上,就不能计算钻孔工时。除了手册中列出的饰条安装工时外,有时还要根据具体情况进行适当的调整。例如,如果安装两个以上的饰条,应当从总工时中减去重叠工时,因为所有列出的工时都包含准

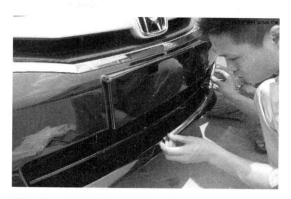

图 4-62 在新板件上粘贴新饰条时应将工时减一半

备必要的工具和设备的固定工时。这种准备工时只对第一个饰条有效,对于其余的饰条,每个应减去 0.1h 的重叠工时。如果必须制作方形安装孔,方孔比圆孔的制作工时应稍多一些。在计算木纹覆盖件的粘贴工时时,也必须考虑饰条、铭牌、装饰件和车门零部件的拆卸和安装工时。

▶ 4.4.8 裙板和轮罩板

承载式车身和车架式车身都有一个名叫"裙板"或"轮罩板"的板件,但这两种车身的裙板或轮罩板在结构和功能上有很大的差别。

在承载式车身上,裙板具有以下几种功能:为悬架提供安装位置,构成轮室,保护发动机不被路面飞溅物打到,为发动机舱内的多种零部件提供安装面。裙板还是整体式支撑结构的一部分。因为裙板具有如此之多的功能,所以在配件或定损手册中可能被放到翼子板一组或车架一组中。裙板通常焊接在散热器支架、前纵梁和前围侧板上。它通常由几块独立的板件组成(图 4-63),有些板件是由冷轧钢制成的,有些则是由高强度钢制成的。例如,减振器支座是承载件,通常由高强度低合金钢制成。纵梁和加

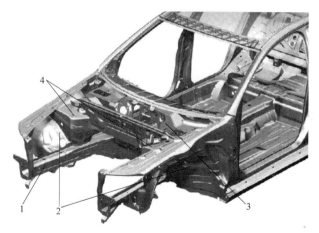

图 4-63 裙板
1—前纵梁 2—裙板 3—前围板 4—减振器支座

强件通常也是高强度钢制成的。裙板可能以一整块板的形式提供,也可能以分散的板件提供。这些板件最好沿着原厂缝隙分割,但也允许对裙板进行切割,只不过切割线必须在减振器支座的前方,而且不能穿过任何吸能区。

对裙板的损伤情况要进行仔细检查,这一点非常重要。定损员必须查看裙板上是否有缝隙、开裂的焊点以及其他变形的痕迹。应当对发动机舱内的控制点进行测量,以确定悬架安装板件是否偏离定位。一般维修手册中有减振器支座的尺寸,可以用来分析发动机舱盖下的

损伤情况。

在对裙板进行维修时,一定要使用车架校正设备和正确的维修方法,将裙板恢复到碰撞前的状况。如果维修不是最经济的方法,就应当进行更换。裙板拆卸和更换工时应包含钻除焊点、拆除旧板、安装和对齐新板所需的工时,以及拆卸和安装车内地毯、隔声/振材料和前围装饰件的工时,这些操作都是必需的,因为在前围板上焊接新板件时会产生热量。定损时还应另外考虑将车辆固定到车架校正设备上所需的时间,测量和观测相邻板件是否对齐的时间,拆卸和重装裙板上用螺栓联接的零部件所需的工时,如翼子板、散热器支架、减振器及其他机械零件或电气元件。无论何时,只要更换或维修裙板,定损单中还必须包含悬架的调整对齐工时。

大多数车架式车身没有裙板,发动机和悬架零部件安装在沉重的车架上,而发动机舱和翼子板的内侧由轮罩板保护着,防止被道路飞溅物损伤。轮罩板还为翼子板的上部边缘和发动机舱零件提供安装位置。轮罩板是用螺栓联接在翼子板、前围板和散热器支架上,在有些车辆上,它还与车架相连。有些车辆还有一块内板将轮罩板和发动机舱隔开。轮罩板的拆卸和更换工时一般不包含翼子板的拆卸时间,当翼子板和轮罩板都必须更换时,不必计算重叠工时。

▶ 4.4.9 纵梁和横梁

前部车身的纵梁和横梁是发动机、变速器和悬架的主要支撑,如图 4-64、图 4-65 所示。在一些承载式车身上,前横梁是散热器支架的一部分,而纵梁是裙板总成的一部分。在有些车辆上,这些零件以及其他的横梁、纵梁延伸件、加强件,都可以单独购买到。在车架式车身上,一些车架梁可以单独购买或按分总成购买。

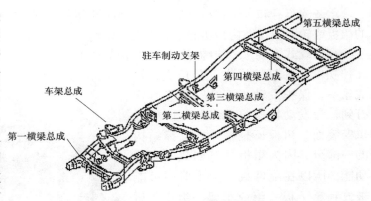

图 4-64 车架的主要组成零件

对于承载式车身,如果车架梁损伤,通常可以校正。只要可以进行维修,定损时就应当考虑将车辆固定到校正架上所需的工时,测量损伤程度的工时,以及车架拉直的工时。如果需要对纵梁或横梁进行切割,则还要计算切割工时。

当车架梁必须更换时,应当考虑初步拉伸车架以便拆下受损零件的工时。车架的拆卸和安装工时通常包含钻除原厂焊点、拆下受损板件、在车架上对齐新板件并将其重新焊接上的工时,还包含拆下车架上所有连接件的时间,如拆卸车架内电线,拆卸和安装地毯、隔垫、内饰等容易被焊接热量损坏的零件的工时。但车架的拆卸和更换工时一般不包含以下操作:

1) 将车辆固定到车架校正设备上。
2) 损伤诊断。
3) 拉伸相邻板件。
4) 拆卸和安装车架上用螺栓联接的零件。

5）拆卸和安装车架上用螺栓联接的车身板件。

6）拆卸相邻的焊接板件。

7）车轮定位。

8）涂施底漆、隔声材料和防腐材料。

9）板件的重新喷漆（如果需要）。

如果整个车架损伤严重，无法修复到事故前的状况，就必须予以更换。有时，主机厂允许对车架进行切割，前后均可。损坏的横梁可以更换。焊接的横梁在更换时应当使用焊接工艺，铆接或螺栓联接的横梁可以用螺栓和螺母联接。

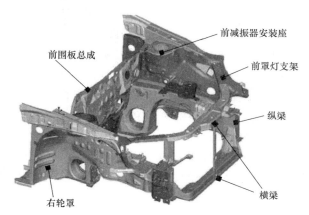

图 4-65 承载式车身的前纵梁和横梁

注意：定损时还要考虑新联接件的价格。 有些载货汽车车架上有一些盘旋构件，它们损坏后无法维修，只能更换整个或部分车架。

前面介绍了如何分析和评估前部车身的碰撞维修费用，对承载式车身和车架式车身都进行了相关叙述。下面将介绍车身本体。车身本体由一些金属板焊接在一起组成。对于承载式车身，车身本体实际上包含所有的车身焊接件，包括前端金属板和车架，只有翼子板、前面板、保险杠以及其他用螺栓联接的零件不属于车身本体；对于车架式车身，车身本体从前围板一直往后延伸到车身后部的板件，它不包括车架和前端金属板。下面将重点介绍如何对这两类车身的碰撞损伤进行评估，顺序是从前围板开始，一直到车身后部的板件。

▶ 4.4.10 前围总成

大多数车辆的前围总成都是相似的，如图 4-66、图 4-67 所示，一般由上盖板、前围板和侧板组成。对于现代车辆，上盖板通常是喷涂油漆的，旧车型的前围上盖板可能带有通气孔。前围下盖板通常也称为"前围板"或"防火板"，它焊接在地板上，在一些车架式车身

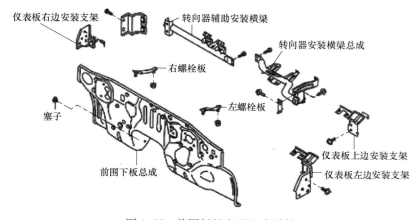

图 4-66 前围板的主要组成零件

上，它是地板的一部分。通常，侧板与铰链和风窗玻璃立柱相连。在前围总成中还会看到的其他零件包括各种支承、延伸件、支架、支柱和加强件。在定损时，一定要仔细查看主机厂零件手册或专业定损手册，确保所有零件的价格和工时都在定损单中体现出来。

前围总成通常与前地板、左侧和右侧门槛以及铰链立柱焊接在一起。对于承载式车身，裙板和前纵梁也焊接在前围侧板上。因此，前围侧板是前围总成中最结实的部分。在定损时，还应注意有些操作是必须提前完成的，例如，在更换某货车的前围上盖板时，在拆卸前围前必须先拆下翼子板和前风窗玻璃，这些操作的工时应当单独计算。前围总成的拆卸和安装工时一般包含以下操作：

图 4-67 前围板及周边部分部件
1—流水槽 2—前围板 3—减振器支座

1）拆装前围板两侧内饰，以防它们在焊接中受损。
2）拆装车门密封条和防滑板。
3）拆装车门未关严报警器开关。
4）拆装前围板和乘员舱之间的所有填充材料。
5）钻除或切除原厂焊点。
6）对齐新板件，并将其焊接到位。
7）打磨、填充和磨光焊缝。

前围的拆卸和安装工时一般不包含以下操作：
1）拆装仪表板和防撞垫（为了防止受热损坏）。
2）拆装前风窗玻璃窗框和饰条。
3）拆装前风窗玻璃。
4）拆装翼子板。
5）拆装车门。
6）松开车顶内衬的前边。
7）拆装空调和暖风系统的零部件。
8）拆装车顶饰条。
9）板件的喷涂。
10）在内部板件的表面涂施防腐材料。

4.4.11 前风窗玻璃

现在汽车的风窗玻璃都是曲面的，以便和流线型车身相匹配，它们是以胶粘的方式固定在车身上，并已成为承载式车身的一个组成部分，对车身本体的刚度起着重要的作用，如

图4-68所示。

在配件或定损手册中，前风窗玻璃的拆卸和安装工时和零件价格信息可能单独列出，也可能放在"前围总成"中。风窗玻璃有很多种，如透明玻璃、有色玻璃、着色玻璃、电加热玻璃以及带天线和不带天线的玻璃等，可以通过玻璃上的标签图案识别出玻璃类型。定损时应当注意在定损单中列出正确的玻璃类型。

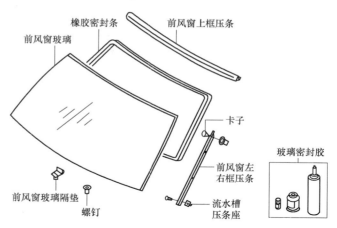

图4-68　前风窗玻璃的主要组成零件

> **注意**：在许多新型承载式车身上，风窗玻璃被视为结构件，它对车身本体的强度有加固作用。风窗玻璃用聚氨酯胶粘剂粘在车身上，更换时必须先将旧的胶粘剂清除干净，然后在玻璃框的压焊位置涂上新胶。更换胶粘型风窗玻璃的工时通常比常规风窗玻璃稍长一些。定损单中还必须包含胶粘剂及其他安装材料的费用。

风窗玻璃的拆卸和安装工时通常包含从风窗玻璃上拆下窗框饰条（如果有的话）和装饰条所用的时间，清除掉风窗玻璃上的胶粘剂所用的时间，以及清除窗框压焊处的胶粘剂所用的时间和清理破碎玻璃所用的时间。如果后视镜也安装在风窗玻璃上，还应包含后视镜的拆除工时。如果风窗玻璃刮水器影响玻璃的拆卸，还应包括刮水器臂的拆装工时。

在主机厂配件手册和定损手册中，前围和风窗玻璃总成部分通常还包括风窗玻璃刮水器和清洗器的零部件以及装饰条、遮阳板和后视镜等零部件。

▶ 4.4.12　后风窗玻璃

前面介绍的前风窗玻璃的很多内容都适用于后风窗玻璃。后风窗玻璃的安装方法与前风窗玻璃一样。在估算后风窗玻璃的价格之前必须确认它是否带加热、是否带天线。对于以胶粘方式安装的玻璃，维修时必须也用胶粘，这样才能保证车身结构的强度不受影响。

后风窗玻璃的拆卸和更换工时通常包含以下操作：
1）橡胶槽的拆卸和更换（如果有）。
2）玻璃框饰条和装饰条的拆装。
3）刮水器臂的拆装（如果需要）。
4）渗漏检测。
5）加热型玻璃电接头的断开和连接。

后风窗玻璃的拆卸和安装工时通常不包含以下操作：
1）碎玻璃的清除。
2）高位制动灯的拆装。
3）安装材料的费用。
4）检查后窗框的尺寸是否正确。

4.4.13 车身侧板

车身侧板构成车门的门框，而且是乘员舱的重要构件，如图4-69、图4-70所示。车身侧板包括铰链和风窗玻璃立柱、门槛板、车顶纵梁以及后侧板，对于四门车型还包括中柱。对于一些新型承载式车身，车身侧板（不含后侧板）可以以一个分总成提供，这样有利于减少分割和焊接板件的工时。

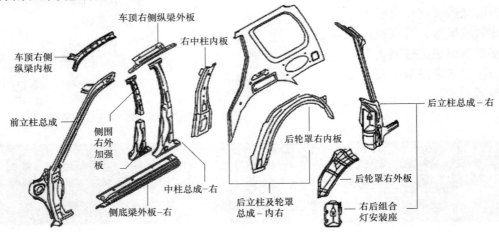

图4-69 车身侧板的主要组成零件

在主机厂配件手册或定损手册中，车身侧板的板件有的单独列出，有的作为其他分总成的部件列出。例如，前面曾经提到铰链和风窗玻璃立柱通常列在前围总成中，因为立柱通常是前围侧板的一部分。门槛板和中柱通常列在一起，它们往往作为一个组合的维修板件提供。下面将分别介绍车身侧板各个部分的维修情况。

1. 铰链和风窗玻璃立柱

铰链和风窗玻璃立柱（也称为A柱）通常由内板和外板组成，它们焊接在一起构成一个结实的封闭构件。这些板件可以单独更换，也可以对部分构件进行切割，然后更换

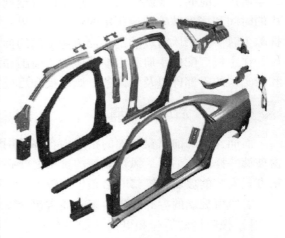

图4-70 车身侧板的构成

成LKQ板件。例如，如果车辆在事故中产生翻滚，风窗玻璃立柱可能受到损伤，需要进行更换。通常可以将风窗玻璃立柱损伤的部位切割下来，然后再焊上一个替换件，而不需要更换整个风窗玻璃立柱总成。

在进行切割之前，一定要确认切割操作对车辆的整体强度和刚度不会产生任何影响。对于封闭构件，只有当其两侧都能够接触到时才允许进行切割，而且切口不能穿越加强件。风窗玻璃立柱通常在中部切割，因为这个部位没有内部加强件。

铰链和风窗玻璃立柱的拆卸和更换工时包含的操作与本章前风窗玻璃总成中的操作是一

样的。通常，这些操作工时都假设在拆装立柱之前一些前期操作已经完成（如车门、翼子板和风窗玻璃的拆卸）。

2. 门槛板

门槛板是承载式车身中一个十分重要的结构件，它为乘员舱的地板提供支撑。对于承载式车身，门槛板由高强度钢制成，而且两边都镀锌，以防止锈蚀。门槛板通常由内板和外板组成。但在有些车辆上，外板直接焊接在地板上。对于四门车辆，在中柱与门槛板的连接处通常有一块加强板，如图4-71所示。

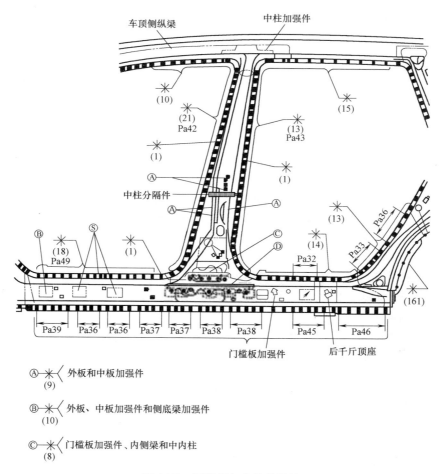

图 4-71 门槛板与中柱的焊接

在配件手册或定损手册中，门槛板通常与地板列在一起。门槛板与地板、前围侧板、中柱（对于四门车辆）以及后侧板焊接在一起。有些承载式车辆的前纵梁也与门槛板焊接在一起。

门槛板的内板和外板可以单独购买，也可以作为一个整体进行更换。当单独购买时，必须在定损单中将它们作为单独的项目列出。门槛板有时作为分总成提供，可能还连接着中柱或风窗玻璃立柱。

门槛板除了整体更换外，通常还可以进行切割。在切割门槛板时，要在两个立柱之间的部位进行切割，这样可以避免切到里面的加强件。如果只是对门槛板进行局部切割，然后再焊上一块新板，其工时应当比拆卸和安装工时少。门槛板的内板不是外观件，不需要对金属进行修整和喷漆，但是定损时应当考虑一些涂抹防腐材料的工时，一般在焊接工艺全部完成之后涂抹。

大多数门槛板上都有一块防滑板，由铝或塑料制成的，用螺钉拧在门槛板上。防滑板即使损伤不是很严重，也应当进行更换。

门槛板的拆卸和更换工时包含了拆装前围饰板、中柱饰板、后侧板饰板、地毯、防滑板和后座沙发垫的拆装工时。如果必须松开前翼子板才能对门槛板进行操作，那么这部分工时也包含在内。但一般不包含以下操作：

1）车门的拆装。
2）附近的或与之相连的燃油管路、控制拉索和电线的拆装。
3）饰条、铭牌、徽标或装饰件的拆装或更换。
4）标签或胶带的安装。
5）防腐材料或底漆的涂施。
6）门槛板外板的喷涂。

当更换相邻的板件时，如中柱、后侧板，对于每一条重叠（共用）的缝隙，应当在操作工时中减去 1.0h。

3. 中柱

中柱（又称为 B 柱）在四门车辆上有支撑车顶，为前门提供门锁固定表面，为后门提供铰链柱等多种功能。中柱焊接在门槛板、地板和车顶纵梁上（活顶车和软顶车除外，这些车辆的中柱只伸到车辆的腰线位置），通常是一个由内板和外板组合而成的封闭构件。

中柱损伤后可以进行更换，但通常也可以从车顶底部对中柱进行切割维修，维修手册或定损手册中通常会给出切割中柱的工时。在确定要切割时，应当**注意：切割位置必须在座椅安全带 D 形环的下方，以避免切到 D 形环加强件，该部件在一般的中柱中都存在**。

如果中柱在侧面碰撞中受损，门槛板也可能被撞坏。在这种情况下，最好对中柱和门槛板分总成进行更换。

在切割和焊接中柱时，必须拆下后车门、前座椅，松开车顶内衬，向后卷起地毯和脚垫。这些操作都应包含在中柱拆卸和更换工时中。更换中柱还需要拆卸和安装中柱饰板、防滑板、车门密封条、车门锁撞板，这些操作也应包含在所列的拆卸和更换工时中。拆卸和更换工时还包含所有必需的切割、焊接、打磨、填充以及焊缝平整的时间。但以下操作一般不包含在中柱的拆卸和更换工时中：

1）饰条、徽标、铭牌和其他装饰物的拆装。
2）选装灯的拆装。
3）胶带、标签及覆盖件的安装。
4）钻圆孔的时间。
5）穿过车顶纵梁、中柱或门槛板的电线的拆装。
6）防腐蚀材料的涂施。
7）内板和外板的喷涂。

▶ 4.4.14 车顶

车顶的作用是封住车身的顶部，它由多个部件组成。车顶板通常是一整块金属板，但在有些车辆上，它由内板和外板组合而成。车顶的结构件是前后的横梁和两侧的纵梁，如

图4-72、图4-73所示。在一些大型乘用车和旅行车上，车顶板的下面还有一些横向水平布置的弯梁或加强板，一般来说，它们是车顶总成中最坚固的构件。中间加强板通常用于安装顶灯。车顶总成中的其他零件还包括一些较小的加强件、排水槽、雨水槽，有些车顶还带有天窗。**必须注意：所有这些零部件都必须写到定损单中。**

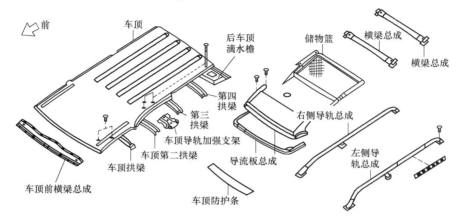

图4-72 车顶板的主要组成零件

车顶板拆卸和更换工时一般不包含车顶横梁和纵梁的更换时间，也不包含这些构件的校直工时。如果车顶纵梁和横梁的损坏程度严重到不能修复，定损单中就应当将它们的拆卸和更换工时单独列出。更换车顶板可能涉及选装的聚乙烯车顶罩的操作。如果车顶带有聚乙烯车顶罩，更换时通常需要增加工时。另外，聚乙烯车顶罩的费用也必须另外计算。这种车顶罩通常还带有一些专用饰条，在定损时不能将其忽略。另外，对带天窗、T形车顶和活顶的车型也必须注意，这种车顶的拆卸和更换工时应当包含相关的调整工时。

更换车顶板时，需要将很多零件临时拆下，因此车顶板的拆卸和更换工时中应包含以下零部件的拆装工时：

1）前风窗玻璃。
2）后风窗玻璃和窗框饰条。
3）车窗玻璃导槽和夹框。
4）后角窗玻璃。
5）原装自带的天窗或T形车顶。
6）举升门。
7）窗框饰条及其他内部饰条。
8）遮阳板。

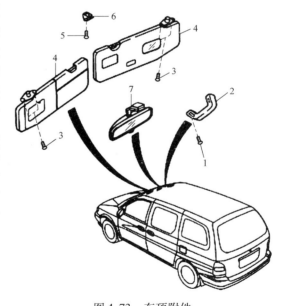

图4-73 车顶附件
1、3、5—螺钉 2—登车扶手 4—遮阳板
6—接头 7—室内后视镜

9）挂衣钩。
10）车灯。
11）前后座椅。
12）密封条和固定夹。
13）密封线。
14）后侧围饰板（货车除外）。
15）车顶衬板（货车除外）。
16）安全带。
17）后窗台板。

车顶板的拆卸和安装工时一般不包含以下操作：
1）前面板的拆换。
2）车顶纵梁的拆换。
3）车顶加强件的拆换。
4）行李架的拆换。
5）饰条、铭牌、徽标或装饰件的拆装。
6）电线及电气元件的拆装。
7）选装灯的拆装。
8）碎玻璃的清理。
9）胶带和标签的安装。
10）隔声材料的安装。
11）重新喷涂。

▶ 4.4.15 后侧板

后侧板又称后侧围板或后翼子板，从门槛板和车顶延伸到后部车身，构成后部车体的侧面，如图4-74所示。一般后侧板总成包括外板、翼板或车顶延伸板、内板、锁柱、外轮罩板、内轮罩板以及多种填充材料、延伸件、角撑板、支架和加强件等，如图4-75所示。

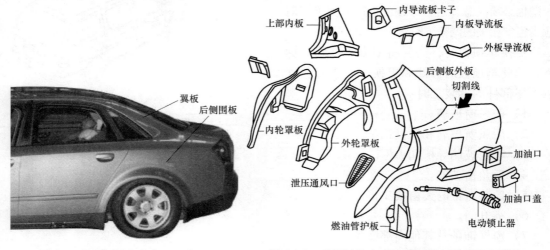

图4-74 后侧板在车身上的位置　　图4-75 后侧板的主要组成零件（注意切割线）

1. 外板

外板是一块装饰板，可能包含以下全部或部分零件：车身和车窗饰条、胶带、徽标、门锁加强件、角窗、加油口盖。后侧板外板与门槛板、车顶梁、锁柱、后地板延伸件、搁物架、后部车身板及车轮罩外板焊接在一起。一旦损坏，必须沿着原厂焊缝拆下外板，然后换上新件。但是，切割后侧板也是一种常规做法，一般切割位置在车窗或腰线下面，切割时一定要遵照原厂的要求。切割维修可以节省一些工时，因为不必拆卸和安装所有零部件。例如，当沿着原厂焊缝更换后侧板外板时，必须将后风窗玻璃和角窗玻璃拆下，在外板维修完毕后再将它们重新安装上去。这样不仅需要很多工时，而且在拆装过程中还容易打碎玻璃，因此，这种更换程序的成本比较高。如果在车窗下面切掉受损的板件，然后用一块新板件替换掉这部分损坏的板件，就可以省去很多烦琐的工序。

对于大多数车型，维修手册或定损手册中给出的后侧板切割工时是指在腰线部位进行切割。但如果后侧板受损的面积较小，只要不是很严重，也可以进行局部更换。例如，如果只是后侧板的后角部位损伤，可以在车轮室后面进行切割，此时，定损员就要确定一个合理的工时额度。

有些车辆的后侧板带有后部延伸板，在车架式车身上较为常见。它们是一些小块板件，通常用螺钉拧在外板上，填充了后侧板外板和后部车身板之间的空隙，有时还为尾灯提供安装表面。后部延伸板通常是由压铸白色合金、玻璃钢或塑料制成的，一旦损坏往往必须更换。**注意：后延伸板以及其他所有用螺钉安装的延伸件和填充板的拆装工时通常已包含在后侧板外板的拆卸和更换工时中，无需额外增加。**

2. 内板

一些车辆的后侧板由一块外板和一块或多块内板构成，内板与外板、锁柱、车轮罩总成、地板焊接在一起。内板构成乘员舱的玻璃升降器板和行李舱的侧盖板。如果车辆有可升降的角窗，其玻璃升降器、导槽、手柄都安装在内板上。内板外面通常用内饰件覆盖，因此它不是一个外观件。主机厂配件手册或定损手册中一般能查到内板的拆卸和安装工时，因为内板不包含在外板的操作工时内，必须在定损单中单独列出。但内板不是外观件，通常可以通过拉伸和钣金工艺进行维修。

3. 锁柱

在有些车辆上，后侧板外板或轮罩板的前沿构成车门立柱。而在其他一些车辆上，则有一块单独的板件为车门关闭提供结合表面，通常称为锁柱。锁柱一般焊接在门槛板和后侧板的内、外板上。有些车辆的锁柱可能由内板和外板构成，而有些车辆的锁柱则只有一块板。有些车辆的锁柱向上只伸到腰线位置，而有些车辆的锁柱则一直伸到车顶，并可能由下柱和上柱两部分构成。定损员在定损时一定要仔细查看配件手册或定损手册中的后侧板分解图，了解锁柱的实际结构。锁柱一般不包含在后侧板外板中，除非它是后侧板的一部分。如果锁柱在碰撞中受损，必须在定损单中单独列出它的更换工时。

4. 轮罩板

轮罩板构成后轮的挡泥板，保护后侧板的后部和行李舱部位免受道路飞溅物的损伤。同时，它还构成行李舱的一侧。轮罩板通常由一块内板和一块外板（图4-76、图4-77）构成。内板焊接在搁物板、后部地板和车顶纵梁上；而外板焊接在内板、后侧板外板上，它不是外观件。轮罩板的更换工时和配件价格应在定损单中单独列出。

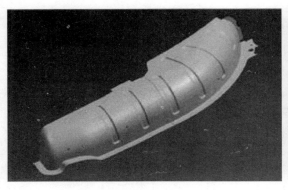 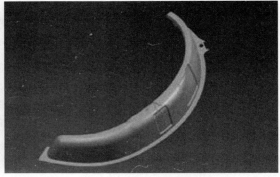

图 4-76　后轮罩内板　　　　　　　　图 4-77　后轮罩外板

5. 包含和不包含的操作

后侧板在车身本体中是一个非常复杂的分总成，其拆卸和更换工时除了包含钻孔、焊接、打磨、填充和抛光等操作外，一般还包含以下操作：

1）松开车顶衬板。
2）拆装装饰条。
3）拆装后风窗玻璃和窗框饰条（如果必须）。
4）拆装后座椅。
5）拆装后窗台板。
6）拆装后侧板饰板。
7）拆装后角窗玻璃和升降器总成。
8）拆装后角窗的固定玻璃。
9）拆开活动车顶。
10）拆装防滑板。
11）拆装螺栓联接的后侧板延伸板和填料。
12）拆装各种密封条。
13）拆装车门锁扣。
14）拆装车灯。
15）拆装保险杠总成（如果必须）。
16）拆装行李舱饰板。

如果后侧板是从窗框下面进行切割的，则切割工时只包含以下操作：

1）拆装后座椅。
2）拆装后侧板饰板。
3）拆装防滑板。
4）拆装螺栓联接的后侧板延伸板和填料。
5）拆装各种密封条。
6）拆装车门锁扣。
7）拆装车灯。
8）拆装保险杠总成（如果必须）。

后侧板的拆卸和安装工时以及从腰线以下的切割工时一般不包含以下操作：
1）重新喷涂。
2）涂施底漆、隔声和防腐材料。
3）拆装车轮。
4）拆装天线。
5）拆装后侧板里面的板件。
6）拆装或卷起车顶罩。
7）R&I 选装的车顶。
8）拆装选装的饰条、铭牌、徽标和装饰件。
9）拆装胶带、标签和覆盖件。
10）碎玻璃的清理。

6. 驾驶室侧板

对于长头驾驶室的皮卡车，侧面碰撞可能会损伤驾驶室侧板，而在正向或追尾碰撞时，车架变形可能会使货厢撞到驾驶室的后部，从而导致这部分板件损伤。驾驶室侧板可以和后侧板一样进行更换或切割。一般包括座椅、防滑板、角窗、锁扣填缝剂、地毯和饰条的拆卸、安装或更换。如果需要，还可能包括驾驶室后玻璃、车顶衬板、货厢和隔声装饰板的"拆卸和更换"或"拆卸和安装"。如果需要清理碎玻璃，必须增加这部分工时。如果需要为饰条钻孔、安装胶带以及重新喷涂，也必须增加相应的工时。

7. 厢式车侧板

厢式车侧板的更换与后侧板和皮卡驾驶室侧板的更换相似。侧板上连接着内部支架、地板和轮罩板，应检查这些部件是否有隐藏的损伤。有些汽车厂家分前、后两块提供侧板。侧板的拆卸和更换工时通常包含侧门、后门、后保险杠、后灯、填充板的拆装，侧窗、防滑板、锁扣、填缝剂和车顶衬板的拆换，还可能涉及重新喷漆，拆装内饰、燃油箱、车轮、座椅和隔声材料，安装胶带，清理碎玻璃以及为饰件钻孔。改装的厢式车可能有很多额外的内饰板，在维修时有时需要拆下这些内饰板，这些工时需要逐个计算。

8. 货厢侧板

如果货车或皮卡的货厢侧板损伤，而且其维修费用超过侧板本身的价格，应考虑更换侧板。更换货厢侧板工时包含后灯、加油口盖、后保险杠、尾灯的拆卸和安装工时，后翼子板、踏脚板、加油管和填缝剂的拆卸和安装工时也包含在内。

▶ 4.4.16 前门和后门

车门是车身上最复杂和最昂贵的构件之一。一般的车门里面有车门框架，外面有一块车门外板，又称蒙皮，如图4-78、图4-79所示。车门框架由金属板制成，而蒙皮可能是金属板，也可能是玻璃钢或塑料板。蒙皮焊接在车门框架上，或用卡子卡紧，或用胶粘接在车门框架上。在蒙皮内侧，有一个加强杆焊接在车门框架上。加强杆也称为防撞杆，由高强度钢制成，用来防止撞击力使车门凹陷而伤害乘客。车门通过铰链连接在铰链柱上。大多数车门是用螺栓与铰链相连的，而铰链通过螺栓或焊接方式安装在立柱上。

除了车门框架、蒙皮和铰链外，大多数车门总成还有许多连接件和内部零件。车门的外部可能有以下零部件：车门手柄、锁芯、门闩、外部后视镜、饰条、标签、徽标、胶带或覆

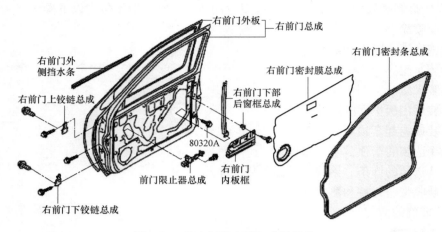

图 4-78　前车门的主要组成零部件

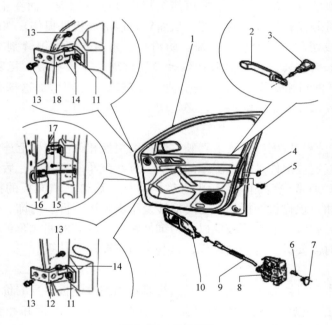

图 4-79　车门附件

1—车门　2—车外把手　3—锁芯外壳　4—饰盖　5、6、11、13、16、17—螺栓　7—插销碰板　8—车门锁
9—拉索　10—车内把手　12、18—车门铰链　14—螺母　15—车门限位器

盖件。车门内部可能有车窗玻璃、玻璃导槽和滑道、升降器（手动或电动）、电线线束、门锁机构、外部后视镜控制装置。大多数车门框架的内表面都有饰板覆盖。车门拉手、扶手、控制板和车窗玻璃升降器也安装在车门框架内侧。

　　车门外板可以用吸杯、撬棍或撬镐和拉伸液压缸进行维修。但如果损伤较严重，就应当单独更换蒙皮，只要有可能，就一定要尽量只更换蒙皮而不要更换车门框架。更换蒙皮时通常需要将车门从车上拆下来，为防止打破车窗玻璃，还要将玻璃拆下。然后钻削掉焊点，打磨掉钎焊金属。沿着车门的边缘磨去包边，这样就可以将蒙皮从车门框架上拆下来了。将剩下的包边或焊接材料清除干净，将车门框架边缘清理干净，如果必要的话进行校直。把新的蒙皮放到车门框架上，将包边卷到车门框架边缘上。然后用点焊或胶粘的方式将蒙皮固定到车门框架上。蒙皮的上部边缘通常用惰性气体焊（MIG）焊接到车门框架的顶部，这样可防止水蒸气和灰尘进入车门，同时可以获得密闭的、精美的焊缝。

车门蒙皮的拆卸和更换工时通常包含以下操作：

1）拆装车门。
2）拆装车门内饰板。
3）拆换填缝剂。
4）拆换或拆装门外把手、门锁和门边的密封条。
5）更换卡装型嵌条。

车门蒙皮的拆卸和安装工时通常不包含以下操作：

1）拆换或拆装车门玻璃、电气附件、后视镜和玻璃导槽。
2）更换隔声材料。
3）门锁重新编码。
4）拆装胶粘型外饰或安装新的胶粘型外饰。
5）安装胶带、标签、转移件或覆盖件。
6）为安装外饰钻孔。
7）清理碎玻璃。
8）蒙皮和车门框架的重新喷涂。

如果碰撞力很大，造成车门框架严重损坏，维修很困难或不经济，就应当从主机厂或配件经销商店购买一个新的车门框架换上。新车门框架本身带有蒙皮，而且车门内的加强杆及其他加强件也已安装好。但是，不包含车窗玻璃、导槽、升降器及其他与车门框架相连的附件。这些零部件必须从原车门上拆下来再安装到新车门上。车门框架的拆卸和更换工时通常包含以下操作：

1）更换或转移车门上的所有零部件（车门把手、玻璃、导槽、升降器和密封条）。
2）拆卸和安装内饰板。
3）拆装门锁。
4）在原厂焊缝中涂施新的填缝剂。
5）更换标准装备——卡装型嵌条。

如果必须从升降器上拆下玻璃，若是从玻璃上拆下下部夹框需增加 0.2h 的工时；若是上部和下部夹框都要拆下，则需增加 0.3h 的工时。如果需要清理碎玻璃，定损单中还要增加适当的清理工时。车门框架拆卸和更换工时通常不包含以下操作：

1）更换隔声材料。
2）拆卸和安装或更换后视镜。
3）拆换或拆装焊装型铰链。
4）拆换或拆装铰链固定板。
5）拆换或拆装标签（如环保标签或车身识别标签）。
6）门锁重新编码。
7）拆装或更换胶粘型内饰。
8）安装胶带、标签、转移件或覆盖件。

9）为安装嵌条钻孔。

10）车门的重新喷涂。

如果维修时必须进行以上作业，就应当在定损单中添加相应的工时，有些作业的平均工时在维修或配件手册中可能可以查到，很多情况下则查不到，此时应当由定损员与维修店协商确定。

如果受损车辆上还装有一些选装件，必须增加相应的工时。例如，如果车门上装有防盗报警系统、遥控后视镜、门锁照明、扬声器、电控门锁或电动升降器等，就必须增加一些额外工时。

配件手册或定损手册中一般还给出各个零部件的拆卸和更换工时。这些工时已包含在车门框架的工时中，但如果需要单独更换某个零部件（如破碎的车窗玻璃或损坏的玻璃升降器），就应当单独列出这个零部件的工时。

▶ 4.4.17 后部车身

后部车身的零部件因车身类型的不同而有所不同。对于承载式车型，后部车身主要由后部车身板、后地板、后纵梁、多个横梁、加强件、填充板和延伸件组成，如图4-80a所示。在有些车型上，后风窗玻璃下部边缘和行李舱盖之间有一块板子，称为后部上盖板，它焊接在两边的后侧板上。而有些车辆的后部上盖板是后窗台板的一部分。有些车辆的后部车身板外面还装有一块装饰板。在评估后部车身的损坏和计算实际维修费用时应当注意，后部车身的很多板件不是外观件。例如：搁物架通常被塑料装饰件盖住，只需通过一般的钣金工艺将这块金属板恢复到原来的形状和尺寸即可。地板和纵梁可以用液压拉伸装置和液压缸进行校直，如图4-80b所示。

但是，当受损的板件维修起来不是很经济时，就应当进行更换，从配件手册或定损手册中查找它们的更换工时和价格。后部车身板的拆卸和更换工时通常包括拆卸和安装后保险杠、填充板、防飞石护板、后部车身板上的密封条以及后灯总成，拆换或拆装碰撞缓冲装置或安装臂（如果这项操作是拆卸后部车身板之前必须完成的）的操作工时。如果门锁、门闩、锁扣也与后部车身板相连，那么这项零件的拆装操作也包含在内，另外还包括原厂填缝剂和卡装型嵌条的更换工时。

后部车身板的拆卸和更换工时通常不包含以下操作：

1）拆卸和安装燃油箱总成。

2）拆卸和安装或更换电线和线束。

3）门锁的重新编码。

4）拆卸和安装胶粘型嵌条。

5）安装胶带、标签、转移件和覆盖件。

6）为安装外饰钻孔。

7）为安装车灯钻孔。

后纵梁和地板的拆卸和更换工时包含钻除原厂焊点、调整对齐并重新焊接新板件所必需的工时。可能涉及拆卸和安装受损板件上其他零件（如悬架总成、半轴总成、燃油箱、制动和燃油管路），还可能涉及那些为了维修后纵梁和地板而必须拆下的零部件。另外，定损时还必须考虑将车辆安置到校直设备上的工时，拉伸受损的相邻板件的工时，测量损伤程度的工时等。对于四轮驱动车辆和独立后悬架车辆，后部车身板件的正确定位尤其重要。

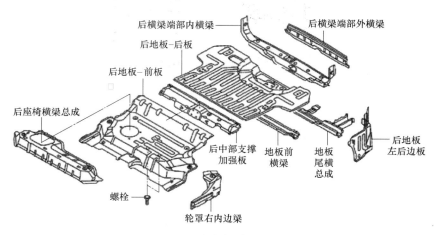

a) 后部车身的主要组成零件

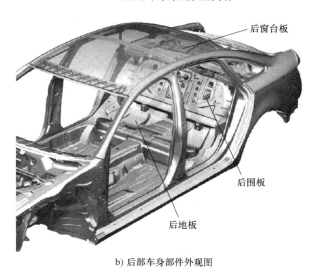

b) 后部车身部件外观图

图 4-80 后部车身

4.4.18 行李舱盖

行李舱盖的结构和维修操作与发动机舱盖很相似。大多数行李舱盖都包含外板、内板、行李舱锁、锁栓总成、锁扣、铰链等零部件，如图 4-81、图 4-82 所示。外板与内板的边缘点焊在一起，内板的上表面与外板的下表面粘合在一起。这种双层板件结构使得行李舱盖的拉伸和喷涂维修具有一定的局限性，一旦其维修成本超过一定的限度，就要将外板和内板一起作为一个整体进行更换。行李舱盖拆卸和更换工时通常包含以下操作：拆装或更换行李舱锁、锁栓、锁扣、密封条、车灯总成和线束（只要这些零部件与行李舱盖相连就包含在内，如果不相连，则不包含在内），更换卡装型嵌条和缝隙密封剂。以下操作一般不包含在内：

1）拆换或拆装铰链。
2）拆换或拆装行李架或尾翼。
3）拆装标签，如举升说明和注意事项。

4) 拆装胶粘型嵌条或安装新的胶粘型嵌条。
5) 安装胶带、标签、转移件或覆盖件。
6) 为安装外饰件钻孔。
7) 防盗门锁的重新编码。
8) 行李舱盖的重新喷涂。

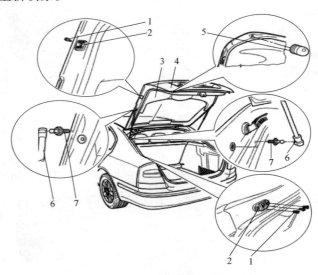

图 4-81 行李舱盖部件

1—螺钉 2—楔形缓冲器 3—行李舱盖饰板 4—行李舱盖 5—缓冲挡块 6—空气压力挺杆 7—球销

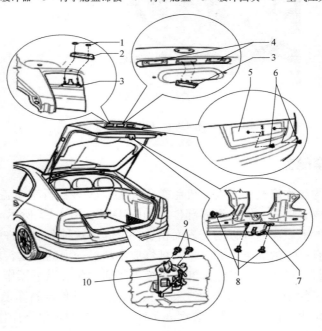

图 4-82 行李舱盖锁部件

1—螺母 2—固定罩 3—行李舱盖释放开关 4—牌照灯 5—牌照 6—调整螺母
7—行李舱盖锁 8、9—螺栓 10—插销碰板

4.4.19 尾门和举升门

旅行车和厢式车的后部有一个尾门或举升门（图 4-83）。尾门或举升门的更换工时中包含的项目与行李舱盖的类似，但因为尾门或举升门上通常有后风窗玻璃，所以还包含了这些玻璃及其相关零部件（如玻璃导槽、升降器、外把手、密封条和标准配置的车灯总成）的拆换工时。另外，与车门一样，拆卸尾门和举升门的下部夹框需要额外增加 0.2h 的工时，拆卸上部和下部夹框需要额外增加 0.3h 的工时。另外还有转移或更换刮水器和清洗器总成或铰链固定板等，都需要额外增加工时。

尾门的外板可以从车门框架上拆下单独更换，其更换步骤与前面介绍的车门蒙皮更换步骤相似。当尾门和举升门上的玻璃需要更换时，必须确定这个玻璃是否带加热，两者价格是不一样的。另外，如果玻璃是用胶粘剂安装的，还必须考虑安装材料的费用。

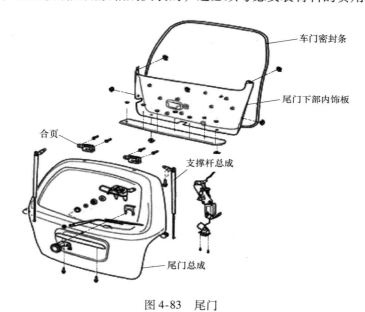

图 4-83　尾门

4.4.20 切割车身

有时承载式车身的后部或侧面严重受损，最好的维修方式是用一个旧总成进行更换。割头后部车身包括后部车身，从前风窗玻璃立柱和仪表板下面的地板到后保险杠。这样的总成包括车顶、地板、门槛板部分、中柱（对于四门轿车）、两边的后侧板和轮罩板、行李舱地板、行李舱盖、后部车身板，如图 4-84 所示。后部切割车身不包括车顶和后座以前的所有部件，如图 4-85 所示。与单独更换一些板件相比，这种维修工艺减少了焊接操作和对原厂焊缝的破坏，节省了大量工时和配件费用，可以挽救一些可能要完全报废的车辆。在割头后部车身中，地板、门槛板和前风窗玻璃立柱都受到切割，在用它进行维修时要求有很高的测量、焊接和防腐技术。对于皮卡车，也可以将驾驶室切割下来，从而做出一个割头后部车身总成。

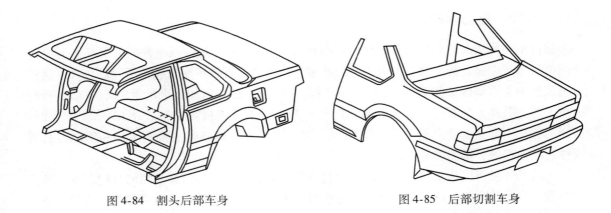

图 4-84　割头后部车身　　　　　图 4-85　后部切割车身

4.4.21　车身内饰和衬里

首先查看乘员舱的损伤情况，以及事故碰撞力、乘员和物体的二次碰撞对内饰和衬里可能造成的损伤情况。损坏的塑料件可以用塑料焊接工艺进行修复，然后通过喷漆与内饰的颜色和纹理进行匹配。如果地毯和衬里脏污，可以进行清洗和除臭。聚乙烯和纺织材质的衬里一般可在有资质的衬里修理店进行维修或更换。损伤的内饰是维修还是更换取决于其损坏的程度、更换件的费用、是否能够买到更换件以及维修工的技艺水平。如果内饰件必须更换，可以从配件手册或定损手册中查询到前围内饰、车门内饰、中柱内饰、后侧板内饰、车顶内饰、搁物板、行李舱等零部件的工时和配件价格。定损员应当借助手册中的分解图确定哪些零部件在实际碰撞中被损坏，如图 4-86～图 4-90 所示。

对于不同年款、不同型号的车辆，其零件价格和数量可能不同。应当咨询当地的 4S 店，以获取实际的内饰零件编号和价格。对于没有喷涂的板件，在定损单中还要包含相应的喷涂工时和涂料费用。

定损手册中所列的内饰更换工时包含拆卸和更换内饰零部件所必需的操作，除非特别说明。但车顶衬板需单独计算，它的更换工时包括遮阳板、灯、挂衣钩、装饰嵌条、后座和安全带的拆卸和安装工时（不含选装车灯及其他装备）。

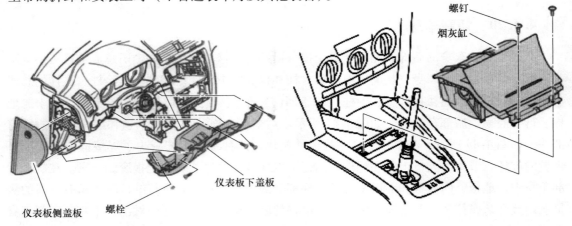

图 4-86　仪表板和控制台饰板

第4章 事故损伤与评定

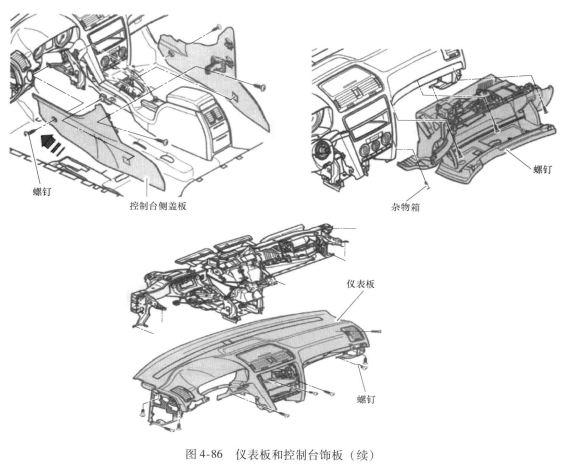

图 4-86 仪表板和控制台饰板（续）

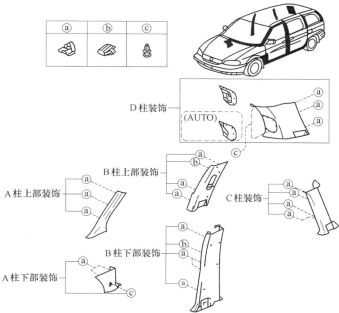

图 4-87 车身 A 柱、B 柱、C 柱、D 柱装饰

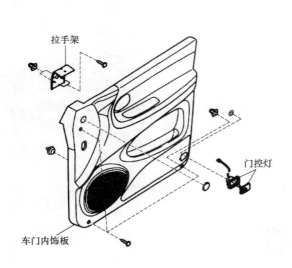

图 4-88 车门内饰板及附件

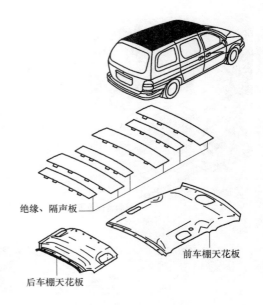

图 4-89 车顶内饰板

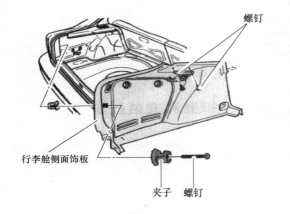

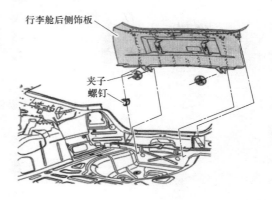

图 4-90 行李舱内饰板

4.5 机械和电气部件的损伤评定

在许多事故中,损伤并非只限于车辆的外部钣金件和塑料件、装饰件、车漆、风窗玻璃以及其他通常与碰撞修理工作相关的部位,发动机、变速器、转向系统、悬架、制动系统、空调等机械电气系统也可能在事故中受到损伤,电气线路与电子传感器和继电器也可能受损。必须精确地评估机械和电气系统的损伤情况。定损人员如果对机械系统知之甚少,定损时就会经常出错,所以要认真学习机械和电气部件在事故中的损坏和修理知识。

另外,汽车上不是所有机械和电气器件都容易在事故中受损,如发动机缸体、曲轴等零部件就很少在碰撞事故中损坏。对于碰撞中容易受损的机械部件,主机厂的配件手册和定损手册中一般都会列出其价格和工时,在定损时可以进行查阅。本节将介绍这些容易在碰撞中受损的机械和电气系统。

4.5.1 机械类和电气类零件修与换的原则

1. 机械类零件修与换的原则

（1）悬架系统与转向系统零件　在阐述悬架系统中零件修与换的原则之前，必须说明悬架系统与车轮定位的关系。对于非承载式车身，正确的车轮定位的前提是正确的车架形状和尺寸。对于承载式车身，正确的车轮定位的前提是正确的车身定位尺寸。车身定位尺寸的允许偏差一般为 1~3mm。

汽车悬架系统中的任何零件都是不允许用校正的方法进行修理的。当车轮定位仪器检测出车轮定位不合格时，用肉眼和一般量具无法判断出具体损伤和变形的零部件，不要轻易做出更换悬架系统中某个零件的决定。

车轮外倾角、主销内倾角、主销后倾角都与车身定位尺寸密切相关。如果数据不对，首先应分析是否因碰撞造成，由于碰撞事故不可能造成轮胎的不均匀磨损，可通过检查轮胎的磨损是否均匀，初步判断事故前的车轮定位情况。例如桑塔纳的车轮外倾角，下摆臂橡胶套的磨损、锁板固定螺栓的松动，都会造成车轮外倾角的增大。再检查车身定位尺寸，在消除了诸如摆臂橡胶套的磨损等原因、校正好车身，使相关定位尺寸正确后，再做车轮定位检测。如果此时车轮定位检测仍不合格，再根据其结构、维修手册判断具体的损伤部件，逐一更换、检测，直至损伤部件得到确认为止。

上述过程通常是一个非常复杂而繁琐的过程，又是一个技术含量较高的工作，由于悬架系统中的零件都属于安全部件，而价格又较高，鉴定评估工作切不可轻率马虎。

汽车转向机构中的零件也有类似问题。

（2）铸造基础件　发动机缸体、变速器、主减速器和差速器的壳体往往用铸铁或铝合金铸造而成。在遭受冲击载荷时，常常会造成固定支脚的断裂。一些轿车在遭受正面碰撞时，气缸盖发电机固定处可能发生碰撞断裂。若碰撞严重时还可能导致壳体断裂。不论是铸铁还是铝合金铸件，如果用焊接方法修理，可能会造成其变形，因此一般应考虑更换。

2. 电气件修与换的原则

有些电气件在遭受碰撞后，外观虽然没有损伤，但一定要认真检查。碰撞会造成系统过载，相应的熔断器、熔丝、大限流熔断器和断路器会因过载而工作，出现断路。此时熔断器、熔丝、大限流熔断器要更换，应使用同一规格的熔断器。自动式断路器可自动复位循环使用；手动式断路器需人工复位，循环使用。

4.5.2 发动机

汽车发生一般事故时，一般不会使发动机受到损伤。只有比较严重的碰撞事故才可能导致发动机损坏。比如车辆受到来自保险杠上方的严重碰撞，缸盖和顶置凸轮轴就可能损坏。

汽车发生正面碰撞时，发动机外部零件容易受损，主要有曲轴带轮、传动带、发动机支座、正时罩、油底壳和空气滤清器。

发动机支座固定发动机并缓冲发动机的振动。支座通常位于发动机的左右和前侧。有些发动机还有一个后支座，如图 4-91 所示。正时罩保护着正时齿轮和正时带。油底壳是存储发动机机油的金属壳体。空气滤清器用来过滤发动机的进气。

在侧面碰撞中，下车架横梁会发生大幅移动，使带轮弯曲然后反弹回来。在检查损伤时，应意识到即使在横梁和带轮之间还有间隙，带轮可能也已经损坏，如图 4-92 所示。最好是起动发动机并观察带轮有无摇摆。受损的带轮无法修理，必须进行更换。

同样，如果带轮损坏，那么装带轮的泵或压缩机也可能受损。检查零件是否工作正常、有无泄漏。驱动带应该检查有无裂缝。

在严重的正面和侧面碰撞中，发动机支座可能受损。由于下横梁或散热器支架在碰撞中会移动，所以装在上面的部件也会移动。发动机支座通常就是这样弯曲的。观察支座、发动机和车架横梁的位置。通常，支座与发动机和横梁成直角，如果不是直角，则表明发动机或横梁发生了位移。通常通过修理横梁可以恢复支座的正确角度。如果支座弯曲，就应进行更换。支座在严重的碰撞中可能断裂。要检查支座是否断裂，应将发动机支起。如果发动机向上移动，则支座可能断裂。要检查自动变速器车辆上的发动机支座是否断裂，则应起动发动机，踩下制动踏板，换入前进档位，不松开制动的情况下轻踩加速踏板。如果发动机弹起，则支座可能断裂，需要进行更换。

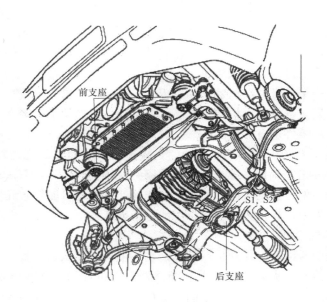

图 4-91　发动机三点式支承

图 4-92　横梁和带轮位置

如果正时罩或油底壳是由冲压金属板材制成，在发生了轻微凹陷时，应拆下并进行金属加工。如果受损的正时罩和油底壳是由铸铁或铝和金属板件制成，在损坏严重时，应进行更换。空气滤清器通常装在散热器支撑后方，在正面碰撞或侧面碰撞时很容易受损。要仔细检查，损坏处可能很难发现。塑料的空气滤清器壳体或固定突起可以通过塑料焊接粘接剂进行修复。

▶ 4.5.3 冷却系统

当前汽车上最常用的汽油发动机或柴油发动机绝大多数都采用水冷方式进行冷却，即通过冷却液在缸体和缸盖内循环使发动机保持正常的工作温度。冷却系统由水泵、水套、散热器、风扇、软管、节温器、温度指示器、风扇护罩等零部件组成，如图 4-93 所示。

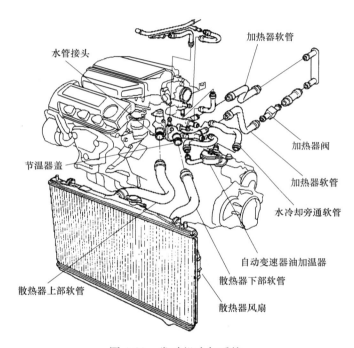

图 4-93 发动机冷却系统

水泵通常通过传动带由曲轴驱动，散热器风扇则由传动带驱动或电驱动。水泵把冷却液从散热器的底部或侧面泵出，使其在发动机缸体和缸盖的内部水道里循环，这种内部水道通常被称为水套。从发动机流出的冷却液再从节温器处流进散热器的顶部储水罐，然后再从储水罐慢慢流入散热器内的细管中。细管周围环绕着冷却翅片，这些细管和翅片称为散热器芯。当冷却液达到散热器的出水口时，就开始了新一轮循环。当节温器打开时，冷却液会持续流过发动机和散热器。随着冷却液流经发动机缸体和缸盖，燃烧形成的热量就传递到冷却液中，随着冷却液流经散热器芯，热量就经过散热器芯翅片散发到空气中。散热器风扇的作用是在急速或低速行驶时向散热器吹风，这样就确保了低速时也有足够的空气流过散热器，确保良好的冷却效果。冷却系统的主要作用有以下两点：

① 带走发动机多余热量。
② 将发动机温度保持在合适的温度点上。

1. 散热器风扇

前轮驱动的车辆上至少配备了一个温度控制的电子扇总成，装在散热器后面。该总成由电动机、风扇及塑料风扇护罩组成，如图4-94所示。风扇的开闭由冷却液温度控制。在正面碰撞中，冷凝器、散热器以及风扇总成通常会在碰撞力的作用下向后移动，并可能挤压到发动机上，造成二次碰撞损坏。

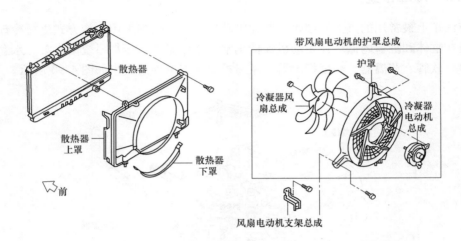

图4-94 散热器风扇的主要组成

2. 冷却系统损伤鉴定

散热器在进气格栅和发动机之间，因此它是冷却系统中最容易被撞坏的部件。散热器在碰撞中的损伤形式多种多样，最常见的一种是散热器芯损坏。依据碰撞的严重程度，风扇可能只会造成散热器芯的外观损伤（此类损伤很容易修理），也可能毁坏散热器芯。变形的翅片可以用专用工具拉直，没有严重损坏的管路可以重新焊接。但是如果大块的冷却翅片松脱，或是管路被压扁或撕裂，则建议更换一个新的散热器芯。修复一个散热器芯的费用通常比购买一个新散热器芯便宜一半。如果除了散热器芯受损之外，末端储水罐也被损坏或是散热器严重腐蚀，那么彻底更换应该是更好的选择。

有时碰撞后的散热器看上去没有造成任何明显的损伤，但是撞击力可能会在软管周围沿着散热器芯盖或管路接缝处造成极细的裂纹。如果怀疑存在隐蔽的损伤（散热器中冷却液不足，且无明显损伤），则应通过压力测试检测散热器有无泄漏。更换散热器时一般包括下列操作：

1）排空冷却液，检查、重新加注冷却液。
2）断开和重新连接软管。
3）拆装安装电子扇总成。
4）拆装风扇护罩。

> **注意**：更换散热器时，不要忘记计算冷却液的费用。

对于散热器风扇，如果叶片弯曲或损坏，就不能再修理了，只能更换新的。损坏或弯曲的风扇离合器也必须更换，这也是不可修理的项目。聚丙烯风扇护罩上的裂缝可以进行塑料焊接修理。如果水泵的壳或轴已损坏，则应更换软管。散热器护罩通常是塑料制品，如果损坏不严重,可以通过塑料焊接工艺进行修理。传动带和软管由于其柔性,通常在碰撞中不会损坏。但是,有时为了松开一个受损部件,必须将好的传动带切开。此外,若传动带上出现裂纹、切口、划痕或磨损严重,就应当更换。如果软管出现裂缝、刺孔、撕裂、老化开裂、烧灼、鳞片、变软,应当进行更换。**特别要注意散热器下软管,下软管内部有钢丝支撑,用以避免水泵高速转动产生的局部真空使其塌陷**。如果下部软管已经被撞扁,则其内部的强化弹簧也已被撞扁。如果不更换软管,车辆可能会在高速时出现过热问题。原厂软管夹子应和软管一同进行更换。

▶ 4.5.4 排气系统

1. 排气系统的构成

排气系统用来收集发动机内混合气燃烧形成的尾气并将其排出,还用来降低发动机噪声,并在冷却发动机方面有显著的作用。当代汽车上的排气系统还可用于排放控制。排气系统的部件如图4-95、图4-96所示,包括排气歧管和衬垫、排气管、密封垫和连接管、中间连管、催化转换器、消声器、辅助消声器、尾管、隔热罩、卡子和悬架。

图4-95 排气系统总成

尾气是从排气歧管开始进行收集的,这是排气系统的第一部分,直接用螺栓拧到缸盖上。排气歧管的设计使它能与缸盖的排气部分正确配合。大多数直列发动机配备的是单排气歧管,而V型发动机会在每个缸盖上配一个歧管,在老式汽车上,V型发动机配备完整的双排气系统是很常见的,发动机的每一侧都有一套排气系统,收集和排出废气。在最新型的汽车上,两个排气歧管与一根排气管相连,排气管呈Y形。所有的尾气就会通过同一个消声器和尾管排出。

发动机废气都是从排气歧管流到排气管,排气管然后与催化转换器、消声器和中间连管组成完整的排气管路。有些大排量发动机的排气系统中还配有一个副消声器来进一步消除排气噪声。简单地说,消声器就是连着入口管和出口管的一个罐状零件,内部是一系列改变排气流向的阻隔物,排气流向的改变能够使废气在排出尾管时消除燃烧的声音。

催化转换器是汽车发动机上普遍采用的一种机外废气净化装置,用来将有害的一氧化碳转化成二氧化碳,并将在发动机燃烧过程中未燃尽的碳氢化合物进行氧化。它安装在排气歧管和消声器之间。主要有两种基本结构形式:

(1) 整体型 如图4-97a所示,包括一个陶瓷的蜂巢形基材,即载体,上面涂有贵金属催化剂。催化剂通常是铂和钯。这种基材外面罩着一个不锈钢壳体,其表面温度为250～

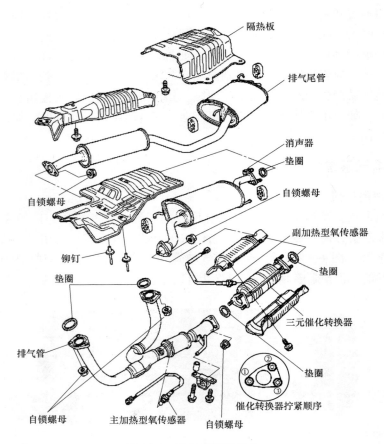

图 4-96 排气系统的部件

300℃。

（2）颗粒型　如图 4-97b 所示，外形扁平，里面的基材由数以千计的微小多孔颗粒组成，颗粒上涂有与整体式催化转化器相同的贵金属，颗粒装在一个不锈钢壳体中。

2. 排气系统损伤分析

在判断排气系统有无损伤时，可以听听发动机的噪声有无明显增大，看看排气系统的零件有无裂纹或弯曲。只要损伤的程度超过了轻微的刮伤或非常轻微的弯曲，就需要对受损件进行更换。如果只是尾管末端的一小段受损，可以将这一小段拆下，换上尾管延长管。如果催化转换器损坏，必须进行更换。

4.5.5　变速驱动桥

变速器的作用是根据汽车的不同行驶条件，改变发动机的输出转速和转矩，以改变汽车的车速和驱动力，在汽车需要倒车时改变传动系统的传动方向（倒档），在汽车临时停车时切断发动机与传动系统的动力连接（空档）。有的变速器还可向汽车的附属机构提供动力。按照传动比的变化情况，变速器分为有级式、无级式和综合式三种。对于前轮驱动车辆，变速器与主减速器和差速器直接相连，称为变速驱动桥。变速驱动桥的位置使其在正面碰撞中容易受到损坏。

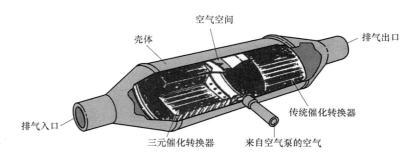

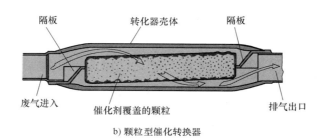

图 4-97 催化转换器

1. 手动变速驱动桥

大多数手动变速驱动桥为五速，也就是说有五个前进档（其中一个是超速档）和一个倒档。变速器的齿轮装在一个铸铝壳体内。变速驱动桥的内部有齿轮、离合器总成和换档拨叉。变速驱动桥的外部有连杆系统、变速杆、离合器主缸和离合器副缸。变速驱动桥和液压离合器的正常工作需要工作液，连杆系统必须调校对正。碰撞会使变速器壳体开裂、液压系统泄漏或是连杆系统错位。用举升机将车辆升起，检查变速驱动桥四周有无液体泄漏，查看连杆是否弯曲。所有受损的部件都必须更换。

2. 自动变速驱动桥

自动变速驱动桥中包含有一组或多组行星齿轮、制动带、伺服机构、离合器、侧齿轮和油泵。这些零件封装在一个变速器壳体和罩盖中，如图 4-98 所示。如果壳体折断或开裂，则应进行更换。自动变速器油底壳为冲压钢板，装在变速器壳体的底部，用来存储润滑油。如果其密封部分发生损坏，则应将其拆下、矫直，并换用新的垫圈将其装回。当损坏的油底壳拆下后，应对内部零件进行检查。

如果外部件受到损坏或怀疑内部受损，则变速器需要进行拆解检查。由于正常使用中的磨损也可能会造成变速器故障，所以车主和保险公司应在解体开始前就谁支付解体费达成一致。通常，如果问题是由碰撞造成的，则应由保险公司支付；如果是由其他问题造成的磨损，则由车主支付。但是进行这类故障诊断时，不应把变速器从车上拆下来，事实上，许多修理都不需要将变速器拆下。

如果车辆碰撞时，变速器位于驻车位置，则制动棘爪可能折断，该零件在设计时就是要在其他零件受损坏前就先折断。

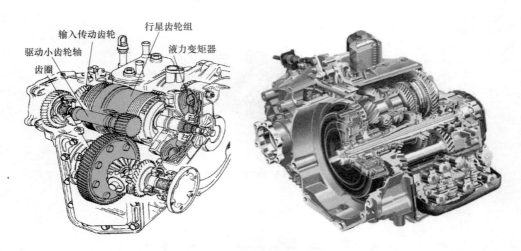

图 4-98 自动变速驱动桥的结构

> **注意：无级变速器、双离合变速器损伤评定与自动变速器损伤评定相同。**

4.5.6 驱动桥

发动机转矩通过驱动桥和两个半轴传到驱动轮，如图 4-99、图 4-100 所示。前置前驱汽车为实现驱动轮的转向功能，每个半轴两端都各有一个等速万向节，每个等速万向节都包括一个球笼、轴承、驱动器和支架、壳体和防尘套。防尘套的作用是保护润滑脂，对万向节的正常工作很重要。驱动轮处严重的撞击会将半轴从变速驱动桥中推出，甚至折断等速万向节。只要发现驱动轮受损，就应该对半轴进行检查。查看防尘套有无破裂。拉动半轴检查是否松动。受损的防尘套和等速万向节可以进行更换。有时需要更换整个半轴。

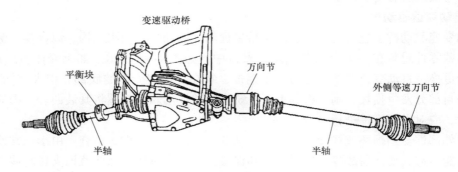

图 4-99 差速器和半轴

4.5.7 发动机副车架

有些前轮驱动汽车上装有一个副车架（图 4-101～图 4-103），用于安装发动机、变速驱动桥、齿轮齿条式转向器等总成，其结构类似车架式车辆中的车架。副车架通过四个螺栓固定在承载式车身上，其中两个在散热器支承上，两个在防火板上。松开这四个螺栓并升起车辆，就可以将脱开的传动系统整个拆下。由于副车架结构形式复杂，如果出现两处或更多处固定区域的损伤，就需要更换，如果只有一处固定区域受损，则可尝试进行修理。

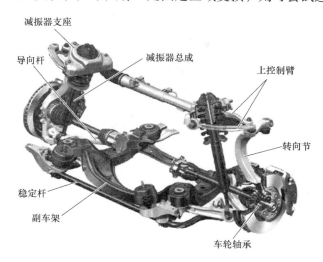

图 4-100　前悬架、半轴、副车架

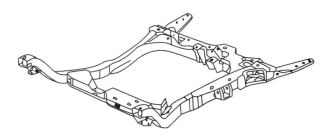

图 4-101　副车架

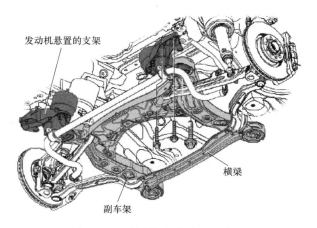

图 4-102　副车架在车身上的位置

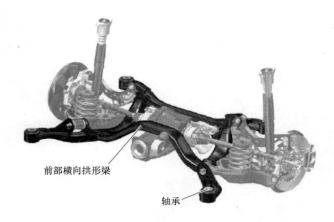

图 4-103　四轮驱动车辆车身后部副车架

4.5.8　传动轴

对于后轮驱动型车辆，由传动轴将发动机和变速器的动力传递给后桥的差速器，如图 4-104 所示。传动轴是一个中空管，两端各带一个万向节。有些车辆上采用的是两段式传动轴。这时会有三个万向节。在后桥受到严重撞击时，传动轴可能会在碰撞力的作用下从变速器中脱出。受损的传动轴不要再尝试修理，应当更换整个总成。

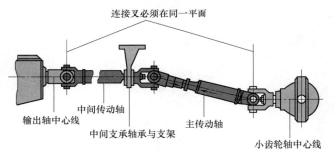

图 4-104　传动轴

4.5.9　后桥总成

后轮驱动汽车的后驱动轮是由后桥总成驱动的。后桥总成包括车桥壳体、主减速器、差速器、两根半轴，如图 4-105、图 4-106 所示。主减速器进一步减速增矩。差速器能够让两个后轮分别以不同的转速转动。后轮受到的撞击会使车桥弯曲，甚至折断桥壳。要检查车桥是否弯曲，应首先用千斤顶将车桥后端顶起并支撑住车桥壳体。如果车轮弯曲，应换装一个好的车轮。转动车轮，站在后面查看车轮是否摆动。如果车轮摆动，则说明车桥弯曲。检查弯曲的壳体时，应从一个参考点向两侧测量。弯曲的车桥或壳体应当进行更换。

4.5.10　分动器

四轮驱动汽车与前轮驱动或后轮驱动形式相比，传动系统中多了一个分动器、一套传动

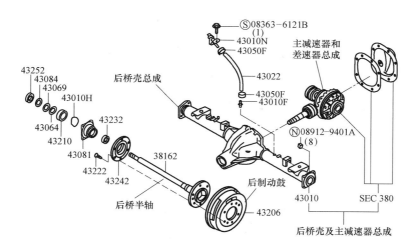

图 4-105 后驱动桥

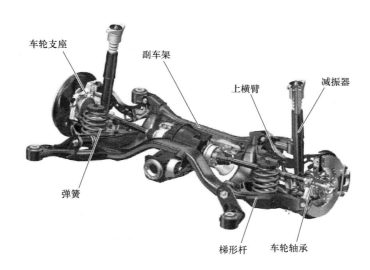

图 4-106 后桥总成及后悬架

轴和半轴。分动器装在变速器后方，给前后驱动桥分配动力，如图 4-107 所示。对于有些车型，前轮处还装备了等速万向节。当前轮受到撞击或车架发生严重损坏时，这些部件会受损坏。检查分动器有无泄漏，其安装点有无损坏。前传动轴和前桥的检查和修理方法与后传动轴和后桥相同。

▶ 4.5.11 悬架系统

悬架系统是车架（或承载式车身）和车桥（或车轮）之间的传力连接装置的总称，其主要功能有：

1）与轮胎一起，吸收和减缓汽车行驶中由于路面不平所造成的各种颤动、摇摆和振动等，从而保证乘客和货物的安全，并提高驾驶稳定性。

2）将路面与车轮之间摩擦所产生的驱动力和制动力，传递到底盘和车身。

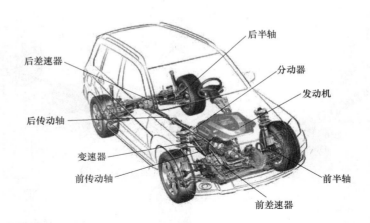

图4-107　四轮驱动车辆包括前后传动轴和车桥

3）支撑车身，并使车身与车轮之间保持适当的几何关系。

汽车的悬架系统虽然有不同的结构形式，但一般都是由以下三部分组成：弹性元件、减振器和导向机构。悬架系统通常分为非独立悬架和独立悬架两类。乘用车的前悬架一般都是独立悬架，后悬架有的是独立悬架，有的是非独立悬架。

1. 前悬架

前悬架系统的结构比较复杂，它必须能够保持车轮的正确定位，还能够左右转向。此外，由于制动时的轴荷转移，前悬架系统要吸收绝大多数制动力矩。要达到这一点，悬架必须达到良好

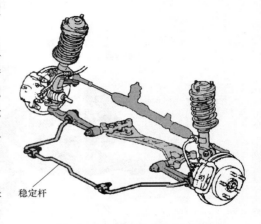

图4-108　麦弗逊式独立悬架

的操纵性和稳定性。目前乘用车上常用的独立前悬架主要有螺旋弹簧式、扭杆式、单控制臂式（支柱式）。螺旋弹簧和扭杆是传统的悬架形式，现在最常用的是支柱式悬架，即麦弗逊式独立悬架，如图4-108所示。这种悬架结构紧凑，质量较轻，在发动机舱中占用的空间较少，有利于节油。**应当注意的是，在更换独立悬架零件时，要加上车轮定位的工时**。悬架的大修作业包括的操作有：拆解、检查、清洁、更换旧件、重新组装，以及脱开转向节或横拉杆端头，另外可能还涉及以下内容：车轮定位（前或后），转向器、转向连杆或稳定杆的拆卸和安装，制动系统的放气和调整。

（1）不等长双横臂式独立悬架　不等长双横臂式独立悬架系统在汽车上已应用多年，如图4-109所示。每个车轮都是通过转向节、球节总成和上下控制臂独立连接到车架上。由于臂长不等，可以保证在行驶过程中车轮和主销的角度以及轮距变化都不大，获得了较好的舒适性和平顺性，轮胎寿命也有保障。在这种双横臂式独立悬架系统中，主要工作元件有弹簧、减振器、横臂（控制臂）、球节和轮轴组件。转向节和车轮心轴是一个锻造的整体式零件。车轮心轴通过车轮轴承连接到车轮上。转向节通过球节连接到上下控制臂上，如图4-110所示。查勘事故时，可以借助直角尺或刻度盘指示器来判断该总成是否弯曲，一般

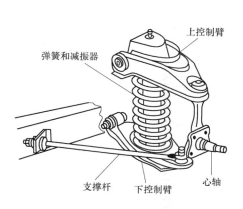

图 4-109 不等长双横臂式独立悬架

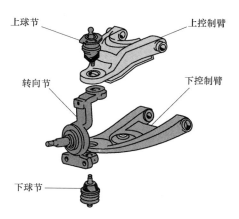

图 4-110 转向节、上下控制臂及上下球节

公差范围是 0.007~0.012mm，如果超出这个范围，则必须更换。球节将转向节和控制臂连接起来，在车辆转向时，允许转向节在控制臂间转动。它还能保证转向节总成的上下移动。球节由球和球窝组成，能够直接用肉眼查看是否扭曲、磨损或卡滞。如果发生损坏，则必须进行更换。它们可以分别进行维护，如果有了磨损的迹象，则应进行修理。上下控制臂的作用主要是定位，用来固定悬架及与其相关的部件。它由带凹槽的厚钢板制成，凹槽有利于增加其强度和刚度。如果控制臂仅仅是错位，没有褶皱或弯曲，则只需做前端定位就够了。但是，如果控制臂发生严重的弯折，就必须更换。横轴用于将控制臂固定在车架或车身上，位于控制臂的内端。如果没有明显的损伤，就可以通过前端定位进行修理，但是如果横轴弯曲，就必须更换。

减振器控制螺旋弹簧的偏转和回弹率，并且有助于防止车辆的摇摆。对于传统的车架，减振器底部是连接下控制臂的，顶部则与车架相连。另一种设计则是将减振器放置在上控制臂与车架之间。在承载式车身上，减振器顶部与裙板相连，而底部则是与上下控制臂相连。减振器通常位于螺旋弹簧里面。减振器有无弯曲或泄漏用肉眼即可发现。前轮激起的路面碎石造成减振器的轻微凹坑不会影响其正常使用。减振器应当成对更换，更换件必须保证型号和质量与原件一致。

弹簧主要是螺旋弹簧。螺旋弹簧控制着车辆的行驶高度，它还提供驾乘的支撑和平顺性。这种热处理的弹簧可以用肉眼检查有无裂纹。要进一步检查有无永久性弯曲，可以在一个平面上滚动弹簧来检查。如果弹簧损坏，则必须成对更换。

在某些悬架系统中采用支柱来约束下控制臂的前后运动。它装在下控制臂和车架之间。通常情况下，支柱两端都有螺纹，这样就可以在车轮定位时调整主销后倾角。如果支柱未受到严重的损坏，则可以通过矫直或调整进行修理。

稳定杆（摆杆）是一个细长的 U 形弹簧钢杆，连接着两个下控制臂。其用途是降低车辆在颠簸路面上行驶时的摆动。一个控制臂向上的运动所带来的扭力会作用在平衡杆上。扭力传递到对侧的控制臂上，使其向上移动，以保持车辆的水平，降低摆动。如果稳定杆弯曲，就应该进行更换。

稳定连杆连接稳定杆与左右下控制臂。如果这些连杆损坏，就必须进行更换。这些连杆可以单独购买。稳定杆同时还通过固定支架在左右车架处进行支撑。如果受损，这些支架可以进行修理，大多数情况下则是更换。对于那些没有独立支架的车型，可能需要进行进一步的修理。

橡胶缓冲块装在上下控制臂上。当车辆"下沉"时，也就是弹簧完全被压缩时，例如车辆通过沟坎时的情况，这些橡胶块能够避免金属件相互接触造成的悬架零件损坏。它们通常是锥形或楔形，在车辆"下沉"时，它们会与固定在车架上的撞击板相接触。是否裂开或断裂可以直接通过目视检查。如果橡胶块受损，它们可以分别进行更换。通过这些橡胶缓冲块，可以对所有的悬架进行快速的直观检查。通过观察这些橡胶块能否正常地撞击，可以判断出来悬架是否错位。图4-111所示为已损坏的货车前悬架。

（2）扭杆悬架　在扭杆悬架中没有螺旋弹簧，如图4-112所示。这种系统中，一根能纵向扭转的钢杆取代了螺旋弹簧，起到了弹簧的作用，通常称之为扭杆弹簧。当扭杆扭转时，它会抵抗上下运动。扭杆的一端固定在车架上，另一端固定在下控制臂上。

在传统的扭杆悬架中，扭杆从前到后运动。带支柱的单内衬套控制臂则作为下控制臂。扭杆用来调整车辆的行驶高度。在制造过程中，为保证扭杆弹簧的抗疲劳强度，对其施加了预应力调整，所以扭杆弹簧是有方向性的。左、右扭杆弹簧预加扭转的方向与扭杆弹簧安装在车上后承受载荷时扭转的方向相同，不能互换，所以在左、右扭杆弹簧上都刻有不同的标识，以示区别。可调凸轮又称为锚定凸轮，位于扭杆的前端或后端。车辆的行驶高度可以通过调整凸轮，在扭杆上施加扭力来实现。横置扭杆系统中，扭杆从车辆的一侧跨到另一侧，穿过底盘后面，连接至控制臂，这样就可以取消支柱。

除了扭杆和螺旋弹簧不同外，这种类型的悬架和螺旋弹簧悬架的其他部分相同。如果扭杆或调整凸轮损坏，就必须更换。所有其他部位损坏的修理方法与螺旋弹簧悬架相同。

如果扭杆弹簧弯曲，就应该进行更换。扭杆通过稳定连杆与左右下控制臂相连。如果这些连杆损坏，就必须进行更换。这些连杆可以单独购买。扭杆同时还通过固定支架在左右车架处进行支撑。如果受损，这些支架可以进行修理，大多数

图4-111　采用了支柱的前悬架产生了弯曲

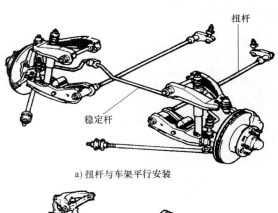

a）扭杆与车架平行安装

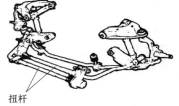

b）扭杆横向安装在汽车上

图4-112　扭杆悬架

情况下则是更换。对于那些没有独立支架的车型，可能需要进行进一步的修理。

（3）麦弗逊支柱悬架 麦弗逊支柱悬架在外观上与传统的独立前悬架截然不同，但是部件的工作方式是类似的。它最特别之处是将主要的部件合成一个单一的总成。麦弗逊支柱总成通常由弹簧、上悬架定位器、减振器组成，垂直安装在转向节的上臂和内翼子板之间。这一悬架系统中没有上控制臂或上球节。采用麦弗逊支柱悬架的汽车发生正面碰撞时，要进行正确的前端定位是非常困难的，因为这种悬架缺少进行正确的前端定位所必需的所有调整件。由于悬架固定在车身上，所以要获得正确的车轮定位，车身和车架及承载式车身必须按照原厂规范进行定位。

2. 后悬架

后悬架系统可能采用独立悬架，与前悬架相似；也可能采用非独立悬架，如乘用车上常用螺旋弹簧式非独立悬架，

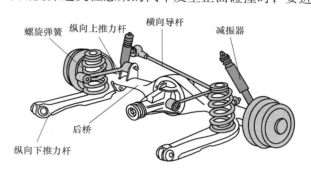

图 4-113 螺旋弹簧式非独立悬架

其结构如图 4-113 所示，货车和 SUV 常用的板簧式非独立悬架结构如图 4-114 所示。

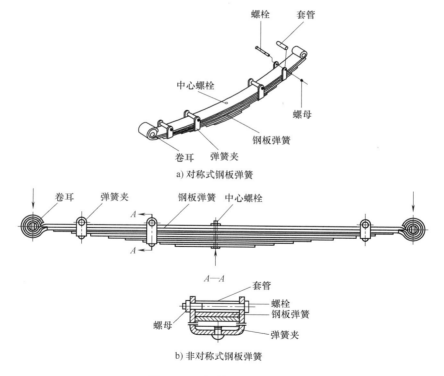

图 4-114 板簧式非独立悬架

4.5.12 车轮

车轮的损伤通常有三类，如图 4-115 所示。通常，轮唇朝内或朝外侧弯曲可以通过矫直

进行修复。但是，如果弯曲超出了第一阶，车轮就会在转动时发生严重的摇摆。车轮发生这种损伤就必须进行更换。

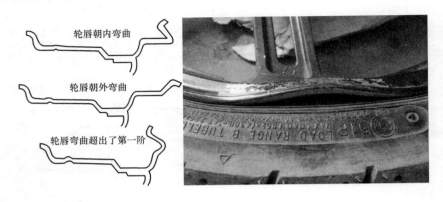

图 4-115　车轮损伤的三种类型

车轮备件的负荷能力、直径、宽度、偏移量和安装外形都必须与原车轮相同。型号错误的轮辋会缩短车轮和轴承的寿命，改变地面和轮胎间隙，以及车速表和里程表的标定值。损伤报告中还应考虑平衡块、配重和气门芯。

4.5.13　转向系统

1. 转向系统及损坏分析

转向系统分成两种类型：手动转向和助力转向。转向系统还可按照所用的转向连杆类型进行分类。手动系统和动力系统基本的连杆部件是相同的。

标准型（平行四杆型）转向系统是传统的车架式乘用车上最常见的类型。摇臂通过球套总成或衬套固定到转向器上。转向动作是通过中央连杆的中继进行传递，中央连杆则通过球套或衬套进行固定。而惰臂则在另一端支撑着中央连杆，保持系统的杆件平行，传递水平转向动作。如果上下运动过大，前束的改变会超过限值，因此会造成轮胎永久和快速的磨损。拉杆端枢轴通常不易损坏。

齿轮齿条式转向系统（图 4-116、图 4-117）基本上已经成为承载式车身车辆上转向系统的标准配备。它得名于与转向管柱相连的小齿轮以及转向器壳体里的齿条。通过转动小齿轮，使齿条在壳体里左右移动，转向齿条的两端通过横拉杆与前轮

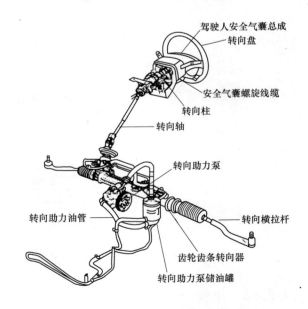

图 4-116　转向系统的主要组成零件

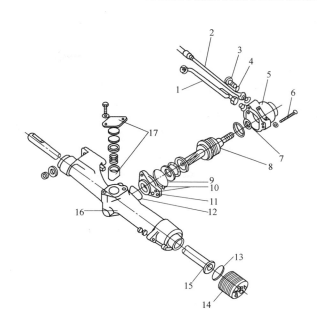

图 4-117　齿轮齿条式转向系统

1—油管　2—回油管　3—管接头　4、7—密封圈　5—阀门壳体　6—螺栓　8—转向齿轮　9、10、12、13—绳环
11—中间盖　14—密封罩　15—转向齿条　16—转向器外壳　17—密封座总成

转向节相连。齿轮齿条转向器与传统转向系统中的中继杆、惰臂、摇臂和转向器实现相同的功能。在承载式车身结构中，有些车型上的齿轮齿条转向器总成装在前围板上。在其他车型上，齿轮齿条转向器则安装在前悬架横梁或者副车架总成上。齿轮齿条转向器必须可靠固定，任何移动都会造成车辆摇摆。

齿条的位置十分关键，必须符合原厂规范。如果齿条和齿轮的安装位置不符合原厂规范，那么当悬架上下移动时，转向就会发生变化。道路振动和冲击力从轮胎传递到连杆，造成系统的磨损和松动。这种松动会间歇造成前轮的前束设置发生变化，并造成轮胎进一步磨损。由于这些点是转向系统中的薄弱点，所以在碰撞后应仔细检查这些点。

在对正面碰撞进行定损时，应确保检查手动或助力转向器总成的所有部件。多数情况下，转向器发生损坏后，可以通过拆装摇臂轴并调整来进行修正。如果损坏不仅限于摇臂轴，那么就需要进行大修或更换总成。如果是电动助力转向，除了维修电动转向器以外，还应检查电动转向器相关的传感器，如图 4-118 所示。

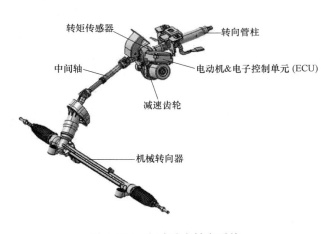

图 4-118　电动助力转向系统

> 注意：
> 在事故车维修中，关于车辆性能最常见的抱怨可能就是转向问题。这包括车轮振动、轮胎磨损不均、转向力过大/回位不足，车辆朝两边摇摆、车辆朝一侧跑偏、转向过松或过紧以及特定的噪声，诸如嗞嗞声、哨声、咯咯声或咔嗒声。了解这些常见问题及其相关修理非常重要，这样才能够避免将以前的损坏和磨损计入损伤报告。在碰撞后，许多车主很自然地对转向性能变得更加敏感，并错误地将所有问题都归咎于碰撞事故。因此，定损员必须进行仔细和全面的检查，准确判断出哪些修理在理赔范围内。

2. 转向系统调整

有些情况下，车辆在进行前端定位时，可能需要对转向器进行细微的调整。汽车的清晰视野发生偏离就是需要进行调整的一个警示信号。清晰视野可以通过下面的方法进行测量：

1）将转向盘向右打死。
2）在转向盘上做一个标记，然后记下转向盘向左打死时转动的圈数。
3）将总圈数除以2，然后将转向盘朝中间位置回转此圈数。
4）这时转向盘处于清晰视野位置，而车轮应该处于直行位置。

当车辆处于此位置时，主轴齿轮和摇臂轴齿轮也应该位于定位点位置，这个点是在工厂里通过机械加工到齿轮上的。定位点用来使车辆保持朝正前的位置并使操控更容易。

如果车辆的转向系统必须重新定位调整到清晰视野位置，可以进行两项调整。利用喇叭按垫下面的转向盘螺母来调整预载，或通过调整转向器上的螺母调整中央啮合载荷。这两项调整都可以通过英尺-磅力矩扳手进行测量。

在损伤报告中添加任何调整之前，必须检查所有的车辆前端因素并要满足规范。在对转向器做调整之前，轮胎、车辆平衡、前端定位、转向连杆以及减振器都应符合规范要求。

▶ 4.5.14 制动系统

乘用车制动系统通常是液压操控的。当驾驶人踩下制动踏板时，制动液从主缸流出，推动前后盘式制动器或鼓式制动器工作，使车辆减速（图4-119）。盘式制动器由制动盘、卡钳和制动衬块（图4-120）组成。有些车辆的所有四个车轮全都采用盘式制动。鼓式制动器由制动鼓、轮缸、调整楔块、弹簧和制动蹄（图4-121）组成。防抱死制动系统（ABS）用于调节制动压力，在光滑路面制动时保持对车辆的控制能力。ABS由一个齿圈、速度传感器、电控单元和液压泵（图4-122）组成。最大的制动力出现在车轮即将完全停止转动之前。车轮完全停止转动会造成车轮打滑和失控。速度传感器用来检测与车轮相连的齿圈转动速度并向电控单元发送信号，电控单元则通过制动主缸调节制动压力，以获得最佳制动效果且不会打滑。

车轮受到碰撞后可能会损坏制动系统。检查制动器工作是否正常，制动踏板受压后贴近地板表明制动管路断裂。仪表板上的ABS警告灯亮起表明系统损坏。系统发生损坏后必须通过更换零件进行修理。

▶ 4.5.15 电气系统

汽车已经成为机械、电子高度一体化的产品，其电气系统除了传统的照明、信号、起

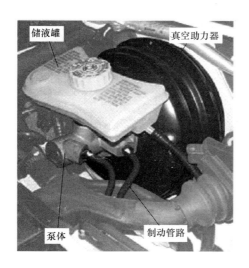

图 4-119 制动主缸

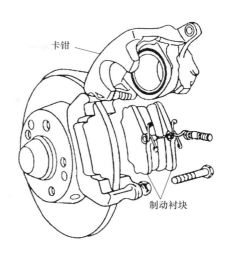

图 4-120 盘式制动器部件

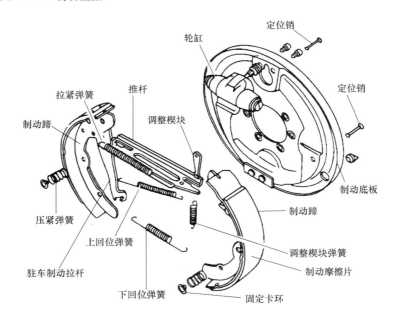

图 4-121 鼓式制动器部件

动、充电、点火、喇叭、刮水器等系统外，还增加了先进的多媒体系统、导航系统、带记忆的加热电动座椅、电动天窗、倒车雷达等装置。

1. 起动和充电系统

每次起动发动机时，由蓄电池供给起动系统和点火系统所需的全部电流。随着蓄电池不断地消耗和发动机转速升高，充电系统产生的电压可以超过蓄电池电压，此时，来自充电设备的电子能以相反方向流过蓄电池的正极。如果用电需求增加，充电系统的输出电压低于蓄电池电压时，蓄电池就和充电系统一起供应电气系统所需的电流。

起动和充电系统主要由以下部件组成：蓄电池、交流发电机（图 4-123）、传动带、电

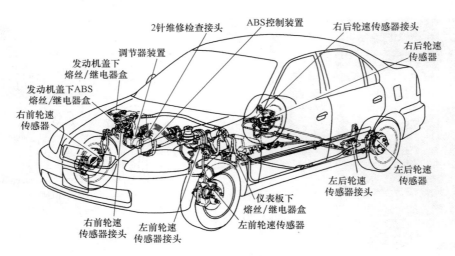

图 4-122　四通道 ABS

压调节器、充电指示器（灯或仪表）、点火开关、电缆和线束、起动机、继电器和易熔线，如图 4-124 所示。

2. 照明系统

汽车照明系统主要用于夜间照明道路，标示车宽度，车内照明，仪表和夜间检修等。照明系统由电源、照明装置和控制部分组成。控制部分包括各种灯光开关继电器等。照明装置包括外部灯、内部灯和工作照明灯。外部灯包括前照灯、雾灯、倒车灯、牌照灯等。内部灯包括仪表灯、顶灯、阅读灯等。工作照明灯包括行李舱灯、发动机舱盖灯等。

另外，还有一些不属于主灯光系统的车灯有转向信号灯、危险警告灯、倒车灯和驻车灯等。现代汽车上的灯光系统已经非常复杂，虽然主灯光系统大致相同，但是具体到各车型，区别还是很大的，所以维修某车型的灯光系统时，要参考该车型的维修手册。

图 4-123　交流发电机

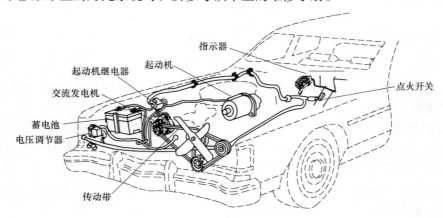

图 4-124　汽车起动和充电系统

前照灯主要用于夜间行车时道路照明，灯光为白色，包括远光灯和近光灯。前照灯由灯泡、反射镜和配光镜组成。现代汽车使用的前照灯有三种基本类型：标准封闭式、卤钨封闭式和半封闭式，如图 4-125、图 4-126 所示。根据外形不同，前照灯还可分为圆形、矩形和其他特殊形状。

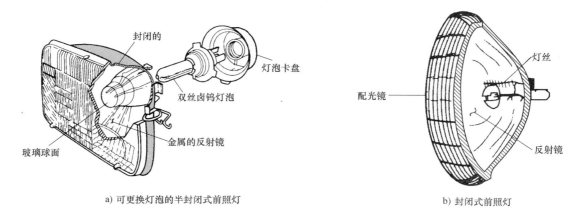

a) 可更换灯泡的半封闭式前照灯　　　　b) 封闭式前照灯

图 4-125　前照灯示意图

标准封闭式前照灯不用单独的灯泡，而是直接将灯丝装在灯芯总成内，配光镜熔接到反射镜上，灯芯总成内充满气体。必须将灯芯内部的空气全部抽掉，然后充氩气才能防止灯丝氧化，反射镜强化灯丝发出的光，配光镜引导光线形成要求的光束。由充碘蒸汽小灯泡组成的卤钨灯芯在汽车上应用最为广泛。灯芯里面的卤钨灯泡由高温的玻璃（或塑料）壳和钨丝制成，灯泡装入封闭的灯芯壳内。由于灯泡内充了卤素气体，钨丝比一般封闭式前照灯内的钨丝能耐更高温度，因此卤钨灯泡能耐更高的温度，亮度更高。

图 4-126　前照灯外观

半封闭式前照灯装置的灯泡可以单独更换。许多半封闭式前照灯灯壳带有通风口，使配光镜内表面容易凝结水珠。凝结的水珠对灯泡无害，也不影响前照灯的照明，因为当前照灯点亮时卤钨灯泡产生的热量很快便驱散凝结的水珠。在更换半封闭式前照灯灯泡的时候，切勿用手指触及灯泡玻璃壳部分，受皮肤油脂沾污过的玻璃壳，会大大缩短玻璃壳寿命。

定损时，除了考虑前照灯的拆卸和更换工时外，还要考虑前照灯的对光调整工时。

现代汽车的外部灯系统多组合在一起，又称为组合灯，如图 4-127 所示。组合灯内一般有制动灯、转向灯和倒车灯等，因车型不同略有差异。在发生小损伤时，通常是更换透镜而不是整个总成。

雾灯是在有雾、下雪、暴雨或尘土弥漫的行驶条件下，为改善照明条件，提高能见度而设置的照明设备，也可起到信号标志灯的作用。雾灯多使用穿透力强的黄色灯，其灯泡或配光镜制成黄色。雾灯的结构与前照灯相近，其种类也有半封闭和封闭式，常用的是半封闭式，其灯泡有白炽灯泡和卤素灯泡，如图 4-128 所示。

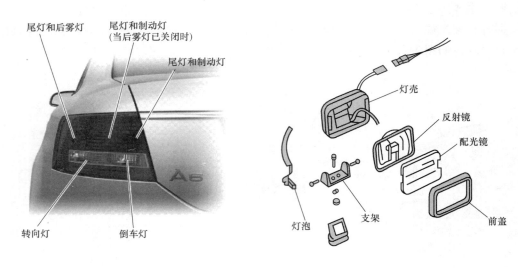

图 4-127　组合尾灯　　　　　　　　图 4-128　雾灯的结构

3. 其他电气电路

每辆汽车上都有的电气电路还包括风窗玻璃刮水器、清洗器和喇叭。其他电气设备包括收音机、CD 机、扬声器、时钟、蜂鸣器、仪表、电动加热座椅、电动车窗和门锁、电动外后视镜、自动前照灯调光器、倒车雷达、气囊系统和巡航控制装置、车载网络等。因为它们在事故中损坏的概率较小,这里不再详细介绍。

▶ 4.5.16　空调系统

1. 空调系统简介

汽车空调系统主要由压缩机、冷凝器、储液罐、干燥器、制冷剂、蒸发器等零部件组成,如图 4-129 所示。具有调节车内温度、湿度,促使车内空气循环以及净化车内空气的功能。按操纵方式可分为手动空调和自动空调两种。手动空调在驾驶人需要时可手动调节气

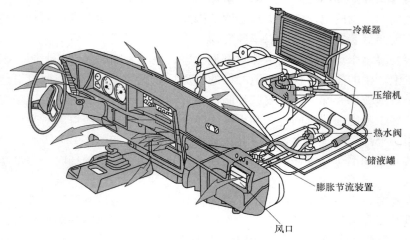

图 4-129　空调系统的部件

温，而自动空调则根据驾驶人设定的温度自动运行，使车内保持恒温状态。

调节车内温度是汽车空调的基本功能，在冬季利用汽车空调的采暖装置升高车室内的温度。在夏季，则利用制冷装置实现车内降温。汽车空调的第二个功能是调节车内的湿度。普通汽车空调一般不具备这种功能，只有高级豪华汽车采用的冷暖一体化空调器才能对车内的湿度进行适量调节。它通过制冷装置冷却降温去除空气中的水分，再由采暖装置升温以降低空气的相对湿度。汽车空调的第三个功能是调节车室内的空气流速和方向，使人体感觉舒适。汽车空调的第四个功能是补充车外新鲜空气、过滤和净化车内空气。汽车空调装置上都设有新风门、排风门、空气过滤装置和空气净化装置。

2. 空调损伤的鉴定

在碰撞中很多空调部件都可能受到损坏，其中一些可以修理，而另一些则必须更换。

当压缩机在碰撞中受损时，离合器和带轮总成通常首先被损坏。这些件可以拆下后单独进行修理或更换。受损后，压缩机本身可以进行拆解和修理。压缩机前端有一个密封件，用来防止制冷剂和制冷机油泄漏到压缩机轴周边。该密封件损坏后应进行更换。

冷凝器可能会在前端碰撞中受损。它上面的导流翅片与散热器翅片类似，可以进行拉直操作，通过焊接可以修复其泄漏问题。

如果冷凝器严重损坏则必须更换。冷凝器损坏后，应检查储液罐/干燥器有无损坏。蒸发器、热膨胀阀，以及入口节流阀很少在碰撞中受损。如果蒸发器损坏，那么外壳和蒸发器芯可以分别进行更换。损坏的热膨胀阀必须更换。如果入口节流阀损坏，则进行更换或维修。

一旦维修操作中需要断开制冷剂管路，则必须增加排出和重注系统制冷剂的额外工时。为进行拆装而额外拆卸其他零件的工时也必须计入。制冷剂和润滑油的费用也必须加到定损费用中。

▶ 4.5.17 辅助约束系统

辅助约束系统或安全气囊系统已经在汽车上广泛应用，有些车辆只在驾驶人侧安装了气囊，有些车辆在驾驶人侧和乘员侧都安装了气囊，甚至还装有侧气囊或气帘。气囊的作用是在比较严重的碰撞发生时瞬间打开，以保护车内乘员。气囊系统主要由碰撞传感器、安全传感器、控制单元、气囊模块、盘簧式电缆组成，如图4-130和图4-131所示。气囊在打开之后，控制单元将向仪表板上的气囊指示灯发出指令，使指示灯闪烁。利用厂家提供的资料可以查到这些闪烁信号所代表的故障含义，也可以用解码器读取气囊系统的故障码，并解释系统存在哪些故障。更换气囊模块时，一定要检查故障码，并应严格按照厂家的要求检查或更换部件。在更换的零件安装到位后，系统将进行自检。如果在更换气囊模块之后仪表板上的气囊灯熄灭，即表示系统正常。

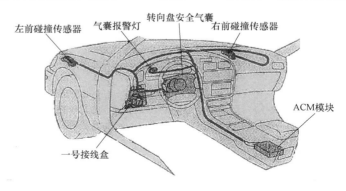

图4-130 典型的辅助约束系统部件

有些汽车安全带的连接点处装有力感应式标签，如果碰撞时乘员系好了安全带，乘员产

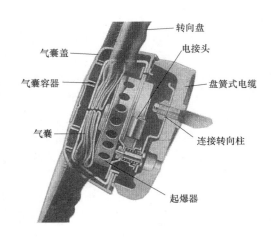

图 4-131　驾驶人侧气囊模块剖面图

生的拉力可能足够大而使安全带过度拉伸，导致感应标签被拉断。查勘时，如果发现标签拉断，就必须更换安全带。**检查标签的方法是：将安全带从卷收器中完全拉出查看**。如果安全带上没有这种标签，则应检查安全带是否存在如图 4-132 所示的问题。

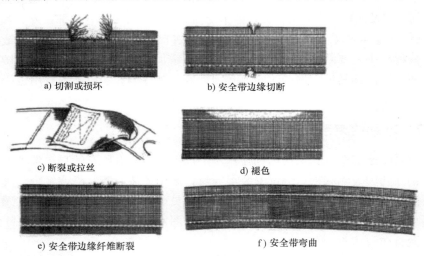

图 4-132　安全带可能存在的问题

4.5.18　动力蓄电池包

目前，动力蓄电池包的维修方式主要有返厂维修、厂家派遣技术人员到维修厂修复、厂家委托授权单位进行修复这三种方式。

动力蓄电池包碰撞损伤一般分为 3 种类型：外壳轻微划痕或仅造成绝缘涂层破损、箱体轻微凹陷、箱体严重凹陷及破裂。

（1）动力蓄电池包轻微划痕　动力蓄电池包箱体轻微划痕或绝缘涂层轻微受损，目测金属箱体没有变形、气密性检测正常的情况下，可判断内部的模组及其他部件未受影响，可对箱体涂层进行修复处理。

（2）动力蓄电池包轻微凹陷　如果动力蓄电池包壳体轻度变形，则需对动力蓄电池包进行气密性、绝缘值及相关故障检测。如动力蓄电池包的气密性、绝缘值及各项参数均正常，可判断电池模组及其他部件未受影响，可对动力蓄电池包箱体进行修复或更换。

（3）动力蓄电池包严重凹陷及破裂　如果动力蓄电池包壳体出现严重凹陷或破裂，多数情况下会影响到电池模组，还可能影响动力蓄电池包的气密性及绝缘值。定损时，需首先检查绝缘值是否正常。在确保安全的前提下，对动力蓄电池包开箱检修，视壳体损伤程度进行修复或更换，建议对受损模组及其他部件进行更换处理。如动力蓄电池包内部模组损伤数量较多，综合考量维修成本及更换费用等因素，可采取更换动力蓄电池包总成的方法处理。

4.5.19　充电口

充电口分为快充口和慢充口两种，由插接件、线束和支架组成。

1. 充电口及线束检查处理方式

1）如果充电口座损伤或破裂，可单独更换充电口座。
2）如果高压线束受到挤压发生破皮、断裂，应予以更换。

2. 检查充电口支架

充电口支架通常使用塑料和金属两种材质，对于塑料材质的支架一般予以更换，对于金属材质的支架可根据损坏情况进行修复或更换。

3. 检查故障码记录

碰撞事故如果导致充电口损坏及线束断路或短路，车辆会报出相应的故障码，定损时应注意采集相关数据。

4.5.20　高压线束

新能源汽车高压线束均为橙色线束，由插接件、线束绝缘层、线芯、线束固定支架等组成。

1. 高压线束检查及处理方式

1）线束插接件固定爪折断或外壳发生轻微破裂，线束未损伤，可修复处理。
2）线束绝缘层破损或线芯损坏，应予以更换。
3）线束固定支架损坏，应予以更换。

2. 检查故障码记录

碰撞事故导致线束及插接件损坏时，可能会出现线束短路、断路，造成通信错误，车辆会报出相应的故障码，需采集相关数据。

4.5.21　高压控制部件

1. 外壳检查及处理方法

（1）外壳破裂变形　外壳材质大部分为金属，如事故仅造成外壳轻微损伤，例如局部断爪、轻微破裂，内部无其他损伤，可采用局部焊接修复处理。

（2）线束插接件变形、破损断裂　线束插接件外壳大多为塑料材质，例如外壳出现断爪或轻微破裂，可采取塑焊修复处理；如插接件外壳配件供应充足，可予以更换。

（3）内部元件/电路板变形、破裂　内部元件和电路板损伤时，如配件供应充足，可采取更换处理；综合考虑维修成本等因素，也可更换高压控制部件总成。

2. 检查故障码记录

碰撞事故造成高压控制部件损伤，通常会出现车辆无法行驶、充电功能失效、仪表故障灯点亮等现象，车辆会报相应故障码，需采集相关数据。

4.6 定损操作实务

4.6.1 定损的基本概念

　　事故车定损与估价是一项技术性很强的工作，要求定损人员掌握必要的物价管理知识、汽车结构和性能方面的专业知识以及修理方面的专业知识，并且要具有丰富的实际操作经验，能准确认定车辆、总成和零件的损伤程度，适当掌握"修理和更换"的界限。

　　定损人员应根据事故车辆的损伤情况，准确认定保险赔付范围及赔付方式。对于车辆外覆盖件来说，应以损伤程度和损伤面积为依据，确定修复方法；对于功能件来说，判断零件的更换或修理存在一定的难度，定损人员必须能够灵活应用汽车结构和性能方面的专业知识，准确判定事故与损伤的因果关系。

　　汽车功能零部件性能的下降或受损可能有两方面原因：一是因汽车行驶里程的增加或不正当保养，零部件产生磨损而性能降低；二是在道路交通事故中，由于碰撞力的作用使零部件丧失部分或全部功能。定损人员应正确区分：哪些是车辆本身故障所造成的损伤？哪些是车辆正常使用过程中零件自然磨损、老化造成的损伤？哪些是使用、维护不当造成的损伤？哪些是损伤后没有及时进行维护修理致使损伤扩大的？哪些是碰撞直接或间接造成的损伤？然后依照机动车辆保险条款所列明的责任范围，明确事故车辆损伤部位和赔付范围。对于保险赔付责任范围内的损伤，定损人员应当能够按照科学的程序，借助原厂零部件和工时手册或者专业定损手册，进行精确定损。

4.6.2 核定损失流程

　　事故车定损应当严格按照规定的流程进行，如图4-133所示。这个流程的控制目标是准确负责、合理赔付。流程中的关键控制点有：

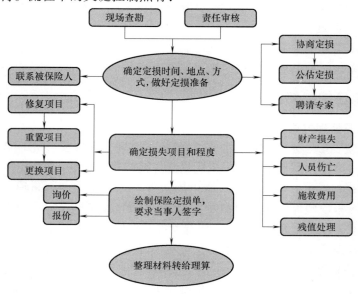

图4-133　核定损失流程图

(1) 是否在保险责任期内　审核事故是否在保险有效期内。
(2) 是否属于保险财产　核对受损财产是否属于保单列明的财产。
(3) 是否属于保险责任　审定发生损失是否由保险条款规定的自然灾害或意外事故所致，应以保险合同条款为"准绳"，特别是注意审核被保险人是否履行了义务。
(4) 是否是合理费用　审核费用应考虑是否"必要"和"合理"。施救费用与损余残值能否互相抵消。
(5) 是否属第三者责任　根据交强险的规定，保险事故由第三者责任造成的，应由保险人先行赔付。商业三者险相关法律和条款也规定，应被保险人要求，也可由保险人先行赔付，同时由被保险人填写授权书，将追偿权转移给保险人，并积极协助追偿。如第三者因经济困难或其他不可抗力原因无法履行赔偿责任的，保险人赔偿后结案。

流程中可能用到的关键单证有：拒赔通知书。

▶ 4.6.3　确定车辆损失

出险车辆经现场查勘后，已明确属于保险责任而需要修理时，保险人应对保险车辆的修复费用进行准确、合理的定损。车辆损失是由其修复费用具体反映的，修复费用通常由两部分构成：修理工时费和零配件费。工时费由修复过程中需要消耗的时间和工时定额确定，工时费还包括修理过程中的项目费用，如烤漆费用。零配件费用是指必须更换的配件的购买费用。在对车辆进行估价，特别是要更换零配件时，既要考虑保险公司的经济效益，也要考虑事故车辆修复后基本恢复原有性能。

1. 定损基本原则

修理范围仅限于本次事故中造成的车辆损失（包括车身损失、车辆的机械损失）。能修理的零部件尽量修复，不要随意更换；能局部修复的不扩大到整体修理（例如喷漆等）；能更换零部件的不更换总成。根据修复的难易程度，参照当地工时费水平，准确确定工时费用和汽车零部件价格。

核定车辆损失之前，对于损失情况严重和复杂的，在可能的条件下应对受损车辆进行必要的解体，以保证查勘定损工作能够全面反映损失情况，减少可能存在的隐蔽性损伤，尽量减少二次检验定损的工作。

确定车辆损失是一项技术性很强的工作，同时又是确保修复工作能够顺利进行的基础工作。应与被保险人协商确定送修单位，并协同被保险人和修理厂，对车辆受损部位进行修复工时和所需费用的确定工作，对于涉及第三者责任的，必要时应请第三者或其保险人参与损失确定。

2. 定损方法

(1) 修理范围的鉴别　区分事故损失与机械损失的界线：对于车辆损失险，保险公司只承担条款载明的保险责任所导致事故损失的经济赔偿。凡因制动失灵、机械故障、轮胎爆裂以及零部件的锈蚀、腐朽、老化、变形、断裂等所造成的损失，不负赔偿责任。若因这些原因而造成碰撞、倾覆、爆炸等保险责任的，对当时的事故损失部分可予以负责，非事故损失部分不能负责赔偿。

区分新旧碰撞损失的界线：属于本次事故碰撞部位，一般会有脱落的漆皮痕迹和新的金属刮痕；非本次事故的碰撞处往往会有油污和锈迹（个别小事故定损、估价、赔偿后，车主可能未予以修复，应避免重复估价）。

(2) 定损估价的技术依据　了解出险车辆的结构及整体性能；熟悉受损零部件拆装作业量；掌握受损零部件的检测技术，了解修理工艺及所需工装器具；掌握修理过程中所需的辅助材料及用量；掌握和了解出险车辆修竣后的检查、鉴定技术标准。

(3) 定损方法步骤

> ① 搞清肇事损伤部位，由此确定因肇事部位的撞击、振动可能引起哪些部位的损伤。
> ② 确定维修方案，并据此对损坏的零部件由表及里进行登记，并分别进行修复、更换分类。鉴定、登记时可以遵循以下方法：由前到后，由左到右，先登记外附件（即钣金覆盖件、外装饰件），再按机器、底盘、电气、仪表等分类进行。
> ③ 根据已确定的维修方案及修复工艺难易程度确定工时费用。
> ④ 根据所掌握的汽车配件价格确定材料费用。
> ⑤ 定损时各方（被保险人、第三者、修理厂、保险公司）均应在场。在明确修理范围及项目，确定所需费用，签订"事故车辆定损单"协议后，方可进厂修理。

(4) 几种典型情况的处理

1) 处理好与汽车维修厂及被保险人的矛盾。作为汽车修理厂，考虑到自身效益，希望定价越高越好；个别被保险人，希望从估价中得到一些间接损失方面的弥补。应对策略如下：

① 在与修理厂谈判工时费用时，可对事故车辆的作业项目按部位、项目进行逐项核定解释，以理服人。

如果没有确定维修的修理厂，那么按照传统方法，初步拟定修理方案后，对工时费用部分，先实行招标包干。一般说来，大事故往往需要分解检查后，才可能拿出准确的定损价格。此时，不宜先分解，后定价，而应先与修理厂谈妥修理工时费用，再对事故车辆进行分解。若盲目分解，一旦在工时费用方面与修理厂无法达成一致，就会给后期变更修理厂等工作带来很大被动。

② 在确定更换配件方面处理好与被保险人的关系。大多数被保险人在车辆出险后，对于损坏的零部件（特别是钣金件、塑料件），不论损坏程度轻重，能否达到更换程度，都希望更换。为了说服被保险人，可以这样去做：说明损坏的零部件在车辆结构上所起的作用，以及修复后对汽车原有性能及外观没有影响；对私家车及出租车须坚持原则，达不到更换标准的一概不换；配件价值较大，可换可不换的，说服被保险人不换；若配件价值较小，考虑照顾被保险人情绪，可同意更换；根据车辆出险前的实际情况，如果所损坏的零件原本属于副厂件，不能更换正厂件，原本属于国产件，不能更换进口件。

2) 对重大事故及特殊车型的定损。对于重大事故，为了尽量避免道德风险，在保证修理质量的前提下，应尽可能推荐车主到特约修理厂去维修。以避免在分解过程中弄虚作假以及有意扩大损坏部位，加大损坏程度现象的发生。如果车主坚持自选修理厂，则可在工时费包干的前提下，由定损人员现场监督分解，并尽快确定更换项目。

对于特殊车型、配件奇缺的车辆，可在确定更换配件项目的前提下，先行安排其他项目的修复，避免因配件价格无法确定而延迟出单、延长修理时间。在车辆修复的同时，积极联系采购配件，对部分稀缺零件很难买到的，可采用加工制作的方法解决。

3) 去外地查勘定损处理方法与技巧。赴外地查勘定损相对于在本地区困难要大得多，特别对第三者车辆（事故发生地当地车辆）无责任情况下，协商修理定价往往更为困难。

派往外地的查勘定损人员必须具有丰富的交通法规和道路驾驶知识及定损估价经验，以应付各种困难局面。

估价应留有余地，修理厂对外地车辆往往有哄抬价格的现象，在估价时留一定余地可作为让步的条件。估价切忌拖泥带水，能实行费用包干的，尽可能包干，一般情况下不能留待查项目，对确实无法判断的可现场分解。若无法与修理厂达成共识，可请当地保险公司协助。

4）车上货损的处理。在车辆发生碰撞、倾覆等造成车上货物损失，查勘定损人员在对车上货物进行查勘定损时，只需对损坏的货物进行数量清点，并分类确定其受损程度，无需关心不在现场的货物。

对于易变质、腐烂的（如食品、水果类）物品，经请示后，应在现场尽快变价处理。

机电设备的损坏程度，应联系有关部门进行技术鉴定。定损时依然坚持"修复为主"的原则。坚持可更换局部零件的，不更换总成件；一般不轻易做报废处理决定。

对达到报废程度、无修理价值的货物，可做报废处理，但必须将残值折归被保险人。

5）如何处理施救过程中对车辆造成的损坏。保险车辆发生保险事故后，被保险人应当采取合理的保护、施救措施，并立即向事故发生地交通管理部门报案，同时通知保险人。被保险人未履行此条义务，保险人有权拒赔。在掌握上应重点放在区分是否合理保护、施救上。

一般情况下，在对车辆进行施救时，难免对出险车辆造成再次损失（例如，使用吊车吊装时，钢丝绳对车身漆皮的损伤），对于合理的施救损失，保险公司可承担损伤赔偿责任，对于不合理的施救损失则不予考虑。

> 不合理施救表现：对倾覆车辆在吊装过程中未合理固定，造成二次倾覆的；使用吊车起吊时未对车身合理保护，致车身大面积损伤的；对被拖移车辆未进行检查，造成车辆机械损坏的（例如，轮胎缺气或转向失灵硬拖硬磨造成轮胎损坏的）；在分解施救过程中拆卸不当，造成车辆零件损坏或丢失的。

3. 定损时应注意的问题

1）应注意区分本次事故和非本次事故造成的损失、事故损失和正常维修保养的界限，尤其是在查勘地点不是第一现场的情况下更应注意。对确定为本次事故损失的部分应坚持尽量修复的原则。如被保险人提出扩大修理范围而要求更换部件时，其超过部分费用应由被保险人自行承担，并在机动车辆保险定损确认书中注明。

2）应尽可能一次性完成定损工作，尽量避免第二次损失鉴定。但是对于比较严重的事故，有些损失可能要在事故车被解体后才能发现和确认，应要求修理人及时通知定损人员进行二次检验，在核实后，可追加修理项目和费用，但也必须签订机动车辆保险定损确认书。

3）若事故车在定损人员检验之前已经由被保险人自行送修，根据保险条款的有关规定，保险人有权重新核定修理费用或拒绝赔偿。在重新核定损失时，应对照查勘记录逐项核对修理项目和费用，删除其扩大修理的和不属本次事故损伤的项目和费用。

4）应注意对更换零配件的控制和管理。因为修理厂在估算修理费用时可能会尽量增加更换零配件的数量，提高修理费用，甚至在实际修理过程中将一些本来应更换的零配件修复后再使用，以牟取不当利益。保险公司除了应加强对修理厂的监督之外，还可以要求修理厂返还被更换的损伤件，这样不但可以防止修理厂弄虚作假，而且还有可能再利用这些零配件。

5）经保险公司事先书面同意，对被保险事故车的损失原因进行鉴定和对修复费用进行评估的费用可以负责赔偿。但是对于各种具有明显强制色彩的鉴定和评估，应当要求被保险人予以拒绝，同时，对于这些鉴定和评估，保险公司可以不予接受，其相应费用也不在保险赔付范围内。

4.7 确定人身伤亡费用

4.7.1 人身伤亡费用的确定

保险事故除了导致车辆本身的损失外，可能还会造成人身伤亡。这些人身伤亡可能构成第三者责任险和车上人员责任险项下的赔偿对象。检验人员应根据保险合同规定和有关法律法规确定人身伤亡的费用，具体做法和要求如下：

1）在保险事故中出现人身伤亡时，应当立即将受伤人员送医院急救，以抢救生命和控制伤情。目前，我国的大多数保险公司在承保了第三者责任险或者车上人员责任险的情况下均向被保险人提供"医疗急救费用担保卡"，有的还与有关医院签订协议，建立保险事故受伤人员急救"绿色通道"，以确保保险事故受伤人员能够得到及时治疗。

2）按照《道路交通事故处理办法》的规定：人身伤亡可以赔偿的合理费用主要包括受伤人员的医疗以及相关费用、残疾赔偿费用、死亡人员的赔偿以及相关的处理费用、扶养费用和其他费用，见表4-1。

表4-1 核定损失范围

人身伤亡赔偿费用	1. 医疗费
	2. 误工费
	3. 住院伙食补助费
	4. 护理费
	5. 残疾者生活补助费
	6. 残疾用具费
	7. 丧葬费
	8. 死亡补偿费
	9. 被扶养人生活费
	10. 交通费
	11. 住宿费

受伤人员的医疗费用是指受伤人员在治疗期间发生的由本次事故造成损伤的医疗费（限公费医疗的药品范围），与医疗相关的费用是指在医疗期间发生的误工费、护理费、交通费、住院伙食补助费等。

残疾赔偿费用是指残疾者生活补助费和残疾用具费。

死亡人员的赔偿是指死亡补偿费，与死亡相关的处理费用是指丧葬费。

扶养费用是指死亡人员的被扶养人的生活费。

其他费用是指伤亡者直系亲属及合法代理人参加交通事故调解处理的误工费、交通费和住宿费。

3) 被保险人向保险人提出索赔前应对所有费用先行支付，而后将取得的单证以及相关资料提交给检验人员作为索赔依据，见表4-2。定损人员应及时审核被保险人提供的事故责任认定书、事故调解书和伤残证明以及各种有关费用单证。费用清单应分别列明受害人姓名及费用项目、金额以及发生的日期，见表4-3。

表4-2　核定损失金额

护理费	1. 县级以上医院诊断证明（已注明需要护理） 2. 护理人员单位劳资部门出示的误工证明及收入情况证明 3. 护理人员最多2人	1. 有固定收入的，凭据计算，但最高为事故发生地平均生活费的3倍 2. 无固定收入的，按事故发生地的平均生活费计算
残疾者生活补助费	1. 法医鉴定书 2. 计算公式：年平均生活费×赔偿年数×伤残等级比例	按照交通事故发生地平均生活费计算 1. 50周岁（含）以下，评残之日起赔偿20年 2. 50周岁以上，每增长1岁减少1年，但不少于10年 3. 70周岁以上按5年计算 4. 伤残分为10个等级
人伤	见交通事故损害赔偿所需的单证及标准表	

表4-3　交通事故人员伤亡赔偿所需单证及标准

项目	索赔所需提供的单证	标　　准
医疗费	1. 县级以上医院诊断证明 2. 医疗费用报销凭证 3. 治疗、用药明细单据	1. 以公费医疗标准为准 2. 必须是治疗交通事故创伤所必需的费用
误工费	1. 县级以上医院诊断证明 2. 误工者单位劳资部门出示的误工证明及收入情况证明	1. 有固定收入的，凭据计算，最高不超过事故发生地平均生活费的3倍 2. 无固定收入的，按照交通事故发生地国营同行业的平均收入计算
住院伙食补助费	出院通知书（应有住院天数）	按照交通事故发生地国家机关工作人员的出差伙食补助标准计算
残疾用具费	1. 县级以上医院出示证明 2. 购买发票	按照配制国产普及型器具的费用计算
丧葬费	死亡证明	按照交通事故发生地的丧葬费标准支付
死亡补偿费	死亡证明	按照事故发生地平均生活费计算 16周岁（含）~70周岁（含）补偿10年 16周岁以下每小1岁少1年，最低5年 70周岁以上每增长1岁减少1年，最低5年
被扶养人生活费	1. 死亡证明 2. 伤残鉴定书（五级以上） 3. 家庭情况证明（派出所出具） 4. 县级以上医院出具的无劳动能力证明 5. 被扶养人情况证明	按事故发生时职工生活困难补助标准计算 1. 对不满16周岁的，扶养到16周岁 2. 无劳动能力的人 ①50周岁（含）以下扶养20年；②50周岁以上每增长1岁减少1岁最低10年；③70周岁（不含）以上，扶养5年 3. 其他的被扶养人，扶养5年
交通费	交通费报销凭证	按照交通事故发生地国家机关一般工作人员出差的最高交通费标准计算，最多3人为限
住宿费	住宿费报销凭证	按照交通事故发生地国家机关一般工作人员（处级以下工作人员）的出差住宿标准计算，最多3人

4)收到被保险人提供的上述单证后,定损人员应认真进行审核,根据保险条款和《道路交通事故处理办法》,对不属于保险责任范围内的损失和不合理的费用,如精神损失补偿费,困难补助费,处理事故人员差旅费、生活补助、招待费、请客送礼费等应予剔除,并在人员伤亡费用清单上"保险人的意见"栏内注明剔除项目及金额。

> 注:精神损害赔偿金大致按照伤残赔偿金的10%~20%计算。
> 医疗费包括:医药费、诊疗费、住院费、住院伙食补助费、必要合理的后续治疗费、整容费、营养费。
> 死亡伤残费包括:丧葬费、死亡补偿费、办理丧葬事宜的交通费、残疾赔偿金、残疾辅助器具费、护理费、康复费、交通费、被扶养人生活费、住宿费、误工费、通过判决或调解产生的精神损害抚慰金。

▶ 4.7.2 确定人身伤亡损失时的注意事项

1)医疗费用是目前在人身伤亡损失控制中的一个突出问题。一些医院尤其是一些中、小型医院因管理不善和利益驱动,对受害者及其家属提出的不合理要求采取无原则的迁就态度,有的出于自身利益的考虑,故意引导受害者进行不合理的治疗,甚至与受害者及其家属串通损害保险人的利益。定损人员对这些问题应予以充分重视。主要的对策是尽早介入,即在受害者送医时就开始全程介入,全面了解受害者受伤和治疗的情况,主要应了解各类检查和用药情况。对于一些疑难的案件,必要时可以委托有医疗专业知识和经验的人员协助。

2)伤者住院期间经医院确定需要护理时,护理人员最多不超过两人。伤者需要转院赴外地治疗的,须由所在医院出具证明并经事故处理部门同意。伤残鉴定费用需经过保险人同意。

3)扶养费用也存在较多问题,如受害人户籍所在地的有关人员提供虚假证明,伪造和虚构扶养对象等。

4)被保险人和受害人提供的索赔支持材料,如被扶养人的情况及生活费、医疗费、伤残鉴定证明等缺乏真实性、合法性、合理性。

5)关于交警在事故处理过程中出具的交通事故经济赔偿调解协议书的法律效力问题。尽管交警在事故处理过程中是代表国家行使执法权,但是交通事故经济赔偿调解协议书是在其主持下由事故双方进行协商的结果。如果这种结果违背了相关法律法规的规定,可视同被保险人对自己合法权益的不当放弃,保险人对应赔偿的金额可以根据有关规定进行二次计算,并以此作为赔偿依据。

▶ 4.7.3 确定其他财产损失

车辆事故除了导致车辆本身的损失外,还可能造成第三者的财产损失和车上承运货物的损失。这些财产损失可能构成第三者车上人员责任险和货物运输保险项目下的赔偿对象。

第三者财产损失赔偿责任是基于被保险人侵权行为产生的,应根据民法的有关规定按照被损害财产的实际损失予以赔偿。确定的方式可以采用与被害人协商的方式,但是如果协商不成亦可采用仲裁或者诉讼的方式。

对于车上承运货物的损失,应会同被保险人和有关人员对受损的货物进行逐项清理,以确定损失数量、损失程度和损失金额。在损失金额的确定方面应坚持从保险利益原则出发,**注意掌握在出险当时标的具有或者已经实现的价值,**确保体现补偿原则。

▶ 4.7.4 确定施救费用

1. 确定施救费用应遵循的原则

施救费用是在发生保险事故之后,被保险人为了减少损失而支出的额外费用。所以施救费用是一种替代费用,其目的是用一个相对较小的费用支出,减少一个更大的损失。定损人员在确定施救费用时应遵循以下原则:

1)施救费用应是保险标的已经受到损失时,为了减少损失或者防止损失的继续扩大而产生的费用。在机动车辆保险中主要是倾覆车辆的起吊费用、抢救车上货物的费用、事故现场的看守费用、临时整理和清理费用以及必要的转运费用。

2)被保险车辆出险后,雇用吊车和其他车辆进行抢救的费用以及将出险车辆拖运到修理厂的运输费用,按当地物价部门颁布的收费标准予以负责。被保险人使用他人(非专业消防单位)的消防设备,施救被保险车辆所消耗的费用及设备损失可以列为施救费用。

3)在进行施救过程中,由于意外事故可能造成被施救对象损失的进一步扩大、造成他人财产的损失以及施救车辆和设施本身的损失。如果施救工作是由被保险人自己或他人义务进行的,只要没有存在故意和重大过失,原则上保险人应予赔偿。如果施救工作是雇佣专业公司进行的,只要没有存在故意和重大过失,原则上应由专业公司自己承担。同时,被保险人还可以就进一步扩大损失的部分要求专业施救公司承担赔偿责任。但在施救时,抢救人员物品的丢失,一般不予赔偿。

4)被保险车辆发生保险事故后,需要施救的受损财产可能不仅仅局限于保险标的,在这种情况下,施救费用应按照获救价值进行分摊。如果施救对象为受损保险车辆及其所载货物,且施救费用无法区分,则应按保险车辆与货物的价值进行比例分摊,机动车辆保险人仅负责保险车辆应分摊的部分。

5)车辆损失险的施救费用是一个单独的保险金额,但是如果施救费用和保护费用、修理费用相加,估计已达到或超过保险车辆的实际价值时,则应作为推定全损案件处理。同时,一般情况下保险公司不要接受权益转让。而第三者责任的施救费用与第三者损失金额相加不得超过第三者责任险的保险赔偿限额。

2. 在确定施救费用时应注意的问题

1)目前,施救费用的处理仍然存在一定的行业垄断问题。较为突出的就是受损车辆的施救问题,有的地方对于受损车辆采用统一施救的方式,这种方式本身是无可厚非的,但是如果利用这种垄断的优势,收取不合理的费用,甚至借以牟取暴利则应予以抵制。

2)保险车辆出险后,被保险人赶赴肇事现场处理所支出的费用不予负责。

3)如果被保险车辆为进口车或特种车,发生保险责任范围的事故后,在当地确实不具备修理能力,事先经保险公司书面同意可以移送外地修理,对相应的移送费保险公司将予以赔偿。但是应当明确该项费用属于修理费用的一部分,而不是施救费用。

在确定施救费是否"合理""必要"时，应当看：

1）是否发生了保险事故，施救费用必须是以发生保险灾害事故为前提的。

2）是否以减少保险财产损失为目的。

3）是否以"直接""必要""合理"为原则。支付的费用必须是为施救、保护保险财产支出的直接费用。

其中，需要注意的问题见表4-4。

表4-4 确定施救费用时应注意的问题

险种	注意问题
机动车辆损失险	1. 损坏车辆的抢救费用
	2. 抢救过程中造成他人财产损失
	3. 只对保险车辆救护费用负责，涉及两辆以上的机动车辆应按责任分摊施救费用。受损车辆与所载货物同时被施救，其救货费用应剔除，分不清时应按被保险车辆与货物的实际价值比例分摊赔偿
	4. 施救、保护费用与修理费用分别理算，费用相加超过车辆实际价值的，按推定全损赔偿

4.8 维修工时及零配件价格

车辆定损是指在事故车理赔中确定维修工时及零配件价格，是理赔中技术性最强的一部分工作，也是本书的重点内容。现在一些专门的车辆保险信息公司，开发了专业定损手册和软件，包含了详细的配件价格和工时信息，不但使用方便，而且得到了保险、公估、维修业和车主的公认。这为事故车定损打好了良好的社会基础，容易体现公平、公正和公开，但工作基础还是定损人员本身。

为了帮助定损人员正确理解主机厂手册和专业定损手册中的工时标准和计算方法，避免计算工时时出现混乱和错误，本节将重点介绍事故车各个部分的维修工时，特别强调在每个维修项目中应当包含哪些维修操作，以及还可能涉及哪些相关的操作，哪些维修操作应当单独列在定损单中。定损人员遵照本节所述的步骤，既能增强自己的工作能力，又能写出既精确又全面的定损单。

▶ 4.8.1 维修工时

1. 维修工时概述

事故车的损失主要由工时费和零件费用组成。工时费的计算公式是：

$$工时费 = 工时费率 \times 工时定额$$

工时定额是根据修理的项目确定的，在主机厂工时手册或专业定损手册中，通常将工时分为拆卸和更换项目工时、修理项目工时、大修工时、喷漆工时、辅助作业工时等。不同企业对单位工时的定义也不相同，例如宝马公司规定5min为1工时，1h为12工时。不同车型、不同总成的工时定额一般差别较大，甚至不同年款的车型也有较大的差别，因此，工时手册中的工时数据经常更新。工时费率一般随着地域（如经济发达的大城市和中小城市）、修理厂（如一类修理厂、二类修理厂和三类修理厂，4S店和综合修理厂）、工种（如钣金、机修和漆工）的不同而不同，保险公司应当经常对各个地区的工时费率进行调研，以确定当前适用于该地区的平均工时费用。

对于事故车的定损和修理，工时定额和工时费率一般有以下几个来源，可供定损员参考。第一类是在事故车的车型《碰撞定损指南》或主机厂的《工时手册》和《零件手册》中查找工时定额。第二类是各保险公司或公估公司内部使用的工时费限额。第三类是使用各省市汽车维修行业协会及交通局和物价委员会制定的《汽车维修工时定额与收费标准》。

《碰撞定损指南》或主机厂的《工时手册》和《零件手册》中提供的工时定额，是由专业的汽车定损数据公司或主机厂针对具体车型制定的，并且包括了各总成的拆装、更换工时、大修工时等，准确性高，针对性强，非常适合事故车的定损需要，是今后汽车定损工时定额的发展方向，也是本书重点讲解的内容。

对于部分进口乘用车，可以查阅该车型的《碰撞定损指南》，如 MITCHELL 公司和 MOTOR 公司编写的《碰撞定损指南》，里面不仅提供了各总成的拆装和更换工时，部分总成还提供了大修工时，并且考虑到了各部件之间的重叠工时，是比较好用的定损工具。对于国产车型和部分进口车型，可以按照本书讲述的定损办法，并结合使用各车型主机厂的《工时手册》和《零件手册》，估算修理费用。主机厂的《工时手册》和《零件手册》中一般包含有各总成和零件的更换和拆装工时。例如关于更换裙板，本书的讲述中不仅考虑到更换裙板本身的工时，如钻除焊点、拆除旧板、安装和对齐新板所需的时间，还考虑到拆卸和安装车内地毯、隔声隔振材料和前围装饰件的工时，这些操作都是必需的，因为在前围板上焊接新板件时会产生热量，如果不拆除这些部件，可能造成损坏。

定损员可以根据提示的修理项目，在主机厂的《工时手册》和《零件手册》中查找到各个项目的工时，并进行累加。但需要**特别注意的是重叠工时的问题**。如在上面的例子中，更换裙板时需要拆卸和安装车内地毯，如果该车同时还需要修理地板，也需要拆卸和安装车内地毯，那么拆卸和安装车内地毯的工时只能计算一次，不能重复计算。这样做的优点是工时费估算比较准确，能够合理地降低保险公司的理赔费用。而且每一步骤都有据可查，能有效避免车主与修理厂和保险公司或公估公司之间因价格差异较大而产生矛盾。各种工时包含的操作如下：

1）拆卸和更换工时包含的操作有：把损坏的零件或总成从车上拆下来，拆下该零件上的螺栓安装件或卡装件，把它们转移到新件上，然后再把这个新零件或总成安装到车辆上，并调整和对齐好。

2）拆卸和安装工时：有时为了修理一个受损零件，需要把一个相邻的零件拆下来然后再安装上去。这种工时可以称作"拆卸和安装工时"，有时主机厂工时手册或专业定损手册中也单独给出拆卸和安装工时。**注意：它与上面的"拆卸和更换工时"是不同的。**

3）修理工时包括的操作有：分解/重新组装、检查、测量、调整、确认、诊断、故障排除（电气系统）等操作的工时。修理工时的确定比"拆卸和更换工时"要复杂得多。零件价格的不同、地域的不同、修理工艺的差异等都可能造成修理工时的不同。部分主机厂的《工时手册》和《零件手册》中提供了主要总成和零部件的修理工时，如图 4-134 所示。

4）大修工时包含的操作有：把一个总成或分总成（如保险杠和悬架）从事故车上拆下来，将其拆解开来检查，更换掉损坏的部件，然后重新安装到车辆上，并调整对齐好。对定损人员而言，大修时间实际上是一条计算工时的捷径。例如，对于被撞坏的保险杠，很多情况下只需更换其中的部分零件而不是整个总成。此时如果没有大修工时，就需要计算保险杠中各个零件的拆卸和安装工时和重叠工时，比较繁琐，如果有大修工时，则只需查阅这个大修工时即可。

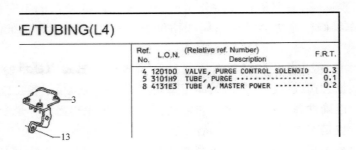

图 4-134　广汽本田雅阁零件手册中的修理工时

在汽车修理作业中除包括更换件工时、拆装件工时、修理工时外，还应包括辅助作业工时，这部分工时通常包含以下操作：

1）把汽车安放到修理设备上并进行故障诊断。
2）用推拉、切割等方式拆卸被撞坏的零部件。
3）相关零部件的矫正与调整。
4）去除底漆、沥青、油脂及类似物质。
5）修理生锈或腐蚀的零部件。
6）松动锈死或冻结的零部件。
7）检查悬架系统和转向系统的定位。
8）除去破碎的玻璃碴。
9）更换防腐蚀材料。
10）修理作业中当温度超过 60℃ 时，拆装主要电脑模块。
11）拆装车轮和轮毂罩。
12）如果新件上没有安装孔而需要重新打孔。
13）因使用副厂件而需要进行一定的改装或改动。

上述各项虽然每项工时不大，但对于较大的碰撞事故，各作业项累计通常是不能忽视的一项重要工作。

各保险公司或公估公司内部使用的工时费限额，是由各公司区分不同类别车型，按照拆装、钣金、机修、电工、油漆等实际工作量，根据市场价格确定的工时费用。由于这种工时费限额只是把车型分成不同的类别，没有具体到每个车型，并且只有常用操作的工时费限额，因此数据量比较小，虽然查找使用方便、直观，但准确性和数据的覆盖范围不如第一类工时定额。这种工时费限额也是目前保险公司和公估公司广泛采用的方法。

2. 维修工时核算方法及原则

根据维修企业实际经验，工时核算方法如下，以供参考：

（1）钣金类工时费核定方法

1）一般车型：按损坏程度及损坏面积，并结合修复部位的难易程度来核定修理工时费。

2）特殊车型：价值较高的车型或老旧车型，当外观件、车身骨架及大梁等变形严重时，可以与客户和修理厂协商，修理工时费可按该配件价格的10%~50%核定。

（2）漆工类工时费核定方法

1）油漆工时费是指油漆材料费、油漆辅料费及油漆人工费之总和。

2）塑料件、亚光饰件、金属漆及变色漆在工时费核定时可按10%~20%比例上浮。

3）大型客车按单位面积核定工时费。

4）轿车及小型客车按损伤板件幅数（每车13幅板件）核定工时费。

（3）拆装类工时费核定方法

1）一般原则：按照拆装的难易程度及工艺的复杂程度核定工时费。

2）单独拆装单个零件按单件计算工时费。

3）拆装某一零件必须先拆掉其他零件，则需要考虑辅助拆装的工时费。

4）拆装机械零件和电气零件，需要适当考虑拆装后的调试或测试工时费用。

5）拆装覆盖件及装饰件，一般不考虑其他工时费。

6）检修ABS，需确认维修方法，一般拆车轮为30元/轮。

7）检修线路或电气元件另外计算拆装费。

8）拆装座椅（含侧气囊），工时费用可适当增加。

9）拆装转向器工时应按照车型调整。

10）吊装发动机的，应计算发动机吊装费用。

11）当更换项目较多时（≥10项），可以按30~50元/项统一计算总拆装费用。

3. 维修工时计算明细

钣金工时费标准见表4-5。

表4-5 钣金工时费标准一览表

零配件名称	损伤程度	工时费范围/元
前后保险杠	轻度	50~80
	中度	80~120
	严重	120~150
前后保险杠内杠	轻度	80~100
	中度	100~120
前翼子板	轻度	80~100
	中度	100~120
	严重	120~150
前纵梁	轻度	300~500
后翼子板	轻度	50~100
	中度	100~150
	严重	150~200
车门	轻度	80~120
	中度	120~180
	严重	180~250

（续）

零配件名称	损伤程度	工时费范围/元
裙边	轻度	50~100
裙边	中度	100~150
裙边	严重	150~200
前后围	轻度	50~100
前后围	中度	100~150
前后围	严重	150~200
元宝梁	轻度	200~300
车顶	轻度	100~150
车顶	中度	150~200
车顶	严重	200~250
发动机舱盖	轻度	150~200
发动机舱盖	中度	200~300
发动机舱盖	严重	300~400
行李舱盖	轻度	150~200
行李舱盖	中度	200~300
行李舱盖	严重	300~400
车架矫正	轻度	500~1000
车架矫正	中度	1000~2000
车架矫正	严重	2000~3000
大梁校正	轻度	500~1000
大梁校正	中度	1000~1500
大梁校正	严重	1500~2000

注：1. 工时费范围是指车价在15万~40万元的事故车相对应零配件的修理工时费范围。40万元以上车型修理工时费可适当上浮20%左右；15万元以下车型修理工时费可适当下浮20%左右。
2. 非表中所列零配件，视损坏程度，可参照该零配件价格的20%~50%核定修理工时费。
3. 元宝梁、前纵梁、车架、大梁修复，可增加发动机吊装费400~600元。但每次事故修复中只允许使用一次。

喷漆工时费标准见表4-6。

表4-6 喷漆工时费标准一览表　　　　　　　　　　（单位：元）

部位	车价						
	7万以下	7万~12万	12万~15万	15万~30万	30万~50万	50万~80万	80万以上
全车	2000±500	2500±600	3000±650	4000±750	5000±800	6000±900	8500±1000
前后保险杠	180±80	250±100	300±120	350±130	400±150	600±180	700±200
前翼子板	180±80	250±100	300±120	330±130	380±150	550±180	600±200
发动机舱盖	300±80	375±100	450±120	500±130	600±150	750±150	850±180
车顶	300±80	375±100	450±120	500±130	600±150	750±150	850±180
车门	300±80	350±100	400±120	450±130	480±150	550±150	750±150

（续）

部位	车价						
	7万以下	7万~12万	12万~15万	15万~30万	30万~50万	50万~80万	80万以上
后翼子板	200±80	250±100	300±120	330±130	380±150	550±180	600±200
后盖	300±80	375±100	450±120	500±130	600±150	750±150	850±180
立柱	30~50	50~100	70~120	100~140	110~150	130~180	150~200
后视镜	50	50~100	50~100	50~120	50~150	50~150	50~200

注：1. 全车喷漆如为金属漆可增加10%~15%。
　　2. 综合修理厂原则上不允许上浮，特约维修站可适当上浮，最高不超过上限，资质较差的修理厂应适当下调。
　　3. 全车外部共分为13幅：前后保险杠、四个车门、发动机舱盖、行李舱盖、四个翼子板、车顶。
　　4. 两幅喷漆的，按总费用的95%计算，三幅喷漆按90%，四幅喷漆按85%，五幅喷漆按80%，六幅喷漆按75%，七幅及以上按70%计算。
　　5. 面包车及商务车侧围可按轿车2.5倍车门计算，车顶按轿车2倍车顶计算。

电工工时费标准见表4-7。

表4-7　电工工时费标准一览表　　　　　　　　　　　　　（单位：元）

项目		车价		
		15万以下（基础值）	15万~40万	40万以上
检修制冷系统加制冷剂	普通	200		
	环保	250		
电脑解码		500		1000
仪表台拆装		≤250	300~400	450~550
检修安全气囊SRS（含写码）		500		
检修ABS		300		500

注：1. 双空调的面包车可增加50元制冷剂成本费。
　　2. 当事故涉及ABS、变速器电控单元、发动机电控单元、气囊电控单元、音响受损时方可给电脑解码费；电脑解码费与单项解码费不可同时使用。

机修工时费标准见表4-8~表4-10。

表4-8　机修工时费标准一览表　　　　　　　　　　　　　（单位：元）

项目		车价			
		15万以下	15万~40万	40万~70万	70万以上
发动机（换中缸）	4缸	500	700	800	—
	6缸	—	1000	1500	2500
	8缸	—	—	2500	3000
	12缸	—	—	—	4500

注：1. 发动机换中缸时，涉及换气门的加200元工时费。
　　2. 非电喷发动机的工时费在表中的基础上下调20%。

表 4-9　手动变速器（换中段壳体）　　　　　　　　　　（单位：元）

项目	车价		
	15 万以下	15 万~40 万	40 万以上
手动变速器解体换件	250~350	350~450	450~550

表 4-10　自动变速器（换中段壳体）　　　　　　　　　　（单位：元）

项目	车价		
	15 万以下	15 万~40 万	40 万以上
机械	500	—	—
电子	1000	1500	2000
手自一体	2000		3000

注：自动变速器的解体工序包括：解体、清洗、检测、解码。

玻璃拆装工时费见表 4-11。

表 4-11　玻璃拆装工时费　　　　　　　　　　　　　　　（单位：元）

项目		车价		
		15 万以下	15 万~40 万	40 万以上
前、后风窗玻璃拆装	挂胶	120	—	—
	粘胶	120	—	—
侧窗玻璃拆装		60 元/个		
拆装天窗	含拆装窗框	180		
	不含拆装窗框	80		
中巴前、后风窗玻璃拆装	挂胶	150		
	粘胶（含胶）	200		
大巴前、后风窗玻璃拆装	挂胶	300		
	粘胶（含胶）	400		
大巴侧窗玻璃拆装	有窗框	80 元/个		
	无窗框（含胶）	150 元/个		

玻璃胶定价标准见表 4-12。

表 4-12　玻璃胶定价标准　　　　　　　　　　　　　　　（单位：元）

项目	车价		
	15 万以下	15 万~40 万	40 万以上
玻璃胶单价	30	50	80

玻璃胶数量：小型客车、面包车 3 支。

常见拆装工时见表 4-13。

表 4-13 常见拆装工时一览表 （单位：元）

项目		车价		
		15万以下	15万~40万	40万以上
拆装前、后保险杠		50	上浮 10%~30%	上浮 30%~50%
拆装前翼子板		50		
拆装发动机舱盖		80		
拆装车门	换总成	80		
	含附件拆装	120		
拆装后翼子板		220		
拆装行李舱盖		50		
更换行李舱后围板		150		
更换车顶	小型客车	200		
	面包车、吉普车	300		
更换前纵梁		200/条		
拆装龙门架	螺钉联接	30		
	纤维	100		
	焊接	120		
座椅拆装（电动）	前座	50/张	80/张	
	后座	75	120	
全车机械座椅拆装		100		
全车内饰拆装		≤400	≤600	

水浸车清洗、烘干工时费见表 4-14。

表 4-14 水浸车清洗、烘干工时费一览表 （单位：元）

座椅类别	轻度	中度	重度
机械座椅	80	100	150
电动座椅	200	400	500

此外，很多情况下，可能找不到事故车的主机厂《工时手册》和《零件手册》，或者手册中和保险公司的内部工时定额中没有列出相应的工时，此时也可以参考各地汽车维修主管部门制定的《汽车维修工时定额与收费标准》，从中查找相应的工时数量或工时费标准。

4.8.2 汽车零配件价格

汽车零件通常有原厂件（或 OEM 件）、正厂件、副厂件（或售后市场件）和拆车件（或二手件、翻新件、回收件）几种。

原厂件是指汽车主机厂向其特约维修站或 4S 店提供的配件。另一种获取原厂件的方法是直接从主机厂的配套件供应商处购买。一般原厂件质量有保证，但价格较高，而且综合型修理厂有时还难以购买到。

正厂件通常是指一些大厂正规厂专门给某些汽车制造商生产的配件，有一些是著名的专业配件生产商，他们生产的配件，会被一些汽车生产商采购并打上汽车厂家的标志（成为正厂件），或者被一些汽车生产商直接用在新车装配上（成为配套厂件）。

副厂件是指非主机厂或其配套件供应商提供的配件，是汽车配件的另一种重要来源。副厂件一般价格便宜，但其质量一直受到质疑，因此很多车主在事故车理赔中拒绝使用副厂件。但近几年来，随着副厂件厂商生产工艺的不断改进，很多副厂件的质量有了很大的提高，有些甚至能够通过非常严格的强制性安全标准测试。保险公司应当积极推动相关立法工作，鼓励在事故车修理中大量使用质量合格的副厂件。这不但会大大降低车辆理赔额度，使保险公司受益，反过来也可以降低车主的保险费用，有利于车主。更重要的是，促进了社会竞争，有利于我国汽车技术的进步和社会经济的发展。

拆车件是指从旧车上拆下来经防腐处理、重新喷漆和翻新的配件。拆车件一般比原厂新件和副厂件都要便宜很多。对于车身覆盖件，使用合格的拆车件也不会影响车辆的安全和美观。尤其对于老旧事故车的修理，使用拆车件显得更为经济和合理，能够大大降低保险公司的理赔费用。但是，我国目前对于拆车件还是禁止公开销售的。需要在保险公司的努力下，在法律上、观念上改变现状。

除了配件种类复杂之外，目前我国的零配件市场价格也十分复杂。一方面是正厂件和副厂件价格差异很大，另一方面是不同的地区、不同渠道的零件价格差别也很大。有时同样的零件在不同的汽配市场可能有多种价格。这是我国保险定损行业面临的巨大问题之一。

确定需更换的部件后，遵循"有价有市""报供结合""质量对等，价格对等"的原则，来确定配件价格。一般情况下，2年内新车按正厂价核定，2~4年车的重要部件按正厂价核定，其他部件可按副厂价核定。

一些保险公司为了统一零件报价做了大量工作，开发了自己的采价和报价系统，并可以通过互联网进行查询，非常方便。也有一些保险公司使用第三方零件价格信息，如国内的北京精友时代公司，国外的 Mitchell 公司、DEKRA 公司、Audatex 公司的数据等。另外，对于公司的内部网络上没有的零件的价格，估损人员在车辆估损时可以参考主机厂零件手册中的配件价格。**需要注意的是：一定要查阅最新的零件手册**。还可以采用国家指定生产、经销汽车零部件的企业的销售价格，结合考虑批量、渠道、环节等因素确定。进口零部件价格原则上按市场销售价格确定；若市场上无同一类型零部件，亦可按海关验证的报价加运达本地的运费、保险费确定。但是，零件的价格和估损系统是一个非常复杂的系统工程，需要根据汽车、配件和维修市场的变化不断更新。与国外相比，我国现有的事故车保险估损系统还处于初级阶段，需要更多保险公司、汽车企业、零部件经销商和专业汽车信息公司的共同努力才能进一步提高。

4.9 车辆全损和残值处理

4.9.1 车辆全损

1. 影响维修的因素

理论上，任何受损的车辆都可以修复到原状，甚至修复到全新的状态，但从经济角度来看，不是所有的受损车辆都应当修复。

2. 车辆的实际现金价值（ACV）

任何车辆在使用中都会不断磨损，因此都有一定的寿命。通常随着车龄和行驶里程的增加，车辆的价值逐渐降低，即使维护和保养得再好的车辆也不例外。例如，几年前售价为15万元的新车，现在如果状况良好而且行驶里程不是很长，其平均零售价可能只有8万元。这个8万元就是这辆汽车的实际现金价值，即ACV。它对于事故车的修理和保险理赔是一个非常重要的数据。

除了一些特殊的车辆外，对一辆汽车花费大量的金钱进行维修不会显著地增加其市场价值。例如，花1万元对一辆价值5万元的汽车进行维修，不会得到一辆价值6万元的汽车，甚至不一定会使这辆汽车的价值增加到5.5万元，因为维修操作可能会使车辆增值，也可能使它贬值。

在国外，车辆的ACV可以通过多种途径获得，包括《NADA官方二手车指南》、麦克林亨特市场报告公司（Maclean Hunter Market Reports, Inc.）出版的《汽车红皮书》（*Automobile Red Book*）和《凯利蓝皮书》（*Kelley Blue Book*）等。这些手册的内容相似，只是给出的价格和具体的数据可能稍有不同。

车辆经销商的估价也可以用来计算ACV。通常可以请当地的经销商对车辆做一个公正的价格评估，尤其对于一些特殊车辆，如一辆里程数极低、状况极好但车龄较长的车辆。如果车辆很容易以高于手册中的价格出售出去，保险公司可能会接受这个更高的ACV估价。

在计算车辆的ACV时，保险公司通常不会考虑车辆最近的维修费用，这些费用被视为车辆的正常维护和保养费用，不会增加ACV。例如，如果有一辆价值5万元的汽车，车主花费1万元进行了修理，尽管可能使车辆的状况变好，寿命变长，但ACV还是5万元。

3. 车辆全损

ACV在保险公司的维修理赔中是一个非常重要的参数。如果车辆的维修费用超过了车辆的实际现金价值，保险公司当然就不能再支付维修费用了，而是将车辆定为全损（图4-135）。各保险公司在确定全损时都有各自的原则和公式，但大多数公司都考虑下面三种情况：

① 当维修总费用等于或超过ACV时。
② 当维修总费用等于或超过ACV的某个百分比时，如75%或80%。
③ 当维修总费用加上车辆的残值等于或超过ACV或ACV的某个百分比时。

可以看出，②和③条实际上在维修费用低于ACV时就可能导致全损。对于所有的全损，保险公司的理赔员都应当对维修方法和费用进行复核，以确认是否合理，是否真的达到了本公司的全损标准。一旦证实，保险公司将向车主支付等于车辆实际现金价值（ACV）的金额，车辆残值的所有权随之转到保险公司名下。保险公司通常与一些回收单位有长期合同，可以在很短的时间内将车辆残骸处理掉，处理价格是按照ACV乘以一个百分比计算得来的。对于比较新的车型，这个百分比一般为20%～25%；对于较旧的车型，这个百分比通常会低一些。如果车辆损坏非常严重，可回收利用的螺栓安装件少于3件，通常由双方协商价

车辆左前侧损坏情况　　车辆右后侧损坏情况

图 4-135　车辆损坏很严重，维修费用超过其实际现金价值，应定为全损

格。保险公司与回收单位的合同可以通过招标方式达成。

4. 全损上限

每辆汽车都有一个 ACV 和一个根据 ACV 计算出来的全损上限。对于一般的小修或中度修理，其维修费用远低于全损上限。对于发动机和变速器等总成，一般在拆解之前很难精确地计算出其维修费用，因此在定损时通常会留出一些余量。留出余量并不意味着定损报告可以是不完整的，定损员还是要尽力做出一份完整而精确的定损报告，同时要搞清楚哪些地方还会有一些隐藏的损伤，可能需要补充。

▶ 4.9.2　案例

一辆装有双顶置凸轮轴发动机的车辆前面发生碰撞，车身钣金件受到中度损伤，发动机气缸盖出现裂纹并松动。由此推断气门组或发动机其他内部构件可能损坏，但在解体之前不能得到精确的估价。假设这辆汽车的全损上限为 10 万元。定损员对所有钣金件和其他机械构件的维修费用进行了全面的估算，但没有包含凸轮轴和发动机的维修费用。假设得到的定损费用是 5 万元，那么距离全损还有 5 万元的余量。如果保险公司确信修复发动机的费用将远低于 5 万元，那么就会允许维修厂对车辆进行维修。

在这个例子中，保险公司让定损报告处于开放状态，以便将来补充。这并不意味着修理厂就可以将剩下的这 5 万元全部用于发动机维修。保险公司应当对发动机拆解过程中发现的损坏和所需的维修工艺进行确认，必要时，还应当将相关信息给理赔员进行分析确认。

开放状态的定损报告对于保险公司不是一件好事，应当尽量尽早"关闭"。对于拉伸、钣金和面板更换等事故车的常规维修操作，保险公司和维修厂都能够精确地估算出维修费用，因此很少做出"开放"的定损报告。但对于发动机和机械构件的维修，以及电子诊断等操作，通常需要制作"开放"的定损报告。因为车辆技术的飞速发展，如燃油喷射、电控发动机、自动变速器、防抱死制动系统、电控悬架等新技术的不断应用和发展，使诊断和维修越来越困难，即使是经验丰富的维修技师有时也很难估算出诊断和维修的费用，更不用说定损员了。只有当汽车维修行业的所有技工都在这些诊断和维修方面受到良好的培训，并积累了丰富的经验之后，估算这些费用才不至于如此困难。

在这个例子中，保险公司做出维修的决定不是很困难，但如果前期估算出来的维修费用很接近全损上限时,做出维修决定就不容易了。

4.9.3 事故车修理厂、ACV 和全损

对于维修厂的定损人员来说,ACV 和全损上限也是非常重要的,因为 75% 以上的事故车维修是通过保险理赔结算的。也就是说,每 4 个事故车维修业务中,就有 3 个需要在价格上与保险公司达成一致。虽然维修厂的定损人员应当在定损单中写明所有他们认为需要更换的零件及相关维修操作,但如果在定损时不考虑全损上限,可能就会与保险公司的定损员产生较大的分歧。

无论保险公司还是维修厂都不希望出现全损,因为全损意味着修理厂得不到任何业务,而保险公司也要支付最高限额的理赔款。所以双方应当共同努力,尽量防止车辆全损。

4.9.4 车辆残值的处理

在做保险车辆定损时,经常需要确定更换件的残值。绝大多数保险条款都规定残值协商作价折归被保险人,但在实际操作中残值大多数折归了修理厂。当保险公司与被保险人或修理厂协商残值价格时,保险公司为了提高效率和减少赔付,常常会做一些让步。

1) 残值是指零部件更换后存有一定价值的残余部分。一种情况是单个零部件损坏已无使用价值,但可作为废品出售(如铝合金圈、散热器等);另一种情况是组合零部件部分损坏,而其余部分仍可使用(如压缩机的离合器、车身彩条等)。

2) 对残值的处理要注意方式、做好工作,残值多数情况下折价给修理厂并告知客户,结算时扣除残值核定的最终价格。如果客户要求自行处理的,残值折价部分需要客户和修理厂结算。保险公司以最终核定结案赔付。

3) 车辆部件残值作价标准见表 4-15,按更换新件的价格(不含管理费),对应换件的比例确定残值。残值不得低于 5 元并按 5 元的倍数确定,同时要根据残值的质量和材质,结合市场废品收购价格确定,如蓄电池、冷凝器、蒸发箱、铁钢圈、铝合金圈、车架等可以按照市场废品价格折算。

4) 对于组合零部件的可用部分,应按可用件价格的 30%~60% 确定残值。

表 4-15 《车辆部件残值作价标准表》(只供参考,按照 5 的倍数)　　(标准:%)

名称	类别				
	轿车		客车		货车
	进口	国产	进口	国产	
前后杠	8	6	8	8	4
前翼子板	3	5	5	5	5
散热器	5	5	12	11	16
冷凝器	4	6	4	6	6
发动机舱盖	3	5	3	5	4
车门	3	5	5	5	5
后翼子板	2	5	2	5	

（续）

名称	类别				
	轿车		客车		货车
	进口	国产	进口	国产	
行李舱盖	2	5	2	5	10
驾驶室壳	3	6	3	7	4
前桥	4	7	4	8	8
车架	20	20	80	80	100
后桥	12	14	30	60	30
传动轴（半轴）	2	5	2	5	5
缸体	3	6	3	6	8
活塞	7	12	7	12	12
曲轴连杆	4	8	4	8	8
飞轮及壳体	3	6	2	5	8
变速器	4	8	4	8	8
离合器	4	8	4	8	8
差/主减速器	4	8	4	8	8
转向器	5	10	5	10	10
发电机	6	12	6	12	12
起动机	5	10	5	10	10
压缩机	3	6	3	6	6
蓄电池	12	12	22	22	22
轮胎	3	3	9	9	9
钢圈	3	6	3	6	8
油箱	2	5	3	5	6
座椅	2	5	2	4	4

4.10 制作定损报告

一份好的定损报告不仅仅是准确地填写一系列零件价格和工时费用，而是融入了定损员的知识、经验和良好的判断力，并且需要最新的价格和工时数据。只有这样，定损报告才能成为车辆维修和保险理赔的有效工具。机动车辆保险定损报告如图4-136所示，简易赔案审批表如图4-137所示。

定损报告必须对各方都要公平。

1）必须保证安全和维修质量，所有必需的操作和零件应当列全，包括拉直、校正和调整等。

2）必须保证维修企业获得公平合理的报酬。

机动车辆保险定损报告

被保险人：　　　　　　　　　　　　　　　　　　　　　　　　　　　报案号：

所属号码			交强险保险号码				
厂牌型号			商业险保险号码				
发动机号			底盘号（PIX）				
保险险别	□车损险 □商业三者险 □交强险		出险时间	年 月 日 时	变速器型式	□自动 □手动	
更换配件名称	数量	配件价格	修 理 项 目		工时费		
			事故拆装：				
			事故钣金				
			机修：				
			电工				
			事故油漆：				
材料费小计：			工时费小计：				
残值		总计金额：					

1. 经甲乙丙丁四方协商：完全同意按以上核定的价格修理。总计工料费人民币____佰____拾____万____仟____佰____拾____元____角____分（¥　　　　　）。
2. 乙方按以上核定项目保质保量修理，且履行以上规定的修理及换件项目，如有违背，甲方有权向乙方追回价格差额。若有核定项目有明显遗漏的，乙方需经甲方同意认可签字后，方可追加修理项目，否则甲方有权拒绝赔偿追加部分。
3. 乙方保证在____日内保质保量按时完成修理；若违约，愿意赔偿因拖延时间或修理质量问题而造成的丙方的利润损失。
4. 丙方（丁方）对以上核定的修理项目和价格无任何异议。如存在修理质量问题或价格超标，由乙方负全部责任。
5. 其他约定：

甲方（保险公司）签章：	乙方（修理厂）签章：	丙方（车方）签章：	丁方（第三者）签章：
查勘定损人：			
核价人： 年 月 日	年 月 日	年 月 日	年 月 日

第　　页

图 4-136　保险定损报告

机动车辆保险简易赔案审批表

赔案编号：

索赔申请	被保险人		牌照号码		使用性质		
	报案人	联系电话	驾驶人		联系电话		
	出险时间	年 月 日 时	出险地点		报案时间	年 月 日 时	
	出险类型	□单方 □双方 □多方 □其他					
	出险原因及经过：						
	兹声明本人所填上述资料均为真实情形，没有任何虚假和隐瞒，否则，愿放弃保险单之一切权利并承担相应的法律责任。						
	被保险人（报案人）签章：		联系电话：		年 月 日		

查勘意见	是否指定驾驶人	□是□否	驾驶证是否有效	□是□否	车架号码		发动机号
	牌照号码		车辆型号		检验是否合格	□是 □否	
	出险原因	□碰撞 □倾覆 □盗抢 □火灾 □爆炸 □台风 □自燃 □暴雨 □其他					
	三者类型（A）	□机动车□非机动车□行人	车主姓名		是否投保交强险	□是 □否	
	三者是否已赔款给本车		□是 □否		赔款金额		
	查勘地点	□第一现场 □保险公司 □交警扣车场 □特约服务站 □非特约修理厂 □其他					
	查勘意见：						
	查勘员（签字）：			查勘时间：	年 月 日		

	项目	金额	项目	金额
损失情况				
	工时费合计：		材料费合计：	
	双方同意受损车辆修理工料费合计为：人民币 仟 佰 拾 元 角 分（¥ ）			
	定损员（签章）：	保险人（签章）：		被保险人（签章）

审核	赔案理算： 年 月 日	核赔人： 年 月 日

图 4-137 简易赔案审批表

3) 必须保证保险公司和被保险人的经济付出是合理的。在确保安全和质量的前提下，选择的零部件和维修方法应当尽可能经济。

▶ 4.10.1 制作定损报告的准备工作

在对事故车进行定损时，无论其损坏程度如何，都一定要遵循正确的逻辑顺序。

在开始罗列受损部件和所需工时之前，定损员必需收集事故车的关键信息，并且要完成几项重要的检查工作。

保险公司、修理厂和独立的公估机构所使用的定损表格是不一样的，但其中的许多关键数据项都是相同的，如车主信息、车辆信息和保险索赔信息等。

1. 姓名、地址和电话号码

这些基本信息很关键，定损员应给予足够重视。这些信息可以让保险公司和修理厂知道客户是谁，住在哪里，在理赔和维修过程中打哪个电话可以找到他。

2. 保险信息

为了准确无误而又快速地处理理赔，准确填写保险公司名称、保单号、索赔号、事故日期、免赔额等信息十分关键。

一般情况下，修理厂不会拒绝保险公司提供的维修业务。但保险公司的定损员和修理厂人员可能会在定损方面存在分歧，双方应当在完成定损报告后进行逐条审核，定损员应当充分听取修理厂对车辆维修方案以及所需的配件、工时和材料说明，并提出自己的意见和见解，尽力达成一致。被保险人既是保险公司的客户，也是修理厂的客户，双方都有义务向客户解释定损报告，答复客户的疑问，让客户充分理解维修是恰当的。

在保险信息填写完毕之后，一定要向客户说明保险理赔的程序，以及与事故车维修相关的法律规定，让客户了解自己在理赔和维修过程中的权利和义务。**需要注意的是，如果客户没有购买不计免赔险，一定要让客户知道免赔额，并告诉他在与修理厂结算时一定要自己支付这部分金额。**

3. VIN

我国法规要求所有1998年以后上路的车辆必须标注 VIN。2004年这个标准经过修订之后变成强制标准。VIN 是一个由17位字符组成的编码，通过它可以了解到车辆的重要配置信息，因此，VIN 对车辆维修和保险理赔很重要。

在专业定损手册和维修手册中，一般都给出了适用本手册的车辆 VIN 范围及其解释。VIN 一般在前风窗玻璃的左下方，透过玻璃可以看到。

4. 识别油漆系统和油漆代码

确定车辆所用的油漆系统并找到其油漆代码非常重要。注明事故车使用的是金属漆、两级漆（底漆/清漆）还是三级漆（底漆/云母中间漆/清漆）。**快速鉴定漆面是否有清漆层的简单方法是：轻轻打磨损坏的漆面，如果砂纸上有白色粉末，说明有清漆层；如果砂纸染上车漆颜色，说明是单级漆，没有清漆层。**油漆代码的主要作用是在进行局部或面板维修时，用它来确定维修用的油漆颜色与车辆原漆颜色精确匹配。

油漆代码一般标注在车辆维修识别标签上，维修识别标签没有标准化，各个汽车厂家可能不太一样。定损指南中一般也会给出相关车型的油漆代码位置，并说明是否具有清漆层。

5. 车牌照和里程数

记录车辆的牌照号和车辆里程数。二手车的车辆价值是以平均里程数为基础的，特别高或特别低的里程数会使车辆的 ACV 降低或增高。

6. 重要的车辆选装件

车辆的一些选装件会增加其 ACV，在定损报告或理赔单中应当注明这些选装件。典型的选装件有天窗、AM/FM 收音机、磁带播放器、CD 机、电动门锁、车窗、座椅、巡航控制、可调式转向盘、真皮座椅、专用轮罩、行李架和专用附件等。

7. 事故前的损坏

必须彻底检查车辆的内部和外部，看是否有与本事故无关的事前损坏，如：旧的刮痕和凹坑（图 4-138）、锈迹、腐蚀、漆面剥落或开裂，保险杠、挡泥板等塑料件或橡胶件的开裂或凹陷；座椅或内饰上的裂缝，座椅、地毯和内饰上的斑点或损伤，风窗玻璃或后视镜的破裂，轮罩或嵌条的损失或缺失，车罩开裂、灯泡破裂或烧损，选装件的损坏，如空调和加热装置、后窗除霜装置等。

确认是事故前的损坏之后，将它们一一记录在定损报告或理赔单上。需要注意的是，一定要将这些情况告诉客户，以减少客户可能的抱怨。客户可能会抱怨：

1）修理厂没有把问题完全修好。

2）修理厂在维修过程中损坏了他的车辆。

保险公司的责任是为本次事故造成的损失买单，而对于非本次事故造成的损失是不赔的，所以理赔员在审核时一定要仔细地查看这些与本次理赔无关的事前损坏。

有些保险公司可能会针对这种情况改变其支付保费的策略。如果现场定损员发现一辆事故车上有明显的非本次事故伤痕，说明车主在上次发生事故后没有维修车辆，那么

图 4-138　事故前已经存在的旧划痕和凹坑

这一次他还有可能在领取理赔费用后不修车，只要这辆车还能够行驶。在这种情况下，保险公司可能在修车前只预支一部分前期费用，等到客户证明车辆完全修好之后再结算余下的费用。通常理赔员还要亲眼查看一下修复的车辆。

有时很难判别某些损伤是由本次事故引起的还是以前就有的，尤其这些损伤在车辆的同一部位时。如果锈迹和脏污已经渗到裸金属内，说明是旧的损伤。如果刚刚暴露出来的塑料件或橡胶件上有一些旧的或不鲜亮的痕迹，说明以前受到过损伤。如果有两处损伤，但它们之间有一大块未损伤的面板相隔，这种情况也要注意。例如，一辆车的前保险杠上有碰损，车门上没有损伤，但后侧板上有划痕，那么这两处损伤可能不是一次事故引起的。

发动机舱盖或行李舱盖上的一些小凹陷可能是关闭时用力过猛造成的，要检查这些凹陷的位置是否与关闭发动机舱盖或行李舱盖时用力的位置相吻合。

如果空调或暖风系统损坏，要看有无被碰撞的新痕迹。对于旧车型，这些零部件有可能在事故之前就因为磨损而损坏。

查看事故的细节。了解事故是如何发生的，车辆碰撞时的速度是多少？碰撞的角度是多

少？车辆是否先碰到一个物体，然后发生侧滑或弹起而碰到另一个物体？定损员在了解到这些细节之后，才能对事故情况做出合理的逻辑分析，才能更容易区分事故前已有的损伤和本次事故造成的损伤。

8. 贬值和增值

对于保险公司来说，确定哪些损伤是事故前已有的，不仅是为了确认是否对其理赔，还用于计算这些损坏的零件对于车辆价值的影响。如果车身面板在事故前已经生锈、有凹坑或者有皱褶、饰条或装饰件脱落，那么在定损时就应当从更换新板件的费用中减去这些损伤所需的维修费用，如图4-139所示。

定损员或理赔员必须用前面介绍的方法精确地计算这些原有损伤的维修费用。例如，如果新行李舱盖的价格是2000元，被更换的行李舱盖以前有锈蚀，定损员估算出修复这些锈蚀需要2个工时，按每工时200元计算出其维修费用是400元，那么保险公司应当为更换这块新行李舱盖向客户赔付1600元，客户应当自己支付400元，因为更换新行李舱盖使车辆比事故前增值了400元。

随着车龄的增加，车辆的机械零件、轮胎、蓄电池、内饰以及其他很多零部件会随着贬值。在理赔查勘过程中，定损员和理赔员必须注意所有可能贬值的部件。

图4-139　这块生锈的板件被换成新件后带来了增值，在定损时应减去这部分增值

▶ 4.10.2　填写定损报告

在完成前期信息收集和查勘之后，定损员就可以在定损单中填写各个零部件和工时信息了。很多有经验的定损员在前期查勘时会用铅笔在纸上做一些记录，这样就可以在第一次填写定损单时尽量填写完全。

对于一些不太严重的事故，很容易在第一时间写出完整而精确的定损单，所以可能不需要在查勘时做记录。而对于一些比较大的事故，在查勘时做一些记录对于精确有序的定损和后续的复查是很有利的。如果事故很大，还可以借助一些现代工具做记录，如MP3、录音笔或小型录音机等，然后在定损时再重放出来或输入计算机定损系统。

如果车型熟悉，而且事故不大，有经验的定损员在查勘时可能不需要参看专业定损手册或零件手册。他们可以根据事故情况确定受损零件并按逻辑顺序记忆下来。在完成查勘回到办公室后，他们再坐下来一边参照专业定损手册或零件手册，一边填写零件号、价格、工时和喷漆时间。

1. 提前做好准备

在定损之前，一定要将做事故查勘和定损报告需要的工具、表格、《定损指南》等都准备好。这样可以避免在定损过程中因缺少工具而不得不中途停止工作。中途停止定损容易造成混乱、漏项和重复等。

2. 遵循逻辑顺序

在查勘事故损伤情况和定损时一定要遵循合理的逻辑顺序，可以按照下面5个基本区域进行：

(1) 一区　直接碰撞区，主要的损坏都集中在一区。
(2) 二区　二次碰撞区，可能出现一些损伤。
(3) 三区　机械损坏，包括动力传动系统和附件。
(4) 四区　乘员室，包括乘员室、内饰、灯、附件、控制件和车漆等的损伤。
(5) 五区　外部件和外饰的损伤。

先从直接碰撞点开始，从外到里仔细查看，列出所有受影响的部件。然后按照碰撞力在车身上的传递路线依次查看。对于最常见的前部碰撞，一般是从车辆的前部一直查到后部。将车辆分为几大组件，然后从外到内逐个查看组件，列出受损的零件。

例如，一辆汽车的左前角发生碰撞，这样的碰撞一般会对以下几个组件产生影响（按从前到后的顺序）：前保险杠、格栅、左前照灯、散热器、发动机舱盖和左前翼子板。从前部开始，按顺序检查各个组件，按从外到内的顺序列出各个受损的零件。例如，左前翼子板损坏可能需要更换以下零件：翼子板、减振柱支座、减振塔、后延伸件、挡泥板和裙板，安装在翼子板上的饰条、左前照灯等零件也可能要更换。

为了让定损员更好地遵循从前到后、从外到内的顺序，专业定损手册也按照这个顺序罗列零件和工时。一般的定损手册都将前保险杠列为每种车型的第一个主要组件，然后依次列出各个主要组件，直到后保险杠。各种定损手册对零件的分解方式和对组件的罗列顺序可能稍有不同，但都遵循从前到后，从外到内的逻辑顺序。

图4-140是定损手册中常见的前保险杠组件的分解图，从中可以清楚地看出所有零件都是从外到内排列的。按照这个顺序，定损员就可以做出更准确的定损报告，查询零件价格、零件号和工时数据时更方便。

3. 填写定损报告

定损单中的每一行应填写一个操作或工序，不要用一句笼统的话囊括多项操作，如"维修前端损坏"，也不能只列出受损的零件而不加说明。

(1) 要填写操作　每行的开始都应当填写一项操作，如"维修""更换""拉直""喷漆""大修"等,这样就可以让客户、修理工、理赔员等相关人士明白需要对车辆做哪些工作。

(2) 避免使用缩写 尽量避免使用缩写词,除非在定损单上有解释。例如,"更换后保险杠"不要简化为"换后杠",以免引起不必要的麻烦。而且写得越具体越好,还要注意写清楚"左侧"和"右侧",如"更换右侧后侧板"。使用重复符号可节省一些时间,但不能用得太多,否则容易造成混淆。

(3) 书写要整洁 干净整洁的定损单不但便于理解和操作,而且还会给客户、理赔员留下深刻的印象,让人感觉到出具这份定损单的定损员、保险公司或修理厂很专业,

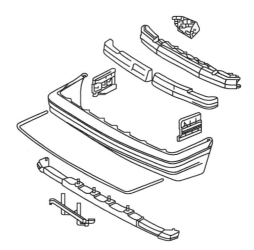

图4-140 前保险杠组件的分解图

提高了可信度。相反,邋遢或笔迹潦草的定损单则会让人感觉定损员很不负责任或很不专业,可能会使客户反感或不满意。字迹不清的数字还可能会导致估算错误。另外,不要指望理赔员、客户或维修工在核保或维修过程中看出错误,他们没有这个职责。每个定损员必须对自己填写的定损单负责。

(4) 记录所有必需的数据 在每条简明的叙述之后,填上本操作中所需的所有配件价格和工时。表4-16是一个中度碰撞事故车的定损报告示例。定损单中所列的零件名称应与定损手册和零件手册中的一致,因为在手工定损单中一般不填零件号,所以正确的零件名称将有助于订购零件时查询零件号。另外,这样可以避免在复核定损单,或者参照定损单进行修理或订购配件时造成混淆。

表4-16 定损报告示例

车牌号码		标的■ 三者□		保险单号码		
出险时间		保险期限				
车型	一汽-大众捷达	排气量/L	1.6L	车架号码		
发动机型式	化油器□ 电喷■	缸 数	4	燃料	汽油■柴油□燃气□	
驱动	前驱■后驱□ 四驱□	变速器型式	自动□ 手动■	备 注		
序号	更换配件名称	数量	估价	核价	修 理 项 目	工时费估价	工时费核价
1	发动机舱盖	1			事故拆装:发动机舱盖、右前翼子板、横梁、侧梁、进气歧管、空调散热器、曲轴带轮、右减振器、轮胎、排气管、拆卸发动机、仪表台等		
2	右前翼子板	1					
3	左前照灯	1					
4	右前照灯	1					
5	空调散热器	1					

(续)

序号	更换配件名称	数量	估价	核价	修理项目	工时费估价	工时费核价
6	轮胎	1			事故发动机：发动机检修		
7	左转向灯	1					
8	发动机装饰盖				事故钣金：校正左右纵梁、校正横梁、修复中网支架、修复前围上横梁		
9	曲轴带轮	1					
10	排气管	1					
11	右前减振器	1					
12	雾灯	1			事故喷漆：车身前部、横梁、纵梁		
13	中网	1					
14	正时带罩盖	1					
15	进气歧管	1			事故电工：空调检修、灯光检修、仪表检修		
16	空气滤清器总成	1					
17							
	材料费小计				工时费小计		
公估公司核定修理费价格合计：人民币　佰　拾　万　仟　佰　拾　元　角　分（¥）							

（5）操作和喷漆工时　精确记录每项操作所需的工时。记住：定损手册中所列的工时只包含特定的操作。对于那些手册中没有给出的步骤和操作，如果对事故车的维修是必需的，就应当在定损单中单独列出，如清除碎玻璃、安装焊接的铰链、调整前照灯等。每个工时所包含的具体操作内容请参照相应的专业定损手册。另外，还要注意查看工时前面的脚注，这些脚注也可能注明了哪些额外操作不包含在这个工时内。如果在定损时没有注意到脚注，那么这些没有包含的操作可能就会遗漏掉，其结果是定损价格偏低，可能导致客户和修理厂都不满意。

如果维修工作涉及相邻的板件或相关的部件，就要考虑重叠工时。例如，对于清漆和三级漆，要根据这些油漆系统的重叠工时计算指南扣减重叠工时。如果需要对相邻的板件进行颜色调和，则需增加必要的工时。

（6）材料费用　漆料和辅料的费用要单独列出，辅料明细要填写清楚。

（7）拉伸工时　拉伸工时要按零件或问题一一填写，包括拉伸和设备安置工时。不能把所有的拉伸和设备安置工时加在一起，然后只在定损单中填写一个工时。

（8）外包操作　对于修理厂的定损人员，应当确认哪些维修操作将要外包给别人。越来越多的大型修理厂自己能够完成四轮定位、防锈、换胎等操作，但一些小修理厂往往要把这类工作外包给专业的修理厂。外包的工作由修理厂与承接单位进行结算，工时费率一般比本厂低一点，所以有一点利润空间。对于有外包的情况，要在定损单的"外包"一栏中注明，工时费率按照本厂费率计算。如果外包工作的最终费用尚不清楚，则可以先空在那里。

> **特别提示**：如果有特别提示，应当在单独的一行中清楚地写明。特别提示的内容多种多样，例如：提示可能存在的隐蔽损坏、拆解提示、切割的细节提示等。对于切割维修，保险公司、维修厂、客户等所有相关方都应当清楚这种维修是如何进行的。

（9）客户要求　如果客户提出了一些在保险范围以外的维修要求，如维修事故前已经存在的车辆问题，定损员应当在定损单的相应维修项目中注明"客户要求"字样。原则上，客户要求的维修项目不在保险公司的理赔范围内，因此不能计入最终的理赔费用中。

4. 汇总工时和零件费用

通常，钣金、拉伸、机修和喷漆的工时费率是不同的，因此在汇总工时费时一定要注意使用正确的费率。先将每种维修的工时相加，然后再乘以这种维修操作的费率。例如，如果钣金的工时是 10 小时，费率是 200 元/小时，那么钣金工时费就是 2000 元；如果机修的工时是 5 小时，费率是 150 元/小时，那么机修工时费就是 750 元。如果没有其他维修，那么总的工时费用就是 2750 元。将所有的零件价格相加，就得出零件费用。还有就是附加费用，包括拖车费、车辆存放费、各种税费等。

5. 复核定损报告

在完成报告并汇总完数据后，要仔细检查一遍，然后再与客户一起复核一遍。从头到尾逐条审核，并向客户解释每一条，操作内容是什么，如何操作，为什么要用这些零件和维修方法，让客户清楚这样做对他的车辆最有利。作为保险公司的理赔员，还应与修理厂的定损员一起进行复核。

6. 照相存档

一般保险公司都要求对事故车进行拍照存档。很多修理厂也要对事故车进行拍照存档，或者制作维修前与维修后的照片对比档案。这种前后对比的照片是修理厂的一种重要营销手段，可以随时向客户展示，让客户了解本厂的维修技术和质量，增加客户对本厂的信心。

现在一些保险公司为定损员配备了数码相机等照相装备，定损员在现场定损时应根据事故的情况拍一些照片。这些照片可以存储在计算机中，或通过网络、U 盘、移动硬盘等传给保险公司备案。国外一些保险公司已经使用远程定损网络系统，如美国 Mitchell 公司提供的 ImageMate 系统即支持远程传输事故照片和视频。这些都大大简化了定损程序，缩短了理赔时间，提高了工作效率和顾客满意度。

虽然照片存档对于了解事故的一般情况有一定的帮助，但通过照片无法看到隐蔽的损伤、车架的损伤、轻度的定位不准以及小刮痕、小坑等问题。因此，许多保险公司在确认是否要对定损单进行增补时并不以照片为依据。为了节省定损时间并缩短修车时间，保险公司可以委托修理厂在维修时一旦发现额外损伤，就拍下照片，然后继续维修，最后保险公司根据这些照片来确认增补。现在，一些修理厂还使用摄像机精确记录车辆的损坏情况，这样可以更完整地保存事故车的损伤情况。在使用照相机和摄像机时，应当注意这些设备的使用技巧和安全事项。

4.11　特殊事故损伤评定（水灾）

▶ 4.11.1　水灾发生时汽车的状态

水灾发生时，汽车所处的状态有停置、行驶、再次起动三种状态，如图 4-141 所示。

（1）停置状态　发动机不运转，不会导致发动机内部机件损伤。

（2）行驶状态　水位低于发动机进气口（除非水花飞溅被吸入）一般不会造成发动机

内部机件损伤；水位高于发动机进气口会造成发动机内部机件损坏。

（3）再次起动　被淹后再次起动，可能导致发动机内部机件损伤。

图 4-141　水灾发生时的情况

因意外事故而进入水中（如倾覆等）导致的发动机进水损坏，可以通融赔付；暴雨、洪水来临时，未采取必要的灾前避险，人为进入淹及进气口的水中道路或避险时在水中起动造成的发动机损坏，不属于保险责任。

▶ 4.11.2　评估水淹车辆的注意事项和操作方法

1）先断开蓄电池电源（对于高档车，还必须切断记忆电源）。

2）用清水严格、仔细地冲洗去污并排出积蓄的水，**特别注意对仪表及液晶影像音响、导航系统的保护。**

3）一般拆卸顺序：先电气控制系统、电气设备，后其他部分；先内饰、座椅部分，后外观部分；先泡损时间较长部分，后其他部分。

4）将拆卸下的电子控制装置、电子传感器等电子器件，清洁去水后浸于酒精容器中，使水分进一步蒸发掉。

5）将拆卸下的电气设备（电动机）清洁去水后放置于酒精容器中漂洗去水分（时间不宜过长），再用干燥的压缩空气从电气设备的冷却通风孔吹入，将其风干（可用低温，即40℃，烘干处理），然后补充润滑脂（油）。

6）拆卸下的座椅、内饰件先进行漂洗、去水，再进行低温（50℃）烘干处理（烘干时应按原样摆放，必要时应加以支撑，不可叠放，注意整洁）。

7）特别注意：不可拆卸制动系统管路（包括 ABS 泵的机械部分），将制动主缸油壶卸下倒尽剩油，用新油清洗后换上原装新油，主缸适当排放空气即可。

8）线束处理：将拆卸完其他设备及内饰的车身及线束，用清水冲洗并排干积水，将线束插接件（插头）用酒精浸洗，然后用干燥的压缩空气将线束及线束插接件风干（插接件还应喷上防腐除锈剂），而后再把车身（附线束）置于烤房中，先以 60℃ 烘烤 30min 以上，然后烤房边加温边通风，温度控制在比常温高 5~10℃，运作至车身温度接近常温即可，再将车身置于干燥的通风处晾干。

9）续上述第 4）条，将电子元器件在酒精中进一步漂洗，取出后用干燥的压缩空气将其风干，小心打开电子器件外壳进行线路板风干，然后喷涂透明三防漆（亚克力线路板三防喷漆或 DCA 三防喷漆）。

10）上述第4）、第9）条必须由专业人员或经验丰富的汽车电工进行处理。

11）对一些全密封的电子器件，仅需参照上述方法处理插接件即可，对部分已经氧化较严重的电子电气元器件则只能更换。

▶ 4.11.3 事故定损的具体要求

1）对机械部件应进行清洗、除锈、分解、润滑处理。

2）对电气、仪表部分，按上述方法进行合理的清洗、干燥处理后，使用仪器检测，对确因水灾损坏的应予以更换。

3）对车体内装饰件，按上述方法进行清洁整理，对无法修复的部分进行更换。

4）如车体表面漆有损伤，可考虑喷漆处理。

5）对灾害造成的车辆被冲走或滚翻，定损时还应对车体变形部位给予相应的整形处理。

6）对于电气设备部分，如音响、车载电话、发电机、起动机等配件，借助外界专业的维修企业进行维修处理。

7）对于价值较高的电气元件，应聘请专业人员共同鉴定，提供维修意见，尤其是重大损失及高档车的电气设备的鉴定。

8）区别正常机械损坏与事故损坏的界限，需区分是否属于承保范围，剔除不属于保险责任范围的损失。

9）建立跟踪和回勘制度。在损失配件上粘贴一次性标签（注明编号、车牌号及查勘人员签章），对更换或待查配件进行标注。

10）对于因水灾事故而更换的所有零配件，均应全部回收，并登记入库。

11）事故后的拆解工作必须在当天进行，除水工作必须当天完成，除锈、防锈工作必须在 2 天内完成。否则造成的损害扩大，保险公司是不予理赔的。

12）当汽车被水淹时，进水的可能不只是发动机，其他部件也可能因进水而损坏。其他的损失都是包含在机动车辆损失险内的，只要不是人为造成的损失都可以赔付。例如，如果因车内进水造成音响损坏也可要求赔偿，前提是原厂产品，而不是自己加装的产品。

13）由于水灾车辆维修的特殊性，定损工作应采取"边修边定"方式，每项换件须由定损员逐项签字认可，损失情况采取定损员提出意见、主管审核、事后补录系统流转、纸质定损留底备案的方式进行确定，如有需要也可以在线远程定损。

> 水灾车辆可能涉及的定损费用包括拆解费用、清洗费用、美容费用、油料及辅料费用、修理包及一次性拆装损坏件费用、重新装配费用。

▶ 4.11.4 损失等级与损失评估

根据水淹高度和水淹时间确定损失等级，根据损失等级进行损失评估。

1. 水淹高度定级

水淹高度定级及相应损失，以轿车为例，见表4-17。

表 4-17 水淹高度定级及相应损失

水淹情况	高度定级	车辆可能的损失情况	评定损失程度
制动盘和制动鼓下沿以上，车身地板以下，乘员舱未进水	1级	有可能造成制动盘和制动鼓生锈	通常不计损失
车身地板以上，乘员舱进水，而水面在驾驶人座椅坐垫以下	2级	除造成1级的损失外，还会造成：1）四轮轴承、全车悬架下部连接处、车身地板有损伤或脱胶，因进水而锈蚀；2）配有ABS的汽车的轮速传感器的磁通量传感失准；3）少数汽车将一些控制模块置于地板上的凹槽内（如帕萨特B5），会造成模块损毁	损失率为0.5%~2.5%
乘员舱进水，而水面在驾驶人坐椅坐垫以上，仪表工作台以下	3级	除造成2级的损失外，还会造成：1）座椅、坐垫、座套、部分内饰潮湿和污染；2）超过24h的，桃木内饰板会分层开裂，车门电动机、变速器、主减速器、差速器、部分控制模块、起动机、行李舱中的CD换片机、音响功放被水淹	损失率为1.0%~5.0%
乘员舱进水，水面在仪表工作台中部	4级	除造成3级的损失外，还会造成：1）发动机、蓄电池、各种继电器、熔丝盒进水；2）仪表台中部分音响控制设备、喇叭、CD机、空调控制面板被淹受损；3）所有控制模块、大部分座椅及内饰被水淹	损失率为3.0%~15.0%
乘员舱进水，水面在仪表工作台面以上，顶篷以下	5级	除造成4级的损失外，还会造成：1）发动机、离合器、变速器、后桥严重进水；2）全部电气装置、绝大部分内饰、车架大部分被泡	损失率为10%~30%
水面超过车顶，汽车被淹没顶部	6级	汽车所有零部件都受到损失	损失率为25%~60%

2. 水淹时间定级

水淹时间定级见表 4-18。

表 4-18 水淹时间定级

级别	水淹时间
第一级	$t \leq 1h$
第二级	$1h < t \leq 4h$
第三级	$4h < t \leq 12h$
第四级	$12h < t \leq 24h$
第五级	$24h < t \leq 48h$
第六级	$t > 48h$

▶ 4.11.5 定损操作

1. 清洗车辆

将车身外部内部清洁干净，如图 4-142 所示。

2. 拆检电气元件

对于电气元件一般要求清洗外表面、擦干（吹干）、酒精擦拭、干燥、检测线路。按照水淹高度确定有可能损失的电气部件，进行分类拆检电路板及电控元件总成线和灯具、各类继电器、传感器、插接件、安全气囊、电动机、音响及其他电气元件。

图 4-142 清洗车辆

> **注意**：电路板及电控元件，一般内部难以进水，其主要受损特征是污渍和受潮，外层污渍清洗后，应拆卸外盖并使用高压空气吹干线路板水渍，防止线路板氧化。如进水致使集成线路板出现问题，或因浸泡时间较长线路板已氧化，则需要更换。

电气元器件中，如刮水器电动机、喷水电动机、玻璃升降电动机、后视镜电动机、鼓风机电动机、隐藏式前照灯电动机等，一旦进水大多数无法修理，只能更换。

电气元件中可拆解电动机的，采用"拆解-清洗-烘干-润滑-装配"的流程进行处理，如起动机、压缩机、发电机、天线电动机、步进电动机、风扇电动机、座位调节电动机、门锁电动机、ABS 电动机、油泵电动机等。

> **注意**：汽车传感器插头一般不需更换，插头表面有镀银和镀铜两种。镀铜的，水浸后发绿，可用 75°工业无水酒精擦洗，并用刷子刷，再用高压空气吹干即可。

安全气囊本身风干后一般不会有损失，在对气囊进行风干、电路板和显示灯恢复后，车辆能自行检测气囊是否恢复正常。气囊损失鉴定可放在最后试车阶段。

汽车照明装置（标准封闭式、卤钨封闭式灯具）进水后，灯芯部分无影响，插接点会出现锈蚀，可采用清洁方式处理；半封闭式、无封闭式灯具进水后内部会有污渍，插接点会出现锈蚀，一般需要更换。

3. 拆检机械部件

判断发动机是否进水，可采用检查机油尺上机油的颜色、液面高度和附着物，打开油底壳或缸盖查看机油是否有异常及观看曲柄连杆机构、缸壁等是否有锈蚀痕迹，如图 4-143。若确认发动机已经进水，则要将发动机进行分解，不能带水点火。

一般情况下，机体组（包括气缸体、气缸盖、气缸套、油底壳等）、活塞连杆组（活塞、活塞环、连杆等）、气门组（包括气门、气门

图 4-143 拆检机械部件

导管、气门座）及气门传动组等的机械件和起动系统不会有大的损失，定损时考虑清洗、拆检费用即可。一般汽油发动机的汽油供给系统、冷却系统等只需除锈去污处理。汽油喷射系统的电子器件因受潮导致绝缘性能降低，容易发生短路，需进行烘干。水灾中点火系统各电气相关元件绝缘电阻下降、漏电或短路，容易导致点火系统失效，定损时要认真检查。

变速器有手动和自动两种，变速器内有齿轮油，进水后一般难以锈蚀，只会污染油液，只需分解、清洗、更换油液、装配等工序，但自动变速器电子部分会受损，定损时需要对此部分电子器件进行清洗检查。

传动系统、制动系统因有油液，一般结构件不容易锈蚀或损坏，故浸水后只需拆装、清洗、更换油液、保养即可。

4. 拆检内饰及座椅

修复工艺一般为：拆解——清洗——晾晒——烘干。

1）塑料、乙烯树脂、皮革、纤维织物和毛织物零部件的清洗。用纱布或柔软的抹布以含有3%中性洗涤剂的水溶液浸湿后轻轻擦洗这些零部件，并用清水把洗涤剂擦拭干净。

2）车内装饰件。用地毯洗涤剂清洗地毯，烘干，用不褪色的干净纱布和除斑剂轻轻擦磨油迹。用真空吸尘器或刷子清洁座椅（电控座椅电气部分按以上方法处理），用含有3%~5%中性洗涤剂的水溶液清洗棉织物和皮革制品并及时风干。

> 注意：切记不可使用汽油、清漆稀释剂、四氯化碳、石脑油、松节油、涂料稀释剂、挥发油、指甲膏清洗剂、丙酮等来清洗汽车。

★ 本 章 小 结 ★

1. 在事故中对车辆损坏程度影响较大的因素有：车辆的结构、大小、形状和质量，被撞物体的大小、形状、刚度和速度，碰撞时的车速，碰撞的位置和角度，车辆中的乘员或货物的质量和分布情况。

2. 车辆事故可分为正面碰撞、侧面碰撞、尾部碰撞和翻车等几种类型，各种碰撞类型对车辆造成的损伤情况有较大的差别。

3. 碰撞力越大，对车辆的损伤就越大，碰撞力的方向对事故车的损坏程度也有很大的影响，可以将碰撞力沿着车辆的 X 轴、Y 轴和 Z 轴三个方向分解成三个分力，X 轴方向的分力使车辆纵向产生挤压变形，Y 轴方向的分力使车辆横向产生挤压和弯曲变形，Z 轴方向的分力使车辆产生向上或向下的拱曲或凹陷变形。

4. 穿过车辆质心的碰撞力不会使车辆产生旋转，碰撞力完全由车辆吸收，对车辆产生较大的损伤。大部分情况下，碰撞力不会刚好穿过质心，会使车辆产生旋转，旋转角度的大小取决于力矩的大小。车辆旋转有利于缓冲部分碰撞力对车辆本身产生的损伤，但可能会造成二次碰撞。

5. 车身结构是影响事故车损坏情况的重要内在因素，承载式和非承载式车身结构对碰撞力的吸收和传递方式有很大的差别，在类似的事故中损坏情况也可能大不相同。

6. 承载式车辆在发生碰撞时主要由车身吸收碰撞能量，车身因吸收碰撞能量而发生褶皱、弯曲等多种变形。在较严重的事故中，碰撞力可能会穿过结构件，从而使更大范围的车身构件参与吸收能量，产生变形。碰撞力会以"锥体"模式，波及距离碰撞点很远的车身部件上，从而造成二次损坏。

7. 承载式车身在事故中的变形顺序一般是：弯曲变形、褶皱变形、扩宽变形、扭曲变形。在一次事故中以上变形可能同时存在。车身修复顺序应遵循"后进先出"的规则，即后产生的间接损坏先修复。

8. 车架式车身在发生碰撞时，车身板件的损坏形式与承载式车辆基本类似。作为承载件的车架可能会在严重的碰撞或倾翻事故中发生比较明显的变形，最常见的变形形式有弯曲、凹曲、皱褶、菱形和扭曲等，这几种损伤往往会在事故车上同时存在。

9. 发动机、动力传动系统、悬架系统、制动系统、转向系统等车辆部件的损伤原因相对复杂一些，它们可能是在事故中损伤的，也可能是因为正常磨损或不当使用造成的，在估损时应当仔细辨别损伤原因，确认其修复费用是否属于保险理赔范围。

10. 事故车定损与估价工作需要掌握必要的物价管理知识、汽车结构与性能方面的专业知识和修理方面的专业知识，能准确认定车辆、总成和零件的损伤程度，掌握"修理和更换"的界限。估损人员应根据事故车辆的损伤情况，准确认定保险赔付范围及赔付方式。

11. 车辆的损失具体是通过其修复费用反映的，修复费用通常由两部分构成：修理工时费和零配件费。

12. 对于必须更换的零部件应进行询价报价。询价报价的方式有多种，无论使用哪种方式，都应遵循"有价有市""报供结合"以及"质量对等，价格对等"的原则，来确定配件价格，确保被保险人或修理厂能够按确定的价格购买到所需的零配件。

13. 工时费的计算公式是：工时费＝工时费率×工时定额。工时定额是根据修理的项目确定的，工时费率一般随着地域、修理厂、工种的不同而不同。在汽车修理作业中除包括更换件工时、拆装件工时、修理工时外，还包括辅助作业工时。

14. 车辆钣金件估损的项目包括保险杠、格栅和灯、发动机舱盖、散热器支架、翼子板、裙板和轮罩板、纵梁和横梁、前围总成、前风窗玻璃、车身侧板、铰链和风窗玻璃立柱、车顶和后风窗玻璃、后侧板、前门和后门、后部车身和车灯、行李舱盖、尾门和举升门、车身切割件、车身内衬和衬里等。

15. 当事故车维修总费用加上车辆的残值等于或超过车辆的实际现金价值（ACV）的某个百分比时，保险公司就不再支付维修费用，而是将车辆定为全损。

16. 保险信息填写完毕，一定要向客户说明保险理赔的程序，与事故车维修相关的法律规定，让客户了解自己在理赔和维修过程中的权利和义务。需要注意的是，如果客户没有购买不计免赔险，一定要让客户知道免赔额，并告诉他在与修理厂结算时一定要自己支付这部分金额。

17. 查勘事故损伤情况和定损时，一定要遵循合理的逻辑顺序，可以按照下面5个基本区域进行：

1）直接碰撞区，主要的损坏都集中在这里。
2）二次碰撞区，可能出现一些损伤。
3）机械损坏，包括动力传动系统和附件。
4）乘员室，包括乘员舱、内饰、灯、附件、控制件和车漆等的损伤。
5）外部件和外饰的损伤。

18. 水灾车辆可能涉及的定损费用包括拆解费用、清洗费用、美容费用、油料及辅料费用、修理包及一次性拆装损坏件费用、重新装配费用。

习 题

1. 甲说：事故中碰撞力在汽车上扩展的面积越大，单位面积内受到的损伤就越严重；乙说：仅用目测检查不能精确地判断出碰撞的损伤情况。以下（　　）选项是正确的。
　　(A) 只有甲正确　　(B) 只有乙正确　　(C) 甲乙都正确　　(D) 甲乙都不正确

2. 对于承载式车身结构，按一般的碰撞损伤顺序，下面（　　）变形最先出现。
　　(A) 弯曲　　　　　(B) 扩宽　　　　　(C) 扭曲　　　　　(D) 褶皱

3. 两车正面碰撞，甲说：汽车前部受损可能损坏汽车保险杠。乙说：碰撞严重时会导致安全气囊打开。以下（　　）选项是正确的。
　　(A) 只有甲正确　　　　　　　　　　(B) 只有乙正确
　　(C) 甲乙均正确　　　　　　　　　　(D) 甲乙均不正确

4. 甲说：在汽车碰撞事故中，如果撞击力偏离汽车的质心，对车辆造成的损坏要比正对质心的撞击力造成的损坏更大一些；乙说：在正面碰撞事故中，如果驾驶人在碰撞前紧急制动，汽车在障碍物上的碰撞点一般比不制动时的碰撞点低。以下（　　）选项是正确的。
　　(A) 只有甲正确　　　　　　　　　　(B) 只有乙正确
　　(C) 甲乙都正确　　　　　　　　　　(D) 甲乙都不正确

5. 在汽车与障碍物碰撞的单方事故中，以下（　　）事故最为少见。
　　(A) 尾部碰撞　　　　　　　　　　　(B) 前角碰撞
　　(C) 后角碰撞　　　　　　　　　　　(D) 侧面碰撞

6. 关于碰撞力对车辆的影响，甲说：碰撞力的大小和方向会造成汽车不同程度的损坏。乙说：碰撞力越大对汽车的损坏越大。以下（　　）选项是正确的。
　　(A) 只有甲正确　　　　　　　　　　(B) 只有乙正确
　　(C) 甲乙均正确　　　　　　　　　　(D) 甲乙均不正确

7. 甲说：车架式车辆的扭曲变形通常在后部边角碰撞或翻滚事故中出现；乙说：如果车辆经常高速通过减速带或马路路肩，可能导致车架产生扭曲变形。以下（　　）选项是正确的。
　　(A) 只有甲正确　　　　　　　　　　(B) 只有乙正确
　　(C) 甲乙都正确　　　　　　　　　　(D) 甲乙都不正确

8. 汽车发生追尾事故时，甲说：不管多大程度的碰撞油箱都会变形。乙说：追尾有可能造成油箱漏油发生火灾。以下（　　）选项是正确的。
　　(A) 只有甲正确　　　　　　　　　　(B) 只有乙正确
　　(C) 甲乙均正确　　　　　　　　　　(D) 甲乙均不正确

9. 发动机碰撞受损后，甲说：只会造成发动机本身损坏，无需检查其他元件。乙说：检查受损范围和汽车碰撞程度有关。以下（　　）选项是正确的。
　　(A) 只有甲正确　　　　　　　　　　(B) 只有乙正确
　　(C) 甲乙均正确　　　　　　　　　　(D) 甲乙均不正确

10. 甲说：悬架系统部件的变形和损伤往往容易直接观察到；乙说：悬架系统的损伤一般适合采用修复方法修理。以下（　　）选项是正确的。
（A）只有甲正确　　　　　　　　　　　（B）只有乙正确
（C）甲乙都正确　　　　　　　　　　　（D）甲乙都不正确

11. 一次碰撞事故中，汽车的前部左侧撞到另一物体上，甲说：应检查左前纵梁是否变形；乙说：如果左前纵梁变形，右前纵梁往往也会变形。以下（　　）选项是正确的。
（A）只有甲正确　　　　　　　　　　　（B）只有乙正确
（C）甲乙都正确　　　　　　　　　　　（D）甲乙都不正确

12. 甲说：由于承载式车身的侧面由箱形结构的车门、门槛板、中柱等多个部件构成，因此车身侧面抵抗碰撞方面比较强；乙说：比较严重的侧面碰撞可能破坏承载式车身车辆的前轮定位。以下（　　）选项是正确的。
（A）只有甲正确　　　　　　　　　　　（B）只有乙正确
（C）甲乙都正确　　　　　　　　　　　（D）甲乙都不正确

13. 甲说：事故车的车身修复顺序应遵循"后进先出"的规则；乙说：应当先修复间接损坏。以下（　　）选项是正确的。
（A）只有甲正确　　　　　　　　　　　（B）只有乙正确
（C）甲乙都正确　　　　　　　　　　　（D）甲乙都不正确

14. 甲说：可溃缩转向管柱在事故中发生溃缩的应当更换；乙说：转向系统部件的损伤一般容易直接查看到，不需要拆检。以下（　　）选项是正确的。
（A）只有甲正确　　　　　　　　　　　（B）只有乙正确
（C）甲乙都正确　　　　　　　　　　　（D）甲乙都不正确

15. 甲说：在主机厂配件手册或专业估损手册中，散热器支架通常编排在前面板部分；乙说：在车架式车身结构中，散热器支架由上连接杆、下连接杆、左侧和右侧扰流板等零件组成。以下（　　）选项是正确的。
（A）只有甲正确　　　　　　　　　　　（B）只有乙正确
（C）甲乙都正确　　　　　　　　　　　（D）甲乙都不正确

第 5 章

汽车修理

本章学习目标：

1. 了解发动机总成、传动系统、悬架系统、转向系统、制动系统的构造和维修方法。
2. 了解电气和电子系统的工作原理和维修方法。
3. 了解安全带和安全气囊的工作原理和维修方法。
4. 掌握车身钣金件的损坏形式和相应的修理方法。
5. 了解车身钣金件的焊接和切割技术。
6. 掌握车身钣金件的更换作业。
7. 掌握承载式车身/车架的矫正作业步骤和方法。
8. 了解消除应力的方法。
9. 了解漆面的构成、作用和修复目的。
10. 掌握汽车漆面的修复步骤和方法。

随着技术的不断进步，汽车变得越来越复杂，要想真正做好车辆估损工作，还必须不断学习和了解汽车维修的相关知识，包括车身钣金修复工艺、大梁矫正工艺、焊接和切割、车身表面防腐和喷漆作业，以及那些容易在事故中受损的机械系统、电子电气系统的维修方法等。掌握了这些维修知识，不但有利于帮助估损师进行全面的查勘，准确判断配件的维修或更换，精确地估算配件和工时费用，做出非常专业的估损报告，还有利于估损师与相关维修人员进行专业的沟通，做到更加公平、公正的估损。

5.1 机械系统的原理和维修

5.1.1 动力系统的检查与维修

1. 动力系统的构造

动力系统通常包括发动机、动力电池、电动机以及与之相应连接的离合器、变速器、主减速器和差速器等部件。它们是汽车的动力之源,传统燃油发动机输出的动力通过离合器(装载自动变速器的车辆是液力变矩器)传递给变速器,由变速器降速增矩之后传递给主减速器(对于后轮驱动车辆,要经过传动轴),主减速器进一步降速增矩之后再传递给差速器,最后由差速器输出到驱动半轴,由半轴驱动车轮转动。如图 5-1 所示,电动汽车由动力电池供电给电动机,输出的动力经过主减速器进一步降速增矩后传递给差速器,最后由差速器输出到驱动半轴,由半轴驱动车轮转动。动力系统包括产生动力和将动力传递给驱动轮的所有部件,即发动机、动力电池、电动机、离合器、变速器、驱动桥、差速器及其他相关部件。发动机、动力电池、电动机为汽车行驶提供动力,并为它的所有附件提供能量(图 5-2)。目前大多数乘用车和轻型货车使用汽油发动机,也有一些使用柴油发动机。发动机的机油滤清器、油底壳、水泵、散热器及发动机支座等机械部件通常会在较大的碰撞过程中损坏。这些部件由薄金属板制成,很容易压坏和破裂。同时,新能源汽车生产和使用的数量随着国家政策导向和汽车行业发展也在快速增加。动力电池一般在底盘位置,通常会在较大的碰撞或者托底过程中损坏。

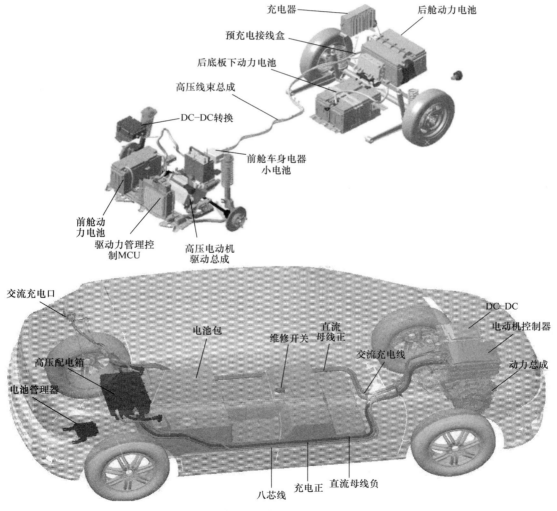

图 5-1　动力系统结构

在典型的前轮驱动车型上（图5-3），每根驱动半轴上都有两个等速万向节，总共四个等速万向节。两个外万向节安装在靠近车轮端，两个内万向节安装在靠近差速器端。外万向节一般是固定的，而内万向节一般是滑动式的。前轮驱动半轴可能是实心的，也可能是空心的；可能等长，也可能不等长；可能有缓冲平衡块，也可能没有。一定要检查传动系统部件的轴承是否松旷、支架是否晃动，如有必要则进行更换。

图5-2　发动机构造

图5-3　前轮驱动车型

后轮驱动车辆后悬架的类型可分为独立悬架和非独立悬架。在独立后悬架式后轮驱动的汽车上，半轴的两端为等速万向节（共四个）。后桥总成中有一个差速器和两根半轴。对于整体式桥壳，就不需要安装万向节。整体式后桥正逐渐停止使用，取而代之的是更加平顺的独立后悬架结构。

在典型的四轮驱动车型（图5-4）上，采用分动器将动力传递给前桥和后桥。分动器安装在变速器（电动机）侧面的下部，或者在变速器（电动机）的后面。分动器内的链条或齿轮机构将来自变速器（电动机）的动力传递给两根独立的传动轴，然后再分别传递到前桥和后桥。

2. 动力系统的检查

损坏检查从检查等速万向节防尘套的状况开始。若由摩擦造成裂缝、裂纹、撕破、小孔或薄段，要立即更换万向节防尘套。如果防尘套已经老化，表明润滑不当或过热，应予以更换。挤压防尘套，检查是否有漏气声，如果有则需更换。如果有防尘套丢失，应及时补装。如果等速万向节防尘套撕破或脱落，则万向节往往有损坏或磨损。只要更换防尘套，就一定要检查万向节是否有问题。

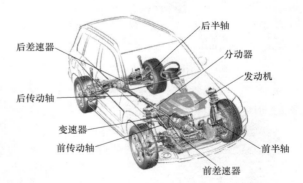

图5-4　四轮驱动车型

检查传动轴是否有接触底盘或摩擦的痕迹。弹簧变软或断裂、发动机座或底盘不对中等都可能造成摩擦。对于装配等长半轴的前轮驱动变速驱动桥，可以来回摇摆车轮观察有无移动，检查中间轴万向节、轴承和支架是否松动。

传动系统和悬架系统的多种问题容易与等速万向节损坏产生的症状混淆。下面列出的症状可帮助作出正确的诊断：

1）转弯时有砰砰声或咔嗒声表明外万向节磨损或损坏。在倒车和呈圆形后退行驶时，情况会更严重。如果噪声越来越大,则应更换外万向节。

2)在加速、减速或将变速驱动桥换入前进档时,如果发出沉闷的金属声,对于前轮驱动车型,这种噪声是由内万向节间隙过大造成的;对于后轮驱动独立悬架式车型,是由内或外万向节间隙过大造成的;而对于后轮驱动或四轮驱动车型,是由动力传动系统的传动轴等速万向节或U形节间隙过大造成。但是,差速器齿轮和变速器间隙过大也会产生这样的噪声。

3)嗡嗡声或轰鸣的噪声有时是由内或外等速万向节润滑不良造成的。但它更多是由车轮轴承磨损或损坏、等长半轴变速驱动桥的中间轴轴承损坏或变速器内的轴承磨损造成的。

4)加速时发抖或振动,表明内或外球节游隙过大,但更多的是内侧冲击球节。此类振动也可能是由等长半轴的变速驱动桥的中间轴轴承损坏引起的。对于发动机横置的前轮驱动车辆,此类振动也可能是由发动机/变速驱动桥支座松动或损坏引起的。然而,发抖也可能是由于汽车本身内在的振动。

5)随着车速增大而增大的振动很少是由等速万向节故障或前轮驱动半轴不平衡造成的,最大可能的原因是轮胎或车轮不平衡、不圆或轮圈弯曲。如果半轴在碰撞或牵引过程中弯曲,或者缓冲器平衡块脱落,也可能引起振动。

3. 动力系统的修理

在严重碰撞时,发动机、动力电池、电动机、传动系统一般会损坏或产生推动错位。修理时必须找到和修复此类问题。经常要更换下列损坏的机械部件:压坏的散热器、切断的软管、破裂的水泵、弯曲的带轮、断裂的传动带、发动机进气管、发动机顶部保护罩、风扇叶片及相关部件。图5-5给出了一些部件。

修理车身时,通常需要将传动系统从承载式车身上完全拆下。在拆除传动系统以后,可以方便地接近各种车身板件,给维修和更换部件提供了方便。在某些情况下,花费一点时间拆除传动系统是值得的,因为这样会在维修或更换车身板件时节约大量的时间,一些机械部件从车上拆下来维修更方便、更快捷。维修时是拆除传动系统还是将它保留在车上,应该由修理技师或定损员决定。

4. 发动机、传动系统的拆卸和安装

有些发动机要从发动机舱的顶部拆下来,而有些要从底部拆下来。有些发动机要与变速器分开拆卸,而有些要一起拆卸。将车辆停在地面上,拆下发动机舱盖,以便有更多的空间在发动机舱中工作。按照下列步骤,从承载式汽车上拆除传动系统:

1)断开蓄电池上的线路和蓄电池底板上的接地线,线路与发动机连接端应保持连接。
2)拆除空气滤清器,以接近软管和拉索。
3)排掉冷却系统中的冷却液。
4)断开从车身连到发动机和变速器上的真空软管。断开发动机电气线束。
5)断开节气门体联动装置和变速器或变速驱动桥联动装置。
6)对于手动变速驱动桥,断开离合器拉索、从动缸或联动装置。
7)断开里程表软轴。在散热器处断开变速驱动桥或变速器冷却管路。
8)断开加热器软管。
9)如果需要,断开易接近的动力转向油泵管路,这会使从发动机上拆卸泵容易一些。
10)拆下空调(A/C)压缩机。如果空调系统未损坏且不需要充注,则从安装支架上

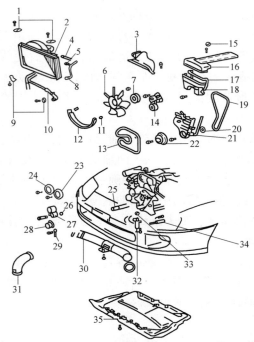

图 5-5 可能会在严重的正面碰撞中损坏的部件

1—散热器上支架 2—散热器总成 3—空气滤清器管 4—储液罐进水口软管 5—电动冷却风扇电动机接头
6—风扇和液体联轴器总成 7—水泵带轮 8—冷却液温度开关接头 9—软管夹（自动变速器）
10—油冷却器管（自动变速器） 11—卡子 12—风扇护罩 13—传动带 14—传动带张紧器 15—机油加油口盖
16—正时带盖 17—衬垫 18—前上正时带盖 19—正时带 20—正时带导板 21—前下正时带盖 22—曲轴带轮
23—进气凸轮轴正时带轮 24—排气凸轮轴正时带轮 25—散热器下软管 26—平垫圈 27—传动带张紧轮
28—曲轴正时带轮 29—正时带板 30—空气管 31—空气软管 32—正时带张紧器 33—防尘套
34—左侧前照灯光束角度量规 35—发动机下盖

拆下空调压缩机。

11）断开发动机和车身之间的燃油管路，将其塞住，以防漏油。

12）为了将车辆抬高，如有可能尽量使用车架校正设备。如果使用旧设备，则在拆卸一些部件前，可能要在车下放一个千斤顶。

13）从连接处断开发动机后面的排气管。

14）如果需要，拆下两侧的上减振器拱形座的三个安装螺栓。按需要拆下妨碍传动系统拆卸的其他部件。

15）为了拆卸发动机和变速器支座，将发动机、传动系统升离承载式车身或车架，可用液压或螺旋式千斤顶。

16）将总成升起后，就可拆除固定传动系统的横梁或支座了。

17）在发动机、传动系统维修期间，有时会用到发动机支架夹紧装置。该装置有时装在发动机下面，有时又可能装在发动机顶部。

18）将提升索或提升链连到发动机上。发动机上一般都有用来连接提升链的吊耳。

传动系统的重新安装过程和拆卸过程正好相反。承载式车身构架经过修理后，可以通过右前方和右后方的支架安装位置上的调整孔，快速准确地安装支架。如果支架的安装位置不正确，在车轮定位时会遇到困难。

5. 动力电池的拆卸和安装

一般情况下，动力电池以整体平铺的形式安装在车辆的底盘位置。也有因为车辆结构空间、动力性能等方面考虑，动力电池被分为多个部分安装在底盘、行李舱等位置。按照下列步骤，从车辆底盘位置拆除动力电池：

1）根据车辆具体的维修技术要求和安全操作规范，做好工作人员及防护用品的相关准备（图5-6）。

a) 绝缘鞋　　　b) 绝缘手套　　　c) 防酸碱手套　　　d) 绝缘垫　　　e) 防护眼镜

图5-6　防护用品

2）为确保维修人员人身安全，避免违规操作引起安全事故，准备设置专用维修工位及设备，采用安全隔离措施（使用警戒栏隔离），并树立高压警示牌，以警示相关人员，避免发生安全事故。

3）目视检查动力电池外观及插接件状态。

4）车辆电源退电至OFF档静置指定时间后，断开低压蓄电池负极，断开动力维修开关（装有时），断开动力电池正、负极母线，对动力电池正、负极母线接插件及线束端接插件用绝缘胶带进行绝缘密封，防止短路及进入异物。

5）断开相关线束、水管、支架等连接。

6）连接气毂，升起动力电池举升车至合适位置并锁止轮子。

7）调整电池举升车，使之托住动力电池底部。

8）拆卸动力电池固定螺栓，缓慢降下动力电池。

9）打开举升车车轮锁止开关，将动力电池移出工位。

10）将动力电池放置于指定安全位置，清洁动力电池外壳表面灰尘。

动力电池的重新安装过程和拆卸过程相反。

5.1.2　悬架的检查和维修

1. 悬架的构造

悬架使车轮和轮胎可以随着路面的起伏上下移动，使传递到乘员舱的振动减少。现代悬架主要包括下列部件：控制臂、球头、轮毂、悬架系统弹簧、减振器等。对悬架的正确修理和对承载式车身结构板件的正确支撑，必须使这些板件恢复后，能够承受悬架在车辆行驶期间所受到的高动态载荷。

（1）前悬架　多数车架式车身的汽车上都使用螺旋弹簧悬架、钢板弹簧悬架或扭杆弹簧悬架。麦弗逊悬架广泛应用于承载式车身的汽车（图5-7）。

螺旋弹簧悬架上装有上、下控制臂，控制臂的外端通过球头与主销和转向节总成相连。弹簧通常安装在下控制臂和车架之间。有些悬架将弹簧安装在上控制臂的上面，而有些悬架则安装了扭杆，在其中的一个控制臂和一个结构件上连接了一个独立的减振器。

扭杆悬架用扭杆代替了螺旋弹簧，汽车质量靠扭杆支撑，扭杆的前端与下控制臂相连，后端与车架相连。以这种方式安装的扭杆通常称作"纵向杆"，因为它沿着汽车的纵向作用。

承载式车身上最常用的前悬架系统是麦弗逊式滑柱悬架。它的结构和工作原理比平行臂悬架系统简单。与平行臂式悬架系统一样,麦弗逊式滑柱悬架系统有下控制臂和弹簧。滑柱代替了上控制臂。系统中的螺旋弹簧是滑柱总成的一部分。载荷通过弹簧装置直接传递到承载式车身结构上。

前悬架球头用来将主销连接到上、下控制臂上,它们为车轮的转动提供了支点,而且车辆在凹凸不平的道路上行驶时还允许控制臂垂直移动。

图 5-7 麦弗逊悬架

(2) 后悬架 在一般情况下,后悬架不需要特别的维护,但应当更换掉断裂或磨损的元件。各个衬套使后轮和前轮保持在一条直线上,所以当衬套受到磨损或损坏时,会对整个悬架和传动系统产生影响。

连接件松动、磨损或破裂都会引起后轮的移位,造成轮胎的过早磨损并缩短万向节的使用寿命。如果车辆在驶过小土包等不规则路面时有金属撞击声,就应当进行检查。一般通过直观检查就可以确定是否需要修理。

螺旋弹簧和钢板弹簧式非独立悬架在后轮驱动车型上应用最为广泛。大空心桥壳中有差速器、实心轴、车轮轴承和后轮制动器总成(图 5-8)。

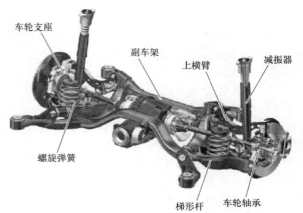

图 5-8 后悬架

2. 悬架故障诊断

表 5-1 列举了悬架故障诊断。

表 5-1 悬架故障诊断

检查	故障					
	噪声	不稳定性	向一侧跑偏	转向间隙过大	转向困难	振颤
轮胎/车轮	道路或轮胎噪声	气压低或不相等;子午线轮胎和带束斜交线轮胎混用	气压低或不相等;轮胎尺寸不相同	气压低或不相等	气压低或不相等	车轮不平衡或轮胎磨损不均匀或磨损严重;子午线轮胎和带束斜交线轮胎混用
减振器(支柱/减振器)	支座或衬套松动或磨损	支座或衬套松动或磨损;支柱或减振器磨损或损坏	支座或衬套松动或磨损	—	支柱总成上的支座或衬套松动或磨损	支柱或减振器磨损或损坏

(续)

检查	故障					
	噪声	不稳定性	向一侧跑偏	转向间隙过大	转向困难	振颤
支柱	支座或衬套松动或磨损	支座或衬套松动或磨损	支座或衬套松动或磨损	—	—	支座或衬套松动或磨损
弹簧	磨损或损坏	磨损或损坏	磨损或损坏，尤其是后弹簧	—	磨损或损坏	—
控制臂	转向节控制臂停住；支座或衬套磨损或损坏	支座或衬套磨损或损坏	支座或衬套磨损或损坏	—	支座或衬套磨损或损坏	支座或衬套磨损或损坏
转向系统	部件磨损或损坏	部件磨损或损坏	部件磨损或损坏	部件磨损或损坏	部件磨损或损坏	部件磨损或损坏
车轮定位	—	前轮和后轮，尤其是主销后倾角	前车轮外倾角和主销后倾角	前轮	前轮，尤其是主销后倾角	前轮，尤其是主销后倾角
车轮轴承	转弯或速度改变时，前轮轴承有噪声	松动或磨损（前轮和后轮）	松动或磨损（前轮和后轮）	松动或磨损（前轮）	—	松动或磨损（前轮和后轮）
制动系统	—	—	与制动有关	—	与制动有关	—
其他	速度改变时有沉闷的金属声；变速驱动桥；转弯时有咔嗒声；等速万向节；球头润滑不良	—	—	—	球头润滑不良	球头松动或磨损

3. 悬架的维修

对于不同厂家的车型，悬架的具体维修程序不尽相同。

拆卸和安装螺旋弹簧时，一般需要螺旋弹簧压具。螺旋弹簧压具是挤压簧圈，降低弹簧高度的专用工具。这样就有足够的空间将弹簧滑出控制臂，在断开下球头时，它还能防止弹簧弹出。对于大多数前悬架，为了拆下螺旋弹簧，通常先将车辆放到升降台上，拆下减振器，安装弹簧压具，然后松开下球头。

用拨叉工具或球头分离器和锤子将下球头从转向节上敲下，也可用专用拉拔器和拆装器拆卸球头。确保所有在控制臂落下时可能损坏的部件（制动管路、支柱或转向杆系）都已经被拆下，将弹簧和弹簧压具作为一个装置拉出。

将压具装到新弹簧上。将弹簧滑到位，将螺旋弹簧的两端定位在与旧弹簧相同的位置。重新装配球头及其他部件。然后，一边拧松弹簧压具，一边将弹簧引导到座圈上。

▶ 5.1.3 转向系统的检查和维修

1. 转向系统的构造

转向系统通过转向器和传动机构将转向盘的运动传递给前轮，使前轮产生偏转。在转动转向盘时，通过转向管柱内的转向轴转动转向器（图5-9）。

转向器分为蜗杆式和齿轮齿条式，它将转向盘的旋转运动转换为转向轮的侧向运动。转向传动机构使转向器与转向节相连。

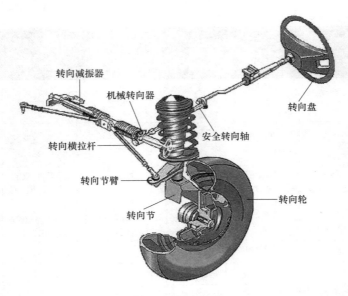

图 5-9 转向系统

平行四边形转向系统仍然用在一些全车架式车型和大型皮卡车上。转向摇臂将转向器与联动杆相连。转向动作经过中心连杆传输，它们也是用球节或套管相连。随动转向臂在另一端支撑中心连杆，使系统保持平行，并传递水平的转向作用。如果上下运动幅度太大，车轮前端的变化将超过制造厂规定的限度，因而造成轮胎的提前磨损。

联动装置通过横拉杆球头与转向节相连。它们是转向系统最终的可磨损枢轴。球节松弛会产生转向游隙。如果在检查期间，轮胎能横向摆动（汽车离开地面，仅用手压），则说明横拉杆球头磨损或损坏，应更换。

齿轮齿条式转向系统是承载式车身车辆上最普通的一类系统。齿轮齿条式转向器通过小齿轮的移动，使齿条在箱内从右向左运动。转向齿条的两端通过转向横拉杆与前轮主销相连。在承载式车身结构中，一些车辆的齿轮齿条式转向机构装在前隔板上。在另外一些车辆上，齿轮齿条式转向机构安装在前悬架横梁或发动机的支架上。齿轮齿条式转向机构的安装必须牢固，任何松动都会使汽车在道路上行驶时产生摇晃。

动力转向装置采用液压或电能减小转动转向盘所需的力（图 5-10），可以减轻驾驶人在长途驾驶时的疲劳，也使汽车在低速行驶或停车时更容易转向。**有两种结构的动力转向系统：液压助力转向系统和电动助力转向系统**。传统的动力转向系统利用液压帮助转向。动力转向软管将转向油输入和输出油泵，转向杆系或转向器中的液压活塞帮助转动车轮。液压阀控制助力的大小。在电子助力转向系统中，电动机和电子控制装置在转向时提供助力。

2. 转向系统的检查

对齿轮齿条转向系统进行检查时，必须将车辆升高，使前悬架不承载。用肉眼检查转向系统是否有机械损坏。检查防尘套是否泄漏，检查转向横拉杆，并检查各安装位置有无变形，还应检查横拉杆球头。

在靠近轮胎处抓住转向横拉杆，并试着将它上下推动，如果出现纵向松动，表明已经磨损或损坏。检查转向横拉杆球节时，可以挤压波纹管，直到可以感觉到球节。用另一只手推拉轮胎。如果球节松动，表明已经磨损和损坏。再用两只手各抓住一个前轮胎，看它们能否

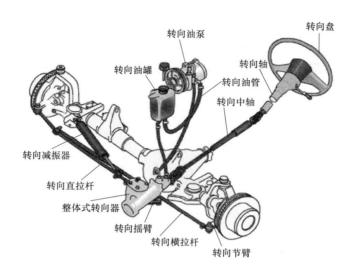

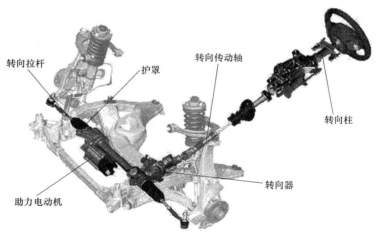

图 5-10 液压和电动助力转向系统

沿着相反的方向移动。如果轮胎的移动量过大,说明可能产生了磨损或损坏。在做上述检查的同时,还要检查齿轮齿条系统。如果出现松旷,说明有故障。

如果认为转向系统损坏,可以检查转向盘转动间隙并测量转向力。转向间隙检查是测量转向盘的自由转动量,即不引起前轮或轮胎移动的转动量。起动发动机,来回转动转向盘,不要使前轮转动。在不会导致轮胎转向的情况下,比较转向盘转动量。转向盘间隙一般不超过12mm,但一定要参考制造厂的技术规范。

转向力检查涉及使用弹簧秤测量转动转向盘需要的力。如果转动转向盘需要的力高于制造厂的规范,则某些部件可能在碰撞中损坏了。最常发生的是转向齿条总成弯曲,造成转向力增加,此时必须更换或整修转向齿条。齿轮齿条未校正好会导致车辆颠簸或跳跃、行驶中转向几何结构改变,不能通过改变横拉杆的长度来修复这种故障(表5-2)。

表 5-2　转向系统的故障诊断

检查	故障					
	噪声	不稳定性	向一侧跑偏	转向间隙过大	转向困难	振颤
轮胎/车轮	道路或轮胎噪声	气压低或不相等；子午线轮胎导致的	气压低或不相等；子午线轮胎导致的	气压低或不相等	气压低或不相等	车轮失去平衡、轮胎磨损不均匀、轮胎磨损严重
横拉杆	转弯时有尖锐的声音；横拉杆端头磨损	—	束距不正确；横拉杆长度不正确	横拉杆端头磨损	横拉杆端头磨损	横拉杆端头磨损
支座/衬套	平行四边形转向系统：转向器安装螺栓、连动装置连接；齿轮齿条式转向系统：齿条支座	随动臂衬套	—	平行四边形转向系统：转向器安装螺栓、连动装置连接；齿轮齿条式转向系统：齿条支座	平行四边形转向系统：转向器安装螺栓、连动装置连接；齿轮齿条式转向系统：齿条支座	平行四边形转向系统：转向器安装螺栓、连动装置连接；齿轮齿条式转向系统：齿条支座
转向连动装置部件	转向齿条弯曲/损坏	中间连杆/齿条高度不正确	中间连杆/齿条高度不正确	随动臂、中间连杆或转向摇臂螺柱磨损；齿条磨损/损坏	随动臂弯曲	随动臂、中间连杆或转向摇臂螺柱磨损
转向器	齿轮齿条转向系统的调整不当	—	—	齿轮齿条转向系统的调整不当；平行四边形转向系统的转向器磨损或转向器调整不正确；转向轴联轴器松动或磨损	平行四边形转向系统：转向器润滑不良、调整不当；齿轮齿条转向系统：齿条弯曲、调整不当	—
液压助力转向	—	—	—	—	油泄漏、转向泵传动带松动/磨损/打滑、泵功率不足、油液不足	—
电动助力转向	—	—	—	—	转矩传感器/车速传感器/控制单元/电动机/电磁离合器/减速机构	—
车轮定位	—	—	车轮外倾角和主销后倾角不相等	—	正主销后倾角过大、磨胎半径过大（车轮后倾角和（或）SAI不正确）	主销后倾角不正确

3. 转向系统的维修

(1) 转向齿条的更换　为了拆卸齿轮齿条转向机构，首先从转向节上拆下外横拉杆的端头，然后从车架、承载式车身或横梁上拧松转向器固定支架。此外，断开转向柱联轴器或U形节。转动转向器，将转向齿条滑出底盘。

(2) 车轮和轮胎的维护　在碰撞中，车轮可能会弯曲和破裂，仔细检查车轮有无问题（划痕、凹痕、轮缘弯曲、裂纹及其他损伤）。用千分表检查车轮的跳动量，车轮跳动会导致车辆振动。车轮跳动是由轮圈弯曲、损坏引起的。径向跳动导致车轮的直径随着转动而变化；轴向跳动导致车轮在转动时侧向摆动。可用千分表快速检查车轮的跳动量。

如果发现车轮或轮胎有问题，应当更换。在安装车轮时，尤其是轻质的铝车轮，要用扭矩扳手按星形方式或十字交叉方式紧固带耳螺母。这样做可以防止轮毂和车轮翘曲，从而避免跳动和振动。

(3) 转向柱的维修　为了降低人员受伤的概率，汽车工程师设计出了溃缩式转向柱，这类转向柱在碰撞中被驾驶人冲撞时会收缩。转向柱上的转向盘通常是由一个大螺母固定的，而且是压入式配合。在拆卸时，可用转向盘拉拔器拆卸转向盘。将螺栓拧到转向盘的螺纹孔内。确保螺栓的螺纹与螺孔的螺纹类型相配，用扳手或棘轮向下拧紧拉拔器。转向管柱用螺栓固定在仪表板底部和前围板上。拆下这些固定螺栓，将转向轴从转向器上断开，就可以拆下转向管柱。装配顺序与拆卸顺序相反。

在碰撞后（溃缩式转向柱被压缩）或在转向柱内部零件出问题时，需要对转向柱进行维修。大部分转向柱修理工作不需要将它从车辆上拆下来，但有些维修工作必须拆下来才能完成。

(4) 电动助力转向系统的维修　电动助力转向系统主要由转矩传感器、电动机、车速传感器、电磁离合器和控制单元等组成。

1) 转矩传感器故障诊断。电动助力转向系统应用的是摆臂式转矩传感器。它相当于一个电位计，具有双回路输出，即主转矩（对应IN+端电压值）、副转矩（对应IN-端电压值）输出，其主、副转矩输出特性是当转矩传感器正常工作时，电位计的两个输出即主转矩和副转矩信号。理论上，正常工作范围在1~4V，并且当转向盘处于中间位置时，转矩传感器的主转矩和副转矩的输出电压均为2.5V。一旦其本身及信号采集电路出现异常，输入CPU的主、副转矩信号将大于4V或小于1V或两信号之差超过3V。但实际车辆行驶中，虽然硬件和软件设计中考虑了各种抗干扰措施，各种偶尔的噪声或振动还是或多或少地会引起转矩信号的暂时偏差，而这种偏离是暂时的且系统能自动修复，故将转矩信号的异常界限值设为0.9~4.1V，并且只有当信号值超出其范围持续一定时间（如30ms），才判定转矩传感器有故障，这样可以减少因其他外界原因而引起对转矩传感器故障的误判。此外，转矩传感器的信号检测是建立在+5V的稳压电源基础上的，稳压电源电路的正常与否将直接影响到主、副转矩信号。因此在检测转矩传感器主、副转矩信号之前，首先判断转矩传感器电源电压是否在规定范围内。考虑到三端稳压集成块在环境温度影响下其输出电压会有±0.1V的偏差，因此我们规定其正常输出电压为（5±0.2）V。如果CPU检测到电源电压异常，此时就跳过对转矩传感器信号的检测，这样可以避免对转矩传感器本身故障的误判。

2) 电动机故障诊断。转向助力大小是通过控制电动机电流来实现的，因此检测电动机两端的实际控制电流就显得非常重要。电动机电流采集电路，通过测量串联在驱动回路中的精密电阻两端的电压，经过信号放大和适当的电容滤波，然后通过端口反馈给 CPU，此时程序设计将此电压与理论计算电压进行比较，如果两者差距过大或者连续几分钟之内的平均电流消耗超过预先规定的数值，即可判断电动机及其线路有故障。

3) 车速传感器故障诊断。车速信号是数字信号，因此不需要经过 A/D 转换，只需经过一定的整形电路，就可以直接送给 CPU 的定时器/计数器端口，然后通过计数器对波形的一定时间内的计数即可采集车速。将采集的信号与相应工况的规定值比较，即可以诊断故障。

4) 电磁离合器故障诊断。电磁离合器的分离与接合稳定与否将直接影响转向特性，因此系统工作时，其状态信号要及时反馈给 CPU。当离合器处于接合状态时，端口输出高电流；反之，输出低电流。因此可以通过测量端口电流判断离合器工作是否良好。

5) 控制单元故障诊断。控制单元本身不易出现故障。主要通过在硬件方面进行合理的布线和相应的滤波、抗干扰等措施来减少故障的发生；软件上通过使用看门狗技术、容错技术和设置软件陷阱等处理程序运行时出现的错误。

▶ 5.1.4 车轮定位的检查与维修

1. 车轮定位的概念

在碰撞修理中，车轮定位就是调整车轮，以便它们能够在路面上正常地滚动。车轮定位对安全性、燃料经济性和轮胎使用寿命都很重要。

（1）车轮定位的条件内容　如果在碰撞后存在以下任何一种情况，就需要进行车轮定位：

1) 转向系统和悬架系统的某些部件损坏。
2) 转向系统或悬架系统的某些安装位置损坏。
3) 发动机支承损伤或位置改变。
4) 为维修车身部件而拆下了悬架系统或转向系统的部件。

对悬架系统/转向系统的调整主要包括下列七个方面：车轮外倾角、主销后倾角、主销轴线内倾角、磨胎半径、车轮前束、推力线、转弯半径，其中的车轮外倾角、主销后倾角、车轮前束等概念是车轮定位中经常用到的。

（2）车轮外倾角　车轮外倾角是指从车辆前面看时车轮向内或向外的垂直倾斜角，其作用是保持所有轮胎的胎面与路面相接触。车轮外倾角通常是车轮定位中第二个调整的角度。正外倾角指的是从前面看时，车轮的顶部向外倾斜，轮胎胎面的外缘接触路面。负外倾角指的是从前面看时，车轮的顶部向内倾斜，内轮胎胎面更多地接触路面。车轮外倾角受控制臂及其枢轴的控制。这个角度还受到球头、控制臂套管和车轮轴承的磨损和松动的影响。另外，底盘高度的改变也会影响车轮外倾角。大多数车辆的车辆外倾角都是可调的。一些制造厂倾向于利用旋转轴装置进行外倾角的调整。在一些烛式悬架系统中，在滑柱顶部安装位置也可以进行车轮外倾角的调整。调整车轮外倾角同时会改变主销内倾角或夹角。

如果减振器拱形座和下控制臂定位正确，则所需的调整量就很小。如果车轮外倾角出现了很大的误差，而悬架的安装位置又未受损坏，就表示悬架的一些部件已经弯曲。在这种情况下，必须检查悬架系统的角度和尺寸。损坏的部件必须更换。

可以通过检验车轮外倾角来分析支柱的状况。使用车轮外倾角量规能够很方便地测出车轮的外倾角。这种方法是采用与颠簸回弹改变轮胎缘距相类似的方法给悬架加载，从一个单独的车轮上测出车轮外倾角。然后采用与颠簸回弹数据检查相类似的方法，卸掉悬架上的载荷，并再次测出同一个车轮的外倾角。比较两次测出的数据，在麦弗逊式滑柱悬架系统中，这两个数据的差值不应大于2°。在大多数情况下，这两个数据是相同的。

根据颠簸-回弹车轮外倾角的变化，可判断出支柱的内侧或外侧是否发生了弯曲。应该分别检查每一个车轮，然后才可根据这些读数判断出支柱是否已经损坏。当两个车轮的读数差大于2°时，表明支柱已经弯曲。

转向外倾角的测量是让前轮"转进"一定的角度并检查颠簸-回弹车轮外倾角。然后将前轮"转出"同样的数值，并再次测量车轮的外倾角。如果左车轮和右车轮之间的车轮外倾角变化量大于3°，则有可能是支柱向前或向后弯曲，离开了正常的位置，或主销后倾角不正确。需要对弯曲的支柱做进一步检查时，可在各车轮向内转和向外转时，分别对它们进行颠簸-回弹检查。分别检查每一个车轮，并将读数加以比较。在分析车辆操纵和运行方面的问题时，这些角度非常有用。

(3) 主销后倾角　主销后倾角是主销轴线与铅垂线的夹角。主销后倾角的规范是以正角度或负角度给出的。调整主销后倾角是对方向稳定性进行调整。正后倾角使轮胎在不平路面上能够直线行驶，负后倾角使轮胎能够随着不平路面转向。车辆制造厂提供了主销后倾角的调整功能，以保证车辆正确地转向和操纵。一般地，动力转向采用的正后倾角较多，而手动转向采用的负后倾角较多，以减小转向力。主销后倾角是车轮定位时第一个调整的角度。主销后倾角对轮胎磨损的影响不大，它会影响轮胎与路面的接触，衡量方法是与一条穿过主销支点的假想中心线相比较。车辆向主销后倾角较小的一侧跑偏。

对于某些烛式悬架，能够滑动和重新定位支柱和转向节顶部的一块板件，从而对车轮外倾角和主销后倾角进行调整。对旧式悬架系统，通过增减垫片或转动调整螺母或螺钉来调整主销后倾角和车轮外倾角。在有些车辆上，松开副车架或托架，然后向承载式车身方向移动，这样可以调整主销后倾角。将整个托架向前或向后推可改变主销后倾角。

(4) 车轮前束　车轮前束或后束是左车轮和右车轮的前缘和后缘距离的差值。前束或后束单位可以是毫米，也可以是度，这取决于所用的设备。它应在车轮定位调整的最后来调整。前束调整对轮胎磨损有很大的影响。如果调整适当，前束使车轮向同一方向滚动。如果不正确，车轮会磨损或将轮胎横向拉，导致轮胎磨损加剧。前束或后束过大会使轮胎侧拉而导致轮胎胎面边缘呈锯齿形。一般通过缩短或伸长横拉杆球头来调整前束。通过松开转向横拉杆上的锁紧螺母，然后转动该杆来进行调整（图5-11、图5-12）。

后轮驱动车辆的前轮通常调整为有一定的前束。由于轮胎滚动阻力、转向系统中的间隙和悬架系统的动作，轮胎在行驶过程中有向外摆的趋势。将轮胎前束值设置为约1.5mm，轮胎就会在路面上直线行驶。后束与前束正好相反，是轮胎最前端大于最后端的差值。后束一般用在前轮驱动的车辆上。前轮拉动和驱动车辆，因而它们被传动系统的转矩向前推。在行驶时使车轮向内滚动。前轮驱动的车辆需要前轮有很小的后束。前轮驱动的车辆后束值一般是1.5mm。

(5) 发动机支架的位置　发动机支架的位置将对各个转向角产生影响。由于发动机支架上有下支点，支架的运动将会改变车辆外倾角的数值。两个车轮的外倾角变化量相等，一边为负，一边为正。支架的运动还会引起SAI的变化，但不会改变夹角的大小。一定要让支架的位置处在维修手册规定的范围内。

图 5-11 车轮前束调整

传动轴的定位也会对转向系统和悬架系统产生影响。当传动轴弯曲时，将会造成摇晃或出现操纵方面的问题。如果对各个传动轴的定位有任何怀疑，可以按制造厂的建议程序进行测量。

2. 车轮定位程序

在对车轮的外倾角、主销后倾角或轮胎前束进行调整以前，应当进行下列检查，以确保读数准确和调整顺利。

1）车辆一定要摆放在水平的位置上，包括左右水平和前后水平。

2）如有必要，进行轮胎换位，检查各个轮胎的尺寸、胎面花纹、深度和结构是否相似。

图 5-12 后轮外倾角和前束调整

3）各轮胎都必须按规定的压力充气。

4）检查是否有磨损或弯曲的部件并进行更换。

5）如有必要，检查和调整车轮轴承，转动轮胎，检查有无松动或不正常的噪声。

6）检查载荷是否不平衡（底盘高度是否正确），应在车身/车架修理工作后进行此项检查。

7）检查各球头、横拉杆球头、转向随动杆、控制臂和横向稳定杆附件是否松动。

8）检查车轮和轮胎的跳动。

9）检查减振器是否损坏。

10）要考虑到各种附加载荷，例如工具箱等。

11）查看定位检查设备的型号和工作状况，并按照制造厂的规定使用。

不论是哪种结构的车辆或悬架，建议调整顺序都是先调整主销后倾角，再调整车轮外倾角，最后调整前束。不同车型的调整方法可能不同，有时不同年代的车型调整方法也可能不同。

3. 车轮定位仪器

现在，多数车轮定位仪都是计算机控制的，如图 5-13 所示。这些设备会给出精确的规范，规定哪里需要调整，甚至可以用图形显示出错误的调整参数。转弯半径测定仪用来测量前轮向左或向右的转向角度，它们一般用于测量转弯时的主销后倾角、车轮外倾角和后束。主销后倾角和外倾角测试仪与转弯半径测定仪一起使用，测量主销后倾角和车轮外倾角的度数。这种仪器可以用磁铁吸附在轮毂上，也可以紧固在轮辋上。一般来说，主销后倾角和车轮外倾角是同时调整的，因为它们彼此影响。

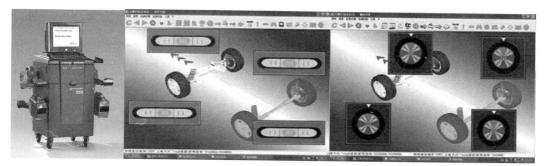

图 5-13　车轮定位仪器

现代化的设备可节省作业时间，而且需要的培训也不多。许多定位设备会在计算机显示屏上给出说明、图解和测量值。有些车轮定位设备甚至提供表示哪个定位规范不在公差范围内的图。

▶ 5.1.5　制动系统的检查和维修

1. 制动系统的构造

踩下制动踏板时，制动系统利用液压作用减慢或阻止车轮的旋转。制动踏板将驾驶人的脚踏力传递到主缸，然后主缸形成系统的液压。制动管路和软管将油液压力传递到轮缸中，轮缸利用液压向外推动制动衬块或制动蹄。制动衬块或制动蹄片与制动盘或制动鼓摩擦。制动鼓具有粗糙的金属摩擦面，通过螺栓固定在轮毂和车轮之间。在盘式制动器中，制动钳上固定着活塞和制动衬块。助力制动系统是标准的液压制动系统，带有真空、液压或电动助力装置。增加了助力器，以帮助接合主缸和制动器，如图 5-14 所示。汽车的制动器有两种基本类型：鼓式制动器和盘式制动器。

鼓式制动器总成含有一个铸铁制动鼓，它用螺栓固定在车桥上。制动底板上安装了制动蹄片和其他一些零部件，其中包括制动轮缸、自动调节器、连杆等。另外，可能有些附加的驻车制动器部件。制动蹄表面是摩擦衬片，制动时，制动衬片与制动鼓内侧相接触。制动蹄受到向外推的力并克服回位弹簧的作用力，制动蹄由液压驱动的柱塞或轮缸驱动。当制动蹄处于工作状态时，它的表面产生的制动力使它

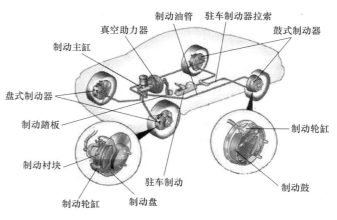

图 5-14　制动系统构造

具有绕铰接点转动的倾向。当制动鼓的转动与制动蹄的向外旋转一致时，制动蹄被更紧地拉向制动鼓的内侧，所以制动蹄是自增力式。车辆后轮上有时使用鼓式制动器。

盘式制动器与自行车上使用的制动装置相似。汽车的盘式制动器是一个单独的装置，称为制动盘，位于车轮的内侧。制动盘由铸铁制成，由于制动时它的两边都受到衬块的挤压，因此两边都加工成光滑的表面。在一般情况下，两个表面被带筋条的中心隔板隔开，以便更好地冷却。衬块都装在金属制动钳上，制动钳由活塞促动，与鼓式制动器相似。活塞在制动钳装置内，制动钳装置是一个包住制动盘边缘的壳体。制动钳是一个壳体，它里边有活塞和相关的油封、弹簧和套管，还有将摩擦衬片或衬块压在制动盘上所需的油缸和油路。制动钳类似于一只手，它夹在制动盘的边缘。一些制动器利用轻型弹簧的压力使摩擦块与制动盘压紧。而在另一些制动钳中，则通过一个专门的密封装置将活塞推出一定的距离来完成这一动作，然后再使活塞适当退回，将摩擦块从制动盘上拉开。

因此盘式制动器比鼓式制动器有着更优越的制动性能。

2. 制动系统的检查和维修

（1）制动衬块的维修　为了更换浮式制动钳上磨损的制动衬块，首先要松开带耳螺栓。然后将车辆置于千斤顶上，拆下车轮和轮胎。将制动器松开并滑离制动片，拆下旧衬块。在新衬块上安装防噪夹，然后将它们装入制动钳。将制动钳总成滑到制动盘上，按与解体相反的顺序装配制动钳零件。确保所有螺栓正确拧紧。安装车轮，然后将车轮带耳螺母按规范拧紧。按需要对另一个盘式制动器总成重复上述操作。

按与解体相反的顺序重新装配盘式制动器。安装制动盘后，将制动钳总成装入到位。确保新的衬块安装正确。将所有紧固件按规范拧紧。

（2）主缸　主缸是液压系统的心脏。它位于发动机舱内，通常在驾驶人侧，通过一个专门的连杆与制动踏板相连。当制动踏板被踩下时，就推出主缸内的活塞，使液压传递到整个制动系统，从而开始制动。如果发现主缸出现漏油等现象，应由专业人员修理。

（3）制动液　制动液吸收水分后，其沸点会急剧降低。对于重载和盘式制动器中使用的高温制动液，水分的影响更为明显。为了防止受到污染，对制动液进行处理时应严格遵守以下注意事项：如果油液已污染，应将其倒掉；不要用已用过的制动液；不可使用旧的制动液容器，因为无法知道该容器内有无杂质；不可将制动液从原装的容器内转移到任何其他容器内，只能将制动液倒入制动液专用容器，例如压力泄放器。

（4）制动管路　制动管路在主缸和轮缸及相关的部件之间传递液压。容易在碰撞事故中损坏。进行碰撞检查时，应检查制动管路有无擦破、卷曲、油管夹松动或脱落、弯折、凹陷和泄漏。连接处有液体渗漏或软管端部有油污证明有泄漏。管路堵塞一般表现不太明显，但是会对制动系统功能造成不利的影响，堵塞往往会起到单向阀的作用，阻碍制动器的释放。在制动过程中，压力迫使油液流过障碍物，但当压力减小后，油液就不容易克服堵塞和制动阻力而流回。制动管路通常都是钢管，需要挠性的地方例外，如在底盘和各前轮之间以及底盘和后桥之间使用的是柔性软管。更换损坏的制动管路时，应使用和原厂同样类型的管路，包括不锈钢管道、带电镀层的管道或软管。某些特殊型号的管道在当地可能难以购买到，但必须尽量使用与制造厂的零部件相同的管道。一定不要用强度差的材料来做制动管路，否则可能会导致制动失灵。

大多数轿车上采用的是双活接头连接，所以一定要仔细检查。在修理制动管路的过程中，不要用压合接头，应更换修理过程中拆下的所有固定夹。支撑弹簧对防止管道弯曲有重要的作用。必须按原样安装，如有损坏，应予以更换。一定要按照原来的布置安装制动管路，以避免管路将来损坏。最后检查管道在悬架跳动和回弹期间及前轮转动期间，有无干涉现象。

（5）制动系统的放气　只要制动系统被打开，就应对制动系统放气，且应尽量缩短打开的时间，以免水分进入造成腐蚀。排放气体就是将制动系统内的空气清除掉。空气比液体轻，它会在液压系统中寻找高点。在各个制动钳、轮缸和一些主缸的最高处都装有排气螺塞。需要排放气体时，可按一定的顺序打开这些螺钉，将气体排出。在排放气体的过程中，如果油液有损耗，应向主缸内补充。一定要先检查主缸。**如果制动液高度降低到入口以下，空气便会进入液压缸。**给储油罐重新装满制动液，然后缓慢地泵送制动踏板若干次。这样做一般可以排除掉所有的气体；如果不行，再给系统排气。

前轮/后轮双向系统与双向交叉系统的各车轮液压缸的排气顺序有所不同。另外，各制造厂都给自己的车辆规定了排气顺序。应查阅每辆车的维修手册。一些四活塞制动钳有两个放气螺钉。在这种情况下，应先将较低的一个螺塞打开。在交叉系统中，一次只能排放一个系统的气体，应先排放前轮盘式制动器内的气体，然后再给对角的后轮制动鼓排气。

（6）动力制动系统　动力制动系统就是在标准的液压制动系统中，在踏板和主缸之间装有一个真空助力器或助力装置，来辅助制动。修理受到碰撞的车辆时，应仔细检查制动助力器，**应特别注意真空软管、单向阀、紧固件和主缸**。要更换所有损坏的部件。

为了测试真空助力器，泵送制动踏板几次，以排除助力器内剩余的真空。然后，踩下踏板并保持住，起动发动机。如果真空助力器起作用，发动机一起动，制动踏板就会稍向下降。如果在发动机起动时未感觉到制动踏板下降，则说明助力器可能有问题。

（7）驻车制动器　驻车制动器利用钢索机械连接到后制动蹄或制动块上。后轮制动器的作用是停车时保持车辆固定不动。驻车制动器是机械的，而非液压的。当向下踩驻车制动踏板或拉起驻车制动操纵杆时，就会拉动钢索，使后制动器锁止车轮。

调整驻车制动器时，一般要拧紧驻车制动拉索总成上的小螺母，这样就会缩短拉索，使制动器和车轮锁止得更紧。调整时不要将拉索拧得太紧，以免驻车制动器不能释放，造成行驶时烧毁制动衬块或制动蹄。

5.2　电气/电子系统的原理和维修

大多数现代化的汽车机械系统都是由车载计算机监控的，汽车维修厂一般借助解码器、万用表等工具来检查由于碰撞损坏引起的电气故障。**电气维修包括拆装各汽车电气设备、对各部件及线路实施检查并确认故障部件、诊断排除综合电气故障、检修汽车单片机及车载网络系统等基本工作。**碰撞引起的金属变形可以轻易毁坏汽车的导线和电气元件，造成电气/电子系统故障。因此，掌握基本的电子电气知识对于车辆估损工作是非常重要的。

▶ 5.2.1　电气系统的原理和维修

1. 电气线路的检查

现代汽车中的导线差不多有几千米长。大部分导线都以线束的形式绑在一起。这些线束将导线从蓄电池引导到所有的电气元件，如顶灯、前照灯、电动门锁、遥控外后视镜、传感器、车载计算机等。

汽车线束沿着车身部件曲折布置，如风窗玻璃立柱、门槛、车门、后侧围板和车顶板以及其他一些部件。这些区域的损坏常会切割或磨损保护导线的绝缘层，从而导致短路或断路，如图 5-15 所示。碰撞力还会拉扯导线接头。腐蚀损坏可以使地线连接松脱，同样会使电路断开。

维修线束损伤时，应遵循厂商的建议。可能必须更换整个线束，也可能只需要接合和焊接损坏的导线。任何故障

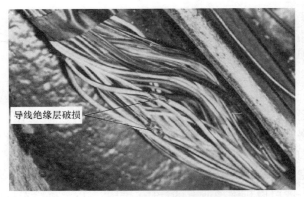

图 5-15 碰撞会使导线断裂并短路或断路

一定可以追查到它们的故障原因，如修理过的坏线或不良连接。故障经常是简单的熔丝烧断或连接不良。例如，当必须更换外侧车门板时要考虑到涉及电气方面的工作。车门从车上拆下前，所有的电气元件与相关的线束应分开。如果更换车门时电气接头连接不当，那么车窗、门锁或外部后视镜会不工作。必须再次检查，以确定线束已固定到各自卡夹中并且地线紧固牢靠。

事故车的大多数电气故障都是电路断开引起的。这样的问题在车身维修过程中应当找出来并维修好。然而，更多的情况是，直到车主已经拿到汽车并且在数天或数星期后试着打开刮水器、锁上车门、使用阅读灯或操作其他一些电气装置时，才会发现有故障。

碰撞有时也会造成短路。完全对地短路通常是裸露的导体直接接触到车架，这种类型的短路通常会断开断路器、烧断熔丝。在间歇性短路中，短路的导线只在汽车严重跳动或振动时短暂地接地并短路。仪表板照明灯不断闪烁就是这样一个例子。交叉短路发生在 2 根热线出现接触时。通常是由塑料保护层磨损或负载过大使保护层熔化造成的。这种短路会造成单个开关操作一个以上的部件。例如，当打开灯时，风窗玻璃刮水器工作了。这是因为短路的导线将供给一个部件的电流分到两个部件上面（通过激活开关）。最后一种短路称为高电阻对地短路。电路没有完全断开，热线和接地之间存在接触。高电阻的接地可能不会迅速烧毁熔丝，直到电路负载达到最大额定值，或者根本不会烧毁熔丝，但是会慢慢地将蓄电池的电放掉。

2. 照明及其他电路

汽车照明系统已经发展得日益精密。前照灯和尾灯已经发展到多灯系统。仪表板上的指示灯通常对充电系统、安全带、制动系统、驻车制动器、门锁、转向灯和计算机系统的故障发出警告。发生正面碰撞时，前照灯总成常会损坏。更换损坏的前照灯时，必须更换新的前照灯外壳。前照灯有近光和远光 2 个电路与灯泡相连。通常是转向信号仪表组上的开关操作近光和远光。少量汽车仍然使用安装在地板上的开关，应确保维修之后检查近光和远光。

（1）前照灯对光　如果汽车受到前端碰撞，在更换必要的零部件之后要对前照灯进行调整。大多数现代车辆的前照灯灯泡都是小的管式灯泡，卡扣在塑料壳体内。玻璃或塑料灯罩装在灯座的前面。调整前照灯光束的基本方法是：①许多汽车，特别是旧式汽车，在装饰环下面装有小螺钉，可以使前照灯灯泡在壳体内转动；②新型汽车的前照灯在灯座的侧面和后部通常有调节螺钉；③一些新式汽车的前照灯在灯座的上面有一个调平气泡，用来帮助调整前照灯。转动调节螺钉，直到气泡挨着刻度线对中。

在正常情况下，车身维修厂都备有前照灯对光装置，可以用来进行正确的调整。在将汽

车与灯光调整装置正确对接好之后，就可以调整前照灯上的水平和垂直调节螺钉，直到调整装置上显示正确的读数。也可以使用前照灯对光仪来调整前照灯，使其以正确的高度和侧向照射汽车前方。一些新型汽车上内置有前照灯调平气泡，用来调整前照灯光束。它们常常安装在每个前照灯总成的顶部。

（2）尾灯、倒车灯、制动灯和转向灯　尾灯、倒车灯、制动灯和转向灯出现故障通常是灯泡损坏引起的。常常是湿气进入灯座导致触点和灯泡腐蚀。腐蚀故障可以通过用砂纸打磨受影响区域来修复。情况严重时，应更换灯座或灯泡。

倒车灯、尾灯、制动灯和转向灯也包括在灯罩或玻璃框总成之内，颜色通常为琥珀色或红色。破裂的总成很容易更换，它们是用紧固件固定的，很容易找到。转向灯、制动灯和尾灯的灯泡装在活动灯座内。汽车维修手册中一般都给出了灯泡的维护和更换说明。在很多情况下还必须到灯泡的后面旋出灯泡和插座进行维修，如图5-16所示。

（3）其他电路　汽车上的其他几个电路包括电动的座椅、车窗、门锁、后视镜和巡航控制系统。其他的电气装置包括收音机、CD播放器、扬声器系统、报警器、蜂鸣器、图形显示器、模拟仪表和计算机控制装置，如图5-17、图5-18所示。在维修任何电路时，一定要确保所有的导线都是按原始位置布置的，另外还要检查确认所有导线夹都已重新安装好。这样可以防止导线移动或与热的或活动部件接触而损坏。

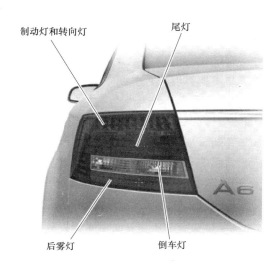

图5-16　车身后部组合灯

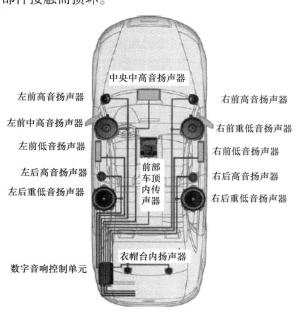

图5-17　高档轿车音响系统

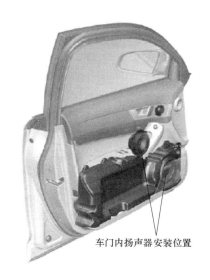

图5-18　前车门内音响安装位置

3. 风窗玻璃刮水器和清洗器

典型的风窗玻璃刮水器靠单速或多速电动机操纵，转向盘总成或仪表板上的开关可开启电动机。喷水清洗器一般使用单独的电动机、塑料容器或储液罐以及泵，泵驱使液体通过塑料管到达喷嘴，喷嘴将清洗液喷到风窗玻璃上。刮水器电动机通常固定在前围板上，要么在发动机舱内，要么在仪表板下面。清洗器容器常会在汽车受到前部碰撞时损坏，应检查其是否泄漏和能否正常工作。

4. 喇叭

大多数喇叭系统使用转向盘开关和继电器来使喇叭发出声音。按下喇叭按钮、刷环或装有衬垫的装置后，电流从蓄电池流出，通过喇叭引线，进入喇叭继电器内的电磁线圈，最后接地。通过线圈的少量电流使电磁铁通电，从而移动活动臂。电流与活动臂接通，从而闭合主电路并使喇叭发出声音。

5. 空调系统

维修空调系统时，必须遵守规定，否则会在无意中造成许多不必要的修理。另外，很多故障要等到事故车辆修复后好几个月才出现，这使问题变得更加复杂，客户往往搞不清楚问题是谁引起的。

(1) 空调的工作原理　空调系统用来对乘员舱制冷。尽管有些许的差别，但所有汽车的空调系统的工作原理都是相似的。空调系统压缩机是一个由发动机驱动的泵，它压缩制冷剂，并通过各管路和软管将制冷剂运送到系统的各个部分。

冷凝器将制冷剂的热量散发到外面的空气中。它通常位于散热器的前面，其结构与散热器相似，也有芯管和金属散热片。蒸发器通过吸收乘员室中暖空气的热量达到制冷效果。它通常位于仪表板的下面，样子也像一个小散热器。储液干燥器或储液罐利用干燥剂去除系统中的水分。它们唯一的不同就是位置。储液罐位于蒸发器和压缩机之间，而储液干燥器位于冷凝器和膨胀装置之间，两者都起储存罐的作用。膨胀阀或节流管用来使制冷剂压力降低，以在蒸发器中产生冷却作用。

空调系统被分成两个部分：高压侧和低压侧。其分离点是压缩机和膨胀阀。空调高压侧容纳高压/高温制冷剂。高压侧的软管摸起来烫手。高压侧软管直径一般比低压侧软管直径小，如图5-19所示。空调低压侧容纳低压/低温制冷剂。低压侧的软管摸起来是凉的。低压侧软管直径一般比高压侧软管直径大。

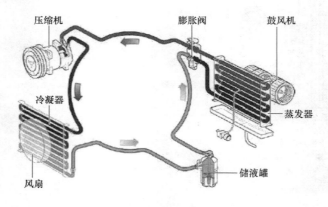

图5-19　空调工作原理

在基本空调系统中，热量的吸收和转换有下列6个步骤：
1）通过压缩机的压缩，制冷剂形成高压、高温蒸气。
2）通过冷凝器散发热量，制冷剂蒸汽变成高压、低温的液体。
3）储液/干燥器除掉水分和污物，并将干净的制冷剂保存下来，用来循环使用。
4）热膨胀阀通过控制进入蒸发器的液体流量，将高压液体转变成低压液体。
5）低压、低温制冷剂蒸发，从乘员室内的空气中吸收热量。
6）制冷剂以低压、高温蒸气的形式返回压缩机。

R134a是目前主流制冷剂。它对臭氧层的危害较小。与其配套的压缩机和其他部件与使用R12的系统不同。切记R134a与R12不能混合使用，并且两种制冷剂使用的压缩机润滑油也不同。

空调系统检视窗用来检查系统中的制冷剂量，它一般位于储液干燥器上或制冷剂管路中。在开始碰撞修理前，要起动系统并通过检视窗检查。这样就能直观看到系统是否受损及是否缺少制冷剂。通过空调系统检视窗查看时，会有下面4种情况出现：
1）检视窗清晰：制冷剂全满或全空。
2）检视窗上有油污条痕：无制冷剂。
3）检视窗中可看到泡沫或不变的气泡：制冷剂不足。
4）检视窗模糊：干燥剂正在系统中流通。

（2）空调的维修
1）空调系统的维修要点。空调系统的大部分故障都是由进入水分造成的。水分与制冷剂相互作用，生成油泥和盐酸，将会腐蚀压缩机上的精密零部件，并损坏蒸发器和冷凝器中的铝制部件。拆除或打开空调系统时，要用正确的密封件对各个孔进行密封。合成橡胶、过盈配合的盖子、塞子或塑料罩都可以作为密封件。使用坚固的橡胶带或钢丝将塑料罩系紧。

如果将空调系统打开与大气相通达到几个小时，应采取以下措施：

① 更换空调油。
② 充注前先用氮气冲刷每个零部件。
③ 更换储液干燥器或储液器。
④ 在抽真空过程中，至少要使整个系统保持30min的高度真空，以抽出空气和水分。
⑤ 在确保制冷剂无泄漏的情况下进行再充注。

2）制冷剂的排放/回收。空调系统排放就是从系统中排出制冷剂，而且必须在拆卸部件前进行。一些压缩机采用特殊的后置检修阀，这样就可以在空调系统不完全排放的情况下拆卸压缩机。回收系统收集用过的制冷剂，大多数回收系统还对制冷剂进行过滤，以便再利用。制造厂对更换储液干燥器和储液器的要求也不同，一般来说，如果空调系统打开了几天，则应更换储液干燥器。

3）空调再充注。对空调系统抽真空可以去除系统中的空气和水分，并能检查有无泄漏。只要空气进入空调系统，就必须对空调系统抽真空。在汽车空调上连接一个真空泵就可以进行抽真空了。形成真空后，关闭泵，查看系统是否保持住真空。如果真空度降低，则系统有泄漏，不要充注。首先找到泄漏处进行修复。

在向系统中充注制冷剂前，先确定所用的制冷剂的量和类型。维修手册上或散热器固定框或压缩机的铭牌上有此信息。不要将不同种类的制冷剂混合。可用冷媒机或充注台来充注。制冷剂油润滑空调系统中的活动部件。只能使用制冷剂油，不能使用任何其他种类的油。一些机油只能与特定种类的制冷剂一起使用，如果使用的类型不对，会损坏压缩机、油封和其他部件。一般的规则是添加油的量为排放过程中去除的油量。在再充注过程中，可用转接器利用制冷剂压力添加油。油太多会导致制冷量降低，因为机油会占据制冷剂的空间，而且还会损坏压缩机和油封。机油太少会造成系统润滑不良、压缩机过早磨损和系统性能不良等。

查找制冷剂泄漏的方法有三种：电子检漏仪、带染料的制冷剂罐、装肥皂水溶液的喷壶。

电子检漏仪是由蓄电池供电的设备，在发现有泄漏时会报警。这种设备能检测不同类型的气体。将带染料的制冷剂注入空调系统中，来帮助查找泄漏。染料将泄漏点染色，有些染料可用"黑光"灯或紫外线灯照到。肥皂水是查找制冷剂泄漏的老方法。泄漏的气体会在肥皂水中形成气泡，从而指示出泄漏点。在检查制冷剂泄漏时，一定要沿着软管、管接头、油封和其他可能泄漏点的底部检查。这是因为制冷剂比空气重，在这些部件的下面容易检测到。

4）空调系统的故障检修。压力表组件用来对空调系统进行故障检修。该组件一般由两个压力计、支管、两个通断阀和三根维修软管组成，如图5-20所示。

高压表用来测量高压侧压力；低压表用来测量抽吸或低压侧压力。两根外侧维修软管与空调系统上的管接头相连。中间的维修软管通常连接到回收或再循环设备，用来清洁或抽真空，或连接到一个制冷剂容器上，用来充注系统。

空调检修阀用来连接压力计总成，来对空调系统进行测试、排放、抽真空和充注。大部分系统有两个检修阀。检修阀可能位于压缩机管接头上，也可能在制冷剂管路中。采用R12的系统所用的检修阀与采用R134a的系统所用的检修阀不同，R134a系统的管接头较大。

静止的空调压力读数表示系统中有多少制冷剂。在发动机关闭的情况下，读取高压侧压力表读数。**如果高压侧压力表显示的读数为大约50psi（345kPa）**，那么系统的制冷剂充足。如果压力表读数低于**50psi（345kPa），表明制冷剂有泄漏，不要使系统工作。**先修复所有泄漏问题。在进行其他测试前，先向系统中添加制冷剂。

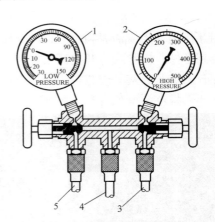

图5-20　歧管和压力表组件
1—低压表（蓝）　2—高压表（红）
3—高压侧软管（红）　4—维修用软管（黄）
5—低压侧软管（蓝）

空调性能测试是通过在发动机运转时测量系统的压力来评估系统状况。起动发动机并使其在1500r/min的快怠速运转。将空调系统设为最大制冷大约10min，以使压力稳定。将车门和车窗关闭，完全打开发动机舱盖。在乘员室内的一个出风口内放一个温度计，在冷凝器处再放一个温度计来测量环境（车外）气温。分析系统性能一般都需要这两个温度值。读取压力表读数并将读数与制造厂规范进行比较，以确定故障原因。

自动空调系统在普通（手动）空调系统的基础上，采用各种传感器、程序装置、伺服电动机和（或）控制模块等带动执行机构。自动空调系统通过程序装置检测空气温度，调节气流混合门位置来达到并保持驾驶人预先设置的舒适程序。在检修时利用自诊断系统，读取故障信息，参照故障码和数据流检修故障。

6. 起动和充电系统

燃油汽车的起动系统通过起动机将电能转变成动能驱动发动机飞轮转动。它转动或"盘动"曲轴，直到发动机起动并依靠自身的能量运转。蓄电池通过转向柱上的点火开关与起动机电磁线圈或继电器相连。起动机通常由螺栓固定在发动机的下后部。在少量车型上，起动机安装在发动机内部，在进气歧管下面。起动时，起动机驱动齿轮与飞轮齿圈啮合。

电动汽车和混合动力汽车的起动系统就是电动驱动系统，电动驱动系统由电力驱动系统、充电系统和辅助系统三部分组成。电力驱动系统包括电子控制器、功率转换器、电动机、机械传动装置和车轮，其功用是将存储在蓄电池中的电能高效地转化为车轮的动能，并能够在汽车减速制动时，将车轮的动能转化为电能充入电池，后一种功能称作制动回收。

燃油汽车的充电系统负责对蓄电池进行充电以及在发动机运转时提供电能，交流发电机或传动带驱动的直流发电机产生电能。电压调节器控制着交流发电机的输出电压，通常安装在交流发电机上。充电系统电压通常在 13～15V。

电动汽车和插电混合动力汽车的充电系统一般包括电源、能量管理系统和充电机，其功用主要是向电动机提供驱动电能、监测电源使用情况以及控制充电机向电池充电。充电方式：直流充电和交流充电。交流充电是通过家用 220V 插座和交流充电机接入交流充电口，通过车载充电设备将高压交流电转为高压直流电给动力电池充电；直流充电是通过直流充电机将高压直流电通过直流充电口给动力电池充电。

7. 智能网联系统

智能网联汽车（Intelligent and Connected Vehicle，ICV）是指搭载先进的车载传感器、控制器、执行器等装置，并融合现代通信与网络技术，实现车与X（车、路、人、云等）智能信息交换、共享，具备复杂环境感知、智能决策、协同控制等功能，可实现安全、高效、舒适、节能行驶，并最终实现替代人来操作的新一代汽车。ICV 的发展可大致分为：自主式驾驶辅助［对应美国汽车工程师学会（SAE）分级 L1 – L2］、网联式驾驶辅助（对应 SAE 分级 L1 – L2）、人机共驾（对应 SAE 分级 L3）、高度自动/无人驾驶（对应 SAE 分级 L4 – L5）4 个阶段。目前在全球范围内，自主式驾驶辅助系统已经开始大规模产业化，网联化技术的应用已经进入大规模测试和产业化前期准备阶段，人机共驾技术和无人驾驶技术还处于研发和小规模测试阶段。

不同级别自动驾驶的定义及其预计规模化应用起点如图 5-21 所示。

智能网联系统功能如果出现问题的话，除了传统的直观诊断、运用电控故障自诊系统、使用专业仪器、运用微电子技术等方式外，还可以尝试运用汽车远程升级（Over The Air，OTA）。随着汽车自动驾驶以及新能源汽车的发展，汽车软件发挥的作用越来越重要，软件

规划化应用起点	2015	2016~2017	2021~2022	2022~2025	2030
级别分类	Level 1	Level 2	Level 3	Level 4	Level 5
自动化程度	驾驶支援	部分自动化	有条件自动化	高度自动化	完全自动化
横向/纵向控制	人+系统	系统			
周边监控	人			系统	
激烈驾驶应对	人			系统	
场景适用	特定场景				全部场景

图 5-21　自动驾驶应用起点

定义汽车已经是越来越多厂商的共识。汽车行业的发展极有可能最终像手机产业一样，基础硬件差异会越来越小，关键在于汽车给用户的体验的多样性，以及汽车产品在不同场景下满足用户需求的程度，而这种体验的差异性在很大程度上是由汽车的软件来决定的。

与传统升级方式相比，通过 OTA 技术可以远程快速完成部分功能故障的修复，降低了持续进厂带来的时间和经济方面的消耗。通过 OTA 升级，也可以不断给用户开启新功能，不断优化产品系统体验，进行快速迭代，吸引客户。这里需要注意的是，2020 年 11 月 24 日，国家市场监督管理总局针对汽车远程升级发布了《市场监管总局办公厅关于进一步加强汽车远程升级（OTA）技术召回监管的通知》，要求生产者（含在中国境内依法设立的生产汽车产品并以其名义颁发产品合格证的企业，以及从中国境外进口汽车产品到境内销售的企业）采用 OTA 方式对已售车辆开展技术服务活动的，应按照《缺陷汽车产品召回管理条例》及《缺陷汽车产品召回管理条例实施办法》要求，向市场监督管理总局质量发展局备案。生产者采用 OTA 方式消除汽车产品缺陷、实施召回的，应按照《条例》及《实施办法》要求，制订召回计划，向市场监督管理总局质量发展局备案，依法履行召回主体责任。

▶ 5.2.2　电子系统的原理和维修

许多电子系统故障的诊断和维修程序并不复杂，故障诊断表提供了诊断步骤，按照流程图操作即可，如图 5-22 所示。维修人员只要搞清楚基本电路，并遵循一些简单的原则，就能查找出多数电子系统故障。

1. 电子显示器

电子仪表显示器正变得越来越流行。在碰撞维修中，电子显示器有一些特别的注意事项。处理这些复杂而昂贵的元器件时必须十分小心，避免损坏，如图 5-23 所示。

现在常用的电子显示器有 3 种：

（1）发光二极管（LED）　它们既可以用作单个的指示灯，也可以组合在一起显示字母或数字组合。LED 显示器通常为红色、黄色或绿色。LED 显示器比其他显示器更耗电。在强光下面它们还难以看清楚。

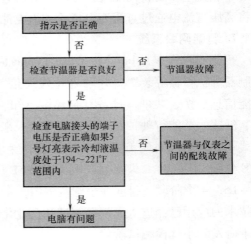

图 5-22　针对发动机温度表的流程图

图 5-23　电子组合仪表

（2）液晶显示器（LCD）　这种显示器应用非常普遍，包括手表、计算器和仪表板仪表。LCD 的构造是在两片平行的玻璃基板当中放置液晶盒，下基板玻璃上设置 TFT（薄膜晶体管），上基板玻璃上设置彩色滤光片，通过 TFT 上的信号与电压改变来控制液晶分子的转动方向，从而控制每个像素点偏振光出射与否以达到显示的目的。

（3）真空荧光显示器（VFD）　这种显示器使用装有氩气和氖气的玻璃管。显示节段是小的荧光灯。电流通过荧光管时，它们会变得非常亮。这种显示器既耐用又明亮。

所有的仪表都需要传感器的输入信号。现代汽车仪表都是采用计算机控制显示的，传感器采集到的数据首先传送到计算机控制单元，计算机控制单元再将信号发送到仪表显示板。

2. 计算机控制系统

现在，汽车上的计算机控制系统一般包括燃油喷射系统、电动机控制系统、电源管理系统、充电系统、悬架系统、制动系统、空调系统、气囊系统、自动变速器等装置及系统，图 5-24 所示为自动变速器电子控制组件。计算机也称为电子控制模块，它们遍布整个汽车。如果在车身维修中需要焊接，一定要对计算机进行隔热或将其拆下。

（1）计算机控制系统结构原理　计算机控制系统由以下几个部分组成：传感器（输入装置）、执行器（输出装置）、计算机（电子控制单元）。传感器是将各种状态（温度、压力和部件移动等）转换成电信号的装置。它们将输入的电信号传递给计算机。计算机对传感器数据进行分析处理后，产生一个预编程的输出信号并发送给执行器。执行器（如电磁阀或伺服电动机）根据计算机的电信号产生相应动作。为了提高汽车行驶过程中的安全性、舒适性和操控性，各种计算机控制系统越来越多地被应用到汽车上。计算机技术的迅速发展也为汽车技术的改良提供了条件，各种车用控制系统应运而生，逐渐发展为计算机集中控制系统。

（2）车载诊断系统（OBD）　车载诊断系统（OBD）可以检测汽车运行状态和控制参数等数据，这些数据包含着可用于故障诊断的信息。1996 年，全世界所有汽车制造商都已经采用了 OBD Ⅱ 标准，使各汽车厂家采用统一的诊断模式、统一的诊断插座、统一的故障码、统一的通信协议等。在我国，所有符合国Ⅲ（等效于欧Ⅲ）及更高排放标准的

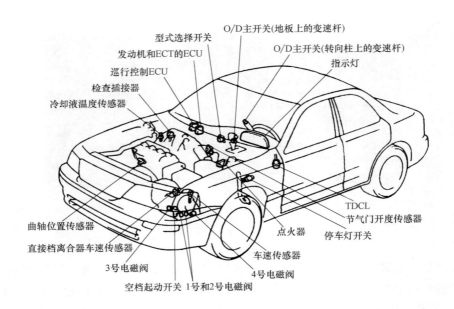

图 5-24　自动变速器电子控制组件

车辆都必须安装车载诊断系统。车载诊断系统的功能包括三个方面：一是监测控制系统的工作状况，一旦发现异常（如某只传感器信号或执行器参数超出正常范围），就立即通过仪表板上的故障指示灯（MIL）进行报警；二是存储故障信息，以故障码（DTC）和数据流的形式将故障信息存储在车载计算机的存储器中，以便维修时调用；三是启用相应的备用功能，使控制系统以应急状态运行，保证车辆能够以失效保护（或跛行回家）模式行驶到维修站进行维修。

自诊断测试是指利用故障诊断仪或按照特定操作方式来读取或清除故障码、检测各种传感器或执行器的工作情况，检测相关控制电路是否正常，检查电控单元及车载网络的数据通信情况等。汽车电子控制系统有无故障，均可通过自诊断测试进行检测诊断。

在读取故障码之前要进行直观检查，检查所有的导线和真空软管连接，确定故障不是由接头破损、松动或真空软管故障引起的。当今的电子电路中的信号电压值很低，不允许因接头触点腐蚀而引起较大的电阻。对于不同的车型或不同的系统，其诊断操作步骤不尽相同，但基本步骤如下：

1）将合适的诊断仪连接到汽车的故障诊断插座上，有时可能要用到适配接头。
2）选择与被检测车型相适应的检测程序。
3）根据诊断仪屏幕上的提示输入被测车型的车辆识别代号（VIN）。
4）根据汽车自诊断系统的功能范围和检修要求，选择对发动机、自动变速器、ABS、空调、气囊等系统进行检测。
5）选择读取故障码、清除故障码、显示汽车运行参数、测试执行器工作情况等项目，按步骤完成检测工作。
6）查阅被检测车型的维修资料，根据读取的故障码判断故障部位，确定进一步检测或诊断方向。

当发动机运转时,利用故障诊断仪将车载 ECU 内部的控制参数和计算结果等以数据表和串行输出方式在检测仪屏幕上一一显示出来的过程,称为数据传输,通常也称为"数据通信"或"读取数据流"。数据传输可以将各种传感器输出信号电压的瞬时值、ECU 的计算与判断结果、各执行器的控制参数等一目了然地显示在诊断仪屏幕上。这样,维修技师就可以根据发动机运转状态和传输数据的变化情况,判断控制系统的工作状态,将特定工况下的传输数据与标准数据进行比较,就能准确地判断故障类型和故障部位。

在发动机熄火状态下或运转过程中,可以通过故障诊断仪向执行器发出强制驱动或强制停止指令来监测执行器的动作情况,从而判断执行器及其控制电路有无故障。

(3) 车载网络系统 车载网络系统通常也被称为汽车总线系统,实质上就是通过某种通信协议(如 CAN),将车上各个 ECU 节点连结起来,从而形成一个汽车内部的局域网络。

目前汽车总线的种类很多,如 CAN 总线、LIN 总线、VAN 总线(法国车系专用),IDB-M、MOST、USB 和 IEEE1394 等,如图 5-25 所示。这些车用总线由于在应用对象和网络性能上各有特色,将会在竞争中共存相当长的一段时间。另外,随着车载网络技术的发展进步,一些特定用途的新型总线还会被陆续研发出来。

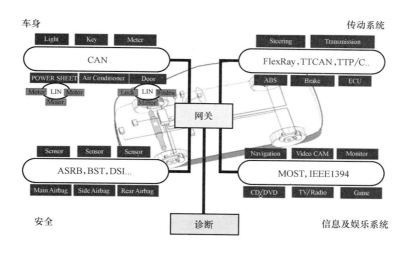

图 5-25 车载网络系统

对于汽车数据总线系统故障的检修,应根据数据总线系统的具体结构和控制回路具体分析。一般来说,引起汽车数据总线系统故障的可能原因有三种:①汽车电源系统引起的故障;②汽车数据总线系统的节点故障;③汽车数据总线系统的链路故障。

1) 汽车电源系统故障引起的总线系统故障。汽车数据总线系统的核心部分是含有通信集成芯片的电控单元,电控单元的正常工作电压在 10.5~15.0V 的范围内。如果汽车电源系统提供的工作电压低于该范围,那些对工作电压要求高的电控单元可能就会短暂地停止工作,从而可能造成整个汽车数据总线系统出现短暂的无法通信。这种现象就如同在未起动发动机时就设定好诊断仪要检测的传感器界面,当发动机起动时,往往诊断仪又回到初始界面。

2）节点故障。节点是指汽车数据总线系统中的电控单元,因此节点故障就是数据总线中的电控单元自身有故障,包括软件故障和硬件故障。软件故障一般是传输协议或软件程序有缺陷或冲突,从而使汽车数据总线系统通信出现混乱或无法工作,这种故障一般成批出现,且无法维修。硬件故障一般是由于通信芯片或集成电路故障,造成汽车总线系统无法正常工作。

3）链路故障。当汽车数据总线系统的链路（或通信线路）出现故障时,如通信线路的短路、断路以及线路物理性质引起的通信信号衰减或失真,都可能会引起多个电控单元无法工作或电控系统错误动作。判断是否为链路故障时,一般采用示波器或汽车专用光纤诊断仪来观察通信数据信号是否与标准通信数据信号相符。

5.3 约束系统的工作原理和维修

约束系统的作用是在汽车受到碰撞时将人固定在座椅中以避免受伤。如果没有约束装置,在高速碰撞期间,车内的人会猛烈地撞到乘员室。人体会飞起并撞到仪表板、转向盘和风窗玻璃上,常会造成非常严重的伤害。

现代的汽车约束系统包括安全带、气囊和仪表板下面的护膝装置,如图5-26所示。它们协同工作,防止乘员在汽车事故中严重受伤或丧生。主动约束系统是一种乘员必须主动使用的系统。例如,大多数汽车的安全带必须用手扣紧才能起到碰撞保护的作用。习惯上手动操作的安全带被归类为主动约束系统。被动约束系统是一种自动操作的系统,不需要任何操作就可以生效。自动安全带和安全气囊就属于被动约束系统。

因为安全带和气囊对于避免碰撞伤害是至关重要的,所以应当知道如何维修约束系统。本节将概述安全带、气囊约束系统的工作原理和维修。

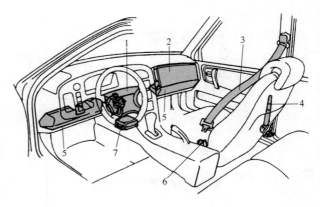

图5-26 汽车约束系统部分组件
1—转向盘气囊 2—乘客位气囊 3—安全带 4—安全带收紧器
5—护膝板 6—安全带锁扣 7—气囊控制模块

5.3.1 安全带系统

1. 安全带系统构造

安全带是配有专用接头的高强度尼龙带,用来将人员固定在座椅中。在现代汽车上,安全带协同气囊约束系统一起工作。在汽车受到碰撞时,这些约束装置防止人员飞撞到车上或从车内弹出。腰部安全带从乘员的腰部穿过,肩部安全带跨过乘客的胸部和肩部并保持紧固。安全带锁扣机构用以扣上或脱开安全带。锁扣上面有一个按钮,拆卸安全带时可以按下将锁扣松开。安全带固定器将安全带的一端用螺栓固定在车身构件上,它们是一些坚固的金属件，固定在安全带的下端。表面硬化且形状特殊的螺栓穿过固定器孔，然后旋入焊接在车身构件上的螺母中。

三点式安全带有三个固定点和一个锁扣，用于腰部安全带和肩部安全带。目前大多数汽车上使用的都是这种安全带。四点式安全带有四个固定器、两个锁扣和两个肩部安全带，在一些高性能跑车上使用。

安全带卷收器（或张紧器）的作用是拉紧安全带，使它们紧贴在乘员的身体上。安全带卷收器上的机械机构有许多种。主动式安全带系统包括一根连续的带子。带子从固定器上伸出（门槛上），通过自锁锁板（锁扣上），然后绕过导向装置（中柱顶部），最后进入中柱下部区域的单个卷收器。双门轿车和新型四门轿车上的被动式安全带系统与使用两个卷收器的主动式安全带系统不同，一个用于座椅安全带，第二个用于肩部安全带。一些新型汽车上使用了限力卷收器，以防造成伤害。当汽车受到碰撞时，它收紧安全带，然后以一个恒定的约束力保持在安全带上，同时使安全带稍微伸长一些。当乘员向前撞去以及被肩部安全带猛地拉住时，可以减小胸部受到的力。

当探测到碰撞时，烟火式卷收器使用一个气体发生卷收器产生压力来快速张紧安全带。这种安全带卷收器常与气囊约束系统协同工作，和气囊约束系统类似。

安全带提醒系统使用传感器和报警系统提醒驾驶人扣紧安全带。在主动系统中，驾驶人座椅安全带使用 4~8s 的安全带扣紧提醒灯并发出声音。这样设计是为了在打开点火开关后，如果发现没有扣紧腰部安全带和肩部安全带，系统将对驾驶人进行提醒。如果驾驶人扣上安全带，几秒钟后，提醒灯和声音信号会自动关闭。在被动系统上，安全带报警灯会点亮几秒钟。如果驾驶人的腰部和肩部安全带没有扣上，则会发出一个声音信号。如果点火开关打开并且驾驶人侧车门打开，或者如果系统出现故障，系统也会发出信号。

2. 安全带的检查和维修

（1）安全带的检查　严重碰撞后，正确地维修安全带是至关重要的。汽车正面受到碰撞快速减速时，人体的质量可以在安全带上产生极大的力。乘员室从侧面受到撞击时可以使车门和立柱上的钣金件变得很锋利，像刀一样切断安全带。为了使汽车恢复到事故前的状态，必须检查所有的安全带以确保以后汽车受到撞击时会对乘员进行保护。例如，如果安全带织物边缘出现小的缺口，那么当汽车再次遇到严重事故时，安全带织物就会撕裂断开。

为了确保安全带能够最大限度地保护乘客，对它进行直观检查和功能检查是至关重要的。检查安全带时，应当检查安全带是否由于接合锁扣定位不正确而发生扭曲，还应从卷收器中完全拉出安全带进行检查，如果发现下列情况则需更换新的安全带：扭曲，裂口或损坏，纤维断开或拉出，割伤，褪色或染色，卡在导向板中。检查有无图 5-27 中所示问题，任何缺陷都会导致安全带在汽车受到碰撞时强度变小或失效。

（2）安全带的维修

1）锁扣的维修。检查安全带锁扣时，执行下列步骤：

① 将安全带舌部插入锁扣，直到听到一下"咔嗒"声。快速向回拉织带以确保锁扣正确扣上。

② 如果锁扣无法扣上，则更换安全带总成。

③ 压下锁扣上的按钮以松开安全带。用手指的力量应该可以松开安全带。

④ 如果锁扣护罩出现裂缝或按钮松动，则更换安全带总成。如果松开锁扣需要的压力过

大，也要更换安全带总成。

2）固定器的维修。检查安全带固定器时，拆下金属固定板上的所有塑料装饰件。检查安全带固定器和螺栓是否有活动或变形的迹象。如有必要，则进行更换。将更换的固定板装到原始位置。安全带和固定板应朝向座椅。

3）卷收器的维修。检查安全带卷收器总成时，牢记下列步骤：

① 抓住安全带，将其从卷收器中拉出的时候，快速地扯动，安全带应能锁上。

② 在一个远离其他车辆的开阔区域驾驶汽车，行驶速度约为 8~24km/h，快速制动，安全带应锁上。

③ 如果在这些情况下卷收器没有锁上，则拆下并更换安全带总成。

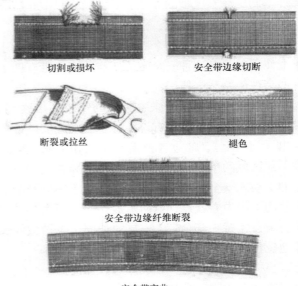

图 5-27 各种类型安全带缺陷

如果汽车装配的是烟火式安全带卷收器，那么气囊打开后必须将其更换。因为推进剂已经在碰撞期间被安全带的拉力耗尽。

▶ 5.3.2 气囊约束系统

1. 气囊约束系统的结构原理

气囊约束系统在汽车碰撞时使一个或多个尼龙气垫自动打开并充气。系统一旦探测到碰撞引起的快速减速，就会打开气囊以避免驾驶人和乘客撞到风窗玻璃、仪表板和金属立柱上。

虽然不同制造商生产的气囊约束系统的位置和设计有所不同，但所有的气囊约束系统具有相似的部件：气囊约束系统传感器、气囊组件、气囊控制单元、气囊线束和气囊报警灯，如图5-28所示。

（1）气囊约束系统传感器 首先是气囊约束系统传感器向计算机发送遇到严重碰撞的电信号。在只有前部气囊的情况下，正面区域受到的撞击必须足够强，才能闭合两个碰撞传感器中的开关。然后气囊控制总成产生一个电信号以引爆气囊，如图 5-29、图 5-30 所示。

气囊约束系统使用了两个（碰撞传感器和警戒传感器）或两个以上的传感器。一些新型汽车也在系统电子控制单元上安装了安

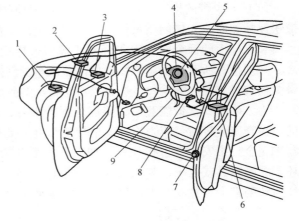

图 5-28 气囊约束系统的构成
1—左侧碰撞传感器 2—中间碰撞传感器 3—右侧碰撞传感器
4—气囊模块 5—螺旋电缆 6—控制模块
7—驾驶人侧车门开关 8—通道传感器和
安全传感器 9—线束

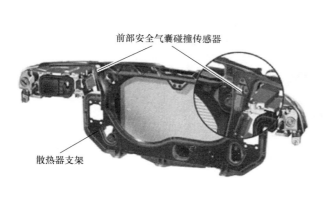 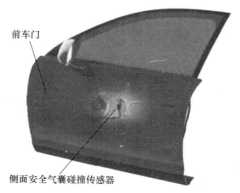

图 5-29　前部安全气囊碰撞传感器位置　　图 5-30　侧面安全气囊碰撞传感器位置

全传感器。碰撞传感器是最先探测到碰撞信号的传感器，因为它们一般安装在汽车前部，通常位于发动机舱内。警戒传感器的作用是确定碰撞是否已经严重到需要打开气囊的程度，通常安装在汽车前保险杠或散热器的固定架附近。装在汽车前部有助于它们在遇到剧烈碰撞时立即触发或闭合。

为了防止气囊意外打开，一些汽车还装备了第三个传感器——安全传感器。安全传感器的主要功能是用来防止气囊系统在非碰撞状况下引起气囊的误动作。安全传感器通常位于乘员室内。只有当这三个传感器都闭合时，计算机或电子控制单元才能接收到碰撞发生的信号。它们组合在一起就形成了一个故障保护系统，可以防止气囊意外打开。当碰撞传感器和安全传感器都闭合时，诊断控制模块发送一个信号给气囊引爆器，从而激活化学反应以打开气囊。至少一个主传感器和一个安全传感器共同工作才能激活气囊系统。

有时使用变形传感器操作侧面安全气囊。为了防止气囊意外打开，变形传感器探测车门的内凹损坏和结构件的碰撞损坏。它不探测惯性载荷或重力载荷。侧面撞击引起的金属变形会改变传感器的气隙，从而触发传感器。传感器通过一些塑料管（与侧气囊相连）向侧气囊发送冲击波。当冲击波激活气囊模块时，会引爆充气剂，从而使侧气囊打开。

（2）气囊组件　气囊组件包含气体发生器和坚韧的尼龙气囊，如图 5-31～图 5-33 所示。汽车在受到碰撞时，气体发生器通电触发，然后产生气体充入气囊衬垫中。

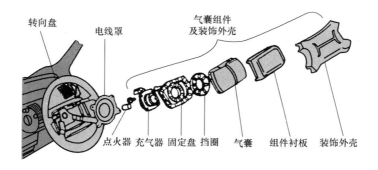

图 5-31　气囊组件（一）

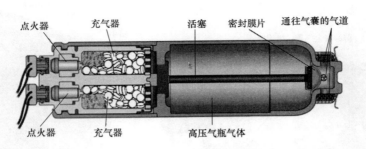

图 5-32 气囊双极气体发生器

驾驶人处的气囊从转向盘中央的气囊盖中打开。这种气囊总成替代了以前无气囊的汽车上的喇叭按钮。气体发生器安装在气囊后面。气囊折叠在气体发生器上面,装在转向盘罩的后面。当电子控制单元发送一个电信号时,气囊引爆器产生一个小火花。接通电流后,引爆器在两个小插脚之间产生电弧。火花点燃引爆器中的气体发生剂。引爆器点燃一块较大的气体发生剂,气体发生剂燃烧产生打开气囊的气体。气体发生剂通常是片状的叠氮化钠。当引燃这些可燃的片剂时,

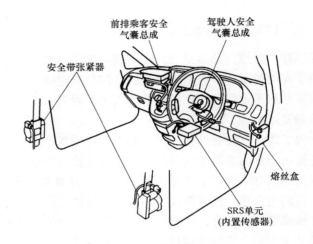

图 5-33 气囊组件(二)

叠氮化钠快速燃烧并转化成氮气。热量使这种化学品产生大量的氮气。爆炸释放的气体使气囊打开。几乎是气囊一充满,气体就开始冷却并排出。驾驶人被辅助约束气囊支撑住,而不是向前撞到转向盘上或被安全带传来的惯性能量伤害。

乘客处的气囊从仪表板右侧的一个小门后面打开。它的气囊垫要大得多,打开时从座椅区域的中部延伸到右侧车门。因为这种气囊内部空间较大,所以需要很大的片状气体发生剂。风窗玻璃有时会因为气囊打开而破碎。乘客处的气囊打开后常常会撑破或强行打开仪表板护罩内带有铰链的门。

除了两个前部气囊,座椅侧面、车门装饰板内、立柱内,甚至在后部座椅区域都可以安装附加的气囊,如图 5-34、图 5-35 所示。侧气囊可能位于车门面板、车顶、立柱或座椅内,用于防止侧面撞击造成的伤害。

如果没有侧气囊,当汽车的侧面受到撞击时,乘客头部会猛烈地撞到一旁的车门玻璃、门框和坚硬的立柱上。帘式气囊从前部立柱和车顶装饰板中打出,它是侧气囊的一个变种。帘式气囊较长较薄,价格较高且更换起来更费时。

另一个与气囊相关的汽车部件是护膝板。汽车受到撞击时,护膝板垫住驾驶人膝部,以防膝部受到碰撞并避免驾驶人滑到气囊下面。它位于转向柱下面,转向柱装饰板后面。

 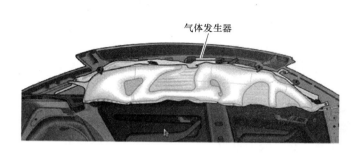

图 5-34　前座椅侧面气囊　　　　图 5-35　头部安全气囊（安装在 B 柱或 C 柱上部区域）

多临界点打开表示气囊系统可以以不同的速度打开气囊。多临界点打开系统使用专门的传感器测量减速度。计算机探测碰撞力，然后点燃气囊模块中不同量的气体发生剂。气体发生剂被分流进入气囊模块中不同的空腔。例如，在低速碰撞事故中，传感器会发出一个信号，告诉计算机惯性力较小且不太猛烈。然后，计算机会发出命令点燃部分气体发生剂，气囊会较慢地打开以防气囊对人体造成伤害。在高速碰撞时，传感器会发出汽车快速减速的信号。然后，计算机就会点燃所有的气体发生剂以使气囊更快地打开。在高速碰撞中，气囊必须更快地打开才能防止驾驶人和乘客撞到正在打开的气囊上。当驾驶人身体接触到气囊时，气囊应该已经完全打开。

（3）气囊控制单元　气囊控制单元是操纵气囊约束系统的专用计算机。气囊控制单元分析传感器输入的信号以确定是否需要打开气囊。如果至少一个碰撞传感器和一个警戒传感器闭合，则控制器向气囊模块输送电流，这样会使气囊打开。气囊控制单元还提供故障数据和故障码，供故障诊断和维修电路和部件时使用。

（4）气囊线束和气囊报警灯　气囊线束包括连接碰撞传感器、控制单元和气囊组件等的导线和接头。仪表板上的气囊报警灯在系统出现故障时点亮。

2. 气囊约束系统的维修

维修装有气囊的汽车之前，必须将系统解除。通过断开所有可以引爆气囊的电源来解除气囊约束系统。解除气囊约束系统的程序各有不同。许多汽车维修资料要求断开蓄电池负极电缆并用绝缘胶带包住电缆端部。胶带使金属电缆末端绝缘，这样就不会意外接触到蓄电池接线柱。制造商可能还规定拆下系统熔丝或断开模块。一定要参考维修手册中解除系统的准确步骤。这样可以避免电气系统损坏和新气囊意外打开。

气囊约束系统可能装有储能模块，以保证在电源万一出现故障时也可以使气囊打开。即使断开了蓄电池，储能模块也能引爆气囊。必须将它从系统中拆下，或者在断开蓄电池之后等待几秒到 30min，以进行放电。

（1）气囊传感器的更换　对于不同的汽车，气囊打开后更换系统部件的步骤不完全相同。检查关于部件更换是否有详细的厂商建议。许多汽车制造商建议维修已打开的气囊时更换所有的传感器，有时也建议更换电子控制单元。传感器会因为严重碰撞而导致内部损坏。

更换气囊约束系统传感器时，反复检查拆下任何传感器之前是否解除了系统。维修手册会给出传感器位置。安装气囊传感器时，检查传感器箭头（印在传感器上的方向箭头）是否朝前。如果箭头朝后安装，在以后遇到事故时气囊将无法打开。

（2）已打开气囊的拆卸　在气囊打开后维修汽车时，首先应使用真空吸尘器清洁乘员舱。乘员舱内会存在气囊残留的粉末，这种粉末对眼睛和皮肤有刺激性。粉末是生产期间添加的以减少气囊打开时的摩擦。可以用真空吸尘器清洁仪表板通风口、座椅、地毯和其他被这种粉末污染的表面。

在拆卸打开的驾驶人位气囊时，从转向盘后部拆下小螺钉。然后可以按照厂商的步骤抬出旧模块并断开它的导线。气囊打开后，通常必须更换螺旋电缆或时钟弹簧。检查所有部件的损坏情况。所有肉眼能够看出损坏的部件都应当更换，包括转向盘、转向柱、螺旋弹簧和相关部件。损坏的电线可能还需要更换线束或仔细地维修导线。如果发现转向柱损坏，那么应在安装新气囊前进行维修。此时，还应检查组合开关是否工作正常。

（3）气囊的安装　在搬动未打开的气囊模块时，一定要让气囊和装饰盖背对身体。这样可以减小气囊意外打开导致严重伤害的可能。将气囊模块放到工作台面上时，一定要让气囊和装饰盖朝上，这样可以减小气囊意外打开时向上"弹射"的可能。在气囊打开后要遵照厂商的要求更换部件。绝对不要利用线束或引线移动任何系统部件。对于任何摔过的或有明显损坏痕迹的部件，都要遵照厂商的要求进行处理。不要试图维修部件，除非制造商要求这么做。如果厂商没有说明，不要将任何部件通电。

气囊打开后，气囊总成必须更换。螺旋弹簧通常也必须更换，螺旋弹簧是转向柱和气囊模块之间的电气连接。在更换螺旋弹簧时，必须对准定位标记以便正确地装配。在安装驾驶人侧气囊时，要反复检查所有的传感器是否更换了或是否没有损坏，以及蓄电池是否仍然断开着。插入气囊电气接头。然后，将气囊向下装到转向盘上。安装并拧紧固定气囊的紧固件。新的乘客侧气囊的安装程序与此相似。有时，为了拆下固定气囊的紧固件，必须拆下杂物箱和暖风管。如果不确定如何拆下这些螺栓，维修信息会给出详细说明。还必须断开乘客侧气囊的线束接头，线束上可能有一些卡夹，用于固定通向气囊的导线。拆下车门装饰板后，可以轻易找到侧气囊固定螺栓。应该用小的转矩扳手将这些螺栓最后拧紧。更换装在座椅上和装在车顶上的气囊的步骤相似。

（4）气囊控制单元的维修　对于气囊控制单元，少数汽车制造商建议只要气囊打开就需要更换，而有些制造商则允许重复使用，但前提是经诊断测试合格。气囊的电子控制单元一般安装在仪表板中部的下面、座椅下面或中央控制台下面。确保有正确的气囊控制单元更换件，正确地拧紧固定螺栓，还要确定电气接头完全接合锁定。

（5）使用解码器检查气囊电路故障　每当点火开关转到"ON"位置时，气囊约束系统都要进行自检。自检期间，气囊的仪表板指示灯会稳定点亮或闪烁。自检完成后，灯应熄灭。如果灯一直点亮，则表明系统出现故障，可以用解码器搜索故障码或故障信息。表5-3给出了一些气囊约束系统的 OBD Ⅱ 型故障码。**注意，DAB 指的是驾驶人位气囊，PAB 指的是乘客位气囊。**

表5-3　气囊约束系统故障码

故障码	解码器显示
B1111	蓄电池电压高
B1112	蓄电池电压低
B1346	DAB 电阻高
B1347	DAB 电阻低
B1348	DAB 对地短路

(续)

故障码	解码器显示
B1349	DAB 对蓄电池短路
B1352	PAB 电阻高
B1353	PAB 电阻低
B1354	PAB 对地短路
B1355	PAB 对蓄电池短路
B1372	SRSCM 引爆电路 DAB-PAB
B1650	SRSCM 碰撞记录
B1661	SRSCM 参数
B2500	SRS 维护提醒灯

（6）安全气囊的维修注意事项　检查维修气囊时，应遵守以下原则，以保证对气囊系统的维修能够安全进行：

① 在维修装有气囊的汽车时，手边一定要有维修手册。
② 在维修气囊未打开的汽车时，要遵照汽车厂商的说明解除系统。
③ 在安装新的气囊时，也应解除气囊约束系统。
④ 在进行任何焊接操作之前，要解除气囊约束系统。
⑤ 在对气囊进行作业时，不要将手臂放到转向盘辐条内。万一气囊意外打开，可能会造成粉碎性骨折。
⑥ 在安装气囊时，也要将头偏向气囊的一侧。
⑦ 对于装有气囊的汽车，在强行干燥车漆时要根据气囊是否打开，按汽车厂商的指导进行操作。
⑧ 如果气囊模块有问题或汽车要报废，则应按照维修手册中的程序人工引爆气囊，不要抛弃未打开的气囊。

5.4　车身结构件的矫正

5.4.1　车身分类与结构

1. 车身分类

（1）按车身承载情况分类　按汽车车身的承载情况，车身结构主要可分为两种：有车架的非承载式结构和无车架的承载式结构，如图5-36所示。此外，还有一种介于两者之间的半承载式车身结构。

1）非承载式车身。非承载式车身又称为车架式车身，其典型特征是在车身下面有一个车架结构，车身壳体通过螺栓安装在车架上，发动机、变速器、悬架等大总成也安装在车架上。这些大总成的重力和地面冲击力主要由高强度的车架承载，而不是直接作用在车身上。在发生碰撞事故时，碰撞力可能会先作用在车架上，然后再向车身传递。为了降低路面噪声，缓冲振动，提高舒适性，往往在车架与车身之间、车架与发动机和变速器之间安装一些橡胶衬垫。当前，非承载式车身在乘用车上已很少应用，而主要用在一些SUV、大型客车和货车上。

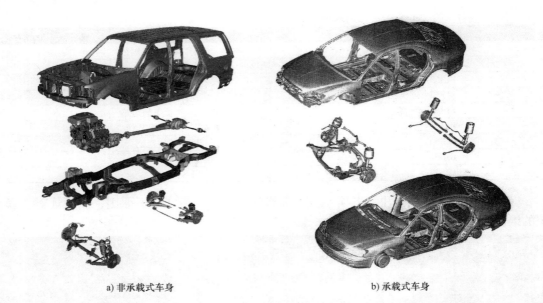

a) 非承载式车身　　　　　　　b) 承载式车身

图 5-36　按车身承载情况分类

2）承载式车身。承载式车身的典型特征是没有车架，发动机、变速器、悬架等大总成直接安装在承载式车身上，它们的重力和路面载荷主要由车身结构承载。在发生碰撞事故时，碰撞力也直接作用在车身构件上，并沿着车身传播。

在承载式车身结构中，车身板件、横梁和纵梁通过点焊或激光焊焊接在一起或粘接在一起，形成一个整体的车身箱体结构。这种结构既轻便又结实。乘员舱的刚度比非承载式车身更大，在碰撞中，汽车的前部和后部可以按照受控的方式溃缩，而乘员舱则得到最大程度的保护。

承载式车身结构需要更复杂的装配工艺，采用了一些新材料和新技术，如厚重的冷轧钢被更轻、更薄的高强度钢或铝合金所替代。因此，在维修事故车时也应当采取完全不同的修理方法，需要采用新的处理、矫直和焊接工艺。

目前，承载式车身因轻便安全、节能环保、技术成熟而在轿车上得到了广泛的应用。估损和维修人员应当系统掌握这种车身的碰撞损坏分析和维修技术，本节将重点介绍这种车身结构。

3）半承载式车身。半承载式车身又称为平台式车架结构，其特征是在车身的前后部有几根厚重的短纵梁，它们用螺栓联接，便于拆卸。这些纵梁不但是底盘机械件的安装基础，而且增强了碰撞时的车身强度。这种结构同时具备承载式结构和车架式结构的一些优点，但应用不是很广泛，主要用在一些轻型货车上。

（2）按车身形状或车顶形式分类　按车身形状和车顶形式，可以将汽车分成以下几类，如图 5-37 所示。

1）普通乘用车。普通乘用车的车身特征是有一根中柱支撑车顶，根据车门数量又分为两门乘用车（如上海大众的高尔）和四门乘用车（如上海大众的帕萨特）两种。

2）硬顶乘用车。硬顶乘用车的车身特征是没有支撑车顶的中柱，它的车顶结构被强化，以保证有足够的强度。硬顶乘用车也有双门和四门两种版本，这种车在我国比较少见，

a) 普通乘用车

b) 硬顶乘用车

c) 仓背式乘用车

d) 活顶乘用车

e) 旅行车

f) 多用途乘用车

g) SUV

h) 皮卡车

图 5-37　按车身形状和车顶形式分类

基本都是进口车。

3) 仓背式乘用车。仓背式乘用车的车身特征是尾部有一个较大的尾门，其优点是可以获得更大的后部存储空间，一般以紧凑型乘用车居多，例如奇瑞 QQ。

4) 活顶乘用车。活顶乘用车的车身特征是采用了可收缩的帆布顶篷，顶篷内带有钢管骨架。车顶可以向下折叠，收到座椅后面。一些活顶乘用车采用了活动的可收缩的硬顶，这种车也叫敞篷跑车。

5) 旅行车。旅行车的车身特征是车顶向后水平延伸，直到车身的后部，车身尾部采用了后舱门或尾门，可以获得较大的储物空间，例如东风本田 CR - V。

6) 多用途乘用车。多用途乘用车的特征是采用了宽大的箱形车身，增大了内部承载空间。全尺寸 MPV 通常采用全周边式车架和前置发动机、后轮驱动的形式。微型 MPV 体形较小，常常采用承载式车身结构和前置发动机、前轮驱动的形式。我国常见的 MPV 有广州本田奥德赛、江淮瑞风、上海通用 GL8 等。

7) SUV 即运动型多功能车。一般采用四轮驱动，底盘通常比普通乘用车稍高一些，提高了车辆的通过性，适合于在崎岖路面或越野行驶。SUV 通常被归到越野车一类，在山地、雪地、泥泞等不良路面上能够充分发挥其优势。我国常见的 SUV 有北京吉普、三菱帕杰罗、长城哈弗等。

8) 皮卡车。皮卡车的驾驶室和车架通常是独立的，皮卡车一般采用前置发动机、后轮驱动的型式，有些也采用四轮驱动，例如长城皮卡等。

2. 车身的构成和车身板件

（1）车身的构成　为了便于理解，我们将车身结构分成三段来介绍，即前段、中段和后段，如图 5-38 所示。估损人员应当了解每段中包含哪些零件，它们是如何制造的。

1) 前段。前段又称为车头部分，包括前保险杠和前围板之间的所有部件，如保险杠、进气格栅、散热器支架、前纵梁、前横梁、发动机支承、前翼子板、前悬架拱形座等构件。

2) 中段。中段又称为中间部分，包括构成乘坐舱的所有车身构件，如地板、车顶板、车颈板、风窗玻璃、车门、A 柱、B 柱、C 柱等。

3) 后段。后段又称为尾段或后尾，包括后风窗玻璃到后保险杠之间的所有布局，如后侧围板（后翼子板）、行李舱、后地板、后纵梁、行李舱盖、后保险杠等构件。

4) 左侧和右侧。在进行事故查勘、制作查勘报告和定损单时，经常要说明是车辆的左侧还是右侧受损，是维修左侧还是右侧的哪个零部件，在查阅配件信息和专业的估损资料时，也要区分左右两侧的配件。为避免混淆，行业中对车辆的左右侧规定如下：驾驶人坐在驾驶席上，其左手侧为车辆左侧，右手侧为车辆右侧，如图 5-38 所示。

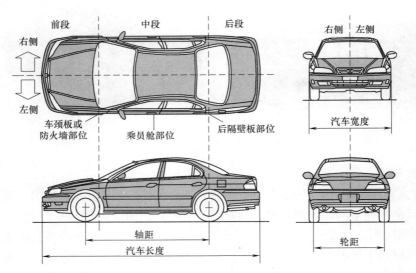

图 5-38　车身的前段、中段和后段

（2）车身板件及连接方式

1) 车身板件。车身板件包括金属板件（又称为钣金件）和塑料板件，一般是通过冲压或模制而成的。一辆汽车用到的板件有很多，通常它们的名称就说明了其位置和主要功能。例如，发动机舱盖是发动机上面的盖板，行李舱盖是行李舱上面的盖板，前翼子板是车身前段两侧的板件，车顶板是车辆顶部盖板。车辆上主要的外部板件如图5-39所示。

在生产车间，这些形状复杂的板件大部分是用金属薄板在大吨位冲压机上冲压而成的。为了获得精确的形状和尺寸，冲压时要用到很多模具。但在对事故车进行钣金维修时，不可能按生产环境用这些模具对钣金件进行校正。因此，经过钣金维修的板件在形状和尺寸上总是有误差的。

2）车身板件的连接方式。零件又称为部件，是指汽车上可单独拆换的最小单元。多个可以一起拆换的零件安装到一起构成一个组件或分总成。几个组件或分总成连接在一起构成具有独立功能的总成。例如，转向柱总成是由转向盘、装饰盖、气囊、转向信号机构及其他零件组成的。

车身板件的连接方式有多种。第一种是焊接、粘接、铆接，主要用于安装永久固定的静止零件，如纵梁、散热器支架、地板、车顶、立柱和后侧围板等。第二种是用各种紧固件（如螺栓、螺母、卡夹等）连接，用于安装可以拆卸的静止零件，如进气格栅、保险杠、车身内饰等零件。第三种是铰接，用于安装可以转动或开闭的零件，如发动机舱盖、行李舱盖、车门等。

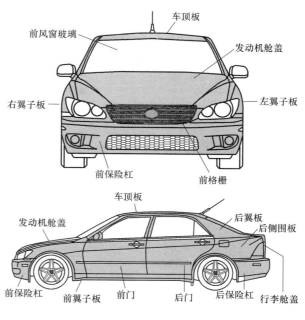
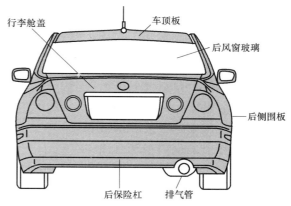

图5-39 主要车身板件

焊接是一种永久性连接，是通过加热熔化焊接材料，使两个零件交融到一起，冷却后便形成永久连接。金属和塑料零件都可以用焊接方式连接。

粘接是利用高强度的环氧树脂或专用黏合剂将零件固定到一起。金属和塑料零件都能用黏合剂粘合。

压装或卡装是通过过盈配合或卡夹将零件固定到一起。这种装配方式因有利于降低生产成本而得到越来越广泛的应用。

3. 承载式车身结构

为了更好地理解承载式车身结构在事故中的变形和损坏情况，我们先介绍一些承载式车身在设计时考虑到的几个关键因素。

（1）车身材料　承载式车身为了保护乘员安全，在车身设计时就针对不同位置的强度和刚度要求，采用了不同的结构和材料。例如，车身前段需要承载动力总成，一般多采用一些高强度钢。乘员舱需要有很高的强度，一般多采用高强度或超高强度钢。而覆盖件或吸能区多采用低强度或中强度钢，有时甚至采用玻璃纤维或特质塑料。车身设计中的钢材强度情况如图5-40所示。

● 侧面加强区　极高强度钢
● 乘员保护区　超高强度钢
● 承载骨架区　高强度钢

● 中强度钢　● 高强度钢　● 超高强度钢

图 5-40　承载式车身中的钢材强度情况

（2）抗扭箱形结构　承载式车身在中段与前、后段的接合处布置了一些抗扭箱形结构，如图5-41所示。它们在车辆发生严重碰撞时会按照预先设计的方式发生扭曲和挤压变形，以减少碰撞力对车身其他部位的损坏。同时，它们还为车辆中段提供了更

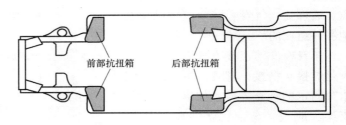

图 5-41　抗扭箱形结构

大的连接表面，有助于将乘员舱固定到车架纵梁上。

（3）应力车身设计　承载式车身的设计理念来自飞机，其结构类似于鸡蛋壳。众所周知，鸡蛋壳虽然很薄，如果沿着其长轴线方向加压，它却能够承受很大的压力，这是因为蛋壳的结构特点有利于将压力向整个蛋壳有效地传递和分散，大大减小了每一处的应力。承载式车身就采用了类似蛋壳的"应力车身结构"，大大增加了其碰撞强度。

（4）变形吸能区　承载式车身中设置了一些变形吸能区，这些部位特意做得比较薄弱，在发生碰撞事故时能够按照预先设计的方式首先产生溃缩变形，吸收碰撞能量，阻止碰撞力通过纵梁、翼子板等构件直接传递到乘员舱和车身其他部位而造成二次损坏，保护乘员舱的安全。吸能区及碰撞力的传递路径如图5-42所示。

（5）承载式车身的基本特征　承载式车身是将车架和车身合为一体，具有以下主要特征：

1）承载式车身是用点焊或激光焊接的方式，将形状各异的冲压薄板连接在一起，构成了一个整体结构。这种结构质量轻，刚度大，具有较强的抗弯曲或抗扭曲变形能力。

2）与车架式车身相比，省去了车架，不但减轻了质量，而且增大了有效承载空间，使

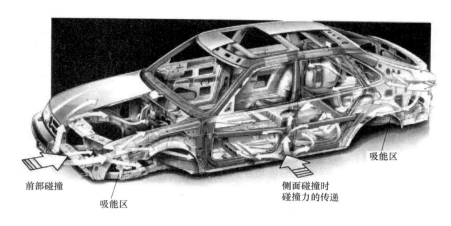

图 5-42 吸能区及碰撞力的传递路径

汽车更加轻便和紧凑。

3）传动系统和底盘系统的振动、噪声直接传递到车身底板上，而承载式车身就像一个大音箱，具有放大噪声的作用。因此，在承载式车身内增加隔声材料显得格外重要。如果隔声材料安装不当，将会使乘员舱内有很大的噪声。

4）车身的金属薄板与路面很接近，容易受到水、盐等污物的沾染和腐蚀。而这些底盘钣金件又属于结构件，严重锈蚀会影响车辆安全。因此，在汽车制造和修理过程中，必须对底盘钣金件进行有效防腐处理。

在发生碰撞时，承载式车身结构中相对较硬的部位会将冲击能量传播到整个车辆，造成远离碰撞点的部位也产生变形。有些构件虽然在碰撞中通过变形吸收了部分碰撞能量，但可能在其变形之前就向相邻部位传递了部分冲击力。这些间接损伤在事故勘察中很容易被忽略，但如果没有得到妥善修复，可能会对车辆的操纵性能和行驶安全造成不良影响。

承载式车身前段的结构较复杂，不但有保险杠、车灯、翼子板、发动机舱盖等外覆件，还包含前悬架、转向系统、发动机、变速器和驱动桥等总成。为了保护乘员舱，需要车身前段能够吸收大量碰撞能量。但为了保证转向和动力系统的正常工作，确保车轮定位参数不因变形过大而失准，车身前段的关键支撑部位又要有很好的刚性。

侧面车身与车身前段和车顶板相连，一起构成了乘员舱。这些板件可以将车辆底部承受的载荷分散到车身顶部，在侧面碰撞时防止左右两侧发生弯曲。另外，车身侧面构件还有支撑车门的作用，在翻车事故中可以保护乘员舱的完整性。车身侧面由于有多个大门洞而使其强度被大大削弱，因此侧面构件通常由内板和外板连接在一起构成坚固的箱形结构。

（6）FF 型承载式车身结构　FF（Front Engine Front Drive）的含义是发动机前置前轮驱动。越来越多的乘用车采用这种驱动形式，其特点是：发动机安装在两根前纵梁之间，可以是纵置的，也可以是横置的；变速器与主减速器、差速器组合在一起，构成变速驱动桥，前车轮既是转向轮，也是驱动轮。因为省去了沉重的传动轴和后桥，乘员舱的空间得以扩大，后悬架也得到了简化，整车车重明显降低。但是，由于发动机、变速驱动桥、前悬架以及转向机构等都安装在车身前部，使前部车身、前悬架和前轮轮胎上承受的载荷都加大了，所以对前部车身的强度要求高于 FR 型车辆。

FF 型车辆的前车身部件包括发动机舱盖、前翼子板、散热器上支架、散热器侧支架、前横梁、前纵梁、前挡泥板以及前围板等，它们一般都是用金属薄板冲压而成的。

（7）FR 型承载式车身结构　FR（Front Engine Rear Drive）的含义是发动机前置后轮驱动，一般用在高级乘用车和货车上。其特点是：发动机和变速器安装在车身前部，动力由传动轴传递到后桥壳内的主减速器和差速器，后桥壳和后悬架安装在后部车身的构件上。因为发动机、变速器、主减速器和差速器是各自独立的总成，其质量在车辆的前后部均匀地分布，前轴负荷比 FF 型小。因为发动机、传动轴、差速器和悬架系统能够单独地拆卸与安装，所以车身的维修作业也相对便利一些。但是，FR 型车辆的地板中部有一条隆起的通道（为传动轴提供安装空间），使乘员舱的空间有所减小。

FR 型车辆的部分车身外壳件是用螺栓固定的，如发动机舱盖、前翼子板等，其余外部构件都是焊接起来的，目的是减轻车身质量，同时提高车身强度。

（8）MR 型承载式车身结构　MR（Middle Engine Rear Drive）的含义是发动机中置后轮驱动，我国在用车辆中很少采用这种布置形式。其特点是：发动机和动力传动系统位于乘员舱和后桥之间，操纵性和转弯性能都很好。通常用于高性能的运动型乘用车上，如本田的 NSX、法拉利部分车型、丰田 MR2 等。

发动机中置使得车辆的前部可以做得很低，风阻系数相应地减小，而且重心也有所降低，因此动力性和操作性能都较好。但是，由于发动机等大质量部件主要集中在车辆的中后部，要求车辆后部结构的强度必须很高。

MR 车辆在正面碰撞中安全性不如前置发动机车辆。因为它的发动机和变速器的质量靠后，在正面碰撞时作用在前部车身上的惯性力很大，容易造成前部车身产生严重变形。为此，中置和后置发动机车辆都加大了其车身前部结构的强度，前梁、挡板和散热器支架更加坚固。

（9）RR 型承载式车身结构　RR（Rear Engine Rear Drive）的含义是发动机后置后轮驱动。多用在大型客车和一些跑车上，普通乘用车上很少应用。其特点是发动机位于后桥的后面。车辆重心靠后，提高了后轮附着力，动力性较好。车身前部质量较小，转向轻便。

（10）空间框架车身　空间框架车身基本结构与承载式车身相似，由金属薄板冲压件焊接在一起构成车身箱体，外面覆盖一层塑料板或玻璃纤维板的外皮。与传统的承载式车身不同的是：其车顶和后侧围板不是焊接到结构件上，而是用机械紧固件或胶粘剂粘接的。如奥迪 A8、TT、R8 等众多量产车型就采用全铝制框架结构，空间框架的连接是由真空压铸铝件完成的，如图 5-43 所示。这种铝铸件要求强度高，多用在应力集中的节点处，主要的承载部位通过一种称作 MIG 的焊接方法连接。这种压铸铝接头件的高强度是通过优化结构和增加壁厚来达到的。铸件能够做成很复杂的形状来满足结构需要，并保证这种车身节点有最佳的刚度。车身外覆

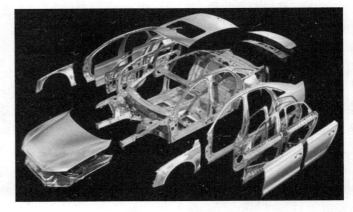

图 5-43　空间框架车身

盖件是由铝合金板冲压加工制造，铝板的厚度比钢板要增加 0.2～0.25 倍，有的覆盖件的加强板也采用了挤压铝型材。覆盖件与骨架的连接是通过冲压铆钉铆接完成的，铆接的强度比点焊高 30%，在所有的连接中铆接占 68%，其他的连接方法有焊接等。

（11）组合式承载车身　组合式承载车身主要由特殊塑料或碳纤维等材料制成，车身零件用胶粘剂粘接。因为车身和车架几乎都是由塑料制成，金属零件很少，所以车重大大减轻，动力性和燃油经济性都得到改善。这种车身目前主要还在研究阶段，尚未大量生产。

4. 承载式车身构件

承载式车身构件按照其功能和强度可分成结构件和非结构件。结构件通过点焊或激光焊接工艺连接在一起，构成一个高强度的整体式车身箱体，这就是车体焊接总成。对于损坏极其严重的事故车，有时可以通过更换车体焊接总成进行修复。非结构件是指车身面板、内饰和外饰件等通过螺栓、胶粘、铰接或焊接等方式覆盖在车体外面，起到密封车身、减小空气阻力、美化车辆的作用，通常也称它们为车身覆盖件。在事故车维修中，非结构件通常可以单独更换。车身结构件和非结构件如图 5-44 所示。

车体焊接总成是整车的基础结构件，整车的动力性、经济性、可靠性和操作性能都与它有着密切的关系。在汽车制造过程中，先用金属薄板冲压成各种形状的车体构件，然后用点焊或激光焊接工艺将这些钣金件连接在一起，形成一个完整的车体结构。这种结构不仅质量小，而且具有很高的强度，在碰撞中能够有效抵抗弯曲和扭曲变形。组成车体焊接总成的各个构件如图 5-45 所示。

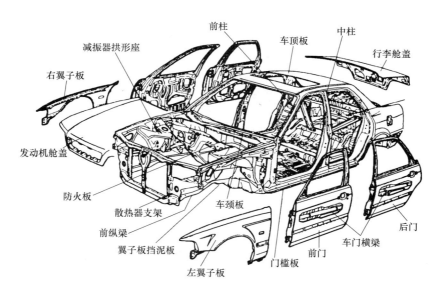

图 5-44　车身结构件和非结构件

（1）前段车身

1）结构件。前段车身的主要结构件有前纵梁、横梁、车颈板、减振器塔座、前横梁和散热器支架等，它们构成一个封闭的箱体结构，为发动机、变速器等动力总成提供承载空间，同时也提供了承载这些大总成的强度。另外，汽车的转向系统、前悬架也安装在前段车体上，因此这里的受力形式非常复杂。构成前部车体的主要结构件如图 5-46 所示。

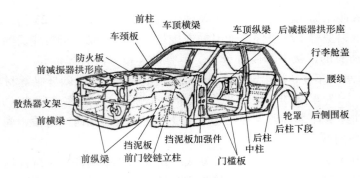

图 5-45 组成车体焊接总成的各主要构件

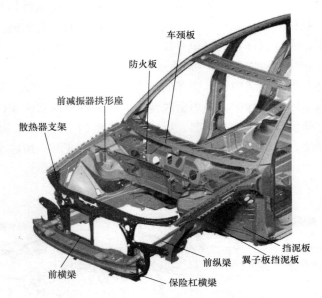

图 5-46 组成前段车体的主要结构件

① 前纵梁：通常以点焊焊接在防火板前面、翼子板挡泥板的下面，车身左右两侧各有一根，通常是箱形构件，是承载式车身上强度最大的构件。在奔驰、宝马、沃尔沃等一些高档乘用车上，经常采用渐变形纵梁设计，即前纵梁内侧钢板的厚度是渐变的，靠近保险杠的一端较薄，靠近乘员舱的一端较厚，如同两个楔块。在受到碰撞外力时，纵梁可以呈逐级线性变形，从而达到吸收碰撞能量的作用。

② 前横梁：焊接在两侧纵梁之间，用于固定发动机和变速器总成，增大车身的横向强度。

③ 散热器支架：是一个相对独立的框架，位于车体结构的最前端，用来固定发动机散热器，通常用螺栓固定或焊接在纵梁和内翼子板之间。

④ 翼子板挡泥板：有时也称为内翼子板或翼子板裙板，包围在车轮上方，通常用螺栓联接或焊接在纵梁和防火板上，车身左右两侧各有一个，对于增大前段车体强度具有重要作用。

⑤ 减振器塔座：有时也称为减振器拱形座或支柱塔，用来固定前悬架系统的减振器支柱和螺旋弹簧，它的变形可能会影响车轮定位参数，因此强度要求很高。通常与翼子板挡泥板一起加工成形。

⑥ 防火板：有时也称为前围板或前壁板，介于发动机舱和乘员舱之间，是车身前段和中段的分界线。通常以焊接方式固定，对于保护车内乘员安全作用重大。

⑦ 车颈板：位于前风窗玻璃的正前方，防火板的上方，由上盖板和两侧盖板构成。

2）非结构件。前段车身的非结构件主要有保险杠总成、格栅、翼子板、发动机舱盖等。

① 保险杠总成：是车身前段重要的安全部件，也是车辆保险估损中最常遇到的部件，主要由杠皮、杠体、吸能装置、卡子等组成，如图 5-47 所示。通常用螺栓或卡子安装在前段车体上。它的作用是在碰撞时产生变形，吸收部分能量，保护后面的车体不受损坏。

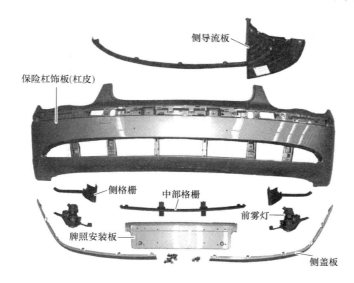

图 5-47　前保险杠总成的主要零部件

现代乘用车上广泛采用了吸能保险杠，能够更有效地减少碰撞能量进一步向车身构件传递。保险杠的吸能器有多种类型，比较常用有橡胶或泡沫隔垫式（图 5-48）、充油式或充气式（图 5-49）、弹簧储能式（图 5-50）三种。橡胶隔垫式吸能器的工作原理如同发动机的橡胶垫，在发生碰撞时，橡胶隔垫在碰撞力的作用下产生压紧变形，从而吸收碰撞能量。在碰撞力消失时，橡胶隔垫将恢复到其原来的形状（除非它被碰撞力损坏），使保险杠恢复到

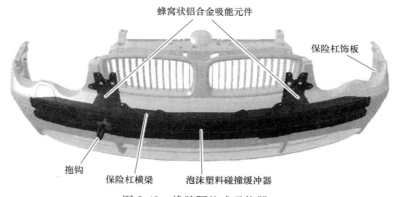

图 5-48　橡胶隔垫式吸能器

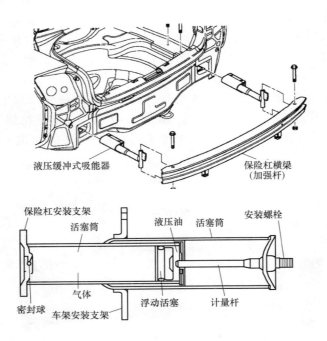

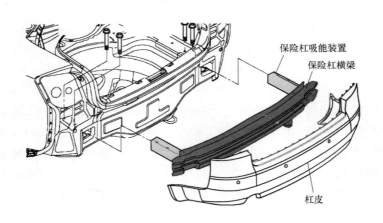

图 5-49　充油式或充气式吸能器

原来的位置。充气式或充油式吸能器的工作原理很像悬架系统中的减振器,在发生碰撞时,填满惰性气体的活塞被压向充满液压油的油缸,在压力作用下,液压油通过一个小孔流到活塞中。这种受控制的液压油的流动吸收了碰撞能量。随着液压油流进油缸,它将挤压浮动活塞,对惰性气体产生压缩作用。在碰撞力消失之后,压缩的惰性气体将把液压油挤出油缸,使保险杠恢复到原来的位置。弹簧储能式吸能器是通过弹簧而不是压缩气体将保险杠恢复原位。

② 格栅:也称为进气格栅,是散热器支架的中心盖板。格栅上的百叶窗是让气流通过,以便帮助散热器散热。一般乘用车格栅上还带有厂家的徽标。

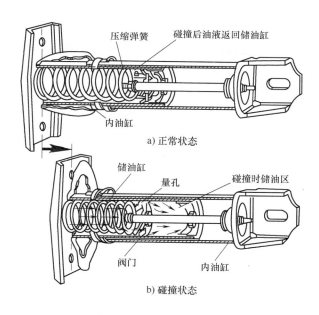

图 5-50 弹簧储能式吸能器

③ 翼子板：是包在前悬架和挡泥板外面的盖板，从前保险杠一直延伸到前车门处，遮盖在前车轮外面，因旧式车身上该部件的形状和位置类似鸟翼而得名，通常用螺栓固定在车体上。翼子板在事故中经常容易受损，能够单独更换。按照安装位置分为左翼子板和右翼子板。

④ 发动机舱盖：是发动机舱的上盖板，通常用铰链连接在车颈板上。发动机舱盖通常由内、外两块金属板焊接或粘接而成，中间夹着隔热材料。内板主要起增强发动机舱盖强度的作用，其几何形状不定，但基本上都是骨架形式，这种发动机舱盖钣金修复的难度较大。发动机舱盖的开启方式有两种，即向后翻转或向前翻转。对于向后翻转的发动机舱盖，为了避免碰到前风窗玻璃，其安装位置在设计时设定了一个规定的角度，使它们之间至少能够保持 10cm 的距离。另外，为防止发动机舱盖在行驶中由于振动而自动开启，其前端都装有锁止装置，该锁止装置的拉手一般都安装在乘员舱内的仪表板左下方。

（2）中段车身

1）结构件。中段车身的主要结构件有车身底板、立柱、门槛板、车顶纵梁、车顶横梁等构件，它们焊接在一起构成乘员舱，为乘员提供安全、舒适的乘坐空间，在事故中可以有效保护乘员安全。

① 车身底板：车身底板是乘员舱底部的主要结构，通常是一整块冲压成形的大钢板。车身底板是全车焊接的基础件，是与各大总成连接的重要构件。它承受和传递汽车质量（整备质量、载质量）、地面反作用力、牵引力、制动力、惯性力、离心力、侧向力等各种交变冲击力，因此对强度要求很高。组成车身底板的各个构件如图 5-51 所示。

② 立柱：对于常见的四门乘用车，左右两侧各有三根立柱，分别称为前柱（或 A 柱）、中柱（或 B 柱）、后柱（或 C 柱）。前柱是从车顶向下一直伸到车体底部的钢制箱形构件，有时内部还装有加强件，所以非常坚固，一方面为前门提供铰接安装点，另一方面起到保护

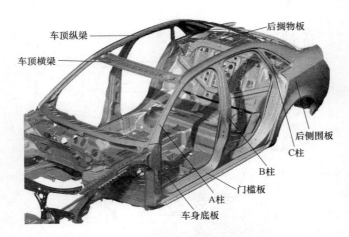

图 5-51　构成车身底板的主要构件

乘员的作用。中柱在前后车门之间，一方面支撑着车顶，另一方面为后门提供铰接安装点，在侧面受到碰撞时还起到保护乘员作用，因此强度要求很高，一般在箱形构件中间装有加强件。后柱从后侧围板向上一直伸到车顶，用以固定车顶后部和后窗玻璃，其形状因车身形式的不同而有所不同。

③ 门槛板：又称为脚踏板，是装在车门框底部的加强梁。它通常是焊接在地板和立柱、踢脚板或后侧围板上，通常由内、外板件组成，对汽车底板和车身侧面具有加强作用，在侧面碰撞时能够对乘客进行保护。

④ 车顶纵梁：焊接在前柱、中柱和后柱之间，为车顶板提供支撑。在翻滚事故中对乘客起到保护作用。

⑤ 车顶横梁：焊接在两侧车顶纵梁之间，为车顶提供支撑。在翻滚事故中对乘客起到保护作用。

另外，因为前、后风窗玻璃对车身强度起着重要作用，通常也视为结构件。

2）非结构件。中段车身的非结构件主要有后搁物板（窗台板）、车门、车顶板、仪表板等。

① 后搁物板：又称为窗台板，是后座与后风窗玻璃之间的一块薄板，通常装有一对音响扬声器。

② 车门：通常由车门覆盖面板、门内骨架、门板、内饰等零件组成，车门覆盖面板、骨架和门板通常用点焊或蜷曲粘接的方式接合在一起。为加强侧面抗碰撞强度，门内通常还设有防撞杆。车门上通常还装有车窗玻璃、玻璃升降器、门锁及相关电控装置、按钮和开关等，可见，车门是一个非常复杂的总成。车门通过铰链与门柱相连，车门铰链通过螺栓或焊接方式固定在立柱和门框上，车门总成如图 5-52 所示。

③ 车顶板：是乘员舱顶部的盖板。对于承载式车身的整体刚度而言，车顶板不是关键部件，所以有些车型在车顶板上开设天窗。带天窗的车型在车顶板上设有一个天窗开口。车顶板通常焊接在立柱上。车顶板底部一般都装有隔垫和内衬，起到隔热、隔声和美化的作用。

④ 仪表板：是一个非常复杂的总成，除了有仪表台、组合仪表、收放机、暖风和空调

控制面板、通风口等零件之外,仪表板下面通常还装有安全气囊、电控单元、线束等电气器件,一些高级乘用车还带有驾驶人信息显示屏,如图5-53所示。仪表台板一般是塑料件,质地较软,在碰撞事故中不会对乘员造成二次伤害。如果在事故中安全气囊打开,仪表板就会遭到损坏,需要更换新件。

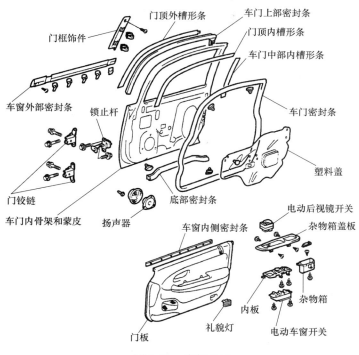

图 5-52　车门总成

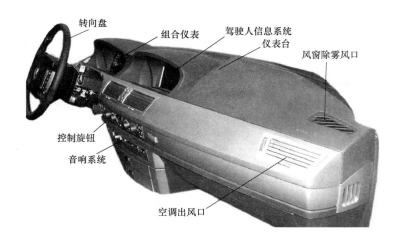

图 5-53　仪表板总成

（3）后段车身　后段车身的很多构件与前段车身相似,例如纵梁、后减振器塔座、后翼子板、行李舱盖、后保险杠等,如图5-54所示。

1）结构件。后段车身的结构件通常有后纵梁、行李舱地板、后减振器塔座等。

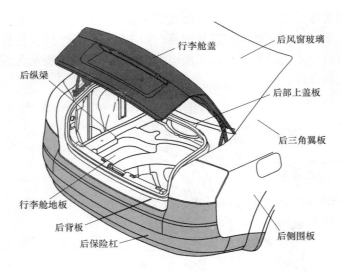

图 5-54 后段车身的主要构件

① 后纵梁：焊接在后段车身底部，通常是箱形构件，非常坚固，为车辆的后部提供足够的强度。

② 行李舱地板：通常由一整块钢板冲压而成，焊接在后纵梁、后轮罩内板和后背底板之间，构成行李舱的底部。大多数乘用车的行李舱地板上还冲压出一个备胎坑，用于安放备胎。

③ 后减振器塔座：全称为后减振器拱形座，与后轮罩内板和外板焊接在一起，用于固定后悬架减振器的顶部。后减振器塔不但承受来自地面的冲击载荷，而且它的刚度和形状会影响后轮定位参数，因此强度和精度要求比较高。

除以上构件外，后风窗玻璃对后部车身刚度也起着非常重要的作用，因此也视为结构件。

2) 非结构件。后段车身的非结构件主要有行李舱盖、后背板、后部上盖板、后翼子板、后保险杠等。对于两厢乘用车、MPV 和 SUV，车身尾部还有一个后舱门。

① 行李舱盖：是行李舱上盖板，结构比较复杂，通常由外板和内板、内衬、锁闩隔板、支架盖锁内饰板等构成。为了提高行李舱盖的强度和吸能效果，在行李舱内板上装有加强肋。行李舱盖的内外板件结构形式加大了钣金维修的难度，如果在事故中严重损坏，一般只能更换内外板件。行李舱盖以铰接方式连接在上部后盖板上。行李舱盖上通常留有安装后牌照的位置，有时还安装部分尾灯。行李舱盖的常见部件如图 5-55 所示。

② 后背板：是焊接在行李舱后面、左右后翼子板之间的一块板件。

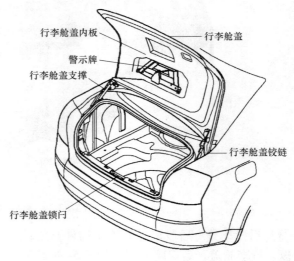

图 5-55 行李舱盖的构成

③ 后部上盖板：是后窗与行李舱盖之间的一块板件，用于安装行李舱盖铰链。

④ 后翼子板：又称为后侧围板，是后部车身两侧的大块板件，从后车门向后一直延伸到后保险杠位置，构成后段车身的侧面。后翼子板通常以焊接方式固定，是后段车身中的重要构件。

⑤ 后舱门：也称为尾门或背门，用于两厢车，是一整块冲压板件，以铰接方式安装在车顶板上。后舱门上通常还有玻璃窗、玻璃升降器、刮水器、门锁等零部件，也是一个复杂的总成。

5. 车架式车身结构

车架式车身又称为非承载式车身，是传统的汽车车身结构。在这种结构中，车架是整个车辆的结构基础，车身壳体通过螺栓安装在车架上，发动机、变速器、悬架等大总成也安装在车架上。车架必须有足够的强度，才能承载各大总成的质量，并保证在碰撞中汽车的主要部件的固定位置不会产生较大的变动。车架通常是由高强度槽钢或箱形构件制成的，上面固定了一些横梁、支架和拉杆，用于安装汽车底盘部件，横梁、支架和拉杆通常是焊接、铆接或用螺栓联接到车架纵梁上的。

与承载式车身相比，车架式车身具有以下特点：

1）车架式车身结构的承载能力通常比承载式车身高，因此车架式车身主要应用在SUV、皮卡、大型客车和货车上。

2）采用车架式车身的车辆离地间隙相对较大一些，而且车身底板下面有厚重的车架保护着，因此适用于越野车。

3）车架有吸收路面振动的作用，而且车身与车架之间通常安装了一些橡胶衬垫，因此乘坐起来更加平稳、安静和舒适。

4）在发生碰撞事故时，大部分碰撞能量将由车架吸收，因此可有效保护乘员安全，车身损伤相对小一些。

但是，车架式车身因为采用了厚重的车架，汽车总质量一般比承载式汽车大很多，影响了车辆的动力性和燃油经济性。

车架式车身有梯形车架、周边式车架和X形车架三种。

梯形车架由两根纵梁与几根横梁组成，两根纵梁可能是平行的，也可能是不平行的，整个车架看上去像一个梯子。梯形车架现在应用较少。

周边式车架在结构上与梯形车架类似，其特点是两根纵梁在车身底部基本上沿着周边布置，并在前轮后部和后轮前部分别设计了阶跃变形部位，以形成抗扭箱形结构，如图5-56所示。这种车架结构可以在侧面碰撞中更好地保护乘员安全。在受到正面碰撞时，车架的前部可以吸收大部分能量。在后端受到碰撞时，纵梁的后部通常会向上拱起，从而吸收大量冲击能量。为

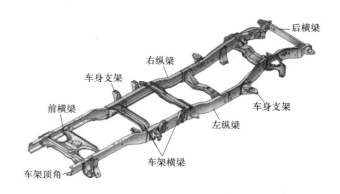

图5-56 周边式车架示意图

了防止车辆在碰撞中发生扭曲，在关键部位用横梁进行强化。

X形车架的特点是中间窄，前后宽，具有较高的抗扭曲性，现在已经基本不再使用。

6. 车架式车身板件

（1）前段车身 车架式车身的前段结构如图5-57所示，主要零部件与承载式车身相似，但连接方式有很大不同，例如散热器支架、前翼子板、前挡泥板通常都是用螺栓固定的，维修时比较容易拆装。

散热器支架一般是由上、下、左、右四根支架焊接起来的一个

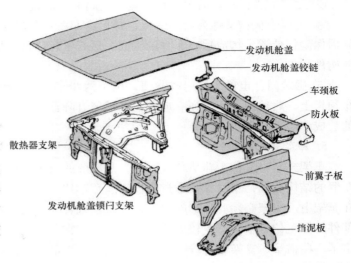

图5-57 车架式车身前段的主要构件

整体结构。而翼子板的上端和后端与内板通过点焊连接，这样不仅增大了翼子板的强度和刚度，还有利于降低振动和噪声，在侧面碰撞时保护悬架和发动机不受损坏。

（2）车架式车身本体 车架式车身本体可分为乘员舱和行李舱两大部分，如图5-58所示。它主要由前围板、仪表板、底板、车顶板、立柱、车门、后翼子板、行李舱盖等部件组成。各个部件的结构与承载式车身中的相应结构类似。但车身本体是以车架为安装基础的，不是主要的承载部分，所以各个构件的连接方式可能与承载式车身不同。这里不再赘述。

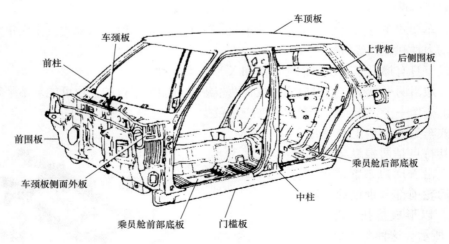

图5-58 车架式车身本体

5.4.2 固定车辆和安装牵引夹具

车辆固定就是将车辆夹紧，使它在矫正过程中不会移动，如图5-59所示。矫正将使车身构件承受很大的拉伸作用力，必须对车身进行可靠地固定，否则不仅不能使修理、矫正到

位，还会给测量工作带来许多困难和麻烦。

选择车身固定位置时，在满足矫正力作用方向的前提下，选择车身上强度较高的封闭式或半封闭式构件作为优选固定点，如底板梁、车架、门槛、侧梁等，这样不仅使固定有效、可靠，而且还能避免因矫直而引起的固定点构件的二次损坏。

应根据力的合成与分解法则多选几个固定点，使车身实现多方位固定（仅于一处固定车身也容易造成构件的局部损坏，而且多点固定对复杂变形车身的矫正也是必需的），避免受力过于集中及损坏单一固定件。多点固定还能实现任意方向的矫正，对几个不同方向进行矫正操作，可以收到事半功倍的效果。

图5-59　大梁矫正仪使用液力将车身或车架拉回或压回原来的形状

确定了牵引位置后，就可在该处装上牵引夹具，按要求进行牵引。如果要牵引的地方没有空间安装夹具，可以焊上一焊接牵引接头。**牵引夹具最好安装在下列位置：保险杠能量吸收器的安置点和螺栓孔，转向、悬架的机械安装点（不要将牵引夹具连接到任何悬架或机械部件上）**，损坏的金属板，焊接接头，加强件的凸缘等。

▶ 5.4.3　应力释放

金属有"记忆"特性（或弹性），因此它"知道"自己原来的状态。金属材料如果没有经过弯折，它的晶粒或分子都处于相对松弛的状态。金属一旦被弯折，这些晶粒就会轻度变形，从而产生应力。如果一块金属在压力解除时还有足够的弹性，晶粒将会回到原来的状态。如果金属被弯折得很厉害，外侧的晶粒将会在张力作用下而严重扭曲，内侧的晶粒则在压力作用下而扭曲。由于大量应力的存在，金属将会保持住这种变形。应力消除就是利用锤击（有时利用可控的加热）使损伤的金属恢复其原来的形状和状态。外形和状态并不相同，有些部件能恢复原来的形状，但不能恢复原来的状态。在拉伸过程中，需要解决两个独立的问题：恢复车身原来的形状；事故中的车身变形会在金属中产生应力集中，应当消除这些应力，即恢复原来的状态。

1. 用锤击消除应力

用锤击（或综合利用加热和锤击）的方式，就可以帮助特定部位的金属晶粒消除应力，使其恢复到原来的状态。在分析完损伤情况，确定了拉伸的角度和方向后，就可以施加拉力进行拉伸，同时通过弹性锤击消除应力。弹性锤击通常利用修平刀或木块将打击力分散到较大面积上。这样就消除了应力，使金属在弹性作用下恢复原来的大小和形状。另外，对主要损坏部位的相邻部位，也要进行弹性锤击。

用一块顶铁（或大木块）和锤子，就可以消除大部分应力。大多数应力消除是"冷加工"，很少需要加热。

2. 用加热消除应力

与弹性锤一样，可控制的加热也可以用来消除部件或面板上的应力。大多数新型汽车使用的是高强度钢板（HSS），加热时要特别小心。一般来说，所有钢板都应当作高强度钢板来对待，以免在加热时出现问题。只有功能、寿命和外形都得到了恢复，才算是合格的修理。

如果没有消除应力，可能会出现下列情况：悬架和转向部件会因不断加载和卸载而疲劳损坏；在再次遭到相似的碰撞时，较小的碰撞力就会引起同样的或更大的损坏，甚至危及乘员的安全；车身尺寸变形会引起各种操纵性问题。

3. 应力集中件的处理

承载式车辆中应用了多个应力集中件，用来控制和吸收碰撞力，使车身结构件的损坏减小到最低程度，增加乘员的安全性。有了这些零件，就可以更好地预测碰撞损伤，在分析损伤或估损时可以更容易地进行检测。不要把原设计的应力集中件拆开，只能矫正或替换应力集中件。

4. 拉伸板件

拉伸指的是用液压矫正设备将损伤的金属件拉回其原来的形状。首先用设备将车辆固定住，然后再将夹钳和链条连接到损伤的部位。开动液压系统，链条就会慢慢地将损伤部位拉正。在将车辆拉回到原尺寸的过程中，要在车身/车架基准点处进行测量。

▶ 5.4.4 车身前端损坏的矫正

例如，一辆汽车的一侧从前面受到了中度碰撞，如图 5-60 所示。尽管左侧车架纵梁和挡泥板将要被更换，但还是必须按损伤的相反方向拉伸严重损坏的侧梁，以便将那些不需要更换的部件重新对准。然后再对修理侧的翼子板挡泥板和侧梁进行维修，如图 5-61 所示。

在很多情况下，修理侧的整个翼子板挡泥板或侧梁仅向左边或右边略有偏斜。测量对角线的尺寸，将测量尺寸与标准尺寸相比较，就可以确定损伤的程度。如果对翼子板挡泥板上部加强件和侧梁同时进行拉伸将更有效，如图 5-62 所示。

图 5-60 承载式车身汽车发生前部碰撞

如果有严重的弯曲损伤，最好将前横梁和散热器上支架分开，然后分别修理或更换它们。夹紧侧梁损伤面的内侧，在向前拉伸的同时，将弯曲部分从里向外拉或从外向里压。弯曲部分在修理完成后，尺寸应当与规范值相吻合。

在对更换侧的前挡泥板和侧梁部位进行修理时，主要的修理部位在车颈板和车颈板附件。但如果碰撞比较严重，损伤会扩散到车身前立柱，在这种情况下，车门可能关不严。如果只是简单地夹住挡泥板侧梁的前缘进行拉伸，车身前立柱或车颈板的主要损坏是无法修理

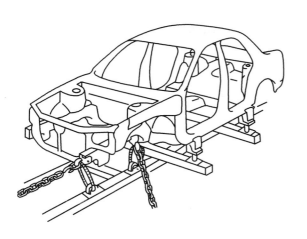

图 5-61 车身前部矫正

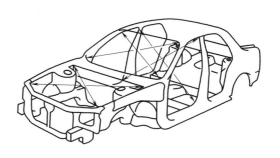

图 5-62 车身尺寸对角线测量

好的。**在这种情况下，应当将挡泥板和侧梁切割下来，在面板的主要损伤部位夹紧，然后进行拉伸，同时注意车门的矫正状况**。用这种方法可以获得较好的效果。与此同时，向前拉伸前立柱，还可以用液压顶杆从内侧推压。

在车身矫正过程中，要通过测量关键的尺寸确认修复的程度。车身底部前地板上的基准孔和前翼子板后部的安装孔是标准的参考点，如图 5-63 所示。

▶ 5.4.5 车身后部损坏的矫正

与车身前部相比，车身后部的面板结构强度较弱，这部分的损伤形式可能更复杂，损伤

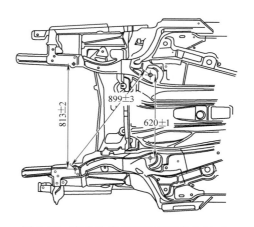

图 5-63 车身地板前部的基准孔和尺寸

程度可能更深。碰撞力通常会通过后纵梁的尾端或附近的面板传递，引起"上弯"部位的损坏。其次，轮罩也将变形，引起后侧围板向前移动，造成其他部件之间的间隙变化。如果碰撞非常严重，还将影响到车顶、车门或中立柱。

将夹钳或钩子连接到后纵梁、后地板或后侧围板的后部，一边进行拉伸，一边测量车身下面每一部分的尺寸。通过车身面板的配合和间隙情况确定修理程度。

在车身后部受到较大的损伤时，如果后侧围板没有变形或变形很小，不要对它进行拉伸。如果后纵梁被挤压到轮罩内或后车门间隙有问题，不应拉伸后侧围板，仅通过拉伸纵梁来释放后侧围板的应力。如果夹住轮罩或车顶侧内面板并连同后纵梁一起拉伸，这样就可以将车门面板的间隙恢复正常，如图 5-64 所示。

▶ 5.4.6 车身侧面损坏的矫正

如果门槛板中部受到严重碰撞，地板就会变形，整个车身会呈现"香蕉状"的变形。为了修理这种损伤，可使用与拉直一根弯铁丝一样的方法，将车身的两端向外拉，而将凹进

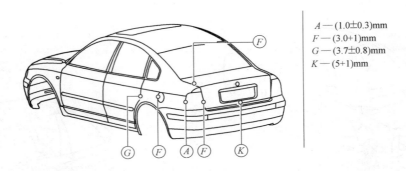

图 5-64　维修手册中标注的车身后部部件之间的间隙/闭合线

去的车身侧面向外拉,也就是采用图 5-65 所示的三方向拉伸。

活动梁和升降台可用作侧面固定装置,与车身的内部或外部相接触,对于比较困难的拉伸,可以将它们作为附加的固定连接装置。

当车辆的中心部分要向外拉伸时,建议从两端拉伸。如果在车身的上面向上拉伸时,则必须在相对一侧将车辆固定住。在向外拉伸车辆的中心部分时,也可以利用移动梁和升降台,将它们连接到拉塔或顶杆上进行拉伸。

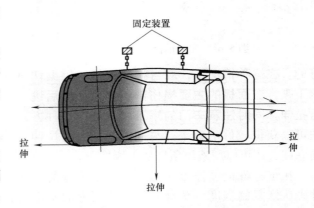

图 5-65　车身侧面损坏的三方向拉伸

5.5　车身结构件的更换

碰撞损伤的车辆根据损伤的情况不同需要不同的修理方法,主要取决于损伤性质和位置。损伤轻微的板件一般可校正,然后用填料填平。弯曲结构板件可能需要用液压设备牵拉校正。但是,有些板件可能严重地损坏,对其进行更换是最适合的解决办法。

结构板件更换包括切割、测量及焊上代替严重损伤板件的新车身板件。在处理后侧围板、车架纵梁及其他焊接车身总成时,需要找到厂家的所有焊缝。为了拆卸损伤的板件,必须用动力工具将这些焊缝钻开或磨开。接着,必须将新板件装好、测量,然后焊到车上。

5.5.1　结构板件的相关概念和更换步骤

1. 结构板件

结构板件是对焊接在一起构成承载式车身框架的部件的通称。车身结构的完整性取决于各个结构板件之间的相互连接。这些结构板件通常是以凸缘或配合面的形式相互连接在一起的,这些连接面通常位于板件的边缘,是在工厂生产期间形成的。在承载式车身结构中,结构性板件的例子有散热器支架、翼子板、前纵梁、翼子板挡泥板、上部加强件、地板、立柱、后侧围板、后纵梁、行李舱地板和背板,如图 5-66 所示。

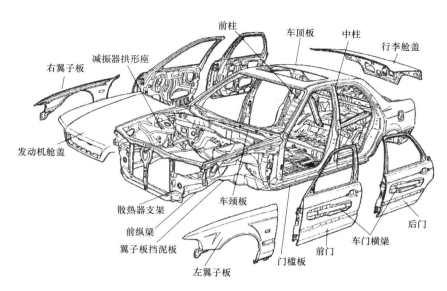

图 5-66 车身结构件和非结构件

2. 板件的分割

分割就是在厂家焊缝以外的位置切割部件。这可能是厂家建议的行为，也可能不是，在操作时必须特别小心。在分割部件之前要进行分析，以确保不会影响结构的完整性。

有些厂家不允许分割结构件，也有一些制造厂允许分割。对于可能降低乘客安全保护性能、车辆行驶性能或者影响关键尺寸的部位，不要进行分割。

3. 更换板件的种类和来源

更换板件是与原厂设计相同的整体的、未分割的板件。将这些板件焊接在一起，就可以模拟出车辆在工厂中是如何制造出来的。它们一般可以从车辆生产厂家购买到，有时也可以从售后市场板件生产厂购买到。

原厂更换板件是从原始设备制造厂（OEM）购买到的板件。例如，如果正在修理一辆别克车，则可以从通用汽车公司购买到 OEM 更换板。

售后市场更换板件是由一些较小的公司生产的，而不是由原设备制造厂生产的。这些板件的价格比原厂更换板件低一些，但可能配合得不太好，有时需要花费更多的时间进行匹配。

翻新更换板件是从废品站中的报废车上切割下来的未损伤的板件。这样的板件费用一般比新件低，并且它们同样具有原厂的腐蚀保护。利用这些板件可降低部件成本和人工费用。

局部更换的板件通常只用来更换一块面积较大的板件的某一部分或区域。这些板件用来修理那些容易锈蚀的部位是非常理想的。局部更换件可以从许多售后市场零件厂、当地的废品站或原厂处购买到。

加工的板件是一些手工制作的修理零部件，用于修理一些小问题（例如划槽或锈孔），对于这些问题往往没有可用的新件或局部更换件。在制作这些板件时，使用的金属类型和厚度应以车辆上的金属为参照。切掉板件的损坏部分，然后将它用作制作新件的样品。通常，加工件要做成比切掉的部分大一点，以便能搭叠连接，在金属的修理部分形成牢固的焊接连接。

4. 更换板件的一般步骤

更换板件的一般步骤如图 5-67 所示。

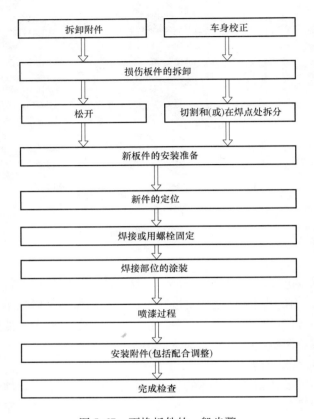

图 5-67　更换板件的一般步骤

5.5.2　拆卸结构板件

车身结构板件在制造厂里一般用接触点焊连接在一起，因此拆卸板件主要涉及将焊点拆分。焊点可以用钻削的方式钻掉，用等离子焊枪切除掉，用錾子錾掉，或者用高速砂轮磨磨掉。**拆除点焊板件最好的方法取决于焊点的数量、配合板的排列以及焊点的接触难度。**

板件更换图给出了正确安装结构板件所需的切割和焊接的类型、数目和位置。原厂维修资料中提供了所有主要结构板件的更换图，这些维修图给出了原厂焊点的位置，以及零部件在必要时的

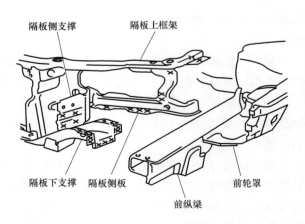

图 5-68　焊接板件的焊点位置

切割位置，如图 5-68 所示。

1. 确定焊点的位置

要找到焊点的位置，通常要去除连接部位的漆膜、底涂层、密封层或其他涂层（图 5-69）。**方法是：用粗砂纸或磨削机的砂轮去除油漆，也可用粗钢丝轮或电动刷去除焊点上的油漆。** 在去除油漆前，要刮掉厚厚的底涂层或石蜡密封层。不要只用氧乙炔或丙烷焊枪去除油漆，因为这样可能会使金属过热。

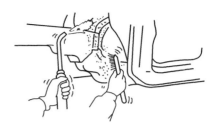

图 5-69　剥除车身油漆

2. 拆分焊点

在确定了焊点的位置后，使用焊点切割刀，将焊点钻开。可以使用的切割刀有两种类型，一种是钻头式（图 5-70），另一种是孔锯式。

尽管等离子电弧焊枪可以拆分焊点，却很少使用它，因为等离子焊枪可以同时在各种厚度的金属中吹出一个洞。显然，使用等离子焊枪不能保证下层板件的完整性，而且对现代车身金属，使用的工具热量越小越好。如果板件不再重复使用，可以使用等离子电弧焊枪清除焊点。

高速砂轮也能用来拆分点焊板件。仅仅当钻头无法够到焊点时才采用这种方法，例如更换的板件在车身顶部，或者铆焊的焊点（以前修理留下的）太大，无法钻掉。在钻开、烧断或磨掉所有的焊点以后，在两块板件之间打入錾子，将它们拆分开来。小心不要划伤或弯折未受损伤的板件。

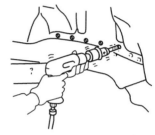

图 5-70　钻除车身板件焊点

▶ 5.5.3　焊接板件

1. 更换板件的准备

因为所有新部件都涂有底漆，所以焊接前这些涂层必须从焊接的接合面上清除，以使焊接电流在点焊时能正确地流动。在不可能点焊的地方，可采用钻孔塞焊的方法。采用的塞孔直径要适合板件的厚度。

为焊接准备新板件的步骤如下：

1）用圆盘打磨机清除点焊区域两边的油漆，不要磨削到板件，并且不能使板件过热变成蓝色或开始翘曲。

2）为了塞焊，要用冲孔机或钻头造孔。

3）对清除了油漆层的焊接表面，要施用可焊透底漆（做防锈处理）。可将可焊透底漆喷上或刷上。

4）如果新钢板要切割成与现有钢板的搭接，要采用气动锯或切割砂轮，或者其他工具，将新钢板粗切到需要的尺寸。

2. 新板件的定位

使新的部件与原有的车身匹配是车身修理非常重要的一个步骤。板件不对中将影响被修理车辆的外观和性能。板件夹钳具有宽大的 U 形钳口，可以伸到板件的周围并在板件的凸缘处将它们固定住。焊接时，经常用夹钳将新的板件固定到位。按需要使用适当数量的夹钳将板件牢固地固定好。

焊接时，也可用螺钉将新板件固定在位。可使用带小套筒的电钻来将螺钉拧入板件。只有在板件装配困难（例如在受限制区域内）的情况下，或焊接时几个板件必须定位好的情况下才使用螺钉来固定。使用螺钉固定的一个缺点就是螺钉留下来的孔必须焊住。

3. 板件位置的测量

在板件损坏严重的情况下，利用尺寸测量来确定部件正确的位置。不管是使用轨道式量规，还是计算机测量系统，都能确保新板件在焊接前定位适当。在车身损坏轻微的情况下，一般通过检查新板件与周围板件之间的相互关系来找到板件的正确位置。

发动机舱、翼子板挡泥板、前纵梁、后纵梁和类似的后结构板件的尺寸精确度，对车轮对中和驱动性能有直接影响。因此，在承载式车身中更换结构板件时，应使用尺寸测量定位的方法，因为这样更准确。无论是结构板件，还是非结构板件的更换，其侧重点都在于准确地配合。通常两种方法并用，来保证修理的精确度和外观要求，达到高质量的修理。

安装较大的结构部件时，在整个修理过程中应始终进行测量，如图 5-71 所示。并且在更换板件前必须做完所有的校正工作，否则新板件不可能装配适当。在将板件装配好并焊接好后，应再次进行测量。

4. 用肉眼检查板件的定位

在更换非结构性的外部板件时，可用肉眼检查其与相邻的板件是否匹配，不必像更换结构板件那样精确地测量。这对机械紧固板件和焊接板件来说都是适用的。这里强调的是外观，车身轮廓线必须平齐，板件之间的间距必须均匀。

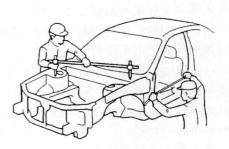

图 5-71 用量规检查调整新构件位置

例如，在安装发动机舱盖时，在安装过程中进行测量是不现实的。发动机舱盖应与开口配合适当。如果车颈板、翼子板和散热器支架安装适当，通过将发动机舱盖与车颈板对中，就可以将其与开口对中了。然后，安装翼子板并将它们与发动机舱盖对中。同时，还必须确保发动机舱盖锁闩与安全销接合适当，发动机舱盖铰链工作自如。

▶ 5.5.4 结构件的分割

分割涉及在厂家焊缝以外的位置切割和更换板件。当需要更换车身板件时，要首先选择在厂家焊缝处进行切割。但当许多必须拆分的焊缝深处于车辆未受损伤的区域内部时，这样做是不现实的。在某些修理中，通过分割（如对梁、立柱和门槛板进行分割）可使昂贵的修理费用降低。图 5-72 给出了一些经常要分割的板件：门槛板、后侧围板、地板、前纵梁、后纵梁、行李舱地板、立柱及类似的板件。

可被分割的承载式车身板件有以下结构类型：①封闭截面结构，例如门槛板、A 柱和 B 柱；②帽形或开口 U 形槽件，例如后纵梁；③单层或扁平部件，例如地板和行李舱地板。

封闭截面部件是要求最高的构件，因为它们在承载式车身结构中提供主要的强度。它们的金属强度，比其他类型的截面部件大得多。

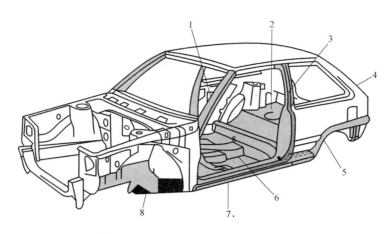

图 5-72　维修车身时经常要分割的板件
1—A 柱　2—行李舱地板　3—B 柱　4—后侧围板
5—后纵梁　6—地板　7—门槛板　8—前纵梁

1. 非分割区

非分割区是指在进行结构修理时不能切割部件的位置。在进行切割时有几个区域必须避开，<u>不要切开部件或板件上的孔，因为这些孔经常用于测量，而且会使焊接工作变得很困难。不要切穿任何内部加强件，即双层金属构件</u>。如果不小心切穿了带有内部加强件的封闭截面，将再也无法将该部件恢复到事故之前的强度。分割时，应避开固定点，如悬架系统固定点、座椅安全带在地板中的固定点，以及肩带 D 环的固定点。例如，当切割 B 柱时，应环绕着 D 环面做偏心切割，以避免影响固定点的加固。在决定分割的位置时，要寻找等截面的区域。

2. 分割连接的基本类型

分割连接的基本类型有 3 种：插入物对接、偏置对接和搭接。

在所有分割程序中，所用的连接方式都是以上连接类型中的一种，或者是这些连接类型的组合。在具体的修理中应当使用哪种连接类型取决于结构件的位置和形状。

插入物对接主要用于封闭截面构件，例如，车门槛板、A 柱、B 柱和纵梁。焊接插入物是一些小金属切片，将它们插到板件的后面或里边。插入物使焊接接头更容易配合和正确对齐，并且使焊接过程更加容易，使修理在结构上更加牢固。没有插入物的偏置对接也称为交错对接。交错对接用于 A 柱、B 柱和前纵梁。搭接用于后纵梁、地板、行李舱地板和 B 柱。

被分割构件的形状和结构可能要求综合采用多种连接方式。例如，分割的 B 柱可能需要在外侧构件上采用对接方式，而在内侧构件上使用搭接方式。

3. 分割的准备

当准备分割和更换一辆损坏汽车的板件或结构部件时，必须采取某些措施来确保修理的质量。其中，首要的是切下需要更换的部分，确定切割的部位和切割方法。其次需要考虑的问题是焊接技术和连接金属件的清洁度。

4. 回收件或翻新件的使用

回收总成是从其他损坏的车辆上拆下来的未损坏的部件，通常用于车辆的维修。在碰撞修理中使用回收总成是可以理解的，原因有以下三点：①使用回收总成比用单独的新件需要的焊接工作少；②回收总成上的原厂防锈保护层损伤很小；③单独的新件在焊接和装车时需要的测量工作较多。

在利用回收的车身结构件时，最好用钢锯将需要的部件锯下来。但是，如果要用焊枪切割，至少要在该零件上留出 50mm 的余量，以确保切割时的热量不会扩散到连接部位。不要切穿焊接在构件内侧的加强件。在收到可供维修用的回收构件时，要检查上面是否有锈蚀。如果有大量的锈斑，就不要再利用。

5. 分割车身梁

实际上前梁和后梁都是封闭截面构件，但封闭截面有两种不同的形式。一种叫自封闭截面，也称为箱形截面。这类构件一般来自制造厂或回收件，它们具有完整的四个边。另一种是开口的、帽子形槽板，靠与车身构件的其他构件连接在第四个侧面上封闭。

一般使用插入物对接来修理封闭截面的梁。大多数后纵梁以及各种各样的前纵梁为帽子形槽板结构。有些帽子形槽板封闭件是垂直的，例如，将前梁连接到侧面挡泥板上的构件。有些则是水平的，例如将后梁连接到行李舱地板上的构件。

6. 分割门槛板

由于车辆的车型和制造厂不同，门槛板构造也不同。门槛板也可能装有加强件。加强件可以是间断的，也可以是连续的。开始修理作业前，应确定门槛板的类型。

图 5-73 所示维修图给出了切割和连接位置、焊接拆卸位置、分割尺寸、新焊接类型和尺寸。

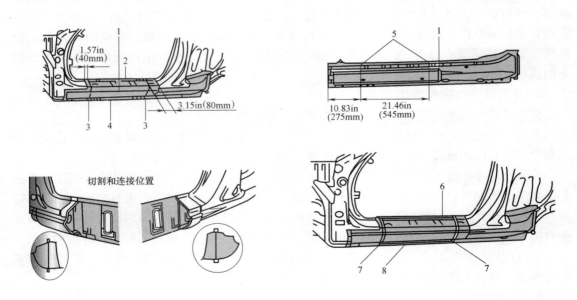

图 5-73 维修手册图解

1—车门槛外板 2—清除 13 个焊点 3—切割和连接位置 4—清除 15 个焊点
5—切割位置 6—安装 13 个外侧 MIG 塞焊 7—对接焊 8—安装 15 个外侧 MIG 塞焊

图 5-73 左侧给出了切割位置与基准点的距离，还给出了厂家焊点的数目和位置。右侧给出焊接门槛板的方式。

根据损坏的状况，门槛板可以和 B 柱一起更换，或者单独更换。为了切割或修理门槛板，可采用纵向切割，用插入物对接；也可以切割门槛板外件，用搭接的方法装上修理件。一般地，当安装一个回收的带有 B 柱的车门槛板时，或当安装回收的后侧围板时，宜采用插入物对接；只有在安装外门槛板或其一部分时，才采用搭接工艺。

7. 分割 A 柱

A 柱向上延伸到风窗玻璃边缘处。它们必须非常坚固，这样才能保护乘员的安全。A 柱是箱形钢质构件，从车顶板向下延伸到车身主体部分。

A 柱由两件或三件组成，可能在上端、下端或上下两端进行了加固，但通常不在中间加固。因此，A 柱应在中间附近切割，以避免割断任何加固件，中间附近也是最容易工作的部位，如图 5-74 所示。

在切割 A 柱时，可采用直线切割，用插入物对接或没有插入物的偏置对接。用插入物对接时，方法与上面介绍过的门槛板的对接方法相同。<u>注意每层金属必须在不同的位置切割，这样可以一次焊接一层或一个截面的金属。</u>

8. 分割 B 柱

B 柱是四门汽车前后门之间的车顶支架，用于加强车顶并为后门铰链提供安装点。对于切割后的 B 柱，可以采用插入物对接、偏置切割和搭接相结合的方式连接。如果 B 柱的截面相对简单，仅由两件组成，没有内部加强件，用插入物对接通常比较容易对中和装配，而且插入物还有利于增加强度。

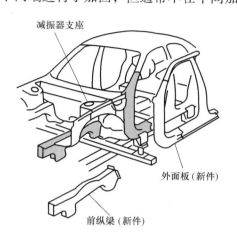

图 5-74 拆卸 A 柱和前侧车架

一定要在安全带 D 环座的下部进行切割，其距离一定要足够大，以避免切断 D 环固定点的加强件。大部分 B 柱都有加强件。对 B 柱来说，仅在它的外件使用槽形插入物。D 环固定点加强件是焊到内件上的，因此无法安置插入物。

9. 更换泡沫填料

一些制造厂在板件内侧放置了一些泡沫填料。这些材料用来增加结构件的刚性和强度，还会减小噪声和振动。切割和焊接会损坏这些材料。因此，修理中必须更换这些泡沫填料。有些汽车厂家在 A 柱、B 柱和其他位置使用氨酯泡沫填料。有的厂家可能将泡沫填料当成结构件，有些可能没有。泡沫填料的作用和位置因车而异。

一些原厂替换件中已经填充了泡沫填料。如果运来的部件中没有泡沫填料或泡沫填料需要更换时，必须使用专门为这种板件设计的材料填满板件。在分割填有泡沫填料的 A 柱时，一定要拆下修理部位的填料。然后，在所有焊接工作都完成后再重新填好。

10. 分割地板

在切割地板时，不要在中央通道区域进行分离切割。座椅横梁和导轨只能进行整体更换，不要切穿任何加强件，例如座椅安全带的固定装置。一定要确保后部地板搭接在前部地板上，并且使汽车底部的地板边缘总是指向后方。这样可以防止道路飞溅物和水流到构件之间的接缝中。图 5-75 是某乘用车局部更换地板的切割位置图，其中门槛和 B 柱已切割。

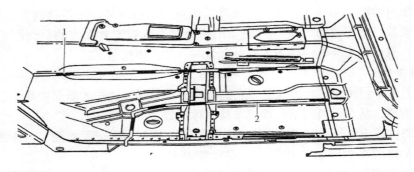

图 5-75 局部更换地板的切割位置
1—全部更换的切割线　2—局部更换的切割线

11. 分割行李舱地板

分割行李舱地板的步骤一般与车身地板分割基本相同，但也有一些不同（图 5-76）。如果碰撞后必须切割行李舱地板，通常也要将后纵梁切割掉（图 5-77）。在行李舱地板下面，后悬架附近通常有某种形式的横梁。只要有可能，要尽量在横梁后部凸缘的上面切割行李舱地板，要在横梁的正后方切割纵梁；像堵地板缝那样，将上部的前边缝密封好；下部边缘不一定要搭接焊，因为横梁提供了足够的强度。如果乘用车的行李舱地板下面没有横梁，就必须对下部边缘进行搭接焊。要用底漆、密封剂和面漆覆盖底边焊缝。行李舱地板由于接近排气尾管，需要进行密封处理，因为不能让一氧化碳侵入乘员舱。

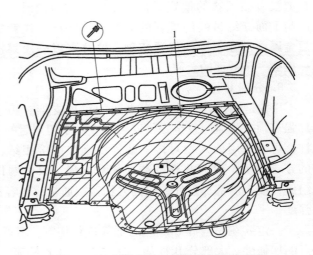

图 5-76 行李舱地板和备胎座切割位置图
（图中后围板已拆下，图中 1 为备胎座下面的横梁，应同时切割）

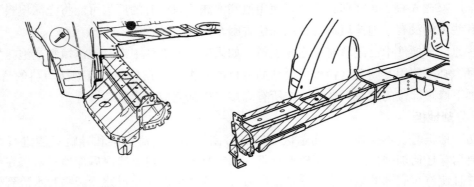

图 5-77 后纵梁切割位置图

5.5.5 分割边梁（车架纵梁）和全车身

1. 分割边梁

有些结构件具有防撞吸能区或皱褶点，它们的作用是在撞击时吸收冲击能量。在前梁或后梁上更为常见，因为在大多数碰撞中它们都首当其冲。现在，所有前梁和后梁都设计了防撞吸能区。通过外观就可以辨认出这些防撞吸能区。有些是回旋状或波纹状的表面形式，有些是凹痕或陷窝形式，还有一些是孔或缝的形式。这样可使梁在碰撞时首先在这些位置坍陷。防撞吸能区设在前悬架的前面和后悬架的后面。

不要在防撞吸能区附近进行切割（图5-78）。因为如果切割位置选择不当，可能会改变设计的吸能性能。如果一根梁遭受到较大的损坏，这根梁通常在防撞吸能区被压弯，因此，吸能区的位置通常很容易找到。如果只发生了中等程度的损坏，要非常小心。撞击能量可能没有被防撞吸能区全部耗尽，因此要注意观察可能出现损伤的其他吸能区。

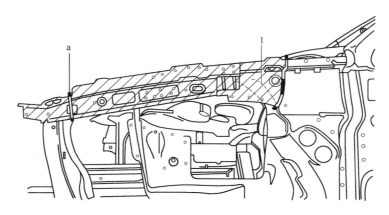

图5-78 前纵梁切割位置
（不能损坏内部加强板1，可通过切割a，进行局部修理）

2. 全车身分割

最极端的维修作业之一是全车身分割。全车身分割涉及用旧车上切割下来的后部替换碰撞损伤车辆的整个后部。这要比用新件更换经济得多。全车身分割需要的维修工艺可能是最高的。

如果每个部件都是用正确的技术和工艺规程进行分割、对齐和焊接的，那么全车身的分割就是恰当的和令人满意的。但是全车身切割并不常用，在开始修理之前，应向车主说明。

5.5.6 防锈处理

涂敷防锈剂不仅在焊接前是必要的，而且在喷漆之前和之后也是必要的。在将板件焊接在一起之前，要先在连接处涂上焊穿底漆。有些焊接接头还要在喷漆前涂敷车身密封剂。在完成喷漆之后，必须对焊接接头喷涂底涂层或进行防锈处理，以防止水分侵入造成锈蚀。

5.5.7 带有黏合剂的板件的更换

一些汽车制造厂在某些焊缝中使用了结构黏合剂。这些双组分环氧树脂黏合剂有时也被称为焊接黏合剂，因为点焊是要通过这种黏合剂进行焊接的。焊接黏合剂用来增加车身的强度和刚性，它们还能增强焊缝的防锈能力。另外，黏合剂有助于减小噪声和振动。如果黏合剂因修理而破损，则必须更换。

5.6 焊接、铆接、粘接技术

5.6.1 常用车身修理焊接技术

1. 车辆碰撞修理中常用的修理方法

（1）熔化极惰性气体保护焊（MIG） 通常用于钢制承载式车身板件、中等厚度液压成形车架以及重型全框架车架的焊接。由于大量的新车型采用 HSS 结构，MIG 焊接成了碰撞修理中最常见的焊接方法。

（2）惰性气体钨电弧焊（TIG） 采用手持焊丝并且用气体保护电弧，常用于焊接铝合金车身板件。TIG 在焊接铝方面要优于 MIG 焊接。许多汽车制造商现在采用轻质、防腐的铝合金板件（发动机舱盖、翼子板等），甚至整个承载式车身结构件都可以用铝材焊接而成。要修理此类车辆，就需要焊接铝材。

（3）软钎焊或乙炔气体钎焊 有时用在新型车辆上，用来连接和密封车顶板及其他大型表面板件的转角处。软的低温焊丝用于大型板件关键部位的钎焊，形成一个较为柔韧的焊缝，防止金属开裂和漏水。现代薄的高强度钢上一般不用乙炔焊，只允许采用结合 MIG 的软钎焊。

（4）电阻点焊 现在有些修理工作推荐采用便携式的电阻点焊，如图 5-79 所示。这类设备用于形成类似车辆生产焊接的点焊连接。

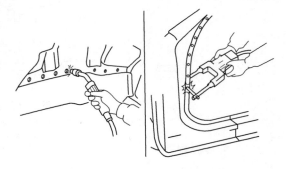

图 5-79 便携式的电阻点焊

2. 车身焊接中常见的 MIG 焊丝和保护气体

一般来说，现代的钢制承载式车身板件通常采用 0.58mm MIG 焊丝进行焊接。对于超薄、超轻的钢制承载式车身，采用更细的 MIG 焊丝。非常厚的车架式车身钢梁需要更粗的 MIG 焊丝。在焊接许多全尺寸乘用车和货车的车架时，要按照更厚的钢材来设置 MIG 焊接机并在焊接机中采用更粗的焊丝和焊枪嘴。

在采用 MIG 焊接钢材时，通常会使用 C-25 惰性保护气体，它是由 25% 的二氧化碳和 75% 的氩气组成。在焊接铝制车身结构件时，采用铝焊丝的 MIG 焊接机或采用铝焊条的 TIG 焊接机皆可。在焊接铝合金时，最常见的 MIG 和 TIG 保护气体是氩气。

3. 热作用区

热作用区是指焊接点周围被加热的区域，这种加热是不利的。为避免板件翘曲变形和部件的损坏，热作用区应控制在最小范围内。

散热膏（类似黏土的材料）可以放置在车身板件焊接区域的周围，缩小热作用区。热量很容易被散热膏所吸收，加速周围区域的冷却。浸水的抹布也可用来盖在部件或总成上，加速其冷却，免受焊接热量的影响。

4. 焊接防护毯

焊接防护毯是由防火织物制成的厚遮盖布，用来保护车辆表面免受热量、火星和飞溅的焊渣的破坏。焊接防护毯应放置在喷漆表面、玻璃、车内装饰件、暴露的塑料件以及任何可能受到焊接损坏的表面上。如果包含有融化金属粒子的焊渣落在玻璃上，玻璃会被点蚀，造成严重的损坏。

当在车载电脑和传感器线路旁边进行焊接时，需要进行电子屏蔽或保护。在进行焊接操作时应按照制造商的要求，必须完全拆下 ECU 或其他计算机系统，或是松开螺栓，将其包裹在焊接防护毯中。

▶ 5.6.2 用于车身修理的 MIG 焊接

当汽车制造商开始使用较薄的高强度、低合金钢（HSLA）时，惰性气体保护焊（MIG）便在车身修理中得到越来越广泛的应用。焊接 HSLA 和其他薄型钢材的最好的方式是 MIG（或类似的熔化极气体保护焊 GMAW）焊接方法。MIG 焊接能在各种情况下进行洁净、快速的焊接。

MIG 焊接并不仅仅局限于车身修理，它还非常适合排气部件的修理、机械支撑件的修理、安装拖车牵引装置、载货汽车保险杠以及其他任何可以用电弧焊或气焊完成的焊接工作。

1. MIG 工作原理和特性

MIG 利用以恒定的速度自动进给的焊丝作为一个电极，母材和焊丝间产生电弧。电弧的热量将焊丝熔化，将母材连接起来。由于焊丝是以恒定的速度自动进给的，这种方法又称为半自动电弧焊。

在焊接过程（图 5-80）中，惰性气体或活动气体用来保护焊接点，避免母材被氧化。所用的惰性气体或活动气体的类型取决于要焊接的母材。大多数的钢材焊接采用二氧化碳（CO_2）作为保护气。

图 5-80 MIG 焊机

对于铝材，依据合金的成分和材料的厚度，可采用纯氩气或是氩气与氦气的混合气作为保护气。用氩气混入少量氧气（4%~5%）甚至可以焊接不锈钢。

MIG 药芯焊丝在管状电极中自带焊剂，不需要使用保护气。焊丝进行焊接时，焊剂会形成熔渣，必须进行清除。药芯焊丝对于大多数碰撞修理工作来说使用并不方便，它需要用更多的时间进行焊缝清理。

2. 焊接位置

在碰撞修理中，焊接位置通常由汽车上需要进行焊接的位置决定。热量和送丝速度都会受到焊接位置的影响（图5-81）。

1）平焊是指工件与工作台或车间地面平行。平焊一般较容易、较快，能够得到最好的焊接熔深。对从汽车上拆下的零部件进行焊接时，可尽量将它放在能够进行平焊的位置。

2）横焊是将工件转成横向，重力会将熔池拉向底部的工件。在进行横焊时，应使焊枪向上倾斜，以抵消重力对熔池的影响。

3）立焊是将工件垂直放置，重力趋于将熔池拉向连接点的下方。焊接垂直焊缝时，最好让电弧从接头的顶部开始，并平稳地向下拉。

4）仰焊是将工件转到上方。仰焊最难进行。在这个位置，存在容易造成熔池过大的危险，而且一些熔融金属会落入喷嘴而引起故障。因此在进行仰焊时，一定要使用较低的电压，同时还要尽量使用短电弧和小的焊接熔池。将喷嘴顶住工件，以保证焊丝不会移出熔池。最好能够沿着焊缝均匀地拉动焊枪。

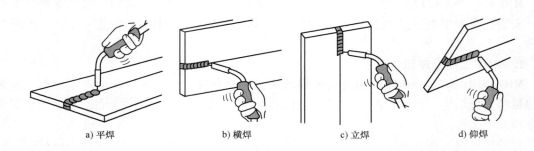

a) 平焊　　b) 横焊　　c) 立焊　　d) 仰焊

图5-81　四种基本的焊接位置

3. 各种基本的焊接方法

如图5-82所示，MIG焊接设备可采用6种基本的焊接方法。

（1）定位焊　这种方法实际上是一种相对较小型的临时MIG点焊，在进行永久性焊接的过程中，用来取代夹紧装置或钣金螺钉。与夹紧装置或钣金螺钉一样，定位焊始终是一种临时性的措施。各焊点间的距离大小与板件的厚度有关。一般来说，其距离为板件厚度的15~30倍。定位焊对板件的正确定位十分关键，因此必须精确操作。

（2）连续焊　缓慢、稳定地向前移动，形成连续的焊缝。应固定好焊枪，以免产生晃动。采用正向焊法，连续匀速地移动焊枪，并经常观察焊缝。**焊枪应倾斜10°~15°，以便获得最佳形状的焊缝、焊接线和气体保护效果。**焊枪嘴到母材之间应保持适当的距离，焊枪应保持正确的角度。如果不能正常进行焊接，问题可能是焊丝太长。如果是这个原因，金属的焊接熔深将会减小。为了得到适当的焊接熔深，以提高焊接质量，应使焊枪靠近母材。如果平稳、均匀地操作焊枪，将可得到高度和宽度恒定的焊缝，并呈现均匀、细密的焊波。

（3）塞焊　塞焊是在外侧工件上被钻或冲的孔中进行，电弧穿过此孔，熔透里面的工件，这个孔被熔化的金属填满。

（4）点焊　点焊法是当送丝定时脉冲被触发时，将电弧引入被焊的两块金属板。

（5）搭接点焊　MIG搭接点焊法是将电弧引入下层的金属板，并使熔融金属流入上层金属板的边缘。

（6）叠焊　叠焊就是一系列相连的或重叠的点焊，形成连续的焊缝。

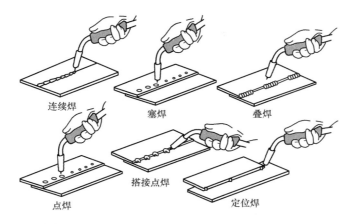

图 5-82　MIG 焊接设备可采用的 6 种基本焊接方法

5.6.3　气焊和钎焊

对于车身修理，气焊是必不可少的，因为在车身板连接、车身材料的切割、板的加热整形方面，它有广泛的用途，而且气焊所需的设备也容易配备（图 5-83）。

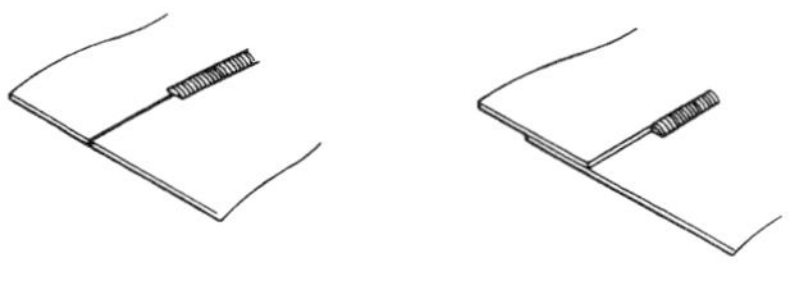

钎焊（图 5-84）只能用在密封结构处。钎焊法在焊接过程中只熔化熔点低于母材的有色金属，而不熔化母材。汽车车身修理中经常使用钎焊。

图 5-83　气焊方法

钎焊类似于用粘接剂将两个物体黏在一起。在钎焊过程中，熔化的黄铜充分扩散到两层母材之间，形成牢固的熔合区。黄铜焊接处的强度小于母材的强度，但与熔化黄铜的强度相等。因此，除非车辆厂家建议使用，否则钎焊不可用于结构件的连接。钎焊有软钎焊（锡焊）和硬钎焊（用黄铜或镍）两种类型。

钎焊这个词通常用来指硬钎焊。钎焊有下列基本特性：①两块母材在很低的温度下结合在一起。在这个过程中，母材不熔化。因此，母材产生变形和应力的风险较小；②由于母材不熔化，所以有可能将不相容的两种金属结合在一起；③黄铜有优异的流动性，它能够顺利地进入狭窄的间隙中，所以很容易填满车上各焊缝的间隙；④由于母材没有被焊透，而只是在金属的表面相结合，所以焊接处承受反复作用的载荷或碰撞的强度很低；⑤钎焊技术很容易掌握。

汽车装配厂使用电弧钎焊将车顶和后侧围板连接在一起。电弧钎焊的原理与 MIG 焊接相同。不过电弧钎焊使用

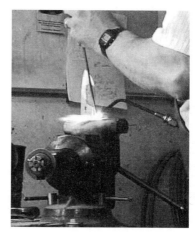

图 5-84　钎焊

氩气和钎焊金属来代替惰性 MIG 焊接中的 CO_2 或氩气与 CO_2 混合气，还需要专用的钎焊丝。电弧钎焊施加在母材金属上的热量很少，所以过热很小，母材几乎没有变形或弯曲。与火焰钎焊相比，电弧钎焊缩短了焊接和抛光的时间，而且电弧钎焊没有铅中毒的危险。

在修理厂，钎焊设备通常与氧乙炔焊的设备相同。进行钎焊时，需要氧乙炔焊炬、钎焊条、焊接护目镜、手套和焊枪点燃器。尽管氧乙炔焊炬可用来进行软钎焊，但最好还是用专门的设备进行软钎焊。为了保证钎焊材料的质量（例如流动性、熔化温度、与母材的相容性和强度等），钎焊材料都由两种或两种以上金属的合金组成。汽车车身所用的钎焊条的主要成分为铜和锌。

5.6.4 电阻点焊

电阻点焊是汽车制造商经常用到的最重要的焊接工艺。承载式车身结构件中有 90% ~ 95% 的原厂焊接采用的是点焊。

挤压式电阻点焊机（图 5-85）适用于焊接承载式车身上要求焊接强度好、不变形的薄壁段。<u>常见的应用范围包括车顶、窗洞和门洞、车门槛板以及许多外部壁板。</u>

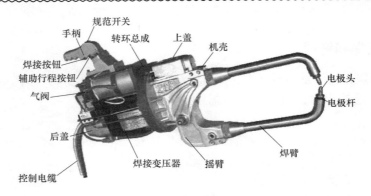

图 5-85　挤压式电阻点焊机

电阻点焊通过低压电流流过夹紧在一起的两块金属产生的电阻热和焊接电极的挤压力来完成。因此，电阻点焊的三个重要因素为：

(1) 加压　两个金属件之间的焊接机械强度与焊接端施加在金属件上的力有直接的关系。当焊接端头将金属件挤压到一起时，电流从焊接端流入母材金属，使金属熔化并熔合在一起。焊接端头的压力太小或电流过大都会产生焊接溅出物（内部的或外部的），而焊接端头压力太大会引起焊点过小，并降低焊接部位的机械强度。换言之，焊接端头压力过高会将端头压入被焊金属软化的部位，降低焊接质量。

(2) 电流　给金属加压后，一股很强的电流流过焊接电极，然后流入两个金属件。在金属的接合处，温度迅速上升，因为这里的电阻值最大。如果电流不断流过，金属便熔化并熔合在一起。如果电流太大或压力太小，将会产生内部溅出物。然而，如果减小电流强度或增加压力，便可使焊接溅出物减少到最小值。电流和施加在点焊部位的压力之间相互关联。

(3) 加压时间　电流停止后，熔化的部位开始冷却，凝固的金属形成了圆而平的焊点。由于承受了压力，这种结构非常紧密，并产生了很高的机械强度。加压时间是一个非常重要的因素。

5.6.5 铆接技术

近年来,针对铝合金及钢-铝焊接效率低、质量难以控制的难题,研究人员开发了几类高效的机械连接技术,已被应用于量产的轻量化车身的制造与维修,典型的代表为自冲铆(SPR)、无铆压力连接(Clinch)和热熔自攻丝铆接(FDS)。

1. 自冲铆(SPR)

SPR 工艺是通过液压缸或伺服电动机提供动力将铆钉直接压入待铆接板材,待铆接板材在铆钉的压力作用下与铆钉发生塑性变形,成型后充盈于铆模之中,从而形成稳定连接的一种全新的板材连接技术。SPR 工艺过程如图 5-86 所示。

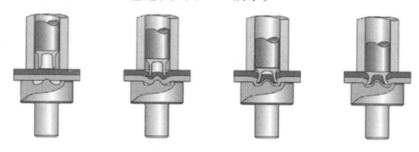

图 5-86　SPR 工艺过程

SPR 工艺是通过液压缸或伺服电动机提供动力将铆钉穿透上部板材并与底部板材形成可靠互锁结构形成稳定连接的技术。它的整个工艺过程包括夹紧、冲裁、扩张、成型四个阶段。

SPR 自冲铆连接可实现钢、铝及镁铝合金等材料的连接,克服了传统铆接工艺外观差、效率低、工艺复杂等缺点,并且能耗低无污染,更重要的一点是该工艺无需在板材上加工预置孔,缩短了铆接时间,提高了生产效率。目前 SPR 已成功运用于蔚来、宝马、奥迪、凯迪拉克等电动汽车的全铝车身及铝、钢混合车身连接中(图 5-87),仅宝马某车型整车制造过程中,就采用了 30 种铆钉,共 2453 个铆点,可与 300 多种板件匹配。

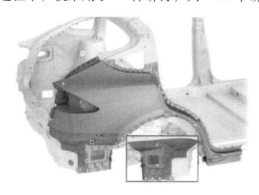 

图 5-87　SPR 自冲铆连接

2. 无铆压力连接(Clinch)

无铆钉铆接工艺是由德国 TOX 公司于 20 世纪 80 年代末提出的发明专利,相对于传统的汽车行业连接技术，因其独特的低能耗、无排放、抗疲劳强度高的优势而被很多电动汽车生产厂商广泛应用。从汽车车身、表面覆盖件以及整车零部件的连接到奥迪的车灯导板、宝马的车顶窗等，都有它的影子。

如图5-88所示，TOX的工作原理是在无铆钉铆接机的强高压作用下，使两板件发生塑性变形，从而使其在挤压处镶嵌互锁，达到将板件点连接起来的目的。TOX工艺常见的有两种形式：直壁整体下模和分体下模（图5-89）。直壁整体下模，就是将模具设计成一个结构简单的整体件；而分体下模就是使金属材料与冲头接触时在金属作用下产生侧滑，使其能充分形成塑性镶嵌，进而形成强度较高的连接。例如上汽通用和上汽大众的某车型的发动机舱盖和行李舱盖就充分采用了TOX工艺。

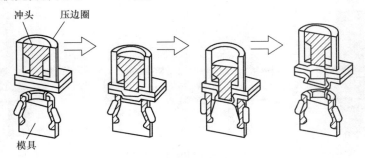

图5-88　TOX的工作原理

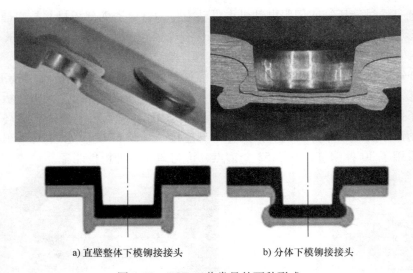

a) 直壁整体下模铆接接头　　　b) 分体下模铆接接头

图5-89　TOX工艺常见的两种形式

3. 热熔自攻丝铆接（FDS）

热熔自攻丝铆接（FDS）是借助高速旋转的螺钉产生的巨大轴向力使待连接板件软化，从而旋入待连接母材，最终在板材与螺钉之间形成结合螺纹，并凭借螺纹将自攻丝拧紧来实现铆接的一种连接工艺。

其工艺过程可分为四个阶段：冲孔、螺纹成形、攻丝、拧紧。FDS工艺属于单向连接，其优点主要有：①无需提前钻孔，连接简便，易拆卸；②变形空间小，因此可以用来连接铝镁合金、超高强度钢等几乎所有的车身材料连接板件。但是其缺点也显而易见，由于攻丝需要拧穿材料，穿孔出的材料防腐蚀能力会下降；其次对夹具的刚度要求也较高；再者螺钉的成本较高，质量大，若大面积使用会增加车身自重。FDS 工艺一般用于车身板材、型材与梁类件以及铸镁铝件之间的连接。奥迪某新车型上就采用了 700 多处热熔自攻丝铆接。

▶ 5.6.6 粘接技术

粘接在车身上的应用最初是以防腐和密封为目的，后来逐步发展到对连接的刚度和强度也提出较高要求，新一代结构胶黏剂具有高强度、高刚度，同时在冲击载荷作用的时候又具有足够的韧性和柔性，能够满足车身结构的需求，扩大了粘接的应用范围。图 5-90 给出了传统乘用车粘接的应用部位。

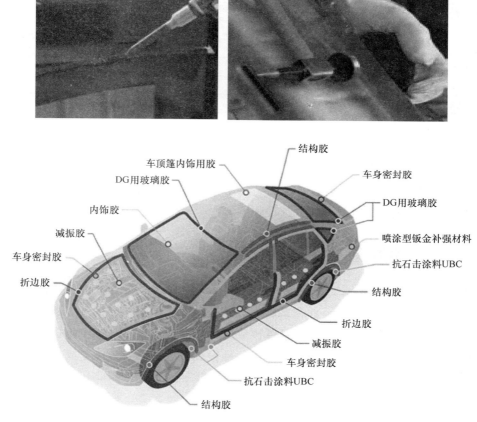

图 5-90　传统乘用车粘接的应用部位

1. 性能特点

与其他连接方法相比，胶粘连接有其独特优势。粘接采用面接触而非点或线接触，与点焊及铆接相比，不易产生应力集中，连接强度和刚度以及疲劳强度也相对较高，而且连接范围广，能应用于各种轻金属、钢材以及不同材料的连接。因此在轻量化的铝车身和钢铝混合车身上的应用更加广泛。但胶粘连接也有其固有缺点，首先由于其聚合物的本身特性，在相对较恶劣的环境下，胶黏剂的连接效果容易受温度和湿度的影响，对二者比较敏感；其次，胶的凝固需要加热且耗时较长，凝固之前需要对板料进行固定以防止板间相互滑动；再者，粘接破坏形式是突然性开裂，失效时承受的载荷瞬间降为零，在车身结构中应用时存在着安全隐患，故而粘接一般是和铆接一起形成粘铆复合连接共同应用于车身结构。

2. 连接技术在轻量化车型上的集成应用

目前钢铝混合车身或全铝车身成为汽车企业轻量化发展的主流方向，表 5-4 总结了近年来上市的主要轻量化车型应用的连接技术。可以看出，目前上市的钢铝混合或全铝车身并没有相对统一的连接技术，不同的汽车企业根据自身优势，选择了不同连接技术的组合进行轻量化车身的制造。

表 5-4 近年来上市的主要轻量化车型应用的连接技术

连接技术	奥迪 A8	凯迪拉克 CT6	特斯拉 MODEL S	奇瑞捷豹路虎 XFL	蔚来 ES8
电阻点焊	√	√	√		√
冷金属过渡焊	√	√	√		√
激光焊	√				
MIG 焊					
自冲铆	√	√	√	√	√
无铆连接					
热熔自攻丝		√		√	
拉铆		√		√	
粘接	√	√	√	√	

捷豹 XJ 全铝车身、宝马 5、宝马 7 车身中普遍使用了粘铆复合连接。国产的凯迪拉克 CT6、奇瑞捷豹路虎 XFL、蔚来 ES8 等均采用了粘铆复合连接技术。其中，自冲铆（SPR）和结构胶粘接技术的复合连接可以使连接强度增大至单纯铆接强度的 2~3 倍。

5.7 金属板件的矫正

矫正金属板件必须制订一个合理的修理方案。合理的方案可以避免大量"人为制造"的损坏，使整个维修时间最少，获得更高的效益。对金属的实际处理从大致修复阶段开始。**大致修复指的是修复最明显的损坏，使其恢复原来的部件形状。**必须正确地完成大致修复，才可以成功地进行精修。如果精修过早开始，是很难做好的。大致修复操作随着损伤不同、车型不同以及汽车损伤的位置不同也会不同。大致修复比较简单，如用橡胶锤和塑料锤敲打车门边缘。矫正较小的损伤可能只需要在金属板背面用锤子小心地敲打。凹陷金属板上的褶皱可以用多种方法展开。在背部容易到达的金属板上，可以用锤子和垫铁或匙形铁来进行初始的大致修复。在背部区域难以到达的金属板上，可以用滑锤、凿子和焊接螺柱来修复损伤。

5.7.1 矫正金属板件的方法

1. 使用车身锤

车身锤用来反复敲击金属板的表面，作为修正较小凸起和凹痕的方法。

矫正金属板的诀窍是在正确的时间以正确的力量敲击正确的位置。使用车身锤时，用手腕带动锤子做环形运动。正直地敲打部件，然后使锤子跳离金属板。锤子的表面必须与金属板的轮廓相匹配。在平坦或低隆的金属板上使用平锤。在敲出弧面内侧的时候，使用球锤或高隆锤。重锤用于大致修复。精修锤或平锤应用于最后的定型。

2. 用垫铁敲击凹痕

垫铁是一个重铁块，每一侧有不同的形状，用于矫正金属板。在大致修复阶段，重的垫铁有时也用于充当敲击工具。垫铁通常在金属板的背面充当敲击工具。有时使用垫铁比锤子更容易到达不便触及的区域。可以用垫铁敲击有凹痕金属板的背面，使凹下的部件抬起并且使弯折处展开。垫铁的轮廓必须与受损区域背面的轮廓相匹配。这样使用垫铁进行敲击，才能迫使金属回到原来的形状。如果用不正确的表面敲击金属板，如垫铁的尖边，则会对金属板造成进一步损伤。用锤进行精确地敲击，一边从垫铁处轻轻敲击，一边观察金属板的正面。确定需要敲击的位置。逐渐地增加敲击力以抬起凹陷处。几次中等力度的敲击通常比来几下重敲要好。用垫铁进行多次位置正确地敲击会更好地控制金属板恢复原状的过程。

3. 铁锤在垫铁上的敲击法

（1）正对敲击法　正对敲击法用于对损坏面积较小的金属板进行锤击，使其平滑。垫铁放在损伤处的背面，锤子在垫铁顶部的正上方敲击金属板。这样在垫铁和锤头之间的金属板上作用一个收缩力，小块损伤金属板就在垫铁和锤子之间被锤平（图5-91）。铁锤在垫铁上矫正法需要不断地一点点地移动锤子和垫铁的位置，每次敲击应与下一次有重叠。通过不断地移动铁锤和垫铁的敲击位置，就可以平稳地将金属板的损伤整平。

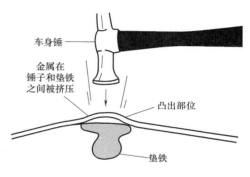

图5-91　正对敲击法

一般从凹痕的外侧开始修复，逐渐地向损伤部位的中部接近。

使用正对敲击法时，垫铁和锤头的形状必须与金属板要恢复的形状相配。如果要矫正的部位是平坦的，那么垫铁表面和锤头也必须是平面的。如果金属板是弧形的，那么垫铁和锤头也必须是弧形的，以匹配金属板的形状。当用锤子敲击损伤处时，抵着垫铁的金属板变平并且很小的区域变成锤子表面和垫铁表面的形状。

将垫铁牢牢地固定在金属板背面。轻轻地敲击衬有垫铁的位置，锤子会回跳。铁锤在垫铁上轻轻地敲击，这种方法适用于平整小而浅的凹痕或凸起。铁锤在垫铁上用力地敲击，这种方法适用于延展金属板。为了敲平凸起，用垫铁抵在金属板的背面，正好放在凸起的后面，然后从正面用锤子敲打。锤子在敲打垫铁时会产生轻微的回弹，垫铁随后会敲击金属板的背面。随着垫铁施加在金属板上力的增大，整平作用跟着加强。用铁锤在垫铁上重击时，锤子和垫铁之间的金属受到猛烈冲击。这促使金属变薄，并向外伸展，表面积会略微增大。所有用于伸展金属的敲击都应重而精确。

正对敲击法只能用在可以触及金属板背面的情况下。如果金属背面够不到，就要使用拉出器和填料。正对敲击法也可以用于延展金属。

（2）偏置敲击法　偏置敲击法用于同时升高凹入部位和降低凸起部位。锤子将金属板朝放置垫铁的一侧轻轻敲击。<u>**这种方法通常是在初始矫正期间对较大变形区域的大致修复和成形**</u>。在这个工序中，用手将垫铁放在金属板背面最底部的下面。然后用锤子敲击垫铁附近的凸出部位，锤子要偏向垫铁的一侧，而不是直接敲打垫铁的顶部（图5-92）。

一般按照损伤形成的相反顺序，用锤子和垫铁来轧平凹陷或凸起。正常情况下，必须朝着中部轧平损伤部位。从损伤部位的外侧开始，然后向中部处理。如果金属板弯折较大，则可以使用偏置敲击法。将垫铁放在金属板背面的低点，然后用锤子敲击高点。这样可使高点下降，低点上升，而不必拉伸金属板。锤子的敲击将向下推高点，而垫铁产生的回弹会迫使低点向上。

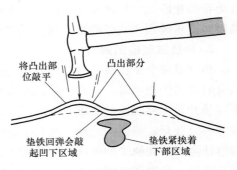

图 5-92 偏置敲击法的位置

如果金属板上有隆起，也可以使用偏置敲击法。使用平锤，由轻至中等力度地敲击隆起部位的外端。锤子的敲击逐渐地使隆起部位的末端下降。垫铁的压力迫使沟槽的端部向上。逐渐地向中部处理。随着压力的释放，金属板有回到原来位置的倾向。垫铁还可以当作驱动工具使用，帮助修复损伤。

一旦受损部位已经恢复到原来的基本形状，就可以使用正对敲击法使较小的受损区域恢复平滑。然后准备进行精修程序。

4. 撬起凹痕

使用尖角（不必尖锐）的工具撬起金属板凹痕的方法有很多种。撬起凹痕通常包括用车身锤的尖头或带有弧形尖头的长杆来最终修复非常小区域的损伤。车身锤尖经常用于去除维修区的所有小的高点（图 5-93）。用锤子的尖头非常轻地仔细敲击可消除维修区内仍然凸起的任何凹痕。长的尖头工具也可以用于撬起金属凹痕，用在垫铁和匙形铁不能触及的区域。车门是一个很好的例子。有时，工具的尖头可以通过排水孔或车门衬垫后面的钻孔插入。这样就不必为了拉出凹痕而拆下内侧车门装饰件或在外车门板上钻孔。在不破坏漆面而去除凹痕时可以使用尖头工具。

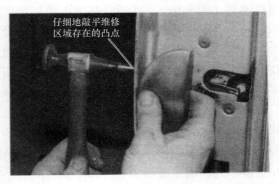

图 5-93 用车身锤尖去除维修区的所有小的高点

用尖头工具撬时，小心不要施加过大的力，避免拉伸金属。深的褶皱区域应由浅至深地进行矫正。从最先接触的点或最低点开始，慢慢地撬起皱曲部位。对于较大的凹痕，使用扁平头工具，而不用尖头工具。一边撬低的拉伸区，一边向下轻敲压缩区。

5. 用铁锤和垫铁修整凹痕

对于轻微凹痕，通常使用铁锤和垫铁，按照凹痕发生的相反顺序"轧平"来进行修正。消除凹痕时，按照损伤的相反顺序，从外侧开始朝着凹陷部位的中部轧平。在凹沟的下面损伤程度最小的外端将垫铁紧紧地固定住。可以使用平锤，在最靠近垫铁的隆起部位的外端由轻到中等力度地敲击（不在垫铁上敲击）。锤子的敲击会逐渐地使隆起部位的末端降低。手臂加在沉重垫铁上的压力迫使凹沟的末端向上抬起，然后在凹沟的另一端和相邻隆起部位重复相同的步骤。

使用不在垫铁上敲击法时，要按照由外侧至隆起和凹沟的中部或弯曲程度最大的位置的方向。释放隆起和凹沟上的压力后，周围的弹性金属会趋向回复到原来的位置。垫铁还可以当作驱动工具来使用，使凹沟向上抬起。然而，如果向上敲击凹沟时垫铁没有移动，则隆起和凹沟上还有过多的压力，或者两者上都有。必须用垫铁进一步敲击以减小拉力。

一旦受损部位已经恢复到原来的基本形状，就可以使用用铁锤在垫铁上轻轻敲击的方法，使受损区域恢复平滑，然后准备进行精修或填充程序。

6. 用匙形铁矫正凹痕

用匙形铁矫正金属薄板的方法有很多。可以用匙形铁撬起凹痕，可以用锤子敲击某种类型的匙形铁来撬起凹痕。对于难以接触的部位，可以将匙形铁当垫铁使用，一些匙形铁甚至可以用来取代锤子。

通常用锤子和平头匙形铁进行弹性敲击。平头匙形铁重量较轻且顶部稍微隆起。使用时，将其牢牢地抵住高的隆起或弯折处，然后用锤子的圆头或凹陷矫正锤敲击匙形铁。敲击力由匙形铁传送到大面积的弯折或隆起部位。这样可减小金属拉伸的可能性。弹性敲击时，一定要在匙形铁上保持稳固的压力，决不允许其发生跳振。匙形铁的压力是矫正力的一部分。从隆起（铰折）的末端开始，朝着隆起部位上的高点进行修整，一侧完成后换至另一侧。

匙形铁可用作锤子的补充或与敲击用的匙形铁配合使用（图5-94）。使用长柄匙形铁，常常可以到达锤子或垫铁无法到达的位置。向下敲击高处区域时，可以用匙形铁在张力区域施加压力，还可以使用匙形铁在大致修复阶段向上撬起金属板，或起出深的凹痕。一旦用匙形铁或垫铁将凹痕大致修平，就可以使用车身锤精修受损部位。

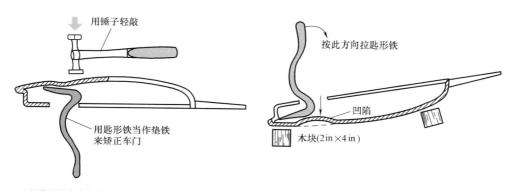

a) 用匙形铁充当垫铁：用锤子从金属板的前面敲击，同时将匙形铁抵在金属板的后面

b) 用匙形铁撬起车门板上的凹痕

图5-94　用匙形铁矫正凹痕

▶ 5.7.2　除漆

根据损伤的程度和类型，经常不得不在矫正金属板的损伤时磨去油漆。通常用圆盘打磨机来完成这项工作，如图5-95所示。使用的磨盘衬块有两种，一种刚性的衬块用于磨去金属，例如焊缝，另一种是软一些的衬块，在除漆或抛光金属时使用。较软的衬块使磨盘可以随着金属板的形状发生变形。

使用打磨机有两种不同的方法。第一种称为抛光，用来除漆和使车身填料平滑，磨削条纹稍有些重叠。第二种称为磨削，磨削条纹重叠在一起，用于去除金属。使用打磨机时，只应将顶部与表面接触。施加的压力不要过大。

在垂直表面上，使用与打磨机重力相等的压力。应固定住打磨机，使磨盘的背面升离金属板 10°~20°。有时，圆形磨盘在尖锐的背面隆起区域难以使用。磨盘的边缘可导致金属板上出现深槽。这样的情况可以通过将磨盘的边缘切割成尖头状（通常称为星形盘）来避免。

图 5-95　应当研磨比维修区域稍大些的面积以去除油漆

5.7.3　拉出凹陷

1. 拉出凹陷的方法

凹陷可以用许多工具拉出，例如吸杯、拉杆、凹陷拉出器和点焊凹陷拉出器。凹陷拉出器的作用是拉出难以触及或其他方法无法拉出的简单凹陷。凹陷拉出器可能是车身修理最常使用的工具之一，原因之一就是车身的结构和防腐保护日趋复杂。由于内部板焊在里面，例如车窗的机械装置，许多金属板的内部无法进入。从内部开始修复简单凹陷必须将板件拆开，与此相比，使用凹陷拉出器和焊钉或吸杯常可花费更少的时间。

凹陷拉出器的弯头或滑锤对于矫正金属板边缘是非常方便的。它们都可以轻易到达金属板的边缘周围。凹陷拉出器有平头和圆头两种，使用时必须选择与要矫正部件的形状相配的头部。

吸杯可用于拉出大的、浅的凹痕。将安装部位打湿，然后装上吸杯。如果用手抓住，则直接向外拉吸杯的把手。如果吸杯装在滑锤上，则快速敲击以拉出凹痕。

真空吸杯使用分置式能源（分离真空泵或空气压缩机气流）在杯内产生负压（真空）。因为吸杯紧紧地压在金属板上，所以这样可以增加拉力。大而深的凹痕可以用真空吸杯来拉出。

2. 点焊式凹陷拉出器

点焊式凹陷拉出器可以从前面去除钢板上的凹痕，而不必钻孔。电阻式点焊工具发出的高温使金属拉头或销钉与钢板熔合在一起。这样可使凹陷从正面拉出，而不必触及钢板的背面。

电阻式点焊凹痕拉出器常用来矫正损伤的钢板（不适用于铝板）。**点焊式凹痕拉出器有两种基本类型：可重复使用焊头型和一次焊头型。**使用点焊式凹陷拉出器要首先向下打磨凹陷部位，使金属暴露出来。打磨足够大的区域，然后还要打磨点焊工具。必须将油漆去除干净，使电流通过点焊工具和汽车车身。根据车身金属的厚度，在凹陷拉出器上将焊接时间设置到正确值，以秒为单位。将接地夹固定在车身上。大多数拉出器都有一个大磁铁，可以粘住焊接工具并接地至露出的金属。将滑锤拉出器焊头压在金属板上。按下点焊工具把手上的触发按钮，拉出器焊头会被熔合到金属板上。敲击滑锤会使凹痕拉出。为了取下拉出器焊头，应先扭转工具，然后焊头会从金属板上掉下，但在金属板上会留有小的熔核。拉出凹痕后，磨去点焊熔核，使金属板表面平滑。

5.8 收缩金属和应力释放

为了消除金属板上被损坏和拉伸部位的应变或应力,需要收缩金属。在车辆碰撞过程中,金属可能会被拉伸。当用拉出器或锤子进行矫正时,受损部位仍存在应力或应变。这是因为被拉伸的金属不能再适合相同的面积。当试图最后矫正时,金属板会凹进或隆起。

如果发生应变的位置填有车身填料,那么道路的颠簸会使金属板发出啪啪的噪声。应变区域经过长时间运动后,车身填料会裂开或脱落,最后不得不重新修理。

5.8.1 拉伸金属和收缩原理

金属被拉伸是指金属由于碰撞而厚度变薄,表面积变大。如果金属板在碰撞中严重受损,通常在褶皱比较厉害的位置会受到拉伸。相同的区域有时在矫正处理时也会受到轻微拉伸。大多数拉伸可沿着直接损坏部位的隆起处、凹槽和褶皱找到。当金属板上存在拉伸区域时,不可能将其矫正回复到原来的形状。

进行收缩之前,尽可能将受损区域矫正回原来的形状。然后可以准确地判断出受损区域是否受到拉伸。如果受到拉伸,金属板通常会凹进去或鼓出来。受到拉伸的金属必须进行收缩,如图5-96所示。

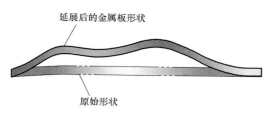

图5-96 受到拉伸的金属必须进行收缩以释放应力

将金属板上翘曲部位中部的一小块地方加热至暗红色。随着温度的升高,钢板的加热区域开始收缩并且试图向加热区以外的地方膨胀(圆形)。因为周围区域的金属既冷又硬,所以金属板无法膨胀,于是产生很大的压力载荷。如果继续加热,金属的膨胀将集中在赤热部位,金属被压力向外压迫。这使金属板变厚,于是压力载荷减轻。如果在这种情况下突然冷却赤热区域,钢会收缩并且表面积会比加热前小。

多种焊接工具都可以用于加热收缩金属,最常用的是氧乙炔焊炬。

5.8.2 用气体焊炬进行收缩

用气体焊炬收缩时,可以对拉伸区域或凸起部位的一小块地方进行加热,使它变成鲜红色。先收缩拉伸区的最高点,然后是次高点,以此类推。重复操作,直到此区域全部缩回至原来的位置。收缩或加热的范围都由待收缩部位多余金属的量来决定。加热范围越大,热量越难控制。收缩的平均范围是一元硬币大小的面积范围。平坦的金属板很容易发生翘曲,所以一定要小范围地进行收缩。应采用很小范围的加热来清除金属平板上的"油壶"。"油壶"用于形容拉伸很轻微的金属板区域。此部位可以按下去。然而,一旦压力消失,它便弹回,好像油壶底部一样。

加热时通常使用中性焰。将焰心向下移动至距离金属板在3.2mm以内,然后保持稳定,直到金属开始变红。然后,慢慢地环状向外移动,直到整个加热区域变为鲜红色。当热量由焊炬进入金属板的一小块区域时,金属受热膨胀。加热点周围的较冷金属阻止膨胀力。随着温度的升高，受热金属开始变软。加热位置的变软金属隆起并形成一个凸起。由于金属板表面凸起并且金属顶部先受热，所以金属板通常是凸起而不是凹下。当顶部开始隆起时，受热部位周围的其余金属跟着隆起。用焊炬小心地加热了车身板上的变形区域后，首先使用锤子和垫铁敲击加热部位。因为金属在加热时比较软，所以敲击加热部位会迫使金属拉伸处的分子回到一起，使金属上的凸起或高点降下，如图5-97所示。

降下加热部位后，系统地进一步处理受损区域的周围，如图5-98所示。逐渐地用锤子将金属板上的高点越敲越小。准确地轻轻敲击，将金属板恢复原状，不要在金属板上留下锤痕。处理修理区域，直到其变得足够平滑，可以涂用车身填料。此过程中，不必用垫铁支撑金属，除非金属发生塌陷。如果必须支撑，只能将垫铁轻轻地放在金属板下面。一旦金属板上的红色消失，便可以用偏置敲击法或铁锤在垫铁上轻轻敲击的方法，对加热位置周围区域进行修整。

很难精确地确定每一处加热部位金属的收缩量。在某个位置的金属收缩量可能远远多于相同大小位置的收缩量。一旦收缩区完全冷却，经常会出现过量收缩。如果加热部位收缩过量，那么最后一次收缩部位的金属常常会塌陷或拉平。收缩区域周围的金属有时会被拉出原来的轮廓。

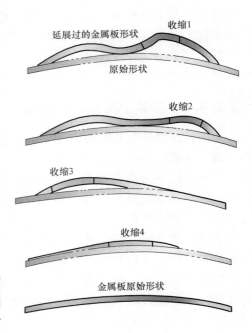

图5-97　收缩拉伸金属通常要加热多个位置

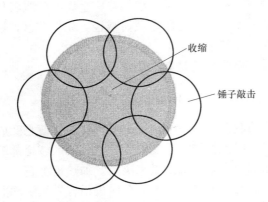

图5-98　用锤子在加热区周围敲击，使金属收缩

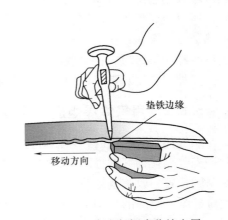

图5-99　高点打褶来收缩金属

5.8.3　打褶

打褶包括使用铁锤和垫铁在拉伸区域产生一些"褶"以收缩表面积。与加热收缩金属不同，打褶是处理拉伸金属的另一种方法，如图5-99所示。

打褶金属将会使该部位比其他地方稍微低一些。应该用车身填料将低点填平，然后锉平并磨光。

5.8.4 对凹槽进行收缩

凹槽是金属板受到较为集中的碰撞力引起的，碰撞力使金属板形成明显的凹痕或褶皱。凹槽使金属被拉伸。要正确地修复损伤必须收缩凹槽至原来的尺寸。简单地将凹处拔出只会使金属板变形。用车身填料填满凹槽而不让金属板恢复原来的轮廓会使应力保留在金属板内，这样会使填料裂开或脱落。

> 可以按下列步骤收缩凹槽：
> ① 用气体焊炬加热凹槽的最低点，直到金属变成暗红色（图5-100）。
> ② 用铁锤和垫铁敲击加热位置。这样会增加变软的金属内的拉力，使其膨胀并恢复到原来的位置。
> ③ 当金属仍然热的时候，将垫铁直接放在凹槽下面，轻敲凹槽两侧的隆起部位。这样不仅可以压下隆起部位，还可以隆起凹下的金属。
> ④ 如果凹槽较长，需重复上述步骤多次才能矫正整个凹槽。只能加热适当长度的凹槽，原则是在金属冷却前可以完成矫正。

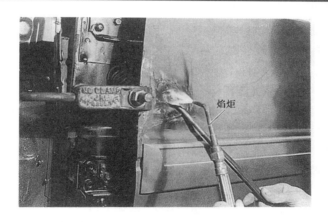

图5-100 适当的加热与拉力一起使用以修整车门板上的凹痕和裂痕

5.8.5 锉平维修区域

当受损区域经过敲击和拉出并且尽可能地整平后，可以用车身锉找平剩下的高点和低点。高点被锉去的金属比平坦表面更多些。锉刀产生的摩擦图案可以找出所有低点。然后，可以拉出低点，敲平高点，并用车身锉锉平相应区域。重复以上步骤，直到所有的低点消失并且修整区域已经被锉得相对平滑。这一步骤是为使用车身填料做准备。

5.9 车身的填补

涂抹车身填料是大多数钣金修理的最后修整工作。在许多情况下，将弯曲的和伸展的HSS（高强度钢）完全恢复到原状是不可能的。钣金加工后剩下的表面微小变形可以通过涂上薄层车身填料来快速整平。正确地处理好表面并使用正确类型的填料是很关键的。如果不这样，填料会裂开或脱落，或者油漆保护层会受到有害影响。

5.9.1 车身填料

车身填料或塑料填料是一种结实的塑料材料，能够将金属板上的小凹痕填充得非常结实。这种树脂和塑料的混合物通常用来填充车身上的凹痕。大多数汽车车身维修需要使用一些车身填料。现代的车身填料是一种快速便宜的材料，用来还原损坏板件的最后轮廓，如图5-101所示。

只有在损坏金属板凸起、拉出、撬起或凹下的程度至少在原来轮廓的3mm以内，才可以使用填料。可以先在维修区域填充薄薄一层车身填料，然后修整光滑。

车身填料和原子灰还可以用于修理小的表面缺陷，例如凹痕、石块击痕和表面锈迹。然而，车身填料也有局限性。在正常的道路条件下，大的板件（发动机舱盖、行李舱盖和车门面板）往往会激烈振动，如果填料涂得太厚或涂抹面积太大，振动会使其出现裂缝或脱落。

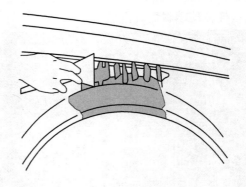

图5-101　车身填料整平

在承载式车身的半结构性板件上涂敷填料时也要特别小心。这些金属板（后侧围板和车顶板）会吸收道路的振动和扭力，如果在这些部位使用过多的填料，填料会因为金属板内存在应力而脱落。对于门槛板、车轮轮罩的后底部以及其他一些容易被飞石、石片碎块撞击的部位，在使用车身填料时也应当谨慎。

1. 车身填料的成分

车身填料的成分和油漆非常相似，它们都是由树脂、颜料和溶剂组成的。大多数车身填料都含有聚酯树脂，它起黏合剂的作用。涂上填料后，溶剂挥发，黏合剂将颜料黏合在一起，形成坚韧耐久的保护膜。传统填料的基本颜料（或材料）是滑石粉。在防水填料中，用玻璃纤维或金属微粒代替滑石粉作为颜料。

和一些油漆一样，车身填料因为化学作用而发生硬化。硬化或固化过程产生一种不会收缩也不会软化的分子结构，这种化学反应是由氧引起的。双组分车身填料会在金属表面形成石蜡涂层。填料中石蜡的作用是形成保护膜以防吸收氧气。石蜡悬浮在填料溶剂中，在溶剂挥发后被带到金属表面。在对金属表面进行打磨前，要用石蜡和油脂清除剂清除石蜡层，或者用粗齿油脂锉将石蜡层锉掉。

2. 车身填料硬化剂

为了加速干燥过程，厂家提供了一种化学催化剂，这种液体的或膏状的催化剂称为硬化剂。硬化剂的基本成分是过氧化物，过氧化物中的氧会急剧加速车身填料的硬化过程。

3. 车身填料的类型

市场上有很多种类型的车身填料。各种填料的质量或用法稍微有些不同。

(1) 玻璃纤维车身填料　玻璃纤维车身填料就是在塑料填料中加入了玻璃纤维。因为它不会吸收水分，可以用它修复锈蚀或强度要求高的位置。它既可以用在金属底层上，也可以用在玻璃纤维底层上。玻璃纤维填料有两种基本类型，一种由短纤维制成，另一种由长纤维制成。

(2) 铝粉填料　铝粉填料中含有铝的金属微粒。金属填料具有不收缩、防水和非常光滑的优点。金属填料看起来像铅，但更容易加工。硬化后，它们比滑石粉型或玻璃纤维型车身填料更硬。

(3) 轻型填料　轻型填料是为方便打磨和快速维修而配制的。它主要用于最后修整损坏的金属车身表面，使用时涂抹非常薄的一层。可以在较大的面积上涂抹薄薄的一层，以便于通过打磨将金属板磨平。在轻型填料中，微型玻璃球取代了大约50%的滑石粉，这就相对提高了树脂的含量，明显改善了填料的锉削和打磨特性，同时也提高了填料的黏合力和防水性能。

(4) 高级填料　高级填料的品质非常优秀，超越了传统的轻型填料。高级填料是湿润的乳剂，它们很容易涂开，不会在垂直表面上往下流。它们干燥时不脱落，没有气泡。

(5) 原子灰　原子灰用于填充维修区细小断面上很小的表面缺陷。因为使用车身填料常会产生小孔和划痕，可以使用原子灰快速整平这些缺陷，使工作量减小。单组分原子灰直接从管子中挤出来进行涂敷，然后慢慢地硬化。它们是用来填充小缺陷的，可以使表面变得光滑。

尽管单组分原子灰可以很好地形成薄边，但它们并不能提高车身填料的硬度。涂上底漆或油漆后，油漆会吸收油漆溶剂然后膨胀。必须留有充分的时间使原子灰再次完成硬化，然后才能磨光油漆层。如果打磨得过快，当打磨表面下的原子灰完全干燥并收缩时，漆面上会出现划痕。原子灰只能用来填充非常浅的划痕和小孔。大多数原子灰的最大填充深度只有0.8mm。

(6) 聚酯型上光原子灰　聚酯型上光原子灰或者叫双组分原子灰是带催化剂的细晶粒。和车身填料一样，为了引起并加速固化，必须在这种原子灰中混合硬化剂或催化剂。聚酯型上光原子灰不会收缩，有非常好的尺寸稳定性，可以阻止溶剂渗透。在传统的车身填料上使用聚酯型原子灰可以有效地解决扩散问题。

许多双组分原子灰可以涂在油漆的小凹痕上。要做的全部工作只是打磨油漆表面、将表面吹干净，然后在凹痕上涂上薄薄一层原子灰。然后，对原子灰进行打薄边，使其与周边漆面一样平。这样可以节省很多时间，而且不需要向下打磨到露出金属，这样做可能会磨穿油漆下面的原厂防腐保护层。

5.9.2　使用车身填料

1. 填充前的表面预处理

涂敷车身填料最重要的步骤之一就是表面预处理。开始正式维修之前一定要清洗掉汽车上的灰尘和污垢，然后用石蜡和油脂清除剂清洗维修区域以除去石蜡、硅树脂、道路柏油和油脂。研磨缺陷区域以去除旧的油漆，除去待填充区域周围70～100mm范围内的油漆，如果填料覆盖在原来的漆面上，油漆薄膜会从新的底漆和油漆中吸收溶剂，破坏填料的黏合力，填料会隆起，使油漆出现裂缝并使湿气渗透到填料下面，造成金属表面生锈，因此应使用砂轮清除油漆,如图5-102所示。校正金属板,尽可能使其符合原来的形状。在将维修部位的油漆打磨掉后,用压缩空气吹去砂尘,然后用抹布擦拭表面,除去剩下的所有灰尘。

2. 混合填料和硬化剂

混合之前,确保填料和硬化剂是兼容的。将填料放到一块光滑干净的混合板上。根据车身填料容器上的标签指示添加硬化剂。典型的情况是,混合车身填料时加入2%的硬化剂。即100份车身填料中加入2份硬化剂。这可以为涂抹修整填料提供正常的硬化时间。

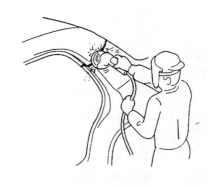

图5-102　打磨要涂抹车身填料的区域

如果硬化剂使用过量,则会造成填料硬化过度。加入过量的硬化剂会产生过多的气体,导致小孔出现。另外,小孔会导致油漆褪色,黏合不良以及打磨性能下降。填料中加入的硬化剂不足可能导致填料硬化不足。加入的硬化剂过少会使填料发软有黏性,这样的填料不会硬化或良好地与金属黏合,也不能整齐地打磨或形成薄边。用干净的原子灰刀或刮刀,来回刮动,充分将填料和硬化剂混合在一起,使颜色均匀。

3. 涂敷车身填料

将混合后的填料迅速涂到彻底清洁以及打磨良好的表面。第一层应涂抹得紧密、厚度较薄。用力将填料压入打磨时产生的划痕中,使黏合力最大。应当将填料涂抹得形状与车身轮廓匹配并略高出周围表面。**千万不要厚厚地只涂一层填料。这是一种常见的错误**,会造成填料出现裂缝、小孔,并且不能良好地黏合到车身上。涂抹车身填料时,薄薄地涂上一层或多层,将车身表面上剩下的低点填上,如图5-103所示。

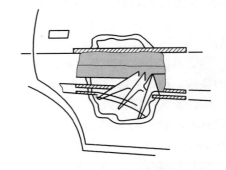

图5-103　用干净的刮刀将填料涂到维修区域

涂抹填料时,确保金属板表面完全干燥并且没有灰尘。如果将填料涂到沾有灰尘或湿的表面上,那么车身填料可能不会牢牢地与车身黏合。车身填料不能黏合到光滑的、未打磨的金属板上。金属板必须经过打磨,这样车身填料才能与其黏合。避免在低温下使用填料,因为如果温度较低,车身填料不会很好地硬化。

5.9.3　锉削与打磨车身填料

在涂抹填料之后,必须密切监视它的硬化速度。在较大的维修区上,应该在打磨之前锉削填料。锉削会除去高出期望平面的多余填料;打磨用于对填料进行整形和磨光。

1. 锉削填料

锉削是用车身粗齿锉将刚刚涂抹的填料上凸起的高点或边缘除去。要等到填料处于半硬状态,通常需要5~10min。如果用指甲划过填料时会留下坚硬的白色痕迹,则可以锉了。当填料稍微高于期望平面时,停止锉削。这样可以留出足够的填料用来磨平锉痕和形成薄边。如果锉削量过多,必须重新涂抹填料。锉削是非常重要的,因为它可以大大缩短打磨时间并减少维修时产生的灰尘量。

2. 粗磨填料

锉完后，用非常粗的砂纸磨去所有的锉痕。在较大的平坦表面上使用打磨块或空气锉。在较小的表面上使用盘式打磨机或双作用打磨机，如图 5-104 所示。大平面上经常使用的是空气锉。不要试图磨去第一层填料上的所有缺陷。

打磨填料时，通常使用下面的打磨程序：

1）用大尺寸打磨机上的粗砂纸开始打磨车身填料。为了快速磨掉填料上的高点以及较深的锉痕，需要使用粗磨。如果需要少量打磨，可以使用中等磨粒的砂纸进行手磨或电磨。粗砂纸到中砂纸的打磨可以快速磨去填料，使其稍微高于期望平面。

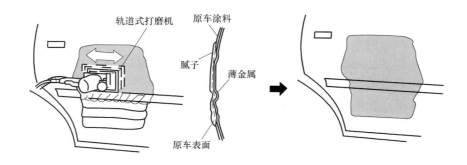

图 5-104　使用打磨机打磨车身填料

2）当维修区还高出一点点时，停止打磨车身填料。与周围的车身表面相比，填料上仍有轻微的凸起。当继续修整维修区时，必须换为细砂纸以避免填料上产生深的划痕。

3）为了最后修平填料并形成薄边，用平坦的细砂纸向下手磨或电磨表面，使其平滑。用橡胶块（或磨板）手工打磨可以更好地控制填料的磨除。手动修填料区的薄边，直到维修区域的边界周围感觉不到翘起（或凸起）。必须将维修区域打磨得足够光滑，这样底漆才会填上剩下的打磨划痕，如图 5-105 所示。

除非是对非常小的区域进行简单的维修，否则通常需要涂抹第二层车身填料。第二层填料用来填充低凹部位，并使填料的形状与车身轮廓线接近。

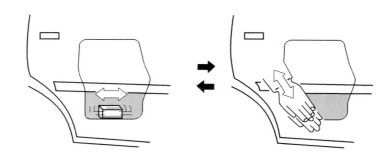

图 5-105　手工打磨并检查表面是否平整

3. 吹去打磨尘屑

打磨之后，用高压气枪吹去尘屑。将维修区域吹干净还可以确保下一层填料良好地黏合。然后用抹布擦拭维修区域。这样可使维修区更明显，还可以除去可能遮住表面小孔的打磨尘屑。

4. 检查填料的修整

仔细检查填料，打磨的同时用手检查表面是否平滑。油漆不会隐藏缺陷，只会使它们更明显。检查是否有凹坑、凹点、擦伤以及其他必须再次填充的表面缺陷。检查填料上是否有高点和低点。如果发现填料中露出小面积金属，说明金属板过高，需要用鹤嘴锤轻轻敲击，降低这些高点。

5. 涂抹第二层填料

为了填高第一层填料或填充剩下的表面缺陷，常需要涂抹第二层填料。使用干净的混合板和刮刀，在第一层上面再涂上薄薄的一层填料，这样可以确保在抛光后不会出现波浪不平。当填料完全硬化后，可以根据需要再涂一层填料，使维修区填高并达到合适的形状。在每次涂施下一层填料之前，必须使每一层填料都硬化。传统的车身填料应稍微填高一些，这样填料硬化时在表面产生的蜡膜可以通过打磨来去除掉。

6. 车身填料修薄边

车身填料的修薄边是对维修区域进行打磨，以使维修部位的边界与未维修的表面平齐。通常要对维修部位进行手工打磨，并打磨到未损伤区。如果从剖视图的侧面看，填料应直接延伸到车身面板的未损伤区域，并且相互齐平。

在得到满意的填料表面粗糙度后，用黏布清洁维修区域，黏布可以粘去正常清洁无法清除的填料尘屑。微小的微粒也会损伤或破坏面漆。当金属板完全平滑并且形状正确后，就可以进行上底漆、密封或喷底漆腻子了，为表面涂漆进一步做好准备。

7. 填料区上底漆

如果确定填料已经是光滑的并且完全修平了，那么接下来应将该区域上底漆。必须用遮挡物盖住汽车，以防底漆喷到其他部位。所有要涂底漆的表面必须都被打磨并清洁。通常在填料和裸露的金属板上面喷上自蚀底漆或环氧树脂底漆。

8. 涂抹原子灰

当底漆干燥时，常常会显示出车身填料上看不见的微小凹痕。小孔和划痕可以用原子灰来填平，如图 5-106 所示。使用聚酯型原子灰，将原子灰和硬化剂混合在一起。将少量的原子灰放到干净的橡皮刷上。将填料的所有凹痕和其他缺陷都涂上薄薄的一层原子灰，单向地快速刮动。涂抹原子灰时刮动次数要少。反复刮动会使原子灰脱离填料。橡皮刷刮过，表面很快变干。原子灰完全干燥后，用细砂纸将其打磨光滑。在原子灰中的溶剂完全挥发以前就进行打磨，会导致漆面上产生磨痕。只打磨原子灰，直到原子灰与底漆表面平齐，同时避免磨透底漆。

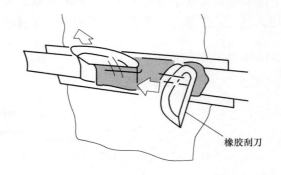

图 5-106　涂抹原子灰

9. 使用引导漆

引导漆常用来检查维修区域是否有凸出或低凹部位。引导漆是涂在维修区域的薄薄一层不同颜色的底漆或专用粉末，通过对维修区域进行轻轻打磨，观察引导漆的变化情况，就很容易发现凸出或低凹部位。

过去使用的是不同颜色的底漆引导漆。在维修部位喷涂薄薄的一层雾状底漆，通过打磨这些底漆引导漆，可以很容易发现填料上的凸出或低凹部位、小凹痕以及其他表面问题。凸出部位很快就被打磨掉，而低凹部位则会保留雾状底漆不变。

现在使用粉末引导漆来检查车身维修工作。引导漆粉末通常装在一个带有海绵涂抹器的塑料容器中。细细的粉末由海绵涂抹器涂到底漆区域上面。然后就可以立刻磨去粉末而不必等它干燥。凸出部位的粉末会立即被磨去，而低凹部位的粉末则会保留下来。这样可以看出哪里需要进一步打磨或涂更多的原子灰。理想的情况下，第二层彩色底漆或干燥的引导漆粉末应该同时全部被磨去，这表示表面是平整的，可以涂抹密封剂、颜色涂层或进行其他的工作了。

▶ 5.9.4 修理漆面缺陷

一些缺陷可以使用抛光膏来修整，抛光膏可以去除损伤表面的油漆，使油漆露出光泽而不必重新喷漆，但过深的缺陷（如刮伤）无法用抛光膏来消除。如果刮伤穿透了底漆并露出了下面的金属，那么必须先进行打磨，再上底漆，最后喷漆。另外，那些不能进行抛光但未触及金属的深度刮痕常可以用双组分原子灰进行填充。

1. 修理油漆刮伤

用清除蜡和油脂的溶剂来洗涤并清洁维修区域，然后轻轻地打磨要进行表面修整的整个板子。轻轻地打磨会使漆层变得粗糙，这样维修材料可以粘到原有的油漆上。粗磨完成后，用压缩空气或柔软的棉布清洁打磨过的区域，然后用黏性的布擦拭。

如果刮伤过深，不能形成薄边，则在上面涂抹原子灰。使用适度的压力，将维修区域上的原子灰刮开，使原子灰完全干燥。待原子灰干燥后，用细砂纸打磨维修区域。打磨结束后，洗净原子灰并将表面擦干，再用黏性抹布擦净维修区域。检查刮伤处，找出凹点和原子灰中的空隙。如果刮伤处还需要原子灰，则重复此步骤。当刮伤部位的表面没有缺陷时，便可以开始上底漆并重新喷漆了。

2. 修理刻痕

较小的撞击和擦伤常常会在汽车漆面上留下刻痕和划痕，比如汽车行驶时带起的小石子会破坏漆面，使下面的金属板暴露出来，侧面撞击也会导致刮伤和凹槽。一旦裸露的金属板暴露在空气中，必须涂上自蚀底漆或环氧树脂底漆以防在喷涂新漆之前生锈。

首先，用溶剂对维修区域进行清洗和脱蜡。用干净的毛巾或抹布向下擦拭维修区域，将破裂漆面的粗糙边缘打磨光滑并形成薄边。当打磨过的区域摸起来很光滑时，再用细砂纸磨去所有剩下的划痕。吹去打磨形成的尘粒，然后用黏性布擦拭维修区域。涂一层底漆腻子填高该区域并填充所有不均匀的薄边。底漆腻子干燥后，涂上一层雾状的其他颜色或对比色的引导漆。用磨块进行打磨，找出低点。如果需要，用双组分原子灰填充上低点或凹痕。为了获得非常光滑的表面，最后必须进行打磨和喷涂底漆。然后就可以对表面进行喷漆了。

3. 修理凹痕

有一种表面缺陷，除了进行填充外，有时需要轻度的钣金加工，这种表面缺陷称为凹痕。凹痕通常是开门时不小心而引起的小凹陷。当金属板受到另一扇车门的撞击时，会产生一个很浅的凹陷。在这个小的凹陷拉伸区还常伴随产生一个压缩隆起区。

维修深的凹痕时，首先要对表面进行清洗和脱蜡，然后用轻型的气动磨光机磨去维修区域的漆层，上下打磨，去除油漆。清洁完金属板后，轻轻涂上一层车身填料。待填料硬化后，用砂纸将填料打磨光滑。凸起的金属区域需要敲平，低点处需要再次使用车身填料或双组分原子灰。一旦凹痕已经被完全地填充并修平，那么周围的油漆边缘必须修薄边。

<u>注意：一些原子灰经过调配可以涂在硬化的油漆上</u>。这样可以节省时间并避免向下打磨到裸露的金属、穿透出厂时的防腐层。

5.10 喷漆和补漆

▶ 5.10.1 底涂和面涂

底涂为面漆提供了一个坚实的基础。如果将漆直接喷在没有底涂的裸车身基材上（金属、玻纤或塑料），漆面有可能起皮或者看上去很粗糙，因此在基材（车身板件）与面漆之间要夹一层底涂。此外，底涂还有防锈作用并能填充细小的划痕和板件中的其他缺陷。

> 典型的喷面漆前的底涂程序是：
> ① 在所有裸金属车身表面喷涂磷化底漆或环氧底漆以改进黏合性和防蚀保护。注意是只对裸金属表面喷涂磷化底漆或环氧底漆，不对车身填料或塑料零件喷涂。
> ② 如果需要增加漆膜厚度，使经过深度打磨的修理部位与原漆面平齐，则可在整个修理部位（车身填料、磷化底漆、上光原子灰）喷涂底漆腻子。
> ③ 在所有底漆与腻子上喷涂密封剂以免底漆与腻子显露或渗入面漆。可能时，应按车身漆色对密封剂进行着色。
> ④ 在未修理的但经过打毛的原漆面喷涂透明的黏合促进剂以避免新漆起皮或脱落。在密封部位不必喷涂黏合促进剂。

喷涂这些底涂是为喷涂面漆做准备，然后就可以喷涂色漆和清罩层了。

面涂的基本程序为：遮盖—清洁表面—面漆初次喷涂—面漆喷涂（自动喷涂机）—固化—烤漆（干燥）—外观检查，如图5-107所示。

▶ 5.10.2 漆面修复材料的准备

在准备给汽车喷漆时，必须首先确定需要进行哪种修理，是局部漆面修复、板件漆面修复还是整车重新喷漆，并根据情况订购或调配喷漆材料。还必须检查车上原有哪些漆，以前是否做过漆面修复。如果准备进行局部或板件漆面修复，一定要按原漆色购买和调配，使新喷的面漆色与原漆色完全一致。

1. 检查汽车以前是否做过漆面修复

有三种方法确定汽车以前是否做过漆面修复，即

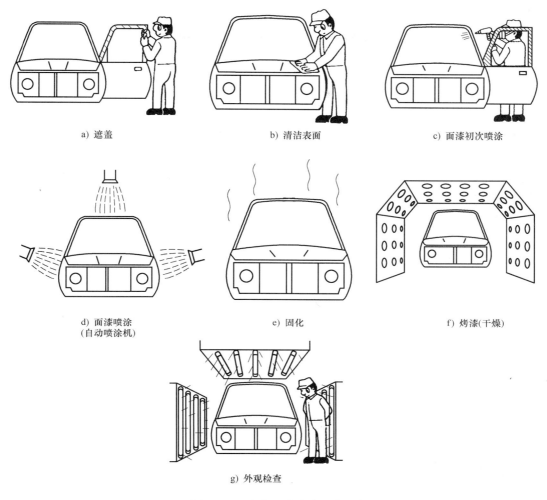

图 5-107　汽车面漆喷涂基本程序

（1）打磨法　打磨要喷漆板件的边直到露出裸金属。如果汽车以前补过漆，那么在原漆膜上可以看到附加的底漆与面漆层。

（2）测量漆膜厚度法　如果比正常的漆膜厚，则一般表明补过漆。新车的标准漆膜厚度约为：美国产汽车 4~6mil；欧洲产汽车 5~8mil；亚洲产汽车 4~6mil。可以使用漆膜厚度测量仪来测量漆膜厚度。检查所有要喷漆的板件。如果测量表明漆膜厚度为正常值的 2 倍以上（超过 12~15mil），表明汽车可能重新喷过漆。喷新漆前，需要清理旧漆减少漆膜厚度。

（3）直观检查法　仔细检查汽车，查看有无漆面修复的迹象。查找遮盖条生成的漆道、过喷和其他修补迹象。但如果漆面修复专业水平高，所有修复迹象可能掩饰得很好，很难看出汽车是否重新喷过漆。

2. 确定旧漆的类型

在确定如何进行漆面修复前，需要先确定汽车原先所用漆的类型。可能是原厂漆，也可能经过修复采用了其他类型的漆。**确定漆面类型的方法有涂溶剂法、硬度法和清罩层法。**

1）采用涂溶剂法时，用白布沾硝基稀料擦涂漆面看漆膜是否容易溶解。如果漆膜溶解，在布上留下色痕，说明是风干漆；如果不溶解，可能是烘干漆或双组分漆。丙烯酸氨基漆不像风干漆那样容易溶解，但有时稀料会渗进去使漆面失去光泽。

2）采用硬度法时须检查漆面的一般硬度，漆面并不会干燥或固化成同一硬度。一般而言，双组分漆和烘干漆干燥后形成的漆膜硬度比非催化的风干漆高。

3）使用清罩层鉴定法可以确定漆面是否有清罩层。在板件底端打磨一小块漆面，如磨下的粉尘是白色的，表明有清罩层；如粉尘为车身的漆色，则表面采用的是纯色漆或单级漆。只要不是白色单级漆，都可以使用这个方法鉴定。而白色单级漆和清罩层打磨时形成的粉尘都是白色的。

> **注意**：不要在瓷漆上面喷硝基漆，但可以在硝基漆上喷瓷漆。因为如果在瓷漆上面喷硝基漆，可能会出现漆面隆起等不相容的问题。

3. 漆色调配

要订购或调配面漆颜色，需要先找到汽车铭牌。记下铭牌上所示的原厂漆代码。如果汽车原漆面状态良好（未褪色未粉化），按原厂漆代码订购或调配一般可以获得很好的效果。

作为复查，最好用车漆手册中的色片与实际汽车的漆色做一下比较。汽车又喷了别的漆色是常有的事。可从供应商处订购面漆材料或使用普通色标号自己调配。大型修理厂往往自带调漆间。调漆间中备有各种颜料和其他常用的成分，可以自己调漆，不必向外面的供应商订漆，既省时间又省钱。

4. 选择漆的溶剂

向底漆、密封剂、面漆或其他液体材料中加入溶剂（还原剂或稀释剂）是为了降低黏度（稠度或流动性）使其能正确流入流出喷枪。溶剂或还原剂还能影响漆在现有温度和天气条件下固化或干燥的速度。漆的溶剂有两种基本类型：一是还原剂，目前用来稀释氨基瓷漆基材料；二是稀释剂，过去用来稀释旧式硝基材料。

面层色漆在运输时通常采用尽可能高的黏度以减缓沉降速度。在喷涂时就需要将这种黏稠的漆料加以稀释，使漆料有足够的流动性，能够通过喷枪进行正常雾化。有的油漆产品称为"即喷漆"，意思是不需要稀释，可以用容罐直接喷涂。

5. 喷涂温度与湿度

汽车喷漆有两个重要的影响因素：温度和湿度，其中温度更为关键。如果喷漆房没有全时温度控制系统，则需要在调漆时使用不同的还原剂通过化学上的措施来补偿温度的影响。

6. 调和溶剂

调和溶剂有助于喷涂时新漆溶入旧漆。在给调和后的修理部位喷清罩层时，常使用调和溶剂。调和溶剂比普通溶剂的侵蚀性强，能够侵入旧漆层。调和溶剂可以溶解旧漆，使其与清罩层更密切配合。调和溶剂有助于两种漆流更平滑地溶在一起。例如，在进行后侧围板与车顶的调和时，在帆板处的清罩层即新旧清罩层汇合处应使用调和溶剂。调和溶剂有助于交界处的羽化，使新旧清罩层溶合在一起，防止调和部位漆面的光滑性出现差异。

7. 调配漆料

印在漆罐标贴或产品说明书上的漆料调配说明中给出了漆产品中应加的各种成分（溶剂、固化剂、弹性剂等）的比例，给出的可能是百分比。百分比还原意味着每种成分以一定比例或份数添加。例如，50%还原意味着一份还原剂（溶剂）必须与两份漆混合。按份混合意味着对于一定体积的漆料或其他材料，必须加一定量的另一种材料。

5.10.3 涂施底涂

在漆面系统中，底涂一般是第一道。底涂的作用是使裸基底材料（钢、铝、SMC、玻纤复合材料或塑料）能够接受和黏附色漆层。要按基底材料选择底漆。环氧底漆和磷化底漆可以在金属板件上提供最大的黏附力并生成一个耐蚀防锈的基础。底漆（或底涂）材料有几种类型，要按基底材料选择正确的类型。

1. 往裸金属面上涂施底漆

应在所有裸金属面上涂施磷化底漆或二元环氧底漆，如图5-108所示。对于小面积打磨露出的裸金属，可使用磷化底漆喷罐；对于大面积裸金属，可用喷枪调配和喷涂底漆。一般是在板件的全部裸露金属面喷一道全湿涂层，沿修理部位的周边喷一道底漆稀料进行调和。

此外，还供应有磷化底漆腻子可用于裸金属。如金属表面有锈（或有麻坑）应使用磷化底漆腻子。较稠的磷化底漆腻子可以黏附到金属表面上，同时还能填补表面上的小麻坑。普通底漆的稠度不足以填充金属表面的锈坑。

2. 涂施密封剂

密封剂喷在底漆、上光原子灰和旧漆上面形成一个隔离层，防止底涂的溶剂渗出底漆影响色漆，提供一个均匀的底子使底层的褪色不会在新漆中显现出来。

密封剂提供一个均匀的底色作为喷涂面漆的基础。如果板件以前做过漆面修理，涂有不同颜色的底漆，则密封剂可以使补漆部位呈同一颜色，减少所需的面漆量，特别是有清罩层时。如果旧漆很好很硬，则不一定要喷涂密封剂。只在板件的修理部位喷涂密封剂。

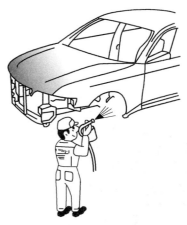

图5-108 喷涂底漆

3. 涂施黏合促进剂

黏合促进剂也称中涂底漆，用来提高原厂烘硬基层/清罩层面漆的黏合性。黏合促进剂一般是预调好的透明底漆，耐久性很好，喷在极硬的清罩层上有极好的黏合性。往烘硬的原厂漆上喷漆时，要先喷涂黏合促进剂。对于涂底漆或密封剂的修理部位则不需要喷涂黏合促进剂。透明的黏合促进剂可与清罩层一起喷涂，不会影响旧漆的颜色。

5.10.4 闪干时间

闪干时间是指新喷涂的底漆、密封剂或面漆涂层部分干燥至可进行下一道喷涂所需的时间。为了使下一道涂层能够不出问题地喷在上一道上，需要有正确的闪干时间。闪干时间随所喷的漆料、喷漆房温度与湿度而异。对于现代的氨基漆与催化漆，一般推荐的闪干时间是10~20min。气候控制型喷漆房可以缩短闪干时间。漆工常在两次喷涂的间隔期间提高喷漆房温度，因为提高喷漆房温度可以使大多数漆料的闪干时间缩短5~10min，这样就比用室温干燥能省出不少的时间。

但闪干时间过短或两次喷涂之间间隔的时间不够长可能造成漆面流挂。漆工为了赶时间缩短两次喷涂之间的等待时间往往会造成这种情况。常常是在喷最后一道厚的清罩层时出现流挂问题。如果闪干时间不足，还可能会出现"溶剂爆裂"这类更为严重的问题。闪干时间过长即两次喷涂之间等待过长可能导致漆的黏合与流平问题。喷涂时，并不希望上一道干燥过度。如果已经完全固化，还需要打毛才能保证下一道的正常黏合。

▶ 5.10.5 基层/清罩层修理

基层/清罩层型面漆是目前车身最常用的面漆体系。在对基层/清罩层漆面修理进行评估时，要仔细检查与损坏部位相邻的漆面。如出现粉化、暗淡或其他损伤，新漆很难做到与旧漆相配。试着抛光一小块旧漆面，看能否打出颜色和光泽，如不能，则需进行整车重喷。修理严重老化的基层/清罩层型面漆时，这样做可以省去不少麻烦。

1. 基层/清罩层局部修理

基层/清罩层的局部修理一般是只对修理部位而不是整个板件喷色漆。只按照需要在底漆和密封剂上喷基层色漆，旧漆只要状态正常就不在上面喷色漆。修理部位新喷的色漆层的边缘需进行调和以便与旧漆相配。之后，对整个板件喷清罩层。这是目前车身修理车间最常见的局部修理方式。基层/清罩层型面漆的局部修理一般包含以下步骤：

> ① 用车身填料修补板件的微小缺陷。
> ② 正确打磨和打毛要喷漆的所有表面。
> ③ 在修理部位涂施底涂系统（底漆与密封剂）。
> ④ 在原厂漆而不是密封剂上喷黏合促进剂。
> ⑤ 在修理部位喷两道或三道色漆，并与周围的旧漆调和。
> ⑥ 在整个板件上喷两道或三道氨基清漆。

尽管要对整个板件喷清罩层，但仍视为局部修理。当全板件修理不经济或不现实时，推荐采用局部修理。局部修理常用于板件只有小块漆面损坏的场合。对于基层/清罩层型的修理，原来正常的漆面在修理后仍露在外面。在有分割线（镶条或车身棱线）可以隐蔽漆色的差异时也适于使用局部修理。

2. 喷色漆

在喷基层或色漆层时，为了保证对底漆层的充分覆盖，应喷两三道色漆。一般说来，色漆层要比清罩层喷得轻，基层不需要出光泽，只需使用足够的漆料保证遮蔽和全色覆盖即可。喷金属色漆时，常使用非常轻的雾层。这样有助于金属粉在漆中均匀分布，与旧漆更好地相配。

3. 色漆层的调和

为了与车上的旧漆相配，必须注意色漆的调和，让修理部位周边渐薄。另外，还要尽可能地保留旧漆外露。只在需要的地方喷色漆。调和色漆时，在修理部位周边附近侧向扇动喷枪，有意让漆膜渐薄使其融入旧漆。因此，每道色漆都要比上一道喷得更薄、更广。

4. 喷金属色漆

金属色漆的匹配比较麻烦,因为不仅颜色要相符,漆中金属粉的密度也要一致。局部修补金属色漆需要有技巧才能达到颜色相配及金属粉均匀分布。如果能从车身型线开始进行渐薄过渡就可以使调和区不太显眼。

5. 喷涂清罩层

只要有可能,最好给整个板件喷涂清罩层。通常是给所修的板件喷两道或三道清罩层。两道之间至少留出 10~15min 闪干时间。喷清罩层时不要等基层完全干透,应按厂家推荐确定闪干时间,多数厂家推荐喷清罩层前留出 15~30min 的闪干时间。

6. 喷涂三级漆面

喷涂三级漆面需要喷涂三种不同的漆料来形成光彩照人的面漆。首先喷涂不带云母粉的基层色漆,然后在基层色漆上喷带半透明云母粉的珠光中涂,最后在云母层上喷氨基瓷漆清罩层。

三级漆可以产生一种三维效果。闪光的云母粉不是嵌埋在色漆内,而是浮在色漆层之上。仿佛漆面和云母粉在熠熠发光,颜色也变幻不定。三级漆与基层/清罩层体系的修复工艺基本相同,只是施工方法和技术稍有不同。

▶ 5.10.6 喷涂单级漆

单级漆与表面暗淡的色漆不同,不用清罩层就有光泽。不必在单级漆上喷涂清罩层。有时采用单级漆来加快修理,降低成本。

目前,有的修理厂采用单级氨基漆来重喷纯色漆。虽然单级漆可以配出基层/清罩层纯色漆,但很难与金属漆相配,故通常用来补喷比较好配的纯色漆或者位置不太明显的板件。单级漆有很好的耐久性,没有清罩层的白色划痕。喷单级漆比喷基层/清罩层漆省时间,挥发性有机物的含量低。漆料的浪费少,所需的清理时间也少。较轻的损伤,或费用估计中不允许喷涂整个板件时,可以使用调和单级漆进行修理。

进行单级漆局部修理时,喷漆前调和区应使用研磨膏打毛或用砂纸打磨。在密封剂层喷一道单级漆全湿涂层,然后扇动喷枪或将漆调和到未损伤部位。调和单级漆只限于小部位或不显眼部位(沿车身底部或靠近车身边缘)。即使经过抛光,调和过的新漆与旧漆相交处的漆带也会依稀可见。调和车身型线处的纯色漆时,不必喷翼子板的上部,因为这里的漆比较显眼。这样有助于避免在漆色和纹理差异方面的问题。

▶ 5.10.7 板件漆面修理

板件漆面修理是给整个板件喷涂色漆层和清罩层。整个板件重新喷漆时不做调和。比如,如果装了新翼子板,则需要对整个翼子板喷底漆和密封剂,然后喷色漆,最后喷清罩层。大多数纯色漆都可以与板件修理相配。对于难配的漆色(特别是金色(银色)珠光漆与金属漆),有时需要在与未修理板件相汇处进行清罩层调和。

1. 板件金属漆面修理

对于亮色金属漆,新旧漆面的差异会比较明显。在重喷整个板件时,要做到新漆与旧漆完全相配很困难。因此必须加大调和区域,进入未损坏板件以掩蔽漆面的差异,如图 5-109 所示。这样可以使板件修理不那么明显。如果板件两端损坏或整个板件重新喷漆,则调和区域可能要漫延到两侧的相邻板件上,即使这些板件没有损坏,不需要喷漆。

2. 板件纯色漆面修理

板件纯色漆面修理要给整个板件（车门、发动机舱盖等）喷漆。在板件连接处进行漆色匹配。进行全板件修理时，要对不喷漆的部位进行遮盖，还必须保证新喷的漆色与旧漆几乎完全一致。

板件喷漆是为了修理有确定分界线（如车门或翼子板间隙）的全板件漆面。对整个板件喷涂正常的涂层。但在后侧围板与车顶板之间不能对整个板件进行喷漆的部位，还需要进行漆膜调和。

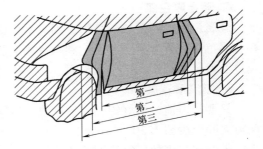

图 5-109 每涂一遍逐渐扩大喷涂范围，使调和区域光滑

5.10.8 整车漆面修理

整车漆面修理就是给整个汽车喷涂新漆。**整车漆面修理属于高成本大型修理，需要相当的时间和成本。**以下情况一般需要进行整车漆面修理：汽车车身一半以上表面需要喷漆；经过大型碰撞修复后，车上焊装了几块新板件，为了使所有板件漆色一致；汽车漆面老化（漆面无光、开裂、起皮、剥落或磨损）。

进行整车喷漆时，有时要对板件缝隙进行背面遮盖，车底表面不喷漆。而在修复老爷车或整车改换漆色时，需要将所有饰件、玻璃以及大多数螺栓紧固的零件拆下，以便将所有表面都喷到（板件前后与边缘）。这种修理费用很高。

喷完漆后，在进行烘烤前须让漆面进行闪干或部分固化。烘干时喷漆房的温度要更高些。如果新漆烘烤过快溶剂来不及蒸发，就可能出现漆面缺陷。在烘漆前要留出足够的闪干时间，使溶剂有机会蒸发，避免漆面起泡。一般说来，浅色漆对热更为敏感，在进行强制干燥或烘烤时要格外小心，避免造成失色。

5.10.9 塑料件的漆面修复

塑料件在经过修理和"表面准备"后，即可以喷涂底漆和面漆了。塑料件一般需使用一种特殊的塑料底漆。如未喷塑料底漆或喷普通底漆可能出现鼓起或脱皮的现象。按厂家推荐确定某种喷漆系统能否用于特定的塑料件上，或是否需要塑料底漆或弹性添加剂。汽车塑料件一般都可以使用普通喷漆系统作面漆。

半刚性（弹性）塑料件常需要往漆里加一种"弹性"添加剂。由于柔软的塑料件容易振动或弯曲，因而需要加添加剂，因为油漆弹性添加剂可增加漆膜的弹性，使固化的漆膜受到弯曲后不会开裂。给弹性保险杠之类的零件喷漆时应在漆里加弹性添加剂。

基层/清罩层一般使用氨基漆。有的厂家推荐在色漆中加弹性剂，在清罩层中不加。因为添加剂可能影响漆的光泽，有的厂家的说法正好相反，所以一定要按标贴上的说明决定是否使用弹性添加剂。

5.11 塑料件的修理

塑料件包括保险杠、翼子板喇叭口、保险杠左右弧形接板、翼子板挡泥板、格栅开口板、防飞石护板、仪表板、装饰板、燃油管、车门面板、后侧围板和发动机部件。塑料件使用范围的扩大使碰撞修理产生了各种新的方法。塑料件的擦伤、裂缝、凹槽、撕裂和刺穿都是可维修的。必要时，一些塑料件还可以在变形之后重新修整回其原来形状。

▶ 5.11.1 塑料件的种类

汽车结构中**常见的塑料件有两种塑料类型：热塑性塑料和热固性塑料。**

1）热塑性塑料可以通过加热反复地软化和变形，而其化学成分不会发生变化。在加热时变软或熔化，而在冷却时则变硬。热塑性塑料件可以用塑料焊机进行焊接，也可以进行黏合维修。

2）热固性塑料在热量、催化剂或紫外线的作用下会发生化学变化。硬化后形成永久形状，不能通过反复加热和使用催化剂进行改变。热固性塑料通常用挠性零件维修材料来进行维修。一般情况下，用化学黏合方法修理热固性塑料，而维修热塑性塑料则使用焊接方法。

为了获得特定的性能，将不同的塑料和其他成分混合在一起就形成了一种复合塑料。例如玻璃纤维加强型复合塑料板，通常称之为片状模塑料（SMC）。使用 SMC 的原因很简单，因为相比传统的材料，它重量轻、耐腐蚀、耐凹痕并且较容易修理。使用 SMC 和其他纤维增强塑料（FRP）并不是新技术，它们已经用在汽车的各种部件上多年了。使用加强塑料的大的外部车身板也很常见了。新鲜的是这些板件用黏合剂黏合到金属立体车架上，增加了整个汽车的结构刚性，这一点与早期汽车上的外部板不同。

表 5-5、表 5-6 包含了各种汽车塑料件的附加信息以及它们的维修方法。

表 5-5 塑料件维修快速指南

步骤	作业	维修方法					
		A	B	C	D	E	F
1	塑料识别	热固性聚氨基甲酸乙酯	ABS、聚氨基甲酸乙酯、尼龙、聚碳酸酯	PP、TPO、TEO、TPE、PE 或其他	ABS、SMC、玻璃纤维、PC 混合物	SMC、UP、FRP、玻璃纤维	ABS、SMC、玻璃纤维、PC 混合物
2	清洁	用肥皂、水和塑料清洗剂清洁零部件					
3	维修	热固性聚氨酯焊接	热塑性熔焊	万能玻璃线	瞬间黏合剂	双组分环氧树脂黏合剂	刚性塑料维修包
4	填充	打磨并涂抹填料以符合衬底的硬度					
5	打底	涂抹柔软的底漆，然后用密封剂密封					
6	喷漆	喷涂带有增韧剂的面漆					

表 5-6 不同塑料件的维修方法

符号和类型	识别方法	典型用途	建议维修方法	维修技巧
PUR、RIM、RRIM、热固性聚氨基甲酸乙酯	通常是柔软的、可以是黄色或灰色，试图熔化时会起泡和冒烟	挠性保险杠护罩（特别是国产车）、护板、门槛套、雪车前围板	方法 A（用聚氨酯焊条）或方法 C（万能玻璃线）	不要试图熔化基底材料！只将焊条熔化到 V 形槽内就行，像热熔胶一样
SMC、UP、FRP 玻璃纤维	坚硬的、打磨细腻	刚性车身面板、翼子板、发动机舱盖、行李舱盖、扰流器、顶板	方法 E（用双组分环氧树脂和玻璃纤维加强材料维修）	用衬板放到孔上，玻璃纤维布以增加强度并接近热膨胀
ABS（丙烯腈丁二烯苯乙烯）	坚硬的、通常是白色，但是可以铸成任何颜色，打磨细腻；加热时气味难闻	仪表板、格栅、装饰嵌条、控制台、肘靠	方法 B（用 5003R3）、方法 D（瞬间黏合剂）或方法 E（双组分环氧树脂）	用了增加强度，焊接维修时必须用环氧树脂衬底
EEBC	柔软、白色，外观与 PUR 相似（Lomod）	门槛套嵌条、保险杠延长段（91-96 DeVille）	方法 C（5003R10）	—

(续)

符号和类型	识别方法	典型用途	建议维修方法	维修技巧
EMA	半硬、各种颜色，没有喷漆（Bexloy）	保险杠护罩（Dodge Neon 第一代基本型）	方法 C（5003R10）或方法 B（从废料上切下小条）	打磨整个保险杠，用 Flex Tex（3800）恢复纹理
PA 聚酰胺	半硬或坚硬、打磨细腻	散热器箱、前照灯灯圈、外部装饰件	方法 B（5003R6）	焊接前用加热喷枪预热塑料，将焊条与基底材料完全混合
PC + ABS Pulse	坚硬、打磨细腻、通常深色	车门面板（Saturn）、仪表板	方法 B（5003R7）或方法 D 或 E（黏合剂）	用方法 B 焊接前用加热喷枪预热塑料
PC + PBT Xenoy	同上	保险杠护罩：豪华型 Ford 车、84-95 Taurus、Aerostar、一些 Mercedes 和 Hyundai	方法 B（5003R7）、方法 C 或 E（黏合剂）	同上
PE 聚丙烯	半软，打磨时软化或变模糊，通常半透明	溢流箱、翼子板内板、内部装饰板、散热器护罩、内板、汽油箱	方法 B（5003R4）或方法 C（5003R10）	涂抹填料或喷漆几乎不可能
PP 聚丙烯	半软，通常黑色，打磨时软化或变模糊	保险杠护罩（通常与 EPDM 混合）、翼子板内板、散热器护罩、内板、汽油箱	方法 C（5003R10）或方法 B（5003R2）	涂抹双组分环氧树脂填料时，使用 1060FP 黏合促进剂
PPO + PA Noryl GTX	半硬，打磨细腻，通常白色	翼子板（Saturn 和 GM）、外部装饰板	方法 B（5003R6）或方法 D 或 E（黏合剂）	用方法 B 焊接前用加热喷枪预热塑料
TEEE	柔软或半软（Bexloy V）	保险杠护罩（特别是在国产车上，护板、门槛套	方法 C（用 5003R10）或方法 B（从废料上切下小条）	—
TPE 热塑性人造橡胶	半软，通常黑色或灰色，打磨时软化或变模糊	保险杠护罩、护板、发动机舱盖下的部件	方法 C（5003R10）	涂抹双组分环氧树脂填料之前，使用 1060FP 黏合促进剂
TPO、EPM、TEO 热塑性石蜡	同上	保险杠护罩、扰流板、格栅、内部板、仪表板和雪车前围板	方法 C（5003R10）或方法 B（PP 或 TPO 焊条）	涂抹双组分环氧树脂填料时，使用 1060FP 黏合促进剂
TPU、TPU—热塑性聚氨基甲酸乙酯	柔软，打磨细腻	保险杠护罩、软护板、扰流器、门槛套	方法 B（5003R1）或方法 C（5003R10）	—

5.11.2 塑料件的识别

有多种方法可用于识别未知的塑料。**一种方法是通过压印在零部件上的国际标准符号或 ISO 码进行识别。**许多制造商使用这些符号。符号或缩略语加工在零部件背面的一个椭圆内。这种方法的问题是必须拆下零件来读取符号。如果无法用符号确定塑料件，车身维修手册会给出汽车上使用的塑料的信息。车身维修手册常常列出专用的塑料种类。

使用火焰和产生的烟来确定塑料的种类，已不受欢迎。而且这种燃烧测试并不总是可靠的。现在的许多零件使用含有多种成分的复合塑料，在这种情况下，燃烧测试无济于事。

另一种识别未知塑料的可靠方法：进行焊条黏附测试或用试凑法。在零部件的隐蔽部位或损坏部位进行焊接。试几种不同的焊条，直到一种能够黏着为止。大多数供应商只提供了几种塑料焊条,可能范围并不大。这些焊条采用颜色编码。一旦发现焊条起作用,也就确定了基本材料。另一种确定塑料的方法是塑料件挠性测试。用手弯曲塑料件,与塑料件样本的挠性进行比较。然后采用最符合基本材料特性的维修材料。

5.11.3 塑料件的维修

和其他的车身维修工作一样,维修塑料件时要先进行评估。此时,要确定该零部件应维修还是更换。如果在弧形接板或大的塑料板上有小的裂缝、撕裂、凹槽或孔,而这些部件难以更换、成本较高或不易取得,说明维修是合理的。上述部件如果大面积损坏,或者翼子板喇叭口、塑料装饰件等便宜且易更换的部位发生损坏,则可以进行更换。简单来说,要由维修人员或评估师来决定是否修理比更换有意义。

如果决定修理,必须确定该零件有无从汽车上拆下的必要。为了高质量地修复损坏,必须够得着整个损坏区域。如果够不着,则必须拆下零部件。零件还必须进行表面整修。**有两种方法维修塑料件:使用化学黏合剂、进行塑料焊接。**

1. 化学黏合剂黏合法

黏合维修法有氰基丙烯酸酯黏合法和双组分法两种,双组分法最常用。氰基丙烯酸酯(CA)是一种单组分快速固化黏合剂,用来维修刚性和挠性塑料件。它们经常在涂敷最后的维修材料之前使用,当作填料或将各个部分固定在一起。CA 有时被称为"超级胶",它是一种很有用的塑料件维修工具,CA 可以很快黏合。双组分黏合剂由基底树脂和硬化剂(催化剂)组成。树脂装在一个容器中,硬化剂装在另一个容器中。混合后,混合剂可以在零件上固化成一种塑料,与基底材料相似。在许多塑料件的维修过程中,双组分黏合剂可以代替焊接,而且比 CA 强度更高。

除了很少的情况外,黏合剂可以用在几乎所有的情况下。如果选择黏合剂进行维修,必须首先搞清楚塑料的种类。识别塑料件的一种好办法是用前面介绍的挠性测试。

(1)小划痕和裂缝的修理　黏合剂通常用来维修塑料件上的小划痕和裂缝。首先,用热的肥皂水将维修部位彻底地清洗干净,然后再用水和塑料清洁剂将维修部位擦洗干净。必须清除干净表面上的蜡、灰尘或油脂。使用黏合剂前将塑料件加热到 21℃。清洗后,用黏合剂工具包对维修裂缝进行预处理,这个工具包应含有两种成分:速凝剂和黏合剂。将速凝剂喷涂在裂缝的一侧,如图 5-110 所示,然后在同一侧涂上黏合剂。小心地将划伤或裂缝的两侧恢复到原来的位置,然后快速地用力将它们压在一起约 1min,以获得良好的黏合强度。然后,让维

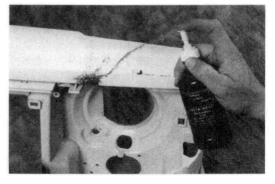

图 5-110　用速凝剂喷涂裂缝,准备使用黏合剂

修处硬化 3~12h,以获得最大的强度。如果原有的漆面没有损坏,并且修理部位定位准确,就没有必要重新喷漆。

(2)凹痕、撕裂和刺穿的修理　有时,凹痕、撕裂和刺穿的修理程序比小裂缝的修理程序更复杂,但不需要专门的技巧或工具。首先,用热的肥皂水彻底地清洗维修部位,随后

用浸有除蜡剂、除脂剂和硅树脂溶剂的湿布彻底地清洁受损部位，然后再擦干。为了使用结构黏合剂，应打磨接合的表面以提高黏合性。使用砂轮将维修区周围的油漆修薄边。继续清除油漆，直到孔周围 25～38mm 的范围内没有油漆。维修材料不能覆盖到喷过漆的表面上。如果产品制造商推荐，也可以用火焰加热孔的斜面。这种热处理可以提高某些结构黏合剂的黏合性。使用火焰可控的喷灯，调出 25mm 的火焰。接下来在维修部位贴上汽车衬带。用硅树脂溶剂和除蜡剂清洁维修区域的内侧表面，然后装上衬带。完全盖住孔，边缘留下大约 25mm 的黏合表面。

在干净无孔的表面上使用维修黏合剂。用橡皮刷或塑料刮刀将黏合剂刮入孔内。通常需要涂两遍黏合剂。第一遍用来填充孔的底部，一定要尽量多地将孔填满，然后在室温下硬化大约 1h，或者加热硬化。在打磨掉第一遍黏合剂并擦干净之后，涂抹第二遍黏合剂，将它刮到整个维修区的轮廓上。用挠性橡皮刷或刮刀将黏合剂抹成与板件轮廓相接近的形状。用打磨机轻轻打磨维修区域，使部件表面变得非常平滑。当最后的打磨完成后，清除所有的尘屑和松脱的材料，然后就可以对塑料件表面开始喷漆了，如图 5-111 所示。

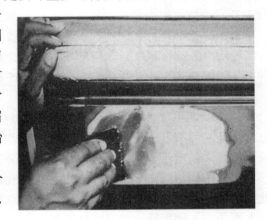

图 5-111　用橡皮刷涂抹黏合剂以符合零部件的外形

（3）挠性部件的修理　下面是使用双组分环氧树脂黏合剂维修挠性零部件的典型程序，以保险杠外罩为例。

1）用热肥皂水清洗整个外罩。擦干或吹干后，用塑料清洁剂清洗表面。

2）在受损部位加工出 V 形槽，然后在损坏部位的周围打磨出大约 40mm 的锥度，以得到良好的黏合性和维修强度。

3）用砂纸和打磨机将受损部位周围的油漆修薄边，然后吹去粉尘。根据损坏范围，背部可能需要增加强度。

4）为了加强维修区域，打磨保险杠外罩的背面，用塑料清洁剂清洗干净，然后根据需要涂上一层黏合促进剂。

5）将挠性环氧树脂黏合剂的两个组分等量地配好，混合至颜色均匀。用塑料刮刀将材料放到一块玻璃纤维布上。

6）将涂满黏合剂的玻璃纤维布贴到保险杠外罩的背面，在布中再添加一些黏合材料。

7）在背面得到加强之后，在打磨过的维修部位的正面涂上一层黏合促进剂，等待黏合促进剂完全干燥。

8）在这个部位涂抹黏合剂材料，用刮刀修整黏合剂的形状，以符合部件外形，等到完全硬化。

9）用砂纸对维修部位进行打磨。

10）如果需要在凹点或小孔中弥补一些黏合剂材料，一定要再涂一层黏合促进剂。

2. 塑料件的焊接

塑料焊接是利用热源和塑料焊条来连接或维修塑料件。塑料件的焊接和金属的焊接有相似之处，如两者都使用热源、焊条和类似的技术（对焊、搭焊等）。焊接接头的准备几乎相同，并且都要进行强度评估。

然而，焊接金属和焊接塑料又有不同之处。焊接塑料件时，材料在热量和压力的适当结合下熔合在一起。成功的焊接需要压力和热量都保持恒定且比例平衡。焊条上压力过大往往会拉伸焊缝；而温度过高会使塑料烧焦、熔化或变形。

（1）热空气塑料焊接　热空气塑料焊接使用电热工具产生热空气（232～345℃），通过喷嘴喷到塑料上（图5-112）。空气由维修车间的空气压缩机或与焊接装置装在一起的内包式移动式压缩机供给。使用热空气焊接的一个问题是焊接焊条常比要焊接的板件厚。这会导致焊条熔化前板件过热。使用直径较小的焊条往往可以修正由此产生的翘曲问题。

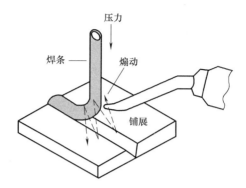

图5-112　塑料焊接

（2）无空气塑料焊接　无空气塑料焊接利用电热元件熔化直径为3mm的较小焊条，不从外部供给空气。**用较小的焊条进行无空气焊接有助于解决两个难题：板翘曲和焊条过度堆积**。确定焊条和损坏的塑料件的材料相同，否则无法成功进行焊接。

（3）超声波塑料焊接　超声波塑料焊接依靠高频振动能量使塑料黏合，而不必熔化基底材料。手持装置的可选频率为20～40kHz，适用于焊接大的部件和空间狭窄难以到达的区域，焊接时间由电源控制。

（4）塑料焊接程序　热空气焊接和无空气焊接的基本维修顺序大体上是相同的，其步骤为：

1）预处理受损区域。
2）将受损区域定位。
3）进行焊接。
4）使其冷却。
5）进行打磨。如果维修区域有小孔或空隙，则将问题区域的边缘处理成斜面。再次焊接，然后重新打磨。
6）涂上保护漆。

5.11.4　修理聚乙烯材料

聚乙烯是一种柔软的具有弹性的薄塑料，经常涂在泡沫填料上。为了安全，泡沫结构上的聚乙烯通常用在内部件上。常见的聚乙烯部件有仪表板、肘靠、车门内部装饰件、座罩和车顶外罩。仪表板或装有衬垫的仪表板很贵，更换起来比较耗时，所以最好对它们进行修理。

1. 聚乙烯部件凹痕的修复

大多数仪表板用包有聚乙烯的氨基甲酸乙酯泡沫制成，在碰撞期间可以对人进行保护。在碰撞修理中，泡沫仪表板、肘靠和其他带衬垫的内部件的表面凹痕是常见的。这些凹痕往往可以按下面的步骤用加热的方法来修复。

1）用湿海绵或湿布浸入凹痕大约0.5min。使凹痕区域保持潮湿。

2）使用加热喷枪，加热凹痕周围的区域。使加热喷枪距离表面250～300mm。从外侧开始，不停地环状移动加热喷枪。

3）将维修区域加热至大约50℃。不要过度加热聚乙烯，因为它会起泡。一直加热到维修区域摸起来烫手。如果可以，用数字温度计测量表面温度。

4）戴上手套，按摩仪表板。朝着凹痕中间压维修材料。维修区域可能必须不止一次地重新加热和按摩。有时，只要加热就可以修复损伤。

5）当凹痕被消除后，用湿海绵或湿布快速冷却该区域。

6）在部件上使用聚乙烯或防腐剂处理。

2. 喷涂聚乙烯漆

聚乙烯维修漆通常快速喷涂作为包层。因为其应用特性无法用稀释剂或其他添加剂控制，所以气压是一个非常重要的因素。

3. 通过加热恢复塑料件的形状

许多弯曲、拉伸或变形的塑料件常可以用加热的方式进行矫正，例如挠性保险杠外罩和汽车内部包有聚乙烯的泡沫件，这是因为塑料的记忆特性，也就是说，塑料件总是想保持或恢复至原来的形状。如果塑料轻微地弯曲或变形，对它进行加热就可以使其恢复到原来的形状。

修整变形的保险杠外罩应按照下列程序进行：

① 用热的肥皂水彻底地清洗外罩。
② 用塑料清洁剂进行清洗。仔细地清除所有的道路柏油、机油、油脂以及内层涂漆。
③ 用浸水的抹布或海绵浸湿维修区域。
④ 直接加热变形部位。使用集中热源，如加热灯或高温加热喷枪。当罩板的另一侧摸起来烫手时，说明已经加热得差不多了。
⑤ 如有必要，使用油漆刮板或木块帮助修整部件。
⑥ 用海绵或抹布浸上冷水快速冷却维修区域。

──────── ★ 本章小结 ★ ────────

1. 机械维修部分包括动力系统、悬架系统、转向系统、制动系统等系统的构造、检查、维修、拆卸、安装等技术要求。

2. 电气系统的原理和维修部分包括基本概念、电气故障的检查、照明及其他电路、空调系统、起动和充电系统、喇叭、刮水器及清洗器等原理及维修方法。

3. 电子系统的维修部分包括电子显示器、计算机控制系统、车载诊断系统、车载网络系统的常见故障和维修方法等。

4. 约束系统部分包括安全带系统的提醒说明、安全带的检查和维修，以及气囊约束系统的构造、维修、气囊的安装、气囊控制单元的维修、气囊的检查等。

5. 拉伸指的是用液压矫正设备将损伤的金属件拉回其原来的形状。首先，用设备将车辆固定住，然后再将夹钳和链条连接到损伤的部位。开动液压系统，链条就会慢慢地将损伤部位矫正。在将车辆拉回到原尺寸的过程中，要在车身/车架基准点处进行测量。

6. 碰撞损伤的车辆根据损伤的情况不同需要不同的修理方法，主要取决于损伤性质和位置。损伤轻微的板件一般可矫正，然后用填料填平。弯曲结构板件可能需要用液压设备牵拉矫正。但是，有些板件可能严重地损坏，更换板件是最适合的解决办法。

7. 矫正较小的损伤可能只需要在金属板背面用锤子小心地敲打。凹陷金属板上的褶皱可以用多种方法展开。在背部容易到达的金属板上，可以用锤子和垫铁或匙形铁来进行初始的大致修复。在背部区域难以到达的金属板上，可以用滑锤、凿子和焊接螺柱来修复损伤。

8. 涂抹车身填料是大多数钣金修理的最后修整工作。在许多情况下，将弯曲的和伸展的 HSS（高强度钢）完全恢复到原状是不可能的。钣金加工后剩下的表面微小变形可以通过涂上薄层车身填料来快速整平。

9. 底涂为面漆提供了一个坚实的基础。如果将漆直接喷在没有底涂的裸车身基材上（金属、玻纤或塑料），漆面有可能起皮或者看上去很粗糙。因此在基材（车身板件）与面漆之间要夹一层底涂。底涂还有防锈作用，并能填充细小的划痕和板件中的其他缺陷。

10. 塑料件包括保险杠、翼子板喇叭口、保险杠左右弧形接板、翼子板挡泥板、格栅开口板、防飞石护板、仪表板、装饰板、燃油管、车门面板、后侧围板和发动机部件。

习 题

1. 在承载式车身结构中，哪个部分为悬架和转向系统提供了严格的安装位置？（　　）
（A）车身板
（B）传动系统
（C）上、下控制臂
（D）托架总成安装块

2. 车轮外倾角的定义是（　　）。
（A）转向轴线的向前或向后倾
（B）球头的中心线和轮胎中心线在轮胎与路面接触处的距离
（C）转弯时的后束量
（D）从轮胎顶部测量，轮胎的内倾或外倾

3. 哪一个部件装在控制臂的外端，使得转向节旋转和转动？（　　）
（A）套管
（B）套筒
（C）球头
（D）球节套

4. 发动机的基础是（　　），所有其他的发动机部件都在它里边或固定在它上面。
（A）缸体
（B）缸盖
（C）摇臂
（D）活塞

5. 将变速器与差速器组合在一个单独的外壳或壳体中的总成是（   ）。

（A）差速器

（B）发动机

（C）分动器

（D）变速驱动桥

6. 甲说：可以使用便宜的测试灯来诊断计算机电路故障；乙说：这样会损坏计算机电路。以下（   ）选项正确。

（A）只有甲正确

（B）只有乙正确

（C）甲和乙都正确

（D）甲和乙都不正确

7. 甲说：前轮溅起的路面碎石可能会造成减振器的轻微凹坑，但不会影响其正常使用；乙说：减振器应当成对更换。以下（   ）选项是正确的。

（A）只有甲正确

（B）只有乙正确

（C）甲和乙都正确

（D）甲和乙都不正确

8. 甲说：对汽车空调抽真空时，至少要使整个系统保持 30min 的高度真空，以抽出空气和水分；乙说：如果将空调系统打开与大气相通达几个小时，应当更换储液干燥器。以下（   ）选项是正确的。

（A）只有甲正确

（B）只有乙正确

（C）甲和乙都正确

（D）甲和乙都不正确

9. 技工甲有时将非结构性的外部板件用肉眼定位，而不做精密地测量。技工乙认为测量是必须做的。以下（   ）选项正确。

（A）技工甲正确

（B）技工乙正确

（C）技工甲和乙都正确

（D）技工甲和乙都不正确

10. 进行分割时，应在（   ）切割 A 柱。

（A）上端

（B）中间附近

（C）下端

（D）A 和 C 都对

11. 技工甲使用点焊机钻头来拆卸结构板；技工乙使用小砂轮。以下（   ）选项正确。

（A）技工甲正确

（B）技工乙正确
（C）技工甲和乙都正确
（D）技工甲和乙都不正确

12. 拆分焊点最好的方法是（　　）。
（A）用等离子电弧焊枪烧熔焊点
（B）钻除焊点
（C）用乙炔焊炬将它们烧熔
（D）用高速砂轮磨掉焊点

13. 当为安装车身更换板件做准备时，技工甲打磨结构板件的凸缘，而技工乙不打磨。以下（　　）选项正确。
（A）技工甲正确
（B）技工乙正确
（C）技工甲和乙都正确
（D）技工甲和乙都不正确

14. 进行分割切割时，下面（　　）应避开。
（A）结构件支座
（B）复合构件支座
（C）尺寸基准孔
（D）以上都对

第6章 电子定损系统

本章学习目标：

1. 了解电子定损系统的特点。
2. 了解电子定损系统的估价原理及功能。
3. 了解电子定损系统的使用方法。

电子定损系统在保险公司、公估公司和事故车维修企业的应用越来越普及，机动车查勘定损员必须了解和掌握电子定损的知识。

6.1 电子定损系统概述

6.1.1 电子定损系统的发展过程

伴随汽车工业的发展，保险定损业务中涉及的汽车制造厂家和车型种类激增。同时，高强度薄钢板等新型材料广泛用于承载式车身，使车身零件的种类和数量大增，导致车身钣金件、车身涂料和辅料、汽车机械和电子器件等零部件的种类越来越庞杂。在定损过程中，还要处理经常变动的零件价格、大量换件和修理工时数据，以及重叠工时的计算等，以致传统的人工定损已无法满足业务需要，迫切需要引入计算机估损理赔系统。

使定损工作简单易行又能合理控制赔付成本是定损工具最早创立的目的。这一概念在20世纪60年代由德国人提出，很快吸引了瑞士保险公司的注意并在集团内成立了Audatex公司。Audatex定损系统从1980年开始在美国和加拿大推广使用。除了Audatex，还有很多公司也在为保险公司和维修机构提供第三方定损估价平台服务，如欧洲的DAT、Eurotex、美国的Mitchell等，在国内有精友智能3D车辆理赔定核损系统。

早期的定损工具称为ModelSheet。ModelSheet将事故车估价中可能涉及的零件、工时信息绘制在一张纸上，定损员在估价时只需圈选受损零件，并选择维修方法，然后进行手工计算，就可以快速得到一份内容清晰、估价过程标准的估价单。20 世纪 90 年代，随着互联网技术的发展，基于互联网技术开发的定损估价系统逐渐代替了 ModelSheet 的使用。随着移动互联技术的发展，定损软件系统已经可以在 iPad 等移动终端上使用，例如 Audatex 系统，使操作更加便捷。

事故车损伤评估是车险理赔中最重要的环节，处理不当会使各方产生矛盾和分歧。系统的估价标准是否科学合理、系统开发的过程是否严谨，都会影响估价系统是否可以最大程度地发挥价值。

▶ 6.1.2　电子定损系统的意义

基于互联网的定损系统可以统一保险公司的定损标准，解决保险公司内部不同地区、不同人员定损标准不一致的问题，降低了理赔的风险，提高了保险定损的准确性和统一性。定损系统为车辆保险理赔提供了统一的标准，使保险公司在审核赔付金额时有据可查、有法可依，为有效的查勘、定损工作奠定了坚实的基础，从而最大限度地发挥了保险公司机构网络的优势。

定损系统集成了汽车主机厂关于车辆的零部件总分关系信息及价格信息、维修技术信息及维修逻辑信息等事故车维修相关的必备的技术资料，从而能够自动生成一个包含配件价格、工时费用及喷漆费用的整套维修方案，使保险公司能充分掌握事故车辆的估损相关的技术资料，减少因缺乏相应信息而导致的误赔风险，实现了保险公司与修理厂的技术信息的对称。

定损系统为保险公司和汽车维修企业搭建起了互动交流平台，事故车辆的估损单可以在保险公司与指定修理厂之间相互流转，提升了双方的沟通效率。电子估损系统还优化了碰撞车辆定损理赔流程，提高了工作效率。

随着移动互联网的普及，保险公司可以通过基于互联网的定损系统，实现移动定损。定损员可以通过定损系统实时将定损结果上传至理赔系统，实现案件的快速审核，提升了保险公司的定损审核效率。

定损系统可以使保险公司的定损数据标准化，保险公司可以利用已结案件的配件项目、工时及喷漆项目的数据进行分析，量化地掌握不同定损员、不同维修企业的定损差异，科学地制订出量化管理措施，实现车险理赔的数据化管理。

定损系统采用了先进的技术手段，提高了定损的科学性和准确性，从而有效地保证了保险双方的合法利益，减少了因定损人员能力不足而导致的不必要损失，对车辆保险的健康发展有着重要的意义。

▶ 6.1.3　电子定损系统简介

以 Audatex 为代表的电子定损系统提供了事故车定损估价信息的专业在线平台。电子定损系统为使用各方提供一个科学、专业、高效的标准化定损平台，它有效整合了原厂 EPC 信息、原厂拆装工时、车辆维修逻辑及全球保险研究机构的标准工时，并以图形化的方式展现。电子定损系统是基于网页的专用于事故车维修成本估价的在线系统。它能够在直观图形上完成车辆的损伤确定，再通过网络获取零件及工时数据并进行计算，自动输出估损清单。

主流定损系统软件公司都与全世界各大汽车制造商保持着长期的合作关系，其定损系统数据库收集了广泛的车辆信息，包括机动车制造商的电子配件目录、工时手册、维修原理及零件价格等信息，并且数据库会不断地更新与维护。

6.2 电子定损系统功能介绍

电子定损系统利用计算机实现了更加精确和标准统一的损伤报告。计算机的使用使得几千种车型和数以万计的零配件更容易管理。和手工制作估损单相比，电子定损更简便。下面以 Audatex 定损系统为例简要介绍电子定损系统的功能。

6.2.1 车辆定型

目前车辆都具有 VIN，该码就如同车辆身份证一样，通过解码可以准确解出车辆生产的年款（有的车型可以到月）、内饰等级、发动机和变速器的型号、车身形式，有的还可以解出车型适用地区。由于现阶段中国保有的车型十分复杂，各种款式的车型以及适用于各个地区的车型都可能存在，只凭经验是很难准确定型的。借助定损理赔系统中的 VIN 解码功能，能够使车辆定型工作更准确更高效。

6.2.2 工时费率

严格意义上的工时费率是由各维修企业根据其财务核算，结合整体经营策略提出的不同工种或不同技术等级的工时费用单价，通常用"元/小时"或"元/工时"表示。在国外往往根据不同工种或不同技术等级进行区分。在汽车制造厂家维修手册中会标识某些操作必须由某个等级的工程师完成，从而确保高精度和高安全性。

工时费率的设定以及工时费的核算，只有在确定了合理工时数的前提下才有意义；工时数是以原厂维修手册为依据，工时数的多少不受地域、时间及人为的影响；工时费率是维修厂商结合自身运营成本及发展策略综合考量后的报价，工时费会因维修商所在的区域、规模、经营状况、合作对象、合作深度等有所不同。

定损员可将当地保险公司与车辆维修机构合作的协议工时单价填入系统，实现工时费用自动计算。

6.2.3 图形化定损

电子定损系统为用户提供简单直观的操作界面，有些系统采用了基于互联网的 3D 图形定损界面。通过点选即可选择事故车需要修理或更换的零部件，查阅相关拆解安装流程，从而轻松完成车辆定损。系统中还设置了零件搜索、残值添加等工具，使用方便，可以使估价过程更加快捷、精确。

6.2.4 智能钣金工时计算

有些定损系统具有智能钣金工时计算功能，例如 Audatex 的智能钣金工时计算（简称"IRE"）是基于 Cesvimap 研究中心长期对钣金损伤和维修时间的研究成果开发而成。IRE 除可自动基于损伤零件的材料、损伤位置、维修难度等因素提供钣金维修所需要的维修时间外，还可智能提示钣金维修需要拆装的零件。IRE 应用于除车顶外的绝大部分的钢、铝和塑料材料的外部及部分内部零件。

6.2.5 总成与总成组件的逻辑关系

不同厂商车辆总成件与总成组件的包含关系及设计特点都有所不同,有些厂商配件供货以总成提供,有些厂商配件供货以总成组件提供,有些厂商零件供货既提供总成件又提供总成组件。定损系统数据库针对车型及配件均做了包含关系的确认。当在系统中点选了总成件及该总成件包含的组件,系统会自动剔除总成组件,有效避免总成组件的重复更换。

6.2.6 专业透明的定损报告

在定损过程中,用户可随时使用计算机预览功能对估价计算进行预览。在定损环节结束后,系统根据定损过程中用户的输入结合系统数据库生成包括零件、工时及漆料等的详细的明细估价报告。用户可对估价结果进行打印或发送给合作的保险公司/经销店,商讨最终的确定方案。

6.2.7 根据需求定制的数据分析报告

电子定损系统可以根据管理层需求量身制作数据分析报告,对赔案涉及的车型信息、赔案金额、使用量以及对定损员的工作质量及工作效率等情况按月进行分析,管理层所需了解的信息通过数据分析报告的呈现一目了然。

6.3 电子定损系统使用方法

以 Audatex 定损系统为例,简要介绍机动车碰撞定损软件的使用方法。

6.3.1 使用环境

推荐的系统配置见表 6-1。

表 6-1 Audatex 定损系统推荐配置

配置	支持
浏览器	IE11,Firefox,Chrome
操作系统	Windows7,Windows10
网络要求	4MB/s 或以上,开放 80、443 端口

6.3.2 使用流程

定损系统使用流程如图 6-1 所示。

6.3.3 赔案管理

1)使用用户名、密码登录后,可以看到欢迎页面。该页面可以放置信息公告,用户也可以直接创建赔案或进入"处理中"对现有赔案继续工作,如图 6-2 所示。

图 6-1　定损系统使用流程

图 6-2　登录界面

2）单击"处理中"，可进入赔案列表。首先会是一个提醒窗，告知目前赔案的基本状况，如图 6-3 所示。

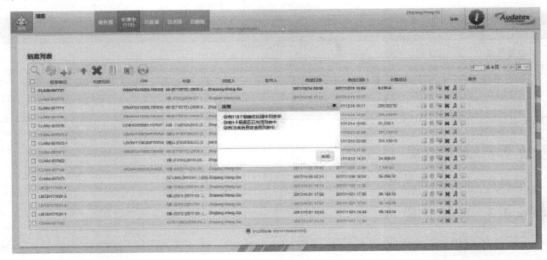

图 6-3　进入赔案列表

6.3.4 创建赔案

单击"新建赔案"按钮，可以创建一个新赔案，如图6-4所示。

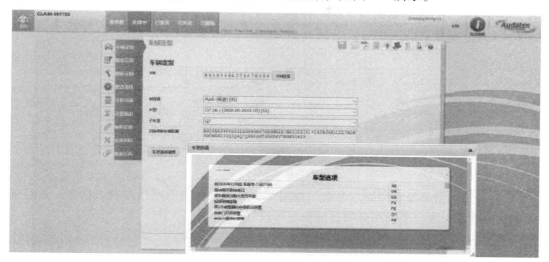

图6-4 新建赔案

一个新赔案的建立从车辆定型开始，用户可以通过VIN定型或直接从搜索树选择相关的车型。一旦通过VIN定型成功，则车型不得进行修改。

6.3.5 设定工时费率

输入赔案所需的信息并设定工时费率，如图6-5所示。

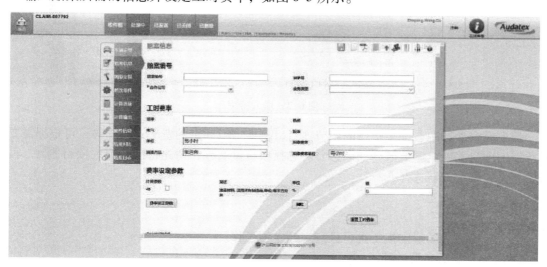

图6-5 设定工时费率

设定工时费率注意事项：
工时费率为必填项目。通过设定工时费率和零件折扣，可以对计算出来的人工工时部分及配件部分的费用进行调整。

确定工时费率有两种方法：

1）选择预设费率。如图 6-6 所示，在下拉菜单中直接选定预设的费率，即可自动完成机修、电气、钣金等各项目的费率及费率设定参数。如果您需要设置此快捷方式，可直接联系 Audatex 客户服务人员。

图 6-6　预设费率

2）逐项填入费率及费率设定参数。如图 6-7 所示，在空白处逐项填入费率，并且确定计价单位及油漆方法。不同维修项目的费率可设置不同金额。

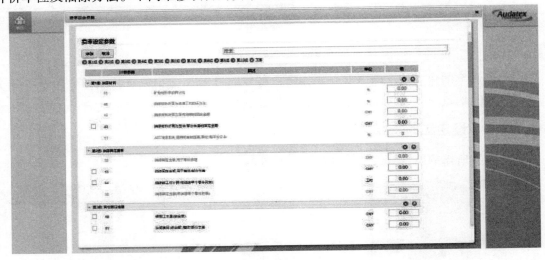

图 6-7　填入费率

费率设定参数中有许多费用的调节项目，例如增减固定的费率、折扣等，可根据需要选择所需的项目并确定调节值。如果您要对选择项目做增删，请先将已选定的项目删除，再单击费率设定参数重新选择。

6.3.6　定损

完成后可进入图形定损工具，进行车辆定损工作。

1. 添加及删除车型选项

启动定损后，进行定损前，先选择车型选项（图 6-8）。一般使用 VIN 定型的车辆，车型选项已自动读取，不需要再做修改。对于一些出厂有改装的车辆，建议到实车处核实，若有相关的修改，请对车型选型进行调整。使用搜索树定型的车辆，请参照以下方法修改其车型选项：

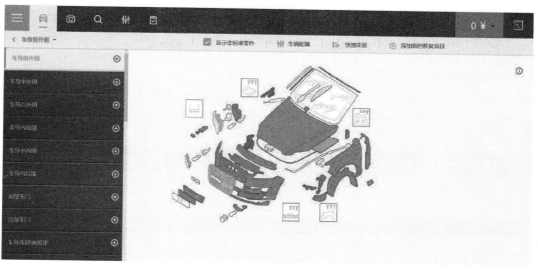

图 6-8　选择车型选项

（1）添加和删除车型选项

单击工具栏上的 ⚙ ，显示如图 6-9 所示的页面。

图 6-9　添加和删除车型选项

展开树状目录双击选项即可选中，所有当前选中的生效项目都显示在右边列表中，如需删除，选中后点击 ☑ 复选框即可。

（2）车型选项添加内容　必选的车型选项：车辆的制造日期、发动机、变速器、底盘、油漆类型及与维修内容相关的选项，如车身前部受损时，请确定前照灯类型，是否有清洗装置等。可选择的添加项：能确定的该车所有配置。

2. 选择维修区域

选择要修复的零件首先要选择相应的区域，可以直接点击左边的目录树选择，也可通过导航按钮选择。

3. 选择维修零件

（1）单个零件选择

在图形面板中点选一个零件，然后在维修方法面板中确定修复方法即可。

（2）通过搜索功能确定零件

在工具栏上单击开零件搜索页面，输入编号，或翱特定损云中的基准编号，或零件描述，单击"搜索零件"执行搜索，单击要选择的零件并确定修复方法，如图6-10所示，在搜索框输入部分的零件编号0283，即显示匹配的零件列表。

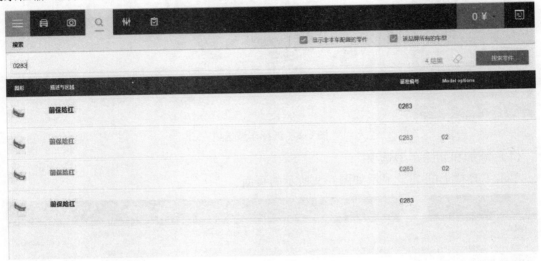

图6-10 确定零件

4. 固定组件、线束、维修套件的选择

因固定组件、线束、维修套件等不方便用图形表示，在翱特定损系统中，会以方框显示，它与其他零件选择修复的方法是相同的。方块内可以选择多个配件，如各种线束、电脑模块、固定套件等，如图6-11所示。

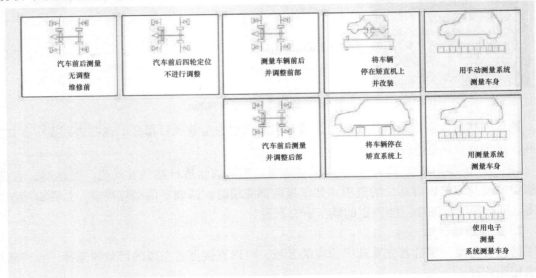

图6-11 选择配件

5. 矫正架、测量

根据不同的车型数据文件,发动机变速器分解吊装和四轮定位可能在目录树中,有可能会称之为矫直机、测量,其图形界面也可能有差异,但其包含的工作内容是基本一致的。

1)测量,这里所说的测量主要是指四轮定位及车身矫直测量。

2)发动机、变速器拆装,分解组装以及检查项目,如图 6-12 所示。

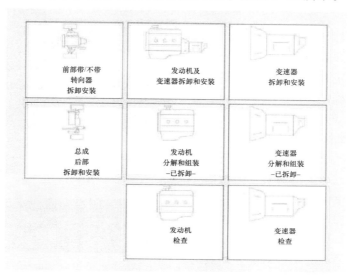

图 6-12 矫正架、测量

3)前后桥和空调拆装及检查项目,如图 6-13 所示。

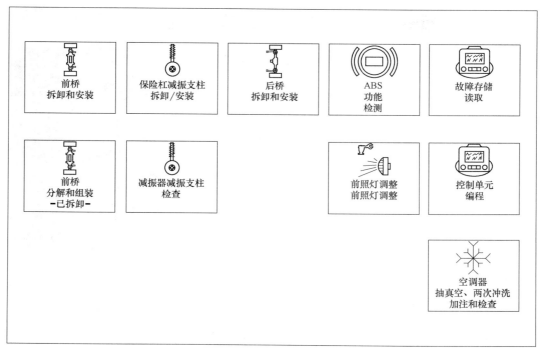

图 6-13 前后桥和空调拆装及检查项目

6. 变更项目

如有变更项目的需要，点击维修方法面板上的 ⚙ 可显示变更项目，如图6-14所示。

翱特系统中维修方法面板上提供的每个零件的修复方法都是依照原厂的修复方法显示，当所选零件没有需要的修复方法时，可使用该面板变更。

系统支持变更标准工时和零件价格。对于更换、拆装、喷漆等标准操作，系统会根据数据文件自动确定其工时，如果您需要更改，可选择零件并确定维修方法，然后单击出现如图6-14所示的面板变更即可。

7. 局部更换/维修/喷漆车辆修理

有时可以对一个整体面板进行部分修复，这样可以减少对车辆的拆解，同时也可降低修复的费用。如图6-15所示的右后翼子板，如果需要对整个右后翼子板做修复操作，单击零件即可。

单击图中的圆点时，可以对部分面板进行更换、维修、喷漆；单击图6-15中的方框，可对部分面板进行维修及喷漆而不能进行更换操作。图6-15中正方形表示需要为喷漆操作进行的拆装工作。

图6-14　变更标准工时和零件价格

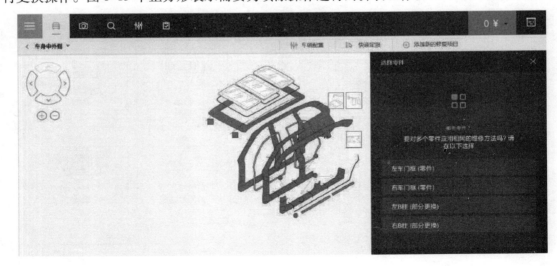

图6-15　局部修复和拆装

8. 调整计算参数

系统中奔驰、奥迪、大众车型如果同一规格的零件有多个可替换的选择，将有可选零件页挑出（图6-16）。可根据实际情况点选零件编号前面的单选框选择所需要的零件。单击

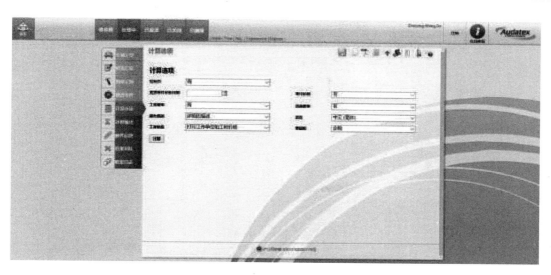

图 6-16 调整计算参数

"确认"按钮即可在计算输出中查看结果。

在计算输出中,一次有可选件的计算将出来两个结算结果,不带 * 号的为原厂件计算,带 * 号的为含可选件的计算,通过接口下载的计算结果默认为最后一次含可选零件的计算结果。

6.3.7 计算及打印

1)如没有问题,可直接点计算,获得定损估价单,如图 6-17 所示。

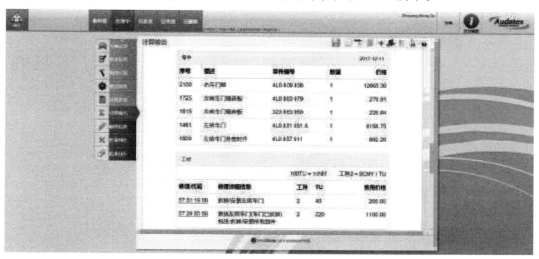

图 6-17 获得定损估价单

2)单击"打印"按钮,可以选择不同的输出样式,并生成相应的 PDF 文档供打印或保存,如图 6-18 所示。

3)用户可以按照不同分类,上传资料,如文档、照片等,如图 6-19 所示。

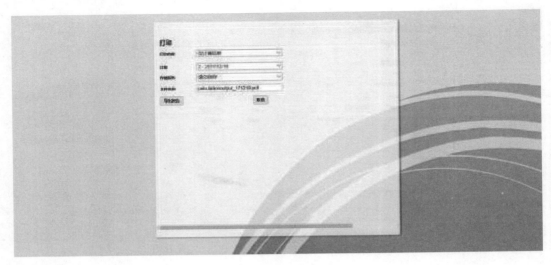

图 6-18 打印估损单

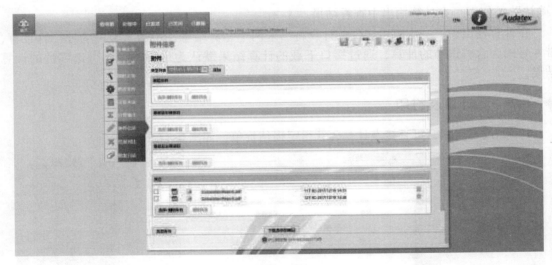

图 6-19 上传资料

4) 用户也可以对不同的计算结果进行比较。

底色为红：对于同一项目，比较对象预算不存在的记录；底色为黄：对于同一项目，比较对象预算修正过的记录。

▶ 6.3.8 发送及下载定损结果

赔案可以发送、接收和合并。确定计算结果后，可将赔案发送给合作伙伴，在计算输出页面先选择要发送的计算报告，单击"发送"按钮，如果之前未选择计算结果，也可在此转到计算结果列表页面选择。但计算结果必须选择，否则合作方将收不到任何定损记录和计算报告。

对方发送给使用者的赔案，将触发"合并赔案"功能，选择合并的信息内容，将对方的赔案信息合并到你的赔案中（图6-20）。

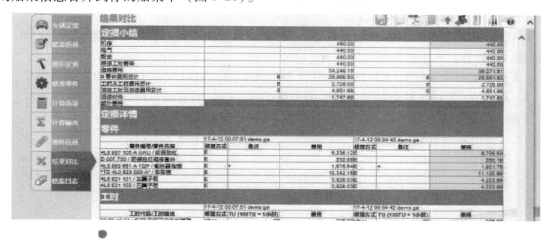

图6-20　结果对比

对方发送了赔案文件，但没来得及查收对方重新编辑的信息时，请在"收件箱"中单击"合并"按钮接收查看。

★　本章小结　★

1. 随着事故车数量的快速增长，电子定损系统应用得越来越广泛。同时随着近两年车险业务经营综合成本率的不断攀升，使保险公司对定损的精准度和定损的时效性要求越来越高。

2. 电子定损系统的定损步骤包括：创建赔案、车辆定型、设定合作费率、图形定损、计算并下载定损结果。

3. 电子定损系统整合了汽车制造厂商的VIN信息、电子配件目录、工时维修手册等多项信息，通过内部计算逻辑可以精准计算事故车维修的费用。

4. 电子定损系统数据会根据原厂数据不断更新。

习　题

1. 电子定损系统的优点（　　）。
（A）高效　　　　　（B）精准　　　　　（C）统一标准　　　　　（D）以上全部

2. 计算输出中包括该赔案的所有计算信息，计算结果中包括（　　）。
（A）赔案基本信息　　　　　（B）工时费率和零配件价格
（C）油漆信息　　　　　（D）以上全部

3. 系统中零件颜色与含义表示正确的是（　　）。
（A）金属件用浅蓝色边框表示
（B）塑料件用深紫色表示

（C）正方形绿色图标中的是胶、线束、维修包
（D）铝镁合金零件用橘色表示

4. 定损系统使用的主要步骤共 6 步，分为：①创建赔案；②车辆定型；③（   ）；④定损；⑤计算；⑥上传附件。
（A）添加照片　　（B）选择工时费率　（C）结果核对　　（D）填写保单

5. Audatex 定损系统是基于网络版的专用于（   ）的在线系统。
（A）零件价格查询　　　　　　（B）车架号查询
（C）事故车维修费用估价　　　　（D）工时查询

第7章

二手车鉴定评估

本章学习目标:

1. 掌握二手车价值的构成。
2. 掌握评估二手车的三种方法,重点是现行市价法和重置成本法。
3. 掌握成新率的概念和计算方法。
4. 了解检查和判断汽车技术状况的常用方法。

二手车(Used Vehicle)又称为旧机动车。二手车价格评估对于旧车交易、车辆承保和理赔、车辆抵押和典当等多个行业都具有十分重要的意义。例如,在对受损严重的事故车进行估损时,判断车辆是否全损的依据主要就是维修费用和该车的二手车价格。因此,车辆估损师应当学习并掌握二手车鉴定评估知识。

7.1 二手车评估体系概况

在汽车工业发达国家,二手车市场已经十分成熟了,二手车交易量在汽车交易中占有相当大的比例。例如,美国二手车交易量达到新车交易量的2.5倍。

对于二手车的价格,**日本通行的计算方法是:评估价格=基本评估价+标准维修费用及标准杂费+各公司调整点+加减点**。其中基本评估价是根据评估协会发行的指导手册,通过二手车行情信息系统推算出来的。日本评估协会每月会发行一本《价格指导手册》,俗称银皮书,在书中刊登各地区(日本可分为3个地区)的零售价格。此外,在东京横滨地区还发行一本黄皮书,刊登零售价和批发价。

美国二手车的价格可以分为两种,一种是个人之间交易的二手车价格,还有一种是Kelley Blue Book(KBB)、Edmunds 和 NADA 等评估机构提供的二手车评估价格。

从个人手里购买二手车,其价格会因车辆的实际状况不同而有很大的不同,因为法律没有要求个人销售者将车辆维修到标准状况,其价格一般比评估机构提供的价格低。

KBB 的零售价是以新车价格为基础的,同时考虑了市场、折旧、维修成本、经销商管理费等因素。有些经销商可能必须对车辆做更多的工作，才能达到 KBB 公式中的估算标准。KBB 提供的不是"实际"数值，而是用一个复杂公式计算的估计值，诸如市场、供求关系、区域差别等因素在各种二手车价格的计算公式中都有所考虑，但需要一定的时间才能反映到 KBB 的价格报告中。例如，当燃油价格上涨时，小排量车的需求就会增长，价格也会随之升高。虽然 KBB 在汽车评估行业已经有近 100 年的历史，在信息收集和编辑方面经验非常丰富，但他们提供的价格数据也不是千真万确、不可改变的，而只是一个估计价格。

瑞士的二手车评估系统称为优诺泰斯评估系统，该系统由二手车协会制定，任何二手车的估价都由这一套科学的评估系统来确定。二手车的销售价格首先经过技术检测部门的技术人员进行测定，列出测试清单，然后对此车估价，根据二手车的估价和原销售价格，最终确定二手车的实际售价。

我国二手车市场目前处于快速发展阶段，市场的变化比较大，还没有形成发达国家那样的成熟的市场体系，为了规范我国二手车市场，GB/T 30323—2013《二手车鉴定评估技术规范》（以下简称《规范》）于 2014 年 6 月 1 日起在全国正式实施。《规范》内容涉及二手车鉴定评估机构条件和要求、鉴定评估程序、作业流程、受理鉴定评估、查验可交易车辆、签订委托书以及判别事故车、鉴定车辆技术状况、评估车辆价值等。该《规范》是我国二手车车辆评估的首个国家标准，其要求对二手车进行量化的技术检测，包括对车身外观、发动机舱、驾驶舱、底盘等部位以及车辆起动、路试、功能性等 104 项检查内容，最终形成一份二手车技术状况表。没有鉴定评估能力的二手车经销商，可以委托第三方机构对二手车进行鉴定评估。该表由二手车经销企业、拍卖企业、经纪企业使用。作为二手车交易合同的附件，在车辆展卖期间放在乘员舱前风窗玻璃左下方供消费者参考。通过二手车技术状况表，消费者可以清楚地看到关于车辆的一切指标，这张技术状况表作为车辆的鉴定证明，具有法律效力。一旦出现车况与技术状况表内容不符的情况，消费者可以此为据进行维权。

目前我国还没有指导二手车交易的价格指导手册，主要根据二手车鉴定评估方面现有的一些评估标准人工进行评估，在鉴定评估过程中，较少使用检测设备，主要靠评估人员的经验进行判断，随意性比较大。

7.2 二手车价值构成

二手车的价值 = 车辆本身价值 + 车辆手续的价值 + 附加配置的价值

车辆本身的价值是指车辆的裸车价，是二手车价值的主要组成部分。汽车在使用过程中，随着行驶里程的增加，零部件会产生松动、磨损、腐蚀、疲劳、老化等不同程度的损伤和损坏，使其动力性下降、经济性变差、工作可靠性降低，汽车的市场价值也在不断降低。这个价值主要由车辆本身技术状况决定，同时还受到市场供求关系、汽车技术的升级换代、车辆是否发生过事故、配件的供应情况等多方面因素的影响，因此评估二手车本身价值时需要综合考虑多方面的因素。

二手车属于特殊商品，它的价值包括车辆实体本身的有形价值和各项车辆手续构成的价值，因为只有手续齐全，汽车才能上路行驶，才能办理过户、转籍，所以评估二手车时首先要检查车辆的手续是否齐全。

二手车的手续是指汽车上路行驶，按照国家法规和地方法规应该办理的各项有效证件和应该交纳的各项税费凭证。二手车的手续一般包括：汽车来历凭证、机动车行驶证、机动车登记证书、汽车号牌、车辆购置税、车船使用税、汽车保险费。另外还需要查询清理违章记录、分期付款车是否还清贷款等。

国家政策和法律法规对二手车整体价值产生影响。例如，在2009年，国家降低了小排量汽车新车的购置税；2014年9月1日对获得许可在中国境内销售（包括进口）的纯电动以及符合条件的插电式（含增程式）混合动力、燃料电池三类新能源汽车，免征车辆购置税；这样也造成小排量以及新能源二手车辆价格的降低。另外，在公安部门出台了机动车报废后牌照可以继续使用的规定后，一些号码的价值也大大提高，个别情况下，牌照的价值甚至超过车辆本身的价值，这些因素也需要综合考虑。

此外，新能源汽车残值评估主要是看电池的寿命、内饰磨损、厂家质保以及充满电的实际续航能力占标定的续航里程的比例，一般以能否达到标定续驶里程的70%为判断标准。根据相关研究，目前新能源二手车残值相比燃油车普遍偏低，3年保值率几乎全部低于50%。

很多经济型轿车在配置中增加一键升降电动窗、电动折叠后视镜、中控锁防盗器、真皮座椅、气囊、气帘、倒车雷达、液力式转向助力、高级音响等舒适性配置，都会使车辆增值，但幅度不会很大。另外，附加装备贬值很快，每一辆二手车其实都是被原车主"个性化"的车辆，不少车主喜欢给爱车增加一些设备，比如CD、音响、电台等；有些"发烧"级的车友甚至下大本钱对车辆进行全面的改装。这些附加价值在出售二手车的时候贬值比较明显，比如新车装备的时候价值1000元，二手车出售的时候一般只有300元左右的参考价值；而改装车辆新增的赛车座椅、动力系统等对大多数新车主来说几乎毫无意义。

7.3 评估二手车的方法

目前适合保险公司使用的旧机动车评估方法主要是**现行市价法、重置成本法和简易估价法**。三种评估方法的特点和使用条件如下：

（1）现行市价法　是指通过比较被评估二手汽车与市场上相同或相似的二手车的价格，从而确定被评估二手车价值的一种评估方法。这种方法的基本思路是通过市场调查，选择一个或几个与被评估二手车相同或相似的二手车作为参照物，然后分析两者在结构、功能、性能、成色、地域、市场环境等方面的相同与不同，及其对被评估二手车价格的影响，经过调整，计算出该二手车的市场价格。现行市价法是汽车评估优先考虑采用的评估方法，符合市场经济规律，评估结果易于被各方理解和接受。但需要有一个成熟、健康、完全市场经济环境的市场，并且要有大量的同质标的。

（2）重置成本法　是指按被评估汽车的现时重置成本扣除各种因素引起的贬值来确定被评估汽车价值的一种评估方法。重置成本法是汽车评估经常采用的评估方法，其收集资料信息便捷，操作简单易行，评估理论贴近旧汽车的实际，在现行市价法条件不具备的情况下，是一种容易被接受的评估方法。但工作量大，经济性贬值不易准确计算。

（3）简易估价法　要是根据被评估二手车已行驶里程或使用年限在该车预期总行驶里程或年限中所占的比例，和汽车折旧的规律，来粗略地估算二手车价格的方法。这种方法快速简便，但误差较大，只适合粗略估价。

7.3.1 现行市价法

1. 运用现行市价法的条件和优缺点

（1）运用现行市价法的条件　现行市价法又称市场价格比较法，是指通过市场调查，选择一个或多个与被评估二手车相同或相似的，并且是在近期完成市场交易的二手车作为参照物，再根据两者状况的差异对价格的影响，确定被评估车辆价值的一种评估方法。

> 应用现行市价法评估二手车需要具备以下条件：
> ① 需要有一个成熟的、健康的、规范的市场经济环境。
> ② 评估人员能够收集到大量的、实际发生的、与被评估车辆状况相同或相近的具有时效性的二手车的交易价格及其车辆状况。

运用现行市价法，最重要的是能够找到与被评估车辆相同或相似的参照物，并且参照物是近期的、具有可比性的。所谓近期，即参照物市场交易时间与被评估车辆的评估基准日相近，一般在一个季度内。所谓可比性是指车辆的类型、型号、主要技术参数、新旧程度等方面接近。

（2）现行市价法的优缺点　二手车的价值不仅取决于车辆本身的状况，不断变化的市场供求关系也直接影响二手车的价格。通过各种方法评估出来的二手车估值只有接近市场的现实交易价格才有实际意义。而现行市价法的最大优点就是和市场的联系紧密，能充分反映汽车及配件、修理业当前市场实际状况，其评估的参数直接来源于市场，评估值充分反映市场价格。

不过使用现行市价法的条件比较苛刻，需要一个成熟规范的市场环境，对信息资料的数量和质量要求也较高。我国不同地区经济发展水平差异较大，一些地区还没有形成有规模的、规范的二手车交易市场，因此选取参照物和获取相关资料可能会比较困难。另外，现行市价法中可比因素多而复杂，要求评估人员有较丰富的评估经验和评估技巧。

2. 采用现行市价法评估二手车的步骤和方法

（1）收集被评估车辆资料　在汽车评估中，需要收集被评估车辆的资料，包括汽车的类型、型号、主要技术参数，以及该型号的汽车是否还在生产，如果在产，那么现在的市场价格如何，了解该车的使用情况，包括使用性质、已使用年限、剩余使用年限、行驶里程、技术状况、是否发生过碰撞事故及事故程度，车辆需维修的项目和缺损的零部件等。

（2）选择参照物　在汽车评估中，通常选择三个或三个以上的类似汽车作为参照物。所选车辆必须具有可比性，一般包括：在汽车评估中，只能选择类型、技术参数、使用性质相同、使用年限和行驶里程数、车辆技术状况、评估目的、评估时点相近的汽车作为参照物。车辆类型如轿车与轿车、货车与货车、自卸车与自卸车等。技术参数如轿车的排气量、座位数等。使用性质相同包括不能将营运汽车作为非营业汽车的参照物；同是营运汽车，也不能把出租车作为租赁汽车的参照物；同是非营运汽车，最好不要将机关单位汽车用作私家车的参照物。

（3）分析被评估汽车与参照物的差异　通过查勘车辆，确定两者的技术状况、是否发生过事故及事故程度等，得出两者成新率的差异，确定两者结构性能方面的差异及对车辆价值的影响，比较两者需要维修部分和缺失零部件方面的不同和价值。

（4）计算评估值　评估值＝参照物的价值×（1±成新率差值）±结构性能差别造成的价值差±维修费用或缺失部件的费用±附加配置的差值

3. 现行市价法评估实例（表7-1）

表7-1　现行市价法评估参数表

序号	参数项	参照物一	参照物二	被评估汽车
1	车辆型号	雅阁 2018 款 260TURBO 精英版 国 V	雅阁 2018 款 锐·混动 2.0L 锐智版 国 VI	雅阁 2016 款 混动 2.0L 锐酷版
2	交易时间	2021. 1	2021. 2	2021. 2
3	使用年限	15 年	15 年	15 年
4	初次登记日期	2018. 8	2020. 1	2018. 1
5	已使用时间	2 年 5 个月	1 年 1 个月	3 年 1 个月
6	成新率	76%	83%	63%
7	交易价格	17. 2 万元	19. 7 万元	—

（1）以参照物一为参照物进行各项差异调整

1）结构性能差异调整。参照物一为燃油车辆，被评估物为混动车辆，该项结构价格差异为 1 万元。

2）新旧程度调整。调整数为 $17.2 \times (63\% - 76\%) = -2.236$ 万元

$$评估值 = 17.2 + (1 - 2.236) = 15.964 \text{ 万元}$$

（2）以参照物二为参照物进行各项差异调整

1）参照物二为混动锐智版，被评估物为混动锐酷版，该项结构价格差异为 3.7 万元。

2）新旧程度调整。调整数为 $19.7 \times (63\% - 83\%) = -3.94$ 万元

$$评估值 = 19.7 - 3.94 - 3.7 = 12.06 \text{ 万元}$$

（3）综合评估值为

$$(15.964 + 12.06)/2 = 14.012 \text{ 万元}$$

7.3.2　重置成本法

1. 重置成本法的计算公式

$$W = Re$$

式中　W——车辆评估价值；

R——更新重置成本；

e——综合成新率。

2. 更新重置成本的确定

更新重置成本为相同型号、配置的新车在评估基准日的市场零售价格。

3. 综合成新率的确定

公式中成新率的确定是综合各项贬值的结果。重置成本法具有收集信息便捷，操作较简单易行，评估理论贴近汽车使用行业实际，容易被各方面接受等优点。

1）综合成新率计算方法，公式为

$$e = y\alpha + t\beta$$

式中 e——综合成新率;
$\quad\quad y$——年限成新率;
$\quad\quad t$——技术鉴定成新率;
$\quad\quad \alpha$——技术鉴定成新率系数;
$\quad\quad \beta$——年限成新率系数。
$\quad$其中，$\alpha + \beta = 1$;
$\quad\quad t\beta$——相当于实体性陈旧贬值与功能性陈旧贬值后，车辆剩余的价值率;
$\quad\quad y\alpha$——相当于经济性陈旧贬值后，车辆剩余的价值率。

2) 年限成新率计算方法，公式为

$$y = N/n$$

式中 y——年限成新率;
$\quad\quad N$——预计车辆剩余使用年限;
$\quad\quad n$——车辆使用年限（非营运乘用车使用年限 15 年，超过 15 年的按实际年限计算；营运车辆、有使用年限规定的车辆按实际要求计算）。

3) 技术成新率计算方法，公式为

$$t = X/100$$

式中 t——技术鉴定成新率;
$\quad\quad X$——车辆技术状况分值。

车辆技术状况分值：按照车身、发动机舱、驾驶舱、起动、路试、底盘等项目顺序检查车辆技术状况，根据检查结果确定车辆技术状况分值（表 7-2）。总分值为各个鉴定项目分值累加，即鉴定总分值 = Σ项目分值，满分 100 分。

表 7-2 车辆技术状况分值

技术状况等级	分值区间
一级	鉴定总分 ≥ 90
二级	60 ≤ 鉴定总分 < 90
三级	20 ≤ 鉴定总分 < 60
四级	鉴定总分 < 20
五级	事故车

汽车按年限折旧只能采用加速折旧的方法，不能采取等速折旧的方法。旧机动车的市场价格也呈加速折旧的态势。

4) 使用综合分析法确定成新率。综合分析法是以使用年限法为基础，再综合考虑影响旧机动车价值的多种因素，以系数高低确定成新率的一种方法。这种方法由于考虑了汽车折旧的多种因素，其计算结果比年限法要更接近评估车辆的实际情况。综合分析法的计算公式为

综合成新率 C_z = 使用年限成新率 C_n × 鉴定调整系数 T

旧机动车成新率的影响因素和鉴定调整系数说明见表 7-3。

表7-3 旧机动车成新率的影响因素和鉴定调整系数

影响因素	状况	调整系数	权重(%)
技术状况	一级车	1.1	50
	二级车	1.0	
	三级车	0.8	
发生过碰撞事故	无	1.0	40
	一般事故(仅损伤车身覆盖件,已修复)	0.8	
	重大事故(损伤车身结构件,已修复)	0.5	
品牌	进口车	1.0	10
	合资车	1.1	
	国产车	0.7	

① 技术状况调整系数 J。汽车技术状况是汽车品质的最根本因素,用汽车技术等级来评定汽车的技术状况是最合理的,汽车技术等级评定标准按国标执行,汽车技术等级分为三级,然后用调整系数来修正汽车的成新率,技术状况调整系数取值范围为 0.8~1.1。

② 碰撞事故调整系数 S。碰撞事故通常是指汽车因碰撞、倾覆造成汽车车身结构件或覆盖件损伤,对承载式汽车的车身影响更明显。汽车发生过碰撞事故后往往存在缺陷,经过修理后也不易完全恢复原有性能。在二手车交易实务中,发生过事故会对汽车的交易价格产生重大影响,同时也是旧机动车鉴定评估人员必须非常重视的工作。

③ 品牌调整系数 P。汽车品牌对旧机动车的市场价格也有着重要影响,原装进口的汽车往往质量稳定可靠,但部分车型的售后服务没有保障,配件价格昂贵。大型合资厂家生产的汽车往往质量稳定可靠,售后服务及配件供应有保障,且通常配件价格较原装进口的汽车合理,在旧机动车市场上较为热销。个别国产汽车由于质量较差,售后服务及配件供应没有保障,虽然价格低廉,但大多数人不愿购买。

名牌老车的估价要充分考虑车辆的使用维护问题,使用时间较长的车型都会遇到零配件较少、价格较高的问题,甚至一些进口车的零配件需要从国外直接空运,成本大大增加。对于老旧车型来说,外观部分的维护修补在国内可以完成,但是常用更换部件是否通用会影响价格。老旧车型的发动机、变速器、底盘等部件在状况良好的情况下一般不需要更换,但是如果常用的制动盘片、悬架弹簧、三滤一芯在国内很难找到,就会使这些老旧车使用成本高得惊人,所以估价时一定要考虑有没有零配件可供更换,最起码常用的零配件要有。相对来说,日本制造的老旧二手车通用零部件性能比较好、价格较低,欧美系列老旧车型相对零配件少、价格高。因此市场的行情价除了需考虑车况外,该车的热门度,是否已停产,维修便利性,零件售价等都是关系到行情价的因素。

鉴定调整系数 T = 技术状况调整系数 $J \times 50\%$ + 碰撞事故调整系数 $S \times 40\%$ + 品牌调整系数 $P \times 10\%$

技术状况调整系数 = 0.8,无事故调整系数 = 1.0,有一般事故调整系数 = 0.8,有重大事故调整系数 = 0.5,合资名牌车调整系数 = 1.1。

例:某桑塔纳汽车初次登记日期为 2003 年 8 月,行驶里程为 15 万 km,需要进行项目修理费用为 2000 元,重置成本为 6 万元,经汽车技术等级评定为三级车。分别求无事故、有一般事故和重大事故的鉴定调整系数。

无事故时:鉴定调整系数 = $0.8 \times 50\% + 1 \times 40\% + 1.1 \times 10\%$ = 0.91

有一般事故时:鉴定调整系数 = $0.8 \times 50\% + 0.8 \times 40\% + 1.1 \times 10\%$ = 0.83

有重大事故时:鉴定调整系数 = $0.8 \times 50\% + 0.5 \times 40\% + 1.1 \times 10\%$ = 0.71

4. 重置成本法评估实例

例：某先生于 2003 年 8 月共花 14 万元购得捷达 FV7160CL 轿车一辆，用于家庭自用，并于当月登记注册，2008 年 5 月交易，请汽车评估师对其进行鉴定估价。经评估师了解，现该型号的车已不生产，替代产品为捷达 FV7160Ci，车价 10 万元。捷达 FV7160Ci 与捷达 FV7160CL 的主要区别：一是将化油器式发动机改为电喷发动机；二是将空调系统改为环保空调系统。两项差别约使车价上升 0.5 万元。该车技术等级评定为一级车，未发现有重大事故痕迹。该车外表有多处轻微事故痕迹，需修理与喷漆，约需 0.5 万元。行驶里程为 12 万 km。请计算评估值。

1）重置成本 = 交易时新车裸车价 + 购置税 = [10 - 0.5 + (10 - 0.5/1.17) × 10%] = 10.46 万元

2）使用年限为 15 年，计算成新率为

$$C_n = \left[1 - \frac{2}{G(G+1)} \sum_{n=1}^{Y}(G+1-n)\right] \times 100\%$$

$$= \left[1 - \frac{2}{15(15+1)} \sum_{n=1}^{5}(15+1-n)\right] \times 100\%$$

$$= 45.83\%$$

3）计算鉴定调整系数：因为是一级车，技术状况调整系数取 1.1；发生过轻微事故，事故调整系数取 0.8；捷达车为合资车，品牌调整系数取 1.1。

鉴定调整系数 T = 技术状况调整系数 J × 50% + 碰撞事故调整系数 S × 40% + 品牌调整系数 P × 10% = 1.1 × 50% + 0.8 × 40% + 1.1 × 10% = 0.98

4）计算成新率。C_z = 使用年限成新率 C_n × 鉴定调整系数 T = 45.83% × 0.98 = 44.91%

5）计算评估值。评估值 = 重置成本 × 成新率 - 修理费用 + 附加配置折价

$$= 10.31 \times 44.91\% - 0.5$$

$$= 4.13 \text{ 万元}$$

5. 汽车技术状况鉴定

汽车在使用过程中，随着行驶里程的增加，各零部件将分别产生松动、磨损、腐蚀、疲劳、变形、老化等不同程度的损伤和损坏，使其动力性下降，经济性变差，工作可靠性降低，并且会相继出现种种症状，如车身不正、油漆剥落、锈蚀、漏水、漏油、漏气等外观症状，以及加速无力、油耗上升等动态症状。

汽车技术状况的鉴定方法包括以下几个方面：①静态检验——汽车在静止状态下，运用检查人员的技能和经验，辅以简单的工具，对汽车技术状况进行检查鉴定；②动态检验——汽车在工作状态下（发动机运转、汽车运动或静止），运用检查人员的技能和经验，辅以简单的工具，对汽车技术状况进行检查鉴定；③仪器检验——使用仪器设备对汽车的技术性能和故障进行检验和诊断，既定性又定量地对汽车进行技术鉴定。前两项在汽车评估中是必不可少的，第三项在实际工作中根据实际情况而定。

（1）机动车技术等级　机动车技术状况评定采用机动车使用年限、关键项和项次合格率来衡量，分为一级车、二级车、三级车。

1）评定项目分类及要求。在对旧机动车的技术状况进行等级评定时，其检查、检测项目及技术要求是机动车等级评定的基本内容，其评定项目按重要程度分为"一般项"和"关键项"。对旧机动车技术状况进行的关键检测项目、一般检测项目及技术要求见表 7-4

和表 7-5。

表 7-4 关键检测项目及技术要求

序号	检测项目	评定技术要求和方法
1	发动机功率/动力性	一级大于等于额定功率的 85%；二级大于等于额定功率的 75%，小于 85%
2	燃料经济性	一级不大于原厂规定值；二级不大于原厂规定值的 110%
3	制动性能	灵敏有效，制动距离符合要求，制动时无跑偏现象。当汽车以 40km/h 的速度行驶时，松开转向盘制动，汽车应能保持原来的直行方向。装有 ABS 的汽车，在反复多次强制动后，当汽车以 30~40km/h 的速度在各种路面上全力制动时，车轮不应抱死，直至汽车快要停住为止。制动装置齐全有效
4	操纵稳定性	汽车能及时执行驾驶人的转向指令，受到外界扰动后，能自行尽快地恢复行驶状态和方向，而不发生失控。装备齐全、完好无损、无异响，转向横、直拉杆不得拼焊
5	废气排放	符合国家排放标准

表 7-5 一般检测项目及技术要求

序号	检测项目	评定技术要求和方法
1	发动机起动性	起动发动机，聆听转速情况，包括发动机起动是否快捷，运转是否轻快、连续、平稳，有无杂音、异响。轻踩加速踏板，感受发动机加速响应是否连续，连续加速后怠速仍然稳定。发动机在热状态下 3 次起动不成功为不合格
2	传动系统	离合器间隙应符合说明书的要求，汽车行驶中换档应轻便无噪声。为了进一步检查离合器是否完好，可挂上 2 档，拉驻车制动杆，然后松开离合器踏板，如果发动机不熄火，则表明离合器在打滑或磨损过甚。如果离合器分离无问题，而在汽车行驶中换档时出现击齿噪声，说明同步器有问题。以 20km/h 的车速行驶，平路可滑行 50~80m。如果一摘档，车就迅速停下来，表明行驶运动部件安装调试与润滑不当，如轴承过紧、制动刮蹭或润滑油凝固等
3	仪表与电路	电路是关键部分，它涉及运行和安全性能。应当逐一检查仪表板、转向盘及转向柱等处的各个开关及显示灯是否完好。查看主电源线是否完好，线束里面的导线有无老化，尤其要注意有无自行搭线。蓄电池的电极夹子不应被腐蚀，电解液液位适当
4	润滑及各种油液	各部分润滑良好，发动机怠速时，机油压力报警灯不亮。打开发动机舱盖，检查散热器补充液、清洗液、动力转向液、润滑油、制动液面是否正常。液罐外表要干净，无水痕、油渍，液面在最高与最低刻度之间可算正常
5	轮胎	汽车轮胎至少应保持有 4mm 的花纹深度；不得有深至帘布层的破裂与割伤；转向轮不得装用翻新轮胎，4 个轮胎及备胎（不含小备胎）均应是同一牌号、尺寸及结构
6	连接件密封性	无渗油、漏水、漏气现象
7	驻车制动	汽车低速行驶时，轻拉驻车制动杆应明显有被制动的感觉
8	悬架与车架	按下汽车的每一角检查减振器，松手后，看其弹动次数，在 2~3 次之间为好。减振器没有漏油现象。车架或车身纵梁、横梁等结构件没有开焊或裂纹现象
9	车身	车身整体周正，无歪斜现象。外表应特别注意油漆面和翼子板、门下边缘、车身纵梁、轮罩及门槛等区域无锈蚀情况。发动机舱盖与车门接合处应密封良好，车门及发动机舱盖上的车锁及铁链开闭正常，活顶轿车的顶篷或顶蓬必须能可靠地关闭。驾车驶过淋水洗车区，考察车身密封性，掀开地板垫，仔细检查车室内及行李舱内是否被淋湿。淋水后，检查各密封件是否完好，并注意车灯内是否蒙上了水雾。应卷起地毯查看有否漏水或浸湿现象
10	内饰	座椅表面应清洁完好，无破损、划伤。前排座椅可前后自由移动，并有多个位置可固定，供乘客自由选择适当的乘坐位置。坐好后，手放在转向盘上，左脚踏离合器踏板，应感觉轻松自如，并有一小段自由行程；加速踏板不应有犯卡、沉重、不回位的现象，脚放在加速踏板上时，腿应自然舒适。车门、车内的软化内饰板应装夹到位，手推下去不应松脱
11	门窗	车门玻璃应升降自如，上升能到顶，下降能到底，侧滑窗开关应轻松自如，推拉顺当，密封良好。车门开关自如

2)机动车技术等级分级方法。机动车技术等级按使用年限、关键项合格率和项次合格率进行评定,分为以下三个级别。

① 一级车:使用年限在七年以内;关键项分级的项目达到一级,关键项不分级的项目为合格;项次合格率≥90%;在运行中无任何保留条件。

② 二级车:使用年限超过七年;关键项分级的项目达到二级以上,关键项不分级的项目为合格;项次合格率≥80%;在运行中无任何保留条件。

③ 三级车:凡达不到二级车技术等级标准的机动车均为三级车。

机动车使用年限,按新车在车辆管理部门初次登记之日起核定。

(2) 常用的汽车技术状况检查和判断方法

1) 检查发动机和判断汽车的动力性

① 检查发动机。发动机外部如果有少量油迹和灰尘是正常的,如果油迹和灰尘过多,说明发动机漏油。观察机油质量和油面高度。拔出机油尺,如果机油混浊,说明车主对汽车的保养不好;如果机油稀薄,说明发动机可能窜气;如果机油中有水泡,说明发动机内部漏水;如果机油液面过低,说明发动机可能烧机油。检查发动机冷却液,如果冷却液已变成水,可能是发动机温度高、发动机漏水等;如果冷却液内有油污,可能是气缸垫处漏气。还要检查发动机附件是否完好。

以上是静态检查发动机,还需要检查发动机的动态状况。发动机起动后使其怠速运转,打开发动机舱盖,听发动机有无异响、噪声大小,观察发动机工作是否平稳。检查急加速性。在发动机怠速状态下,用手拨动节气门,从怠速急加速,观察发动机急加速性能,然后迅速松开节气门,注意发动机是否熄火或工作不稳。检查发动机是否窜气。打开加机油口盖观察发动机窜气量,如果发动机工况良好,用肉眼观察应无明显窜气。检查排气颜色,正常发动机排出的气体是无色的,在严寒的冬季可见白色的水雾。柴油机带负荷运转时,尾气一般是灰色的;负荷加重时,尾气的颜色会深一些。无论是柴油机还是汽油机,如果尾气颜色呈蓝色,说明机油窜入燃烧室;如果排气管冒黑烟,说明混合气过浓。

② 判断汽车的动力性。汽车的动力性可用以下三个指标来评定:汽车的最高车速、汽车的加速能力、汽车的爬坡能力。其中,汽车的加速能力是指汽车在行驶中迅速增加行驶速度的能力,常分为超车加速能力和原地起步加速能力。原地起步加速能力是指汽车由停车状态起步后以最大的加速度加速,并恰当地选择有利的换档时机,逐步换至最高档后达到某一预定的距离或车速所需的时间。常用 0~100km/h 所需的时间来表示。这样可以方便地考察汽车的动力性能。

2) 如何检查自动变速器。首先应检查自动变速器油的液面。先行驶几分钟后(达到变速器正常的 50~80℃ 的工作温度),将车辆停放在平坦路面,保持怠速运转,将变速杆依次换入各个档位(要踩住制动踏板),然后换入 P 位。观察自动变速器的油尺标志,在正常工作温度下油面应该在 HOT 范围内,如果比较低,说明需要添加同型号变速器油;如果在冷车状态下,油面应该在 COOL 范围内,过高说明应该放出一些油。

然后检查自动变速器油的质量。油液应该清洁无异味。如果油液发暗或为褐色,说明需要更换了,或者说明变速器长期重负荷运转;如果油液中有烧焦味道,可能是离合器或制动器片烧焦造成的。

在试车时,自动变速器应该在没有冲击、黏合、延迟的情况下平稳换档。车辆的怠速也会影响自动变速器。如果怠速过低，从 N 到 P，或到 R、2、3 时，会导致车辆发生振动。如果从 N 到 P 时，出现发动机熄火或在行驶过程中踩制动踏板停车时发动机熄火，也是怠速转速过低的缘故，或者是变速器阀体、档位开关、转速传感器故障等；如果怠速过高，从 N 到 P 会产生换档冲击，明显的表现就是自动换档时感觉到的向前窜动。

在行驶中，如果出现升档的车速明显高于规定值，可能是节气门拉索或位置传感器调整不当或损坏等。如果踩加速踏板较深但车提速缓慢，说明自动变速器打滑，很可能是变速器油面过低造成的。如果出现不能升档、无倒档、无超速档等现象，说明该自动变速器有严重故障，需要修理。

3）如何检查手动变速器。对变速器的检查是通过换档、听声音、检查泄漏情况来判断故障。如果故障严重，将极大地影响车的价格。在路试中，对变速器的检查尤其重要：首先要检查 4 个或 5 个档，还包括倒车档。如果在冷天，换入低档时，低速齿轮有轻微摩擦，是变速器油液热度不够造成的，属于正常范围。如果每次换档都磨齿轮，则可能是离合器的液压系统或变速器本身有故障。

检查是否能正常换档。如果发现变速器不能正常挂进档位，或有齿轮撞击声，或者是换档后又很难退回空档等，则说明变速器换档困难。熄火后，可以用手握住变速杆，如果很松旷能任意摆动，可能是定位销失效造成的；如果不松旷时也出现换档困难，很可能是同步器故障造成换档时的撞击。如果存在这类故障，是需要进修理厂拆解、排除的。

变速器还可能出现"乱档"现象。如果在车辆起步时发生变速杆不能换入所需要的档位，或换档后不能退回空档，说明变速器的操作机构有故障，可能是变速杆球头磨损过大，失去有效的控制能力。如果变速杆位置稍有不对就换入其他档位，可能是变速杆下端工作面磨损严重造成的，这类故障也需要送修理厂维修。

如果在行驶中变速杆跳回空档，可能是齿轮和齿套磨损严重，致使轴承松旷或轴向间隙过大。这需要专业维修人员拆下变速器查看齿轮的啮合状况。如果发现变速器漏油，也是不正常的，有可能是密封衬垫密封不良造成；或者是变速器输出轴的油封损坏。同时，润滑油过多或通气孔不通畅也会引起漏油。

如果在发动机怠速状态下，变速器处于空档位置，却有异响，可能是曲轴和变速器第一轴安装的同轴度有偏差，这种情况在踏下离合器踏板时可消失。如果在换档后有异响，可能是相互啮合的齿轮工作时有撞击造成的，说明变速器壳体有损伤，或者是部分齿轮有损害造成啮合过程中的撞击。

4）如何检查底盘。在检查二手车时，如果能够检查到车辆底部，就可以检查到很多内容，这需要把车开上地沟或把车举起来，如果没有条件那只有钻到车底下去检查了。底盘稳定的车，行驶中不会有抖动、摆振，制动时不会跑偏，转向平顺无异响，悬架系统无异响无渗漏，不会有机油、冷却液、变速器油、减振器油等的渗漏。

首先检查排气系统。要检查排气系统的紧固程度，这是汽车"安静"行驶的重要保证。检查是否有泄漏迹象，这需要在起动发动机后仔细听排气系统是否有地方发出"嘶嘶"的声音，也可以通过变换发动机转速来倾听泄漏声响。**注意不要碰到排气系统，因为它非常热**。要检查消声器和三元催化转换器的接缝处，这些地方有出现泄漏的可能性，还要检查排气管吊架和支座是否有损坏（图 7-1）。

在排气管尾段的消声器上出现了一大块焊补的痕迹。可能是正常使用过程中腐蚀造成的，焊补后虽可正常使用，但使用寿命有限。

检查燃油系统和油路。检查燃油滤清器时，一般电喷车型在行驶5万km左右要更换燃油滤清器，可以根据车辆的行驶里程，以及滤清器的新旧及清洁度判断是否更换过。检查油底壳和放油塞，看是否有漏油痕迹。

检查冷却液是否泄漏。如果暖风器芯或软管泄漏，在车辆底部可以发现，应该可以在离合器壳及发动机舱周围找到冷却液污迹。冷却液是绿色的，如果在试车时开空调了，那么会有水滴，驻车后会继续滴落，不要混淆。

检查制动液泄漏情况。看前后制动器是否有制动油液痕迹，从汽车的前部到后部，循着制动管路寻找是否有凹陷或渗漏痕迹。

检查车架时，可以在车辆底部清楚地看到任何碰伤或焊接、修理的痕迹（图7-2）。检查前后悬架系统时，可以检查减振器弹簧、滑柱、转向柱、横拉杆、球头等（图7-3）。在后轮驱动车型中，要注意传动轴不能有弯曲、凹陷痕迹，这会导致行车时有振动和抖动感。在前轮驱动车型中，检查万向节防尘套有无损坏，如果损坏，可能导致万向节损坏，维修费用很高，如图7-4所示。

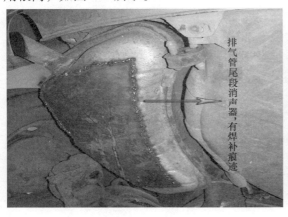

图7-1　检查排气管

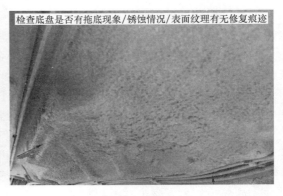

图7-2　检查底盘有无拖底痕迹、
锈蚀情况、修理痕迹

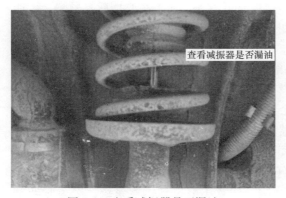

图7-3　查看减振器是否漏油

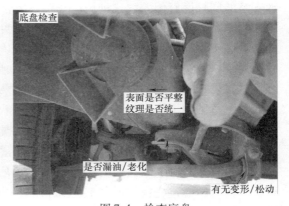

图7-4　检查底盘

检查轮胎内侧。在车辆底部可以看到轮胎内侧，检查有无严重磨损、割伤、腐蚀等，并通过轮胎花纹的磨损形式来判断车辆行驶状况（图7-5）。

5）判断汽车的制动性能。汽车的制动性能直接关系到汽车的行车安全。**汽车的制动性能主要从制动效能、制动效能的稳定性和制动时汽车的方向稳定性三个方面来评价**。其中制动效能是指汽车迅速降低行驶速度直至停车的能力。制动效能是制动性能最基本的评价指标，它由一定初速度下的制动距离、制动加速度和制动时间来评价。测量制动距离是考察制动效能最简单最方便的方法。

图7-5 查看轮胎磨损程度及磨损是否均匀

汽车起步后，先点一下制动踏板检查是否有制动，将车速加速至20km/h做一次紧急制动，检查制动是否可靠，有无跑偏、甩尾现象。再将车加速至50km/h，先用点制动的方法检查汽车是否立即减速、跑偏，再用紧急制动的方法检查制动距离和跑偏量。

6）检查车厢内部
① 检查内饰的新旧程度，检查橡胶件和塑料件的老化程度。如果车辆需要进行必要的清理，那么售价会有所降低，如图7-6、图7-7所示。
② 检查车厢底板是否有严重的潮湿和漏水现象，如果有，说明汽车密封有问题。
③ 检查各电气设备是否完好，各开关、仪表工作是否正常。
④ 检查各操纵机构是否完好，转向自由行程是否在正常范围。离合器踏板、制动踏板的自由行程和工作行程是否正常。驻车制动器是否正常。

图7-6 检查内饰

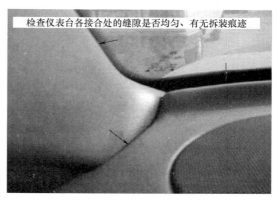

图7-7 检查仪表台各接合处的缝隙是否均匀、有无拆装痕迹

6. 检查是否发生过碰撞事故及事故程度

（1）检查车身结构件并判断是否发生过重大碰撞事故 评估二手车时，除了掌握发动机、制动系统、传动系统、变速器、电气设备等关键部件的优劣，掌握车辆曾经的事故情况也非常重要。检查车身结构件或车架是判断汽车是否发生过严重碰撞事故的好办法。因为大部分出过严重事故的车辆，在车身结构件或车架上都会留下痕迹。

大部分轿车采用承载式车身结构，即车身/车架整体设计；而多数货车、SUV 仍然采用单独的车身和单独的车架式设计；而且有些公路型、城市型 SUV 也采用承载式车身设计，也就是常说的 CBV（轿车底盘型 SUV）等车型。

车身结构件或车架受损后，在汽车行驶过程中可能出现一些不良反应，这可以通过试车来判断。例如转向不均匀、不稳定，直行过程会有车轮的响动，轮胎有偏磨痕迹，转向侧倾不均匀、制动时跑偏等现象。这些现象可能和车身结构件或车架弯曲有关系，说明曾出现过事故。车辆一旦发生损伤车身结构件或车架的事故，很难通过修理或换件完全恢复车辆原有状态，因此会对二手车价格产生很大的影响。

在静态检查时，可以采用如下方法：分别检查左右两侧的前后轮是否成一条直线，如果不是直线，说明整体车架弯曲；还可以测量每个车轮后侧与轮罩的间隙，应大致相同，否则说明车架或整体车身有弯曲迹象；还可以检查发动机舱盖和翼子板的间隙，接着检查车门接缝处的间隙，如果间隙过大，很可能是已经更换发动机舱盖和车门，也可能是曾拆卸后喷漆，这也应该是事故导致的。

打开发动机舱盖后，查看贯穿整个发动机舱的两根纵梁，通常蓄电池下方的部分不容易看到，而左侧容易观察。检查它们有无焊接或开裂的痕迹。如果是追尾或侧面撞击的事故，车架会受挤压而弯曲或开裂，维修时都需要焊接，会留下明显的痕迹；检查轿车的翼子板挡泥板部分，这也是判断轿车整体车身是否有事故的关键部位，如果有焊接或开裂等痕迹，就说明其出现过严重侧面碰撞事故，如图 7-8 所示；检查减振器支座是否有切割和焊接的痕迹。减振器支座对定位精度要求很高，如果发生变形，一般要更换新的，而不能简单修理，这样就会留下明显的切割和焊接的痕迹，如图 7-9 所示。如果有条件开上地沟，就可以很明显地检查了。对于轿车等，可检查加强肋；对于 SUV、货车等，可检查车架，看它们是否平直。不能有弯曲，贯穿车架的几根横梁也不应有焊接痕迹。

图 7-8　检查翼子板挡泥板和前纵梁是否有褶皱或修理的痕迹

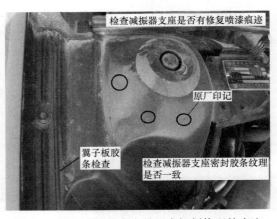

图 7-9　检查减振器支座是否有切割修理的痕迹

检查车身侧面的 A、B、C 柱，门槛板和乘员舱地板，可以判断出车身中部是否发生过严重事故。车身侧面的三个支柱和门槛板是车身中部重要的箱形结构件，构造复杂，如果发生严重变形，一般会进行更换，这样往往会留下切割和焊接的痕迹，重点检查三个支柱和车顶及地板连接部位的痕迹，如图 7-10、图 7-11 所示。掀开乘员舱地板，检查地板是否有钣金修理痕迹。由于地板是隐藏在地毯下面的,这个部位如果经过修理,一般不会进行修饰处理,会留下明显的钣金修理痕迹或焊缝。

图 7-10　检查 B 柱有无修理痕迹

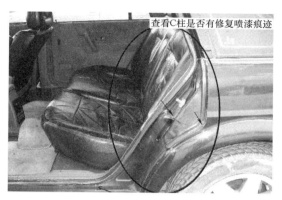

图 7-11　检查 C 柱有无修理痕迹

检查行李舱内部的内侧板和地板是否有修理痕迹,判断车身后部是否发生过严重事故。这些位置因隐藏在行李舱内部和地毯下面,如果经过修理也会留下明显的痕迹,很容易观察到,如图 7-12、图 7-13 所示。

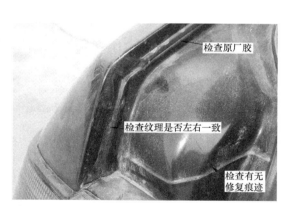

图 7-12　检查行李舱内侧板
有无钣金修理的痕迹

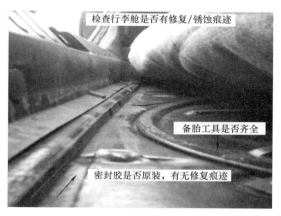

图 7-13　揭开地毯,检查行李舱地板
有无褶皱或钣金修理的痕迹

(2)检查车身外观并判断是否发生过一般碰撞事故　如何从车的外观上判断该车是否发生过事故呢?因为车辆发生事故后,一般都经过钣金、喷漆修理,如果只是大致地观察外观很难发现事故痕迹,必须观察外观的细节之处和车身内部的修理痕迹。尤其是内部修理痕迹没有经过修饰处理,比较粗糙,不需要技巧就能观察出来。

在检查过程中,可以特别注意从一定角度观察具有大平面的表面是否平整,是否有钣金修理痕迹。例如可以从前方 45°角看车顶与车门交合线,如果有扭曲,这辆车一定是被侧撞过的。然后查看车辆腰线,如果腰线是凹凸不平或扭曲的,则车辆很可能发生过擦碰,如图 7-14 所示。

可以观察一些车身的细节位置,例如板件之间的缝隙是否均匀、左右是否对称,密封胶条是否更换过，是否平整，固定板件的螺钉是否是新换的，板件上原有规则的孔、开口等是否发生了变形，结构件上是否有切割的痕迹和新的焊缝。还有就是要重点观察安全气囊盖和周围内饰的新旧程度是否一致，如果不一致，可能发生过比较严重的事故，更换过气囊，如图7-15～图7-24所示。

对于二手车来说，外观并不是最重要的，重要的是通过观察车辆的外观，发现车辆事故痕迹，鉴定事故对车辆价值的直接影响，还可以间接发现车主对车辆的爱惜程度等，有助于更准确地对车辆进行评估。

图7-14 从前方45°角检查车身侧面腰线是否整齐，漆面是否平整

图7-15 检查玻璃密封胶是否整齐

图7-16 检查发动机舱盖两边的缝隙是否整齐，左右是否对称

图7-17 检查车门接缝是否均匀对称

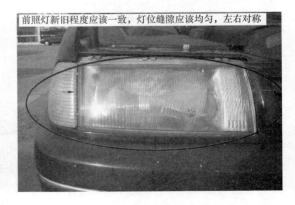

图7-18 检查前照灯新旧程度是否一致，缝隙是否均匀、对称

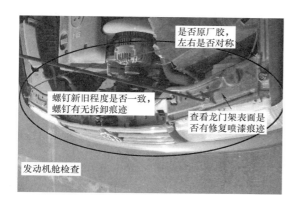
图7-19 检查固定螺钉新旧程度是否一致，龙门架表面是否有钣金修理的痕迹

图7-20 龙门架上的中间靠左侧的两个螺钉和其他的不一样，应该是后换的，可以初步判断该车正面曾受过撞击

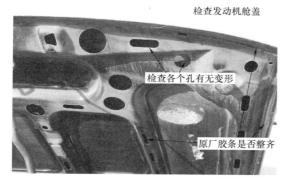
图7-21 检查发动机舱盖内部的孔是否有变形

图7-22 检查有无拆卸的痕迹

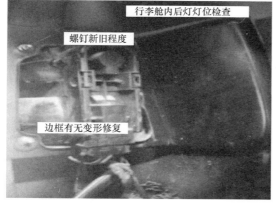
图7-23 检查行李舱内部后灯灯位、边框有无变形、安装螺钉是否是新换的

图7-24 检查前排乘客位置的安全气囊外皮的颜色

评估旧机动车时，除了要考虑年限折旧和以上的调整系数外，在我国一些大城市实行的尾气排放标准高于国家标准，并且对排放标准低的车辆实行限制措施，因此，对于尾气有特别要求的地区，评估旧机动车的价值时还应单独考虑汽车尾气排放标准的因素。例如北京市

对尾气排放标准低的"黄标车"实行限行措施，因此"黄标车"的价值大打折扣。

▶ 7.3.3 简易估价法

前面介绍的方法虽然比较准确，但需要各种数据做参考，而且需要复杂的计算，有时还需要丰富的汽车方面的知识和经验来检查车辆的技术状况和是否发生过事故等，如果只需要了解二手车的大致价值，可以通过"54321法"进行简单估算。

一般认为，一辆车最多行驶30万km就报废，超过30万km后，维修保养费可能比车本身价值还高。因此将车的使用年限分为5段，每段6万km，每段价值依序为新车的5/15、4/15、3/15、2/15、1/15。也就是说，新车开了6万km后，就耗去了新车价值的5/15，而第二段6万km则消耗了总价值的4/15，之后依次递减。以此类推，如果同款车型目前市场价为10万元，已行驶了12万km，那么该车还值10万元×(3+2+1)÷15=4万元。

如果不能确定二手车的行驶里程，则可以根据其使用年限来推断，一般认为一辆汽车的使用寿命为10年，同样将其分为5段，每两年算一段，也就是说头两年将消耗5/15的价值。还是以目前市场价为10万元的车为例，如果已经开了4年，则该二手车估价约为4万元。对于档次低的车，可适当缩短其有效使用年限。

除以上估价外，二手车实际的交易过程中还需要考虑其他费用与因素，例如新能源汽车，目前了解到，电池质量、续驶能力、厂家质保等是影响新能源二手车价格的重要因素。尤其是纯电车型，二手车贬值更为严重。

关于车辆过户收取交易费，目前我国实施的二手车过户费用标准主要是按排量、年份进行收取，根据轿车、越野车、客车、货车等车辆类型以及不同排量范围、载重量范围等类别的不同，采取不同的收费标准。以北京为例，目前该市汽车过户费主要和排量与年限有关，费用从180元到980元不等。其中1.0L以下排量收费200元左右，1.0~1.9L排量收费400元，2.0~2.9L排量收费600元，3.0L及以上收费800元。年限越长的车过户费越便宜。同时，收取旧机动车交易增值税，纳税范围是轿车、越野车、小客车（22座以下的面包车）、摩托车，数额为评估价格的4%。

★ 本章小结 ★

1. 二手车的价值包括车辆本身价值、车辆手续的价值和附加配置的价值，其中车辆本身价值主要由车辆本身技术状况决定，同时还受到市场供求关系、汽车技术的升级换代、车辆是否发生过事故、配件的供应情况等多方面因素的影响，因此评估二手车本身价值时需要综合考虑多方面的因素，不能简单地生搬硬套计算公式。

2. 目前适合保险公司使用的旧机动车评估方法包括现行市价法、重置成本法和简易估价法。三种方法的使用条件不同，评估结果和市场实际成交价的偏差幅度也不同。应用时，应根据具体条件选择最适合的方法。

3. 运用现行市价法评估二手车的条件是能够收集到大量的、实际发生的、与被评估车辆状况相同或相近的具有时效性的二手车的交易价格及其车辆状况。现行市价法评估二手车包括收集被评估车辆资料、选择参照物、分析被评估汽车与参照物的差异、计算评估值四个步骤。

4. 重置成本法是指按被评估汽车的现时重置成本扣除各种因素引起的贬值来确定被评

估汽车价值的一种评估方法。折旧因素主要包括车辆的已使用年限或行驶里程数、技术状况、保证车辆能正常使用的维修费用、附加配置的折旧等项目，其中已使用年限或行驶里程数是计算折旧的基础依据，其他项目为修正因素。重置成本法评估二手车包括确定重置成本、确定成新率、确定维修费用、确定附加配置折旧、计算评估值等步骤。

5. 车辆成新率可分为两种情况，一种是只考虑车辆的已使用年限或行驶里程数来确定成新率；另一种是不仅考虑车辆的已使用年限或行驶里程数，还要考虑车辆的技术状况、是否发生过碰撞事故、车辆品牌对二手车交易价格的影响等因素，后者更贴近二手车的实际情况，准确度更高一些。不过考察二手车的技术状况和碰撞事故历史需要评估人员具有丰富的汽车方面的知识和经验。

6. 如果只需要了解二手车的大致价值，或者车辆的信息非常有限，可以通过简易估价法进行粗略估算。

习　题

1. 甲说：使用综合分析法确定一辆二手车的成新率时，综合成新率的鉴定调整系数只和车辆的技术状况相关；乙说：车辆的品牌和该车的综合成新率没有联系。以下选项（　　）正确。

（A）只有甲正确　　　　　　　　（B）只有乙正确
（C）甲和乙都正确　　　　　　　（D）甲和乙都不正确

2. 如果只知道一辆二手车的行驶里程数，而不知道车辆技术状况、碰撞事故历史等信息，可以使用（　　）进行评估。

（A）现行市价法和重置成本法　　（B）现行市价法和简易估价法
（C）现行市价法　　　　　　　　（D）简易估价法

3. 甲说：现行市价法的最大优点就是和市场的联系紧密，评估值充分反映市场价格；乙说：运用重置成本法必须有一个成熟规范的二手车交易的市场环境。以下选项（　　）正确。

（A）只有甲正确　　　　　　　　（B）只有乙正确
（C）甲和乙都正确　　　　　　　（D）甲和乙都不正确

4. 甲说：二手车重置成本是指该车购置发票上的价格；乙说：二手车重置成本包括该车现行市场裸车价和车辆购置税。以下选项（　　）正确。

（A）只有甲正确　　　　　　　　（B）只有乙正确
（C）甲和乙都正确　　　　　　　（D）甲和乙都不正确

5. 如果一辆轿车购买时的价格是 35 万元，现在已行驶了 12 万 km，同款车型目前市场价为 25 万元，那么该车目前的市场价值大致是（　　）万元。

（A）20　　　　（B）10　　　　（C）14　　　　（D）18

习 题 答 案

第 1 章
DBCDD　DCACC

第 2 章
BCBDA　BACC

第 3 章
DCCAC　DDBBC

第 4 章
CACBD　CABBA　CCAAC

第 5 章
DDCAD　BCCBB　ABAD

第 6 章
DDCBC

第 7 章
DDABB